KB071558

HUMAN RESOURCES
DEVELOPMENT

인력자원개발론

이기성 저

학지사

머리말

인력자원개발 또는 많은 이들에게 인적 자원개발로 더 널리 알려져 있는, 사람의 직무수행역량 향상에 관한 서적이 최근 많이 발간되고 있다. 종전에는 산업교육이나 기업교육으로 일컬어졌는데, 이제 거의 인적 자원개발로 통일되는 것 같다. 명칭에 관한 논의는 이 책에 일부 포함되어 있다. 여하간 영리를 추구하는 사기업은 말할 것도 없고 공기업과 공공 조직에서도 인력자원개발의 중요성에 대한 강조는 이제 일상적인 일이 되었다.

이 책은 저자가 1991년도에 '산업교육론'이라는 과목명으로 첫 수업을 시작한 이후, 유학을 마치고 돌아와 계속 '인적자원개발론' '인간자원개발론' 등의 과목명으로 수업을 해 오면서 다루었던 내용을 다듬고 정리한 것이다.

이 책의 내용은 크게 네 부분으로 나누어진다. 1부는 인력자원개발 분야에 대한 기본적인 이해를 돕기 위한 것으로, 인력자원개발의 연원과 관련 제도, 인력자원개발의 영역과 역량, 인력자원개발 업무 담당자와 인력자원개발의 대상인 성인학습자를 다루고 있다. 그리고 2부에서는 인력자원개발의 세 활동 영역인 훈련개발, 경력개발, 조직개발 등을 다루었다. 3부는 인력자원개발의 실천에 관한 것으로서, 인력자원개발의 주요 활동이라 할 수 있는 교육훈련 프로그램의 개발과 시행에 관한 내용이다. 좀 더 정확히는 프로그램 요구분석, 설계, 개발, 시행, 평가 등의 교육훈련 실행 단계를 다루었다. 마지막 4부는 근자에 널리 활용되고 있는 인력자원개발 활동들을 다루었다.

아마도 인력자원개발 분야에 관하여 첫발을 내딛는 입문과정의 학생들에게는 본 학문 분야에 관한 큰 그림을 그리는 데 도움이 될 것이다. 또한 실제 현장에서 인력자원개발 업무를 담당하고 있는 전문가나 실무자들에게는 본 학문 분야에 관한 산발적인 지식을 정리하는 데 도움이 되리라 생각한다. 이 책이 그와 같은 기대에 부응하지 못한다면 이는 전적으로 저자의 역량에 문제가 있는 것이다.

막상 수업에서 다루던 내용을 활자로 전환하려다 보니, 예기치 않았던 여러 가지 어려움을 겪어야 했다. 첫째, 예전에 수업에서 다루었던 자료의 행방이 묘연하여 정확한 출처를 기억해 내거나 확인하지 못한 채 인용관계를 얼버무려야 했다는 점이다. 이 점은 차차 보완하고자 하며, 이 과정에서 본의 아니게 원저자가 정당하게 소개되지 못한 점 송구스럽게 생각한다. 둘째, 인력자원개발을 둘러싼 이슈와 문제점, 그리고 가능하면 문제에 대한 해결방안을 제시하려 하였으나, 여러 가지 현실적인 제약이 있어서 다루지 못했다는 점이다. 따라서 무언가 미완의 책을 내는 것 같은 개운치 못한 마음이 짐처럼 남게 되었다. 셋째, 저자의 글이 만연체로 늘어지는 경향이 있어서 간결하고 명확하게 기술되지 못했다는 점이다. 빠른 속도로 읽고자 하는 독자들에게는 걸림돌이 될 것이라 생각한다. 이것도 기회가 되면 다시 보완할 예정이다.

이 책을 내는 데 수고를 아끼지 않으신 학지사 유명원 차장, 거친 원고를 섬세하게 다듬어 꾸며 주신 백소현 과장, 오늘날과 같이 경제가 어려운 시점에 경제성이 별로 없는 교재를 흔쾌히 출간할 기회를 주신 김진환 사장께 감사드린다. 다른 어느 때보다 무덥고, 또 예고 없는 장마로 점철되었던 지난 여름 내내, 제대로 오붓한 시간을 갖지 못했지만 인내하면서 넘어가 준 아내와 두 딸에게 고마운 마음을 전한다.

2014년 1월

저자 識

차 례

제4부 인력자원개발의 새로운 경향

제1부

인력자원개발 영역의 이해

제1장

인력자원개발의 개념과 역사

학습 주안점

1. 조직을 구성하는 세 가지 자원은 무엇인가?
2. 인력자원관리와 인력자원개발의 개념은 각각 무엇이고 어떠한 차이가 있는가?
3. 인력자원개발에 관한 다양한 정의와 그 정의의 핵심 개념은 무엇인가?
4. 20세기부터 현재에 이르기까지 인력자원개발은 어떠한 변천 과정을 거쳐 왔는가?

1. 인력자원개발의 개념적 논의[1]

지식기반사회로 접어든 오늘날 과거 산업사회에서 중요시되었던 주요 생산요소인 토지, 노동, 자본은 더 이상 기업운영의 절대적인 핵심적 요소의 자리를 지키기 어렵게 되었다. 대신 지식, 정보가 주요 생산요소의 자리를 차지해 가고 있다. 그러한 지식과 정보를 생산하고 가공, 유통하는 주체는 사람이 될 수밖에 없다. 이러한 사람 요소를 인력자원이라 할 때 다양한 시각에서 논의되고 있는 인력자원에 관한 개념, 더 나아가 인력자원개발의 개념에 관한 논의는 피할 수 없는 당위성을 갖는다. 이 절에서는 인력자원과 인력자원개발을 둘러싼 개념과 정의에 관하여 살펴본다.

---

[1] 이 절은 이기성(2004a)을 토대로 수정·보완하였다.

1) 인력자원의 개념

오늘날 인력자원(human resource[2]: HR)의 중요성은 조직에서 빼놓을 수 없는 위치를 차지하고 있다. 특히 1990년대 말 태국에서 촉발된 경제위기 (economic crisis)는 재무적 자원의 건전성이라는 화두를 넘어 인력자원의 대대적인 재구조화의 중요성이라는 화두로 옮겨가게 되었다.

대부분의 기업 또는 조직은 세 가지 자원으로 구성되어 있다. 이들 세 가지 자원은, 곧 물적 자원(material resources), 재무적 자원(financial resources), 인력자원이다. 먼저, '물적 자원'은 어떤 조직이 보유하고 있는 기계, 기구, 시설 및 설비 등의 고정 자산과, 제품의 원료 등 가시적인 자산을 말한다. 이들 자원은 조직의 안정성 및 건실성과 직결되는 조직의 건강에 매우 중요한 요소이다. 일반인들은 이들 물적 자원을 근거로 조직의 성공 여부를 판단하려는 경향이 있다. 왜냐하면, 이들 물적 자원은 외부로 드러나는 유형적인 자산이기 때문이다. 예컨대, 기업들은 화려하고 웅장한 본사 건물을 보유하려는 성향을 드러내는데, 1977년에 서울역 앞에 세워진 대우센터빌딩은 당시 대우그룹의 위용을 잘 말해 주고 있다. 한편, 2007년에 강남지역에 조성된 삼성타운은 평균 상주인원이 20,000명에 달하는 대규모 단지로 삼성그룹의 위상을 과시하고 있다.

둘째는 '재무적 자원' 혹은 '재정적 자원'인데, 한마디로 조직이 보유하고 있는 유동자산을 말한다. 여기에는 현금, 채권, 주식, 투자자금, 운영 자본 등이 포함된다. 재무적 자원은 조직의 성장과 발전에 필요한 매우 중요한 자원이다. 일반적으로 재무적 자원에 관한 각종 지표인 재무제표 (financial statement)는 은행, 투자가들이 조직의 재정적 건전성을 평가하는 지표로 활용된다. 1990년대 말 태국발 경제위기는 우리나라에 큰 타격을 안

---

[2] 자원에 해당하는 영어 단어는 resource와 resources가 혼용되고 있다. 따라서 이 책에서도 인용한 원자료에 표기된 대로 두 가지를 혼용한다.

겨 주었는데, 이때 많은 사람은 웅장한 본사 건물을 보유하고 있던 대기업들이 힘없이 매각되는 것을 보면서 외형으로 드러나는 물적 자원보다 더 중요한 자원이 재무적 자원이라는 것을 체감하게 되었다. 국제결제은행(Bank for International Settlements: BIS)이 제시한 BIS자기자본비율(BIS capital adequacy ratio)을 맞추느라 홍역을 치른 기업이 대부분이었지만, 부채비율이 상대적으로 매우 낮았던 몇몇 그룹은 장래성이 있는 알짜 기업을 매입할 수 있는 좋은 기회를 누리기도 하였다.

마지막으로 '인력자원'은 조직에 고용된 상태에 있는 사람을 말한다. 인력자원은 고정자산이나 유동자산처럼 정형화된 측정 기준과 방법이 없기 때문에 가치를 측정하기가 곤란하다. 물적 자원과 같이 감가상각(減價償却)도 발생하지 않고, 재무적 자원처럼 조직의 순가치를 나타내지도 못한다(Gilley, Eggland, & Gilley, 2002). 특기할 만한 것은 오늘날과 같은 지식기반사회에서 인력자원은 불변의 순가치가 없기 때문에, 다시 말하자면 가치의 무한한 증대가 가능하기 때문에 다른 두 가지 자원에 비하여 중요도가 매우 높은 자원이라는 점이다. 인력자원의 중요성은 유능한 직원을 대체할 때 발생하는 비용을 통하여 산출할 수 있다. 즉, 유능한 직원 한 사람이 퇴사하여 공백이 발생할 경우, 그 공백을 메우기 위해서는 새롭게 모집 공고를 내야 하고, 선발절차를 거쳐 고용한 후, 필요한 교육훈련 과정을 이수하게 하여 배치하게 된다. 이때 전임자의 생산성은 고스란히 상실되고, 선발에서 배치에 이르는 기간 동안 발생하는 기회비용 등 이루 계산하기 어려운 손실이 발생하는 것을 알 수 있다. 한편, 조직 구성원들의 지식, 역량, 기술, 태도 등의 측정을 통하여 인력자원의 중요성을 산출할 수 있는데, 잘 훈련되고 기술 수준이 높은 지식근로자는 그렇지 않은 사람보다 더 큰 가치를 창출한다. 이와 같이 인력자원은 잠재적인 중요성이 매우 높음에도 불구하고, 대부분의 기업은 그 조직의 자산 목록에 인력자원을 포함하지 않는 경우가 매우 흔하다.

일찍이 Nadler와 Wiggs(1986)는 인력자원을 인력자원계획, 인력자원개

발, 인력자원활용의 세 가지 하위 영역으로 나누고 각각의 활동을 다음과
같이 개념화하였다. 인력자원계획(human resources planning)은 조직에서 장
차 필요로 하는 인력자원을 예측하는 것인데, 여기에는 충원에 필요한 적정
인원, 선발, 훈련, 경력 승진(career advancement)을 계획하는 활동이 포함된
다. 인력자원개발은 학습활동을 통하여 개인적인 향상뿐만 아니라 현재 수
행하는 직무와 미래에 부여될 직무에 대비하여 준비하는 것으로 인력자원
개발의 세 가지 방법인 교육, 훈련, 개발을 통하여 지식과 업무수행능력, 기
술, 태도를 습득하고 활용하며 더 나아가 향상시키는 활동이다. 끝으로 인
력자원활용(human resource utilization)은 확보된 인력자원을 조직 내에서 적
합한 부서에 배치하고 활용하는 것으로 승진, 평가(appraisal), 부서이동, 보
상 등의 활동이 포함된다.

2) 인력자원관리와 인력자원개발의 관계

인력자원개발(human resource development: HRD)의 개념을 논의하기 전
에, 인력자원관리(human resource management: HRM)의 개념과의 관계를 먼
저 살펴볼 필요가 있다. 1980년대 초 인사관리를 체제이론적으로 접근한 최
종태(1998)는 인사관리를 정태적 인사관리 시스템과 동태적 인사관리 시스
템으로 분류하고, 정태적 인사관리 시스템론을 구성하는 세 가지 요소는 고
용관계, 노사관계, 인간관계라고 보았다. 동태적 인사관리 시스템론은 직무
와 인간능력을 연구하는 기초관리, 임금과 복지후생을 다루는 보수관리, 승
진과 교육훈련을 다루는 신분관리의 세 가지 영역으로 이루어진다고 보고,
신분관리에서 다루는 교육훈련을 개인의 업무수행능력을 신장시키기 위해
기울이는 제반 활동, 곧 인력자원개발 활동으로 보았다. 한편, 이학종(2005)
은 인력자원의 총체적 관리요소를 크게 세 가지로 보았다. 첫째는 직무설계
와 정원(定員)관리, 조직체 계획과 인력자원계획, 모집과 선발 등을 포함하
는 '인력자원의 계획과 확보' 측면이다. 둘째는 인간관계와 참여관리, 인사

고과, 보상관리, 인사이동과 징계관리, 안전 및 보건관리 등을 포함하는 '인력자원의 유지와 활용' 측면이다. 셋째는 인력개발과 경력계획, 조직개발, 조직문화개발을 하위 영역으로 하는 '인력자원의 개발과 조직개발' 측면이다. 이 중 인력개발에서 주로 수행하는 업무는 교육훈련으로, 인력개발이 인력자원관리의 한 영역임을 알 수 있다. 그 밖에 백석현(1996)은 인력자원관리의 구성요소를 고용관리, 개발관리, 보상관리, 노사관계관리, 지원관리 등으로 나누고, 그중 개발관리의 하위 영역으로 훈련과 계발, 경력개발, 조직변화와 조직개발을 다루고 있다. 이는 인력자원개발의 세 가지 영역인 훈련개발,[3] 경력개발, 조직개발을 개발관리라는 하나의 개념으로 통합한 것이라 볼 수 있다. Werner와 DeSimone (2006)은 인력자원관리와 인력자원개발의 관계를 논하면서, 인력자원관리를 "……개별 종업원[4]의 목표와 요구뿐만 아니라, 조직의 목표와 전략을 최대한 성취할 수 있도록 종업원을 효과적으로 선발하고 활용하는 것……"(p. 9)으로 정의하고, 인력자원관리의 1차적 기능의 하나로 인력자원계획, 선발과 배치 등과 아울러 인력자원개발을 제시하고 있다.[5] 이와 같이 많은 인력자원 분야 전문가들은 인력자원개발과 인력자원관리를 구분하고 있으며, 인력자원관리가 인력자원개발을 포함하는 개념으로 보고 있다.

인력자원관리의 개념을 역사적인 흐름에 따라 살펴보면 몇 단계의 발전

[3] 어떤 학자들은 인력자원개발의 세 가지 핵심 활동 중에서 훈련개발(training and development: TD)을 개인개발(individual development: ID)로 대체하기도 하며, 또 다른 경우에는 인력자원개발의 세 가지 핵심 활동의 교집합을 개인개발로 보기도 한다. 한편, 훈련개발이라는 용어보다 교육훈련이라는 용어를 선호하는 의견도 있다. 이 책에서는 훈련개발이라는 용어를 사용하되, 특별한 경우 맥락에 따라 용어의 사용을 달리한다. 또한 훈련과 개발, 훈련 및 개발로 지칭하는 경우도 있으나 편의상 훈련개발로 통일하여 사용한다.

[4] employee의 역어로서, 사원, 피고용인, 조직 구성원 등의 용어가 혼용될 수 있겠으나, 편의상 특별한 경우가 아닌 한 종업원으로 통일하여 사용하기로 한다.

[5] 그 밖의 인력자원관리의 1차적 기능에는 고용기회균등(equal employment opportunity: EEO), 보상과 복리후생, 노사관계, 보건 및 안전 등이 있고, 2차적 기능에는 조직/직무설계, 성과관리 및 평가체제, 연구 및 정보관리체제 등을 제시하고 있다(p. 10).

과정을 거치는 것을 볼 수 있는데, 전통적인 관점의 인사관리(personnel administration: PA 또는 personnel management: PM)에서 인력자원관리, 그리고 나아가 전략적 인력자원관리(strategic human resources management: SHAM)로 발전하고 있다는 데 크게 이견이 없는 것으로 보인다. 통상적 의미의 인력자원관리와 전략적 인력자원관리는 각각 Harvard 대학교와 Michigan 대학교에서 비롯되어 발전된 용어로서, 전자가 관리자의 관점에서 본 일반적인 의미의 인력자원관리라 한다면, 후자는 경영전략 및 조직구조와 긴밀하게 연계된 전략적 인력자원관리라고 할 수 있다(Mabey, Salaman, & Storey, 1998). 배종석(1999)은 인력자원관리의 발전을 네 단계로 구분하였는데, 첫 번째 단계는 인사관리의 각 기능들이 제도화하지 못하고 종업원의 인적 사항 등의 기록과 문서의 보관 및 관리에 치중하던 단계로서 '원시적 인사관리' 단계로 명명하였다. 이 단계에서는 인사관리의 기능이 미흡하여 비용의 절감에 치중하게 되고, 사람의 관리가 비합리적으로 이루어진다. 주요 업무는 인적 사항과 관련된 문서의 기록과 보관이며, 사람의 관리도 경영자와 종업원간의 수직적 관계에서 이루어진다. 두 번째 단계는 인사관리의 개별 기능들이 합리화되고 제도화를 이룬 '인사관리' 단계다. 그러나 이 단계에서도 여전히 각 기능들이 통합되지 못하고 분리된 채 운영된다. 점차 조직 내에서 인적 요소의 중요성이 인식되면서 종전의 인사관리라는 용어가 인력자원관리로 바뀌고, 인력자원을 효과적으로 확보, 개발, 활용하기 위해 개별 기능들이 점차 통합되는 '인력자원관리' 단계로, 더 나아가 '전략적 인력자원관리' 단계로 발전하게 된다고 보았다.[6]

한편, Strauss(2001)는 최근 영국을 비롯한 호주, 뉴질랜드 등 영연방 제국

---

[6] Mabey, Salaman, 그리고 Storey(1998) 등에 따르면, 뒤의 두 단계는 1980년대 중반에 등장한 개념으로서 엄밀히 볼 때 관리자의 관점에서 본 인력자원관리 이론이 경영전략, 조직구조와 연계된 전략적 인력자원관리 이론으로 발전하였다기보다는, 같은 시기에 출현한 관점이 다른 두 개념이라고 보는 것이 타당하다.

의 인력자원관리의 의미와 미국에서의 인력자원관리의 의미를 비교한 논문
에서 몇 가지 개념적 논의를 다음과 같이 전개하고 있다. 첫째, 인력자원관
리는 모집, 선발, 훈련, 안전, 직무평가 및 보상 등과 같은 인사담당 부서의
주요 업무를 영역에 포함하는 전통적인 인사기능(personnel functions)을 다
루는 개념이다. 둘째, 인력자원관리는 전통적인 기능을 '내적으로 통합' 시
킨다는 개념이다. 일각에서는 이러한 개념적 접근을 전략적 인력자원관리
라고 부르기도 한다. 셋째, 전통적 기능에 인력자원관리의 범위를 고용조
건, 관리감독유형, 직무설계, 조직문화와 상징, 보상체계 등을 포함한 조직
의 종업원 관리 방침과 관행을 포괄하는 개념이다. 넷째, 전통적 기능뿐만
아니라 종업원과 관련된 방침이 종업원 상호 간에 일관성을 유지해야 함은
물론 '저비용 고효율 혁신을 어떻게 달성할 것인가'와 같은 조직의 전반적
인 전략과도 일관성을 유지하게 해야 한다는 개념이다. 다섯째, 조직에 대
한 기여를 촉진하고, 조직의 목표달성을 위해 종업원들의 동기를 부여하도
록 설계된 '우수 사례(best practices)'들이 포함되는 개념이다. 고용안정, 선
별 고용, 자기주도적 팀, 고성과(high performance) 보상, 광범위한 교육훈
련, 정보공유 등에서 이들 우수 사례를 찾을 수 있다(Marchington & Grugulis,
2000). 이 개념 정의에서 핵심이 되는 점은 종업원을 단기 비용으로 여기지
않고, 장기적인 자산(assets)으로 간주한다는 것이다. 그는 아울러 백과사전
적 정의를 제시하고 있다. 즉, 인력자원관리는 조직이 종업원을 유치하고,
고용을 유지하며, 현재 또는 미래의 요구에 맞도록 그들을 개발하는 것을
돕는 활동이라는 것이고, 인력자원관리에서 주요 연구 분야는 선발, 교육훈
련, 성과평가 등이지만, 행동주의적 관점을 가진 연구자들은 고용기회균등
과 법률, 급여와 보상, 종업원의 안전과 보건 등에도 관심을 보인다는 것이
다. 이상의 논의를 통해서 알 수 있듯이 인력자원관리의 개념은 기본적으로
인사상의 제반 업무를 관리하는 것이고, 점차 인력자원에 대한 체계적인 관
리개념, 전략개념 등이 가미되면서 복잡하게 발전되고 있다.

　이 책에서는 개별 기능들이 점차 통합되는 인력자원관리를 인력자원개발

과 관련하여 다루게 된다. 이 단계의 인력자원은 인사와 관련된 각 기능들(personnel functions)이 조화를 이루고, 기능 간의 조정을 통하여 관리가 이루어진다. 여기서 핵심적인 관리 활동은 선발 및 배치, 교육훈련, 평가 및 보상 등이다. 다시 말하자면, 인력자원관리 단계에서는 인력의 채용(hire)에서 퇴직(retire)에 이르기까지 거치게 되는 다양한 인사 관련 활동, 절차를 어떻게 효율적으로 관리하는가에 초점을 맞춘다. 인력수요 예측 및 충원계획, 인력의 선발 및 배치, 교육훈련, 평가 및 보상, 인력자원에 대한 정보관리, 직무설계 및 직무분석 등을 통하여 조직의 성과를 제고하는 경영활동을 추구하는 것이다. 이 중에서 인력자원개발은 교육훈련―개인이 업무수행을 향상시키기 위한 훈련개발(training and development: TD), 개인의 향후 업무수행을 위한 경력개발(career development: CD), 그리고 조직의 효과성을 높이기 위한 조직개발(organization development: OD) 등―에 주로 초점을 맞춘 인력자원관리 활동의 한 가지 하위 영역이 된다.

좀 다른 시각으로 Noe(2008)는 인력자원개발을 개인과 부서, 조직의 효과성을 높이기 위한 훈련개발, 조직개발, 경력개발을 통합적으로 사용하는 것으로 보고, 인력자원관리는 개인의 행동과 태도, 성과에 영향을 주는 정책, 제도, 체제로 구분하여 사용하고 있다. 한편, 인력자원개발과 인력자원관리를 통합적인 시각으로 보는 견해도 최근 등장하고 있다(이관춘, 김은경, 2012).

3) 인력자원개발의 개념 및 정의

인력자원개발이라는 용어는 인력개발, 인적 자원개발, 인간자원개발, 인재개발 등과 약간씩 의미를 달리하면서 혼용되고 있다. 정부마다 추구하는 철학적 지향점이 다르기 마련인데, 이러한 철학적 차이는 정부에서 사용하는 용어에도 종종 반영된다. 김대중 정부와 노무현 정부에서는 인적 자원개발이라는 용어가 우세하게 사용되었던 반면, 이명박 정부에서는 인재개발이라는 용어가 공식적인 용어로 사용되었다. 서구적인 개념으로는 인력자원개발 활동이 주로 산업체에서 활발하게 진행되고 있는데,[7] 그 영향을 알게 모르게 받은 우리나라에서도 인력자원개발이라는 용어가 여전히 산업교육,[8] 기업(체)교육, 사내교육 등과 혼용되고 있다.

인력자원개발을 정의하기 위해서는 다소 번거롭기는 하지만 다소간의 기본적인 논의가 필요하다. Roth(2003)가 지적하듯이 human resources development의 개념 정의는 'human' 부분에 초점을 맞추느냐, 'resources' 부분에 초점을 맞추느냐, 혹은 'development' 부분에 초점을 맞추느냐에 따라 여러 가지 다양한 정의가 가능하다. 그뿐만 아니라 인력자원개발을 전공하는 학자들의 학문적 배경, 특히 학부 기간 동안 형성된 학문적 방향이 개념을 정의하는 데 많은 영향을 끼치는 것으로 보인다. 예컨대, 심리학적인 배경을 가진 학자는 심리학에서 인력자원개발의 개념 정의에 필요한 용어와 기제를 많이 사용하고, 학부에서 커뮤니케이션을 전공한 학자는 마찬가지로 자신이 전공한 영역에서 형성된 학문적 자산을 인력자원개발을 정의하는 데 반영한다.

개인적인 견해로는 'development'보다 앞의 두 단어를 어떻게 잘 아우르면서도 좀 더 타당한 표현 방법을 찾아내는가가 더 중요하다고 본다. 이미 'development' 부분은 인력자원개발, 인간자원개발, 인재개발, 인력개발,

---

[7] 예컨대, "…on-the-job experiences that are keyed to the organization's…"(Nadler & Wiggs, 1986), "…developing and improving the human resource of an organization and the systemic improvement of the performance and productivity of employees…"(Smith, 1990), "…designed by an organization to provide its members with the opportunities to learn necessary skills…"(DeSimone, Werner, & Harris, 2002) 등과 같은 정의에 포함된 표현이 그러한 경향을 말해 준다.

[8] 산업교육을 industrial education으로 오역하는 경우가 있는데, industrial education은 공업교육을 이르는 용어이고, technical education은 기술교육을 지칭한다. 기업교육을 굳이 corporate education이라 하는 경우도 있는데, 오히려 training within industry(TWI)가 좀 더 근접한 표현이라 할 수 있다. 그러나 기업체 종사자를 대상으로 하는 교육이라는 우리말의 산업교육은 industrial training으로 표현하는 것이 의미상으로 더 정확할 것이다.

인적 자원개발 등 모든 용어에서 이미 '개발'이라는 뜻으로 동일하게 사용하기 때문이다. 먼저, 인력개발의 '인력'은 일차적으로 '사람의 힘' 또는 '사람의 노동력'을 지칭하는 말로 쓰이지만, 인력자원개발 분야에 종사하는 사람들의 전문 용어로 '사람의 능력 또는 역량'을 의미하는 용어로의 변용이 가능할 것이다. 그렇다면 당연히 인력개발에 '사람이 가진 능력 또는 역량을 개발하는 것'이라는 의미를 부여할 수 있다. 즉, 개인의 능력이 고급스러운 것인지 또는 저급한 것인지 등의 질적인 수준과 상관없이, 개인이 기본적으로 가지고 있는 능력 또는 역량을 향상시키는 것을 인력개발이라 부를 수 있을 것이다. 또한 인재개발이라는 용어는 '(본래부터) 능력이 뛰어난 사람, 곧 인재를 개발한다.'는 것인지, '(범재를) 인재로 개발한다.'는 것인지 명확히 구분하기 어렵다. 인재로만 이루어진 조직은 극히 드물고, 또 모든 사람을 인재로 개발할 수도, 필요도 없는 일이다. 한편, '인간자원개발'이라는 용어를 보면, 인간자원이라고 할 때의 인간은 하나하나의 개인 또는 인류를 의미하는 경향이 강하며, 조직 구성원의 결집된 역량 신장을 목표로 하는 산업현장의 개념과는 약간 거리가 있음을 느낄 수 있다. 또 '인적 자원'은 '자원'에 초점이 맞추어진 용어로서, '인적(人的)'이라고 할 때 의미는 '사람과 관련된, 사람에 관한, 사람을 둘러싼' 등의 의미로 확대되는 경향이 있어서 개발의 명확한 초점을 찾는 일이 쉽지 않다.

요컨대, 인력자원개발이 '사람의 능력 또는 역량이라고 하는 자원'을 개발하는 일이라고 한다면, 다른 용어보다 의미가 더 확실히 전달되는 용어라 할 수 있다. 즉, '인적 자원'에서처럼 '자원'이 핵심어가 되고, '인적'이 수식어가 되는 어의구조보다 '인력'과 '자원'이 똑같이 핵심어가 되는 구조가 좀 더 의미를 명확히 해 준다. 더 나아가 '인력자원', 곧 아직 다듬어지지 않았거나 가공되지 않아 현재의 능력 또는 역량을 더 우수하게 만들 수 있을 뿐만 아니라 발현되지 않은 가능성까지도 개발할 수 있다는 내포된 의미까지 고려한다면 인력자원개발이라는 용어가 다른 어떤 용어보다 적확한 용어라고 할 수 있다(이기성, 2004a). 물론 '인적 자원개발'이며, '인재개발'

'인력개발' '인간자원개발' 등도 다른 맥락에서 얼마든지 사용될 수 있을 것이다.

이상과 같은 인력자원개발이라는 용어에 관한 기본적 논의를 토대로 인력자원개발의 정의를 살펴보고자 한다. 먼저, 인력자원개발의 개념에 관한 논의에서 유승우와 이종문(2002)은 인력(manpower)이라는 용어가 시대가 변화함에 따라 노동력(workforce), 인사(personnel), 노동자(workers), 인력자원(human resources) 등으로 발전되어 왔다고 본다. 그러나 이들은 인력이 주로 생산 관련 용어로 사용되므로, 이를 피하려면 용어상의 한계가 있음에도 불구하고 인력자원 또는 '인적 자원' 이라는 용어를 사용할 수밖에 없다고 하였다. 또 '인적 자원' 에 대해서도 사람 자체보다 사람의 노동력, 즉 사람이 발휘할 수 있는 물리적인 힘에 관심을 두고 있는 용어로 파악하고 있다.

1990년대 초 한국산업교육학회가 출범하면서 한때 용어에 대한 논의가 이루어진 바 있었는데, 여기서 산업교육은 오늘날 인력자원개발로 발전한 개념이라 할 수 있다. 강성원(1991)은 산업교육을 종업원들이 급속한 기술혁신과 환경변화에 능동적으로 대처하고 자아를 실현하여 산업사회에서 보람 있는 삶을 영위하도록 산업체 또는 유관 기관들이 산업체 종업원들을 위하여 실시하는 교육, 훈련, 연구, 개발 등 모든 교육적 노력이라고 정의하였다. 다른 학자들도 초기에 산업교육의 개념을 정의하였는데 이들 중 몇 가지만 살펴보면, 산업에 관련된 교육(김수일, 1991)이라는 정의, 산업체 내에서 이루어지는 교육, 즉 인간자원개발(정범모, 1991)이라는 정의, 조직이 구성원을 상대로 교육과 훈련, 조직개발, 진로개발을 포함하는 인적 자원개발 활동을 총칭하는 것(황병수, 1993)이라는 정의, 기업의 생산력 향상과 사원의 자기개발을 교육적으로 도모하기 위하여 기업체가 의도적으로 실시하는 직장 내 훈련(또는 현장훈련, on-the-job training: OJT), 직장 외 훈련(또는 집합훈련, off-the-job training: OffJT) 및 자기개발을 포함하는 기업체 연수나 기업체의 교육훈련(한준상, 1993)이라는 정의 등이 있다.

　한편, (사)한국인력개발학회는 학회 창립 인사말[5]에서 '자원' 이라는 용어가 없는 '인력개발' 을 정의한 바 있다. 동 학회 인사말은 계속해서 "인력개발은 기업을 비롯한 정부, 단체, 기업 등 모든 조직에서 수행되는 개인개발, 경력개발, 조직개발, 그리고 경영개발을 총칭하는 것" 으로 정의하고 있으며, 이의 학문적 발걸음을 떼기 위하여 교육학, 경영학, 경제학, 심리학, 사회학 등 관련 분야 학문의 상호작용적 협력이 필요함을 역설하고 있다. 즉, 교육학의 세부전공인 성인계속교육학, 경영학의 세부전공인 인사조직학, 경제학의 세부전공인 노동경제학, 심리학의 세부전공인 산업심리학, 사회학의 세부전공인 산업사회학 등을 통하여 인력개발 영역의 학제적 접근을 제안하고 있다.

　이상과 같이 인력자원관리를 포함한 인력자원개발의 정의는 다분히 외국에서 논의된 개념정의를 기초로 이루어진 것임을 알 수 있다. 물론 개념정의를 내리려는 노력은 인력자원개발의 배경 이론이 무엇인지에 관한 논의와 더불어 계속 진행 중이고, 그러한 노력이 완전한 합의에 도달하기 위해서는 좀 더 긴 시간이 필요할 것으로 보인다(McLean, 1998; McLean & McLean, 2001; Roth, 2003; Swanson, 2001). 〈표 1-1〉은 인력자원개발 분야의 학자와 실무 전문가들이 인력자원개발의 개념을 다양한 시각에서 정의한 것을 연대순으로 정리한 것이다.

[5] http://www.koreahrd.or.kr/intro.htm (2004. 3. 8 검색)

표 1-1 인력자원개발의 정의 및 핵심 요소

학자	정의	핵심 요소
Nadler, 1970	일정 기간 내에 행동의 변화를 목적으로 수행되는 일련의 조직적인 활동	행동변화, 성인학습
Jones, 1981	조직과 개인적인 목표 달성에 초점을 맞추어 사람의 일 관련 능력을 체계적으로 확대하는 활동	성과, 조직목표, 개인목표
McLagan, 1983	계획적인 학습을 통하여 개인의 현재 혹은 미래 직무수행에 필요한 핵심 역량을 확인하고, 평가하여 개발하는 것을 도와주는 활동	훈련개발
Nadler & Wiggs, 1986	조직 구성원의 가능성을 발현시키기 위하여 시행하는 종합적인 학습체계로서, 조직의 존립에 핵심이 되는 활동으로 대리학습 경험과 실질적인 직무수행 경험을 포함함	공식학습, 비공식학습, 성과
Swanson, 1987	조직 구성원의 역량을 통하여 조직 성과를 개선하는 활동으로 직무설계, 적성, 전문성, 동기부여 등을 다루는 활동	조직성과
Smith, 1988	프로그램과 활동, 직·간접적인 교수활동 또는 개별 프로그램 활동으로 이루어져 있으며, 개인의 개발에 긍정적 영향을 미치고 조직의 생산성과 이윤을 증대하는 활동	훈련개발, 조직성과
McLagan, 1989	개인과 조직의 효과성을 증진시킬 목적으로 훈련개발, 경력개발, 조직개발을 통합적으로 활용하는 것	훈련개발, 경력개발, 조직개발
Gilley & Eggland, 1989	직무와 개인 및 조직의 향상을 목적으로 성과향상과 개인적 성장을 도모하기 위하여 조직 내에서 추구하는 조직화된 학습활동	학습활동, 성과향상
Nadler & Nadler, 1989	특정 기간 동안 성과향상 또는 개인성장의 가능성 제고를 위하여 고용주가 제공하는 조직화된 학습경험	학습, 성과향상
Smith, 1990	조직과 개인의 목표를 달성하기 위하여 훈련, 교육, 개발 및 리더십을 통하여 조직 구성원의 성과와 생산성을 체계적으로 향상시키고, 조직의 인력자원 향상과 개발에 최적의 방법을 결정하는 과정	성과향상
Pace, Smith, & Wills, 1991	조직 구성원들이 조직의 목표 달성을 위해 일하면서 생산성과 품질의 극대화 및 자아실현을 성취하기 위한 개인개발, 경력개발, 조직개발의 통합	개인개발, 경력개발, 조직개발
Chalofsky, 1992	개인과 조직의 성장과 효과성 극대화를 목적으로 학습 위주의 처방을 개발·적용하여 개인, 집단, 조직의 학습능력을 증진시키는 학습과 실천과정	학습능력, 성과향상

〈계속〉

Marsick & Watkins, 1994	훈련개발, 경력개발, 조직개발의 결합체로서 학습조직을 실현하는 데 필요한 이론적 통합방법을 제시하고 조직을 통하여 전략적으로 접근하는 활동	훈련개발, 경력개발, 조직개발, 학습조직
Swanson, 1995	성과향상을 목적으로 조직개발과 개인의 훈련개발을 통하여 개인의 전문성을 개발하거나 발현시키는 과정	훈련개발, 조직개발, 성과향상
Hargreaves & Jarvis, 2000	개인의 가능성을 최대한 발현시킬 수 있도록 돕는 과정	훈련개발, 조직개발, 채용·배치
Swanson & Holton, 2001	성과향상을 목적으로 조직개발과 개인의 훈련 및 개발을 통하여 개인의 전문성을 개발, 발현하는 과정	조직개발, 훈련개발
DeSimone, Werner, & Harris, 2002	구성원들에게 현재 혹은 미래 직무에 부합하는 필요 기술을 학습할 수 있는 기회를 부여하기 위하여 조직이 설계한 일련의 체계적이고 계획적인 활동	학습, 성과향상
Gilley, Eggland, & Gilley, 2002	조직의 효과성을 증진시키기 위한 역동적이고 발전적인 실천활동	개인개발, 경력개발, 성과관리, 조직개발
Werner & DeSimone, 2006	조직 구성원의 현재 혹은 미래 직무 요구에 필요한 기술과 역량을 갖출 수 있도록 설계된 일련의 체계적이고 계획적인 활동	훈련개발, 조직개발, 경력개발
Noe, 2008	개인, 부서, 조직의 효과성을 향상시키기 위해 훈련개발, 조직개발, 경력개발을 통합적으로 활용하는 것	훈련개발, 조직개발, 경력개발
Swanson, 2009	성과향상을 목적으로 전문성을 개발하고 발현시키는 과정	성과향상, 전문성 발현

출처: Weinberger (1998)의 분류를 토대로 추가, 정리함.

〈표 1-1〉에 제시된 개념정의를 보면 기업체 조직 차원에서 전체 조직 또는 일부 부서 등과 개인에 초점을 맞추어 훈련개발, 경력개발, 조직개발 등의 활동을 통하여 개인, 단위 부서 또는 전체 조직의 현재와 미래에 수행할 직무 관련 역량의 향상을 기함으로써 개인을 포함한 조직의 성과와 생산성 향상을 궁극적인 목적으로 하는 활동임을 알 수 있다. 즉, 인력자원개발은 기업체 종사자들의 직무 관련 교육훈련에 초점이 맞추어진 활동이다. 따라서 인력자원개발은 인력자원관리라는 상위 개념의 한 하위 영역으로 '(이미) 채용된 종업원을 대상으로 그들의 직무수행능력의 향상을 기하는 활동'으로 보는 것이 일반적인 관점이라 할 수 있다.

　한편, 이러한 인력자원개발의 중요성에 대하여 Swanson(1995)은 인력자원개발을 보는 시각을 네 가지로 나누어 제시하고 있다. 첫째, 주요 사업 영역(a major business process)으로 보는 관점, 둘째, 부가가치활동(a value-added activity)으로 보는 관점, 셋째, 선택적 활동(an optional activity)으로 보는 관점, 넷째, 사업 자원의 낭비(a waste of business resources)로 보는 관점이 그것이다. 첫째 관점은 인력자원개발이 기업의 보조업무, 참모 부서로서의 역할을 넘어 기업이 관련 조직을 가지고 이익을 창출하는 기능을 해야 한다고 보는 시각이다. 이러한 시각은 GE, 삼성 등과 같은 대부분의 세계적 초우량기업이 취하고 있다고 볼 수 있다. 둘째 관점은 장차 기업에 부가적인 가치를 더해 주는 기능으로서, 실행했을 때 어떤 가시적인 이익을 가져다 줄 잠재성이 있다고 보는 시각이다. 세계적인 초우량기업의 전 단계에 위치한 대부분의 기업이 이러한 시각을 갖고 있다. 셋째 관점은 기업의 고위 책임자가 선택하여 시행할 수 있는 활동으로 보는 시각이다. 시행하지 않는 것보다 시행하는 것이 분명 이점이 있지만, 내외적인 상황이 어려워지면 축소되는 경향이 있고, 주로 규모가 크지 않은 기업들이 이러한 시각을 견지하는 경향이 있다. 마지막 넷째 관점은 인력자원개발에 대한 투자는 단순히 자원을 낭비하는 행위이고, 투입된 예산이 수익을 초과할 뿐이라고 보는 시각으로, 대부분의 중소기업들에서 흔히 발견된다.

　[그림1-1]은 Minnesota 대학교가 1994년도에 교수진과 대학원 재학생들과의 오랜 논의를 통하여 도출, 합의한 인력자원개발의 개념정의다.

　이상의 논의를 종합하여 이 책에서는 인력자원개발을 다음과 같이 정의하고자 한다. 즉, 인력자원개발은 기업의 생산성(productivity) 향상과 사원의 역량 제고를 교육적으로 도모하기 위해 기업이 계획적으로 실시하는 직장 내 훈련(OJT), 직장 외 훈련(OffJT) 및 자기계발을 포함하는 제반 교육활동을 말한다.

Human Resources Development

Approved by the Faculty of the University of Minnesota, St. Paul, MN-1994

HRD is a process of developing and/or unleashing human expertise through organization development(OD) and personnel training and development(T&D) for the purpose of improving performance.

- The domains of performance are organization, process, and individual.
- OD is defined as the process of systematically implementing organizational change for the purpose of improving performance.
- T&D is the process of systematically developing expertise in individuals for the purpose of improving performance.
- HRD has three critical application areas including human resource management, career development, and quality improvement.

[그림 1-1] Minnesota 대학교의 HRD 정의

2. 인력자원개발의 역사[10]

인력자원개발의 역사를 거슬러 올라가면 생존을 위한 방법으로 기본적인 형태의 학습이 원시시대부터 이미 이루어진 흔적을 찾아볼 수 있지만, 이 용어가 보편적으로 사용되기 시작한 것은 1980년대 이후로 볼 수 있다 (Werner & DeSimone, 2006). 따라서 이 절에서는 원시시대까지 포함한 역사 를 다루지 않고, 1900년대 전후 시기부터 주요 변화를 중심으로 한정하여 인력자원개발의 역사를 개관하고자 한다.

20세기 이전의 시기가 산업혁명이 세계를 이끌어 온 동인이었다면, 20세

---

[10] 이 절은 Swanson과 Holton(2009), 권대봉(2003)을 토대로 보완·작성하였다.

기에 들어와서는 두 차례에 걸친 세계대전이 모든 국면에 큰 영향을 미친 동인이라고 할 수 있다. 전쟁에 필요한 물자의 조달, 이에 동원될 인력의 공급을 위한 단기간의 인력양성 필요성 등이 교육훈련의 질적 변화를 가져온 주요 요인이 된 것이다. 여기에서는 인력자원개발의 역사를 시간의 흐름에 따라 살펴보고자 한다.

1) 1900년대로의 진입과 초기

20세기 이전에는 고대 바빌로니아 시대에 시작된 것으로 보이는 도제제도(apprenticeship)가 대표적인 인력자원개발 방법으로 활용되었다. 중세에 꽃을 피웠던 도제제도는 젊은이들이 전문적인 직업인이 되기 위해 준비하는 체제로, 숙련된 기능인(master)이 자신의 지식과 기술을 수련생(apprentice)에게 가르쳐 주는 제도다. 수련생은 일정 기간 기능학습과 수습기간을 거친 후 직업인이 되었는데, 주로 의학, 법률, 교육과 같은 분야에서 실시되었고, 종교, 예술, 군사 분야에서도 성행하였다. 그러다가 20세기가 가까워지면서 도제제도보다 학교교육을 통해 상공업 분야에서 교육을 실시하는 것이 더 효율적이라는 시각이 생기게 되었고, 대상별로 특수집단을 위한 기술학교, 공업 및 상업학교 등이 출현하게 되었다. 즉, 산업이 새롭게 발전하면서 새로운 방식으로 노동인력을 훈련시켜야 했는데, 도제교육처럼 장기간에 걸쳐 소수의 인력을 양성하는 체제는 자동화된 공장체제에서 업무를 수행하는 많은 인력을 훈련하는 데 한계가 드러날 수밖에 없었다(Swanson & Holton, 2009). 따라서 도제제도는 쇠퇴하였고, 그 공백을 기업학교가 메우게 되었다. 그러나 아직도 도제제도가 인력자원개발의 주요한 방법으로 활용되는 효과적인 분야가 있는데, 프랑스를 비롯한 유럽 국가의 경우 일부 직업기술교육 분야에서는 도제제도가 존속하고 있고, 호주를 비롯한 영연방 국가의 일부에서도 도제제도가 여전히 명맥을 잇고 있다는 점을 주목할 필요가 있다(이기성, 2004b).

일찍이 직업교육훈련이 발달한 미국의 경우 인력자원개발이라는 개념의 등장은 20세기 들어 고용주가 '기업학교(corporation school)'를 통해서 교육훈련 프로그램을 종업원들에게 제공한 사례가 그 효시였다(Beatty, 1918; Swanson & Holton, 2009 재인용). 물론 같은 시기인 1905년 Parsons가 설립한 Breadwinners' Institute라는 이민자와 젊은이를 위한 계속교육기관이 Boston에 세워짐으로써 직업교육 성격의 인력자원개발이 시도된 사례 (Calhoun & Finch, 1982)가 있기는 하나, 인력자원개발 기회를 고용주가 제공했다는 차원에서는 역시 기업학교를 첫 사례로 보는 것이 타당할 것이다.

우리나라에서는 1886년 육영공원(育英公院)이 설립되어 서구식 농업과목을 도입하여 간접적인 실과교육이 실시되었고, 1897년 평양에 숭실학당이 설립되었는데, 숭실학당은 직업기술교육을 강조한 우리나라 근대 역사상 최초의 4년제 교육과정으로 운영된 고등교육기관이었다. 1909년 실업학교령에 따라 실업학교를 농업, 상업 및 공업학교로 나누고, 수업연한은 3년으로 하게 하였는데, 지방의 상황에 따라 1년 이내로 단축 또는 1년 연장이 가능하도록 하였다.

2) 제1차, 제2차 세계대전 전후의 시기

두 차례의 세계대전이 역사에 미친 영향은 다방면에 걸쳐 크게 나타났는데, 직업교육 분야를 위시한 인력자원개발 분야도 예외가 아니었다. 20세기에 들어오면서 정부의 적극적인 직업교육 지원 정책[11]과 다양한 직업 분야의 지도력이 발휘되면서 미국의 인력자원개발은 괄목할 만한 성장을 이루었다. 특히 전쟁에 동원될 인력을 양성하기 위한 교육훈련과 생산 공정의 자동화 진전에 따른 인력자원개발 체제가 진전을 보였다. 1930년대의 경제

---

[11] 대표적으로 1917년 직업교육을 국가 차원에서 지원하기 위한 Smith-Hughes 법이 발효되었다. 이 법은 농업 분야 종사자를 훈련하기 위한 법으로 국자의 재정지원을 포함하고 있다.

대공황 기간에 산업 전반에 걸쳐 직업훈련을 통한 인력자원개발이 잠시 주
춤했으나, 제2차 세계대전이 발발하면서 전쟁 수행에 필요한 물자의 조달,
숙련된 인력의 수요가 급격히 증대하면서 직업훈련의 양적, 질적인 변화가
이루어졌다.

　이 시기의 특기할 만한 훈련방법은 감독자훈련(training within industry:
TWI)을 들 수 있는데, 이는 제2차 세계대전 중 군수산업의 제1선 감독자를
육성하기 위해 미국 국방자문위원회(National Defense Advisory Commission)
에 의해 개발된 훈련 방식으로, 이후 기업 내 훈련에 이용되어 직장, 조장 등
의 중견 감독자가 종업원을 통솔, 지휘하기 위한 감독자훈련 방식으로 활용
되었다. 제2차 세계대전이 종전될 무렵까지 16,500여 개의 일반 산업체 공
장, 노동조합의 160만 명 이상 종업원이 이 과정을 수료한 것으로 집계되었
다(Miller, 1987; 권대봉, 2003 재인용).

　1924년부터 1939년 사이에는 주목할 만한 연구가 시행되었는데, 일반적
으로 작업장의 능률, 생산성은 작업조건에 따라 달라질 수 있다는 통념을
뒤엎는 결과를 얻게 된다. 바로 시카고의 서부전기회사(Western Electric
Company)의 호손(Hawthorne) 공장에서 수행된 일련의 현장 실험으로 작업
집단의 관찰과 노동자와의 심층면접을 통해 얻어 낸 결과였다. 이는 인간관
계와 같은 심리적 요인이 능률과 생산성에 영향을 미친다는 것이었는데,
이 연구결과를 통해서 Taylor의 과학적 관리론에서 간과했던 작업능률과 태
도 및 인간관계와 같은 여러 가지 인간적 요인 간의 관계가 밝혀지게 되었
다. 이러한 연구결과가 받아들여져 인간관계의 중요성을 반영한 관리자훈
련 프로그램과 감독자훈련이 실시되었다.

　1940년대에 들어서면서 정형화한 교육 프로그램이 개발되는데, 감독자
를 위한 직무훈련(Job Instruction Training: JIT) 프로그램, 직무순환훈련(Job
Rotations Training: JRT), 직무방법훈련(Job Methods Training: JMT), 직무안전
훈련(Job Safety Training: JST) 등이 순차적으로 개발되었다. 이 시기에 미국
산업교육협회(American Society for Training and Development: ASTD)가 출범

하여 그 전신인 미국훈련관리자협회(American Society for Training Directors)
를 대체하게 되었다. 또한 동시에 인력자원개발에 관한 학문적 접근도 시도
되었는데, 1946년에는 미국산업교육협회의 주도로 실무자들을 위한 정보와
사례, 연구결과를 소개하는 전문 월간지 『Training and Development
Journal』[12]이 발간되기 시작하였고, 1948년에는 인사관리에 관한 심리학적
접근에 초점을 맞춘 『Personnel Psychology』가, 1958년에는 『Academy of
Management Journal』이 각각 발간되기 시작하였다. 1950년대를 경과하면
서 교육훈련 결과의 평가에 대한 관심이 높아져 Kirkpatrick과 같은 학자는
평가 관련 모형을 구축하려는 시도를 하였고, 모의경영게임(business game)
의 활용, 의사결정 모의실험(simulation)기법, 역할연기(role play)기법, 실험
실 훈련(laboratory training) 혹은 T그룹(T-group), 실천연구(action research)
기법 등이 등장하였다. 한편으로는 Maslow, Knowles, McGregor 등과 같이
인간적인 동기와 특성에 관한 관심을 가진 학자들이, 집단과정과 상호작용
에 관심을 가진 Lewin, Lippit 등이, 설문조사와 환류(feedback)의 새로운 장
을 개척한 Likert, 문제해결기법의 하나인 실천연구를 구안한 Collier,
Lewin, Whyte 등 인력자원개발 분야를 더욱 풍성하게 살찌운 이론가가 활
동하였다.

  우리나라에서는 광복 이후 중등교육 부문의 직업교육을 중심으로 인력자
원개발이 전개되는데, 1945년 9월부터 1948년 8월에 이르는 미군정 기간
동안은 단선형 학제로의 개편과 같은 일제 잔재 말소를 위한 몇 가지 가시
적인 조치가 이루어졌고, 미군정기 이후에는 6-3-3-4제의 기본 학제가 확
정되면서 3년제 실업계 고등학교의 설립으로 고등학교 수준에서 직업교육
이 실시되었다. 1950년대에 들어와서는 '실업교육의 진흥'을 문교 장학방
침으로 정하고 1인 1기 교육을 강조하게 되었다.

---

[12] 『Training and Development Journal』은 1993년부터 제호를 『Training and Development』로
바꾸어 발행하고 있다.

3) 1960년대부터 현재까지의 시기

1960년대에 들어서 특기할 만한 것은 1950년대에 싹이 튼 행동과학의 영향이 광범위하게 영향을 미쳤다는 점이다. 행동과학은 인간 및 인간 집단의 행동을 체계적, 과학적으로 분석하는 학문으로, 심리학, 사회학은 물론 정치학 등과 같은 분야에서 맹위를 떨치게 되었다. 행동과학 기법인 감수성훈련(sensitivity training)의 개발은 종업원들의 행동과 태도를 변화시키는 데 적지 않은 효과를 가져왔다. 과학기술이 발달하면서 컴퓨터를 이용한 학습방법(computer-assisted instruction: CAI)이 도입되었고, 인공위성을 이용한 통신교육도 선을 보이게 되었다. 이들 첨단 과학을 이용한 인력자원개발의 방법은 1970년대가 되면서 실용화 단계에 접어들었다.

1970년대가 되면서 미국의 기업들은 조직개발에도 많은 노력을 기울였고, 특히 교육훈련의 평가에 많은 관심이 집중되었다. 평가의 두 가지 측면인 결과에 대한 평가와 과정에 대한 평가 모형이 등장하였다. 전자는 이전 시기에 평가 관련 모형 구축을 시도했던 Kirkpatrick에 의해 반응(reaction), 학습(learning), 행동(behavior), 결과(results)라는 4수준 모형으로 나타났고, 후자는 Phi Delta Kappa가 구안한 CIPP(Context-Input-Process-Product) 모형으로 나타났다. 이때는 인력자원개발이라는 용어가 확산되는데 초창기 역할을 한 Nadler와 그의 모교인 George Washington 대학교의 기여가 역사의 한 장으로 기록되는 시기이기도 하다. 이 시기에 발간되기 시작한 인력자원개발과 관련된 주요 학술지로는 National Society of Performance Improvement의 『Performance and Instruction』[13]이 1962년, 『Training and

---

[13] 이 협회는 현재 International Society for Performance Improvement로 변경되었고, 간행 학술지의 명칭은 『NSPI Journal』(1962~1971), 『NSPI Newsletter』(1972~1975), 『NSPI Journal』(1976~1980), 『Performance & Instruction』(1981~1982), 『Performance & Instruction Journal』(1983~1984), 『Performance + Instruction』(1985~1996), 『Performance Improvement』(1997~현재) 등으로 여러 차례 바뀐 바 있다.

Development』와 쌍벽을 이루는 현장실무자 중심의 전문 월간지 『Training』
이 1963년, 『Journal of Management Studies』가 1964년, 『Academy of
Management Review』가 1976년, 『Journal of European Industrial
Training』이 1977년에 각각 간행되기 시작하였다.

　1980년대에 들어서면서 경영리더십훈련이 발전하게 되고, 인력자원개발
을 주요 영역으로 하는 학회가 출현하였다. 그야말로 인력자원개발의 백가
쟁명시대라 할 정도로 다양한 기법들이 개발되고 현장에 적용되면서 인력
자원개발 분야가 만개하는 시대를 맞이하였다. 문제해결중심학습(problem-
based learning: PBL), 조직학습, 지식경영, 수행공학, e-러닝, 온라인 학습과
오프라인 학습의 다양한 조합을 통한 혼합형 학습(blended learning) 등이 이
시기에 출현한 방법, 기법들이라 할 수 있다. 앞서 언급한 전략적 인력자원
관리라는 개념이 크게 관심을 얻게 된 것도 이 시기의 일이며, 관련 학술지
로는 1982년 『Journal of Management Development』, 1988년 ISPI에 의해
서 『Performance Improvement Quarterly』, 1990년 ASTD의 후원하에
『Human Resource Development Quarterly』가 각각 간행되기 시작하였다.

　우리나라의 경우 1960년대에 제3공화국이 수립되면서 경제개발계획 추
진에 필요한 산업인력 양성에 역점을 두게 되었고, '경제성장에 기여하는
교육'을 모토로 하였다. 1961년부터 1970년대 초까지의 노동집약시대에 적
합한 직업교육을 시행하였고, 1970년대 중반부터 1980년대까지는 기술집
약시대에 맞는 직업교육으로 전환하여 인력을 양성하였다. 1990년 이후로
는 지식산업시대에 걸맞은 직업교육으로 초점이 전환되었는데, 특히 이전
의 실업계 고등학교에서 큰 변화를 보이고 있음을 볼 수 있다. 최근 전문계
고등학교로 계열 명칭이 바뀐 후, 현재는 특성화고등학교와 마이스터고등
학교 등으로 1970년대 전후 실업계 고등학교가 갖고 있던 우수 초급 인력양
성 기관으로서의 명성을 회복하고 있다. 한편, 고등교육 부문에서 이루어지
는 직업교육은 2년제 전문대학과 4년제 산업대학, 사내대학 등으로 나눌 수
있다. 먼저, 초급대학으로 출범한 전문대학은 실업고등전문학교와 병존하

다가 1979년에 전문대학으로 완전히 개편되었고, 1997년 이후 교명의 자율화, 전문학사 또는 산업학사 학위 수여, 기관장 명칭의 자율적 사용이 허용되는 등 많은 변화를 겪으면서 오늘에 이르고 있다. 1981년 개방대학이라는 명칭으로 산업체 종사자의 계속교육을 목표로 도입되었던 산업대학은 1997년 고등교육법의 개정과 함께 개방대학에서 산업대학으로 개칭된 역사를 갖고 있다. 1997년 전국에 분포한 19개의 국·공·사립 산업대학은 2008년도에 14개로 감소하였고, 현재는 호원대학교와 청운대학교 두 개 대학교만이 산업대학으로 남아 있다. 이들 교육기관은 실무형 인력을 양성하는 데 초점이 맞추어져 있었고, 재직자의 계속교육을 위한 교육기관으로 기능하면서 산업체에 필요한 주요 인력 공급자로서의 역할을 수행해 왔다. 최근 숫자가 증가하고 있는 사내대학도 일정 부분 현장에서 필요한 인력을 공급하는 인력자원개발 기관으로서의 역할을 수행하고 있다.

현장실무자에게 도움을 주는 인력자원개발 분야 전문 월간지가 1989년 『월간 인사관리』로부터 시작되었고, 현재는 그 밖에도 학술적 성격을 갖는 격월간지, 계간지를 비롯하여 많은 인력자원개발 분야 간행물이 발간되고 있다. 주요 학회로는 1966년에 한국교육학회 산하 사회교육연구회로 출범한 한국평생교육학회를 필두로, 1990년대 초 한국산업교육학회가 설립되었고, 1990년대 말 즈음해서 한국성인교육학회, 한국기업교육학회, 한국인력개발학회 등이 출범하였으며, 최근에는 한국액션러닝학회 등이 창립되어 활발한 산학연 간의 학술적 전통을 만들어 가고 있다.

4) 국가 차원의 인력자원개발 노력

최근 들어 우리나라를 비롯해 몇몇 국가에서는 국가 차원에서 인력자원개발을 위한 노력을 기울이고 있다. 여기서는 우리나라와 영국, 싱가포르를 중심으로 살펴보고자 한다.

우리나라에서는 2005년에 인적자원개발 우수기관 인증제(Best human

resource developer: Best HRD) 도입방안을 연구하고 시범사업을 거쳐 2006년 부터 정식 인증사업이 시작되었다. 이 인증사업은 2002년에 제정·공포된 「인적자원개발기본법」 제14조 1항에 근거를 두고 있다.[14] Best HRD 인증사업은 "공공기관과 민간기관에서 능력을 중심으로 인재를 채용·관리하고, 재직 중 학습을 통해 개인의 능력을 제고하는 등 인적자원개발이 우수한 기관에게 심사를 통하여 정부가 인증마크를 부여하는 제도"(한국직업능력개발원, 2013, p. 8)이다. 이 사업은 정부가 "인적자원개발 및 관리에 대한 모범적인 심사기준을 설정하고, 이를 달성한 우수한 기관에게 인증을 수여함으로써 인적자원개발에 대한 투자를 촉진하고 기업 및 국가 경쟁력 강화에 기여하는 것"(한국산업인력공단, 2013, p. 8)을 목적으로 한다. 이 사업은 민간부문과 공공부문으로 나누어 시행되고 있는데, 민간부문은 고용노동부가 총괄하고 교육부, 산업자원통상부, 중소기업청 등이 공동으로 참여하며, 인증 주관은 한국산업인력공단이 맡고 있다. 공공부문은 교육부가 총괄하고 안전행정부가 공동으로 참여하며, 인증 주관은 한국직업능력개발원이 맡고 있다. 〈표 1-2〉는 2012년까지 인증을 받은 기관의 현황이다.

〈표 1-2〉에서 볼 수 있듯이 공공부문의 수여율은 80.2%(206/257)이고, 민간부문의 수여율은 30.8%(273/885; 대기업과 중소기업은 각각 72.6%, 26.5%)로 상대적으로 매우 저조한 편이다. 이는 중소기업의 수여율이 상대적으로 낮아서 생긴 현상으로 인력자원관리 체계와 개발활동이 대기업에 비하여, 혹은 공공부문에 비하여 매우 열악한 상황에 있음을 말해 준다.

영국은 인력자원투자우수기관(Investors in People: IIP)의 개념으로 1991년 10월에 공식적인 IIP 기준 및 Toolkit을 발표한 이래 2004년 영국 전체 기업 및 기관의 38%가 참여하여 3,700여 기업 및 기관이 인증을 받았고, 2010년

---

[14] 법 제14조(인적자원개발 우수기관 등에 대한 인증) 1항에 의하면 "정부는 공공부문 및 민간부문의 인적자원개발을 촉진하기 위하여 인적자원개발 우수기관 등에 대한 인증을 실시하고, 필요한 지원을 할 수 있다."고 규정하고 있다.

표 1-2 Best HRD 인증 수여기관 현황 (단위: 개, %)

		2006		2007		2008		2009		2010		2011		2012		합계	
		신청	인증	신청	인증	신청	인증	신청	인증	신청	인증	신청	인증	신청	인증	신청	인증
공공부문		17	12	37	21	31	24	38	32	43	35	51	46	40	36	257	206
민간부문	대기업	24	17	18	13	11	7	11	8	7	6	5	4	8	6	84	61
	중소기업	61	10	89	19	113	31	126	33	132	45	155	39	125	35	801	212
소계		102	39	144	53	155	62	175	73	182	86	211	89	173	77	1,142	479
수여율		38.2		36.8		40.0		41.7		47.3		42.2		44.5		41.9	

출처: 한국직업능력개발원(2013), p. 9; 한국산업인력공단(2013), p. 12.

4월 기준으로 29,089개 기업 및 기관이 인증을 받았다(한국직업능력개발원, 2013). 영국 밖에서는 네덜란드와 뉴질랜드 등 20여 개 국가에서 IIP를 도입하였고, 유럽사회재단(European Social Fund: ESP)은 'European Social Fund in Action 2000-2006' 계획에 의해 영국의 IIP를 벤치마킹하여 International Standard for HRD 프로젝트를 수행하였다. 설립 초기인 1993년에 IIP는 IIP UK라는 조직에서 교육기술부(Ministry of Education and Skills)의 지원을 받아 운영하였고, 2010년 UK Commission for Employment and Skills로 업무가 이관되어 오늘에 이르고 있다.[15]

싱가포르는 1995년 경제개발위원회에 속해 있던 기술개발기금 부서의 실무자들 중심으로, 영국의 IIP와 미국의 Malcolm Baldrige상을 조사연구하게 한 것을 시초로 하여 1997년 12월 People Developer Standard를 통해 인력자원의 질에 대한 기준을 제시하였다. 싱가포르의 People Developer 인증은 SPRING(Standards, Productivity & Innovation Board)에서 주관하고 있다. 이 제도는 인력자원개발의 수월성을 인증하는 것으로, 최고의 사업성과를

[15] http://www.investorsinpeople.co.uk/About/Pages/default.aspx (2013. 8. 27 검색)

위하여 최상의 인력을 만들어 낸 기관을 식별하기 위한 목적으로 시행되고 있다. People Developer는 2003년 424개 기관에 대하여 성공적으로 인증을 마쳤고, 2011년 9월 기준 633개 기관이 인증을 받았다(한국직업능력개발원, 2013).

제2장

인력자원개발의 영역과 역량

학습 주안점

1. 인력자원개발에는 어떠한 영역들이 있는가?
2. 인력자원개발과 관련된 영역에는 어떠한 것이 있는가?
3. 인력자원개발 실무자[1]에게 필요한 역량은 무엇이고, 그 역량은 어떠한 변천 과정을 거쳤는가?
4. ASTD가 제시한 두 가지 모형의 역량과 역량군의 차이점 및 유사점은 무엇인가?

1. 인력자원개발의 영역

앞서 1장에서 어느 기업이나 조직이든 물적 자원, 재무적 자원, 그리고 인력자원 등 세 가지 자원으로 구성되어 있다는 점을 설명하였다. 그리고 Nadler와 Wiggs(1986)가 분류한 인력자원의 세 가지 하위 영역인 인력자원계획, 인력자원개발, 인력자원활용을 설명하였다. 그들은 인력자원개발은 학습활동을 통하여 개인적인 향상뿐만 아니라 현재 수행하는 직무와 미래에 부여될 직무에 대비하여 준비하는 것이라 하였고, 인력자원개발의 세 가

---

[1] 이 책에서 인력자원개발 실무자는 HRD professional로서 종사하는 practitioner를 포괄하는 용어로 사용하며, 인력자원개발 전문가, 실천가, 업무 담당자, 담당자, 종사자 등 다양한 의미를 내포하고 있는 것으로 본다. 따라서 문맥에 따라 이 용어들이 혼용될 수도 있다.

지 방법인 교육, 훈련, 개발을 통하여 지식과 업무수행능력, 기술, 태도를 습득하고 활용하며 더 나아가 향상시키는 활동이라고 하였다. 이 절에서는 인력자원개발의 세 가지 영역을 간략히 살펴볼 것이다.

1) 교육, 훈련, 개발의 개념

교육, 훈련, 개발 세 용어는 인력자원개발에서 사용되는 기본적인 개념이다. 먼저, Nadler(1970)는 교육과 훈련, 두 가지 용어를 비교해 볼 때 일반적으로 훈련은 대개 부정적인 의미로 사용된다고 한다. 예컨대, 어린 아기를 대상으로 한 용변 훈련(toilet training of children), 애완견 등 동물을 대상으로 한 동물 훈련(training of animals) 등의 예에서 볼 수 있는 것과 같다. 다른 관점에서 본다면, 교육은 개인이 갖고 있는 잠재력(potentiality)을 밖으로 이끌어 내어 이를 발현시켜 주는 활동이라고 할 수 있다. 교육이라는 단어 education은 '밖으로(out of)' 라는 뜻의 'e' 와 '인도하다(lead), 끌어내다(draw)' 라는 의미의 'ducere' 의 합성어로 되어 있다. 이끌어 내어 발현 또는 성숙시켜 주는 작업은 짧은 시간이 소요되는 것이 아니고, 비교적 장기간에 걸쳐 이루어진다. 우리가 보통 교육이라는 과정을 학교라는 제도적 장치에 의해 6년, 9년, 12년, 16년 또는 그 이상 장기적으로 밟아 가는 것을 보면 이해가 좀 더 쉬울 것이다. 한편, 훈련은 위의 용변 훈련이나 동물 훈련 외에도 각종 체육활동이나 군사적 기술을 이해하고 숙지하는 과정에서 사용하는 지식, 기술의 습득 방법을 말한다. 보통 단기간에 걸쳐 이루어지고, 비슷한 유형의 행동 또는 동작을 반복적으로 시행함으로써 훈련 효과가 높아진다. 이에 더하여, Davis와 Davis(1998)는 훈련을 조직에 소속된 개인이 자신의 직무수행을 좀 더 효율적, 효과적으로 할 수 있도록 기술을 개발하고, 정보를 제공하며, 태도를 함양하는 과정으로 보았다. Noe(2008)는 훈련을 종업원의 직무 관련 역량의 학습을 촉진시키기 위한 회사 차원의 계획된 노력이라 하고, 개발은 종업원이 미래를 준비하는 데 도움이 되는 형식교육, 직무경험, 대인관계경험,

성격 및 능력 평가 등과 같은 제반 활동이라 정의하고 있다.

  이상의 논의에서 유추해 본다면, '교육'과 '개발'은 개인의 미래 직무수행
을 위하여 장기적인 관점에서 개인의 잠재적 능력을 이끌어 내어 최대한 발
현시켜 주는 과정이고, '훈련'은 반복적이고 비교적 단기적인 활동을 통해서
원하는 행동이나 동작을 수행할 수 있도록 하는 과정이라 할 수 있다. 따라서
교육과 개발은 발산적인(divergent) 활동이고, 훈련은 수렴적인(convergent) 활
동이라 할 수 있다. 그러나 교육, 훈련, 개발의 개념과 의미가 정확하게 정의
되어 누구에게나 공감을 받는 합의된 정의는 아직 없는 상황이다.

2) 개념정의로 본 인력자원개발의 주요 영역

  인력자원개발의 영역에 관해서는 다양한 의견이 존재한다. 한두 가지 영
역만 주장하는 의견도 있고, 셋 이상의 다양한 영역을 주장하는 견해도 있
다. 앞서 〈표 1-1〉 인력자원개발의 정의 및 핵심 요소에서 제시된 바와 같이
인력자원개발을 구성하는 세 기둥은 훈련개발, 경력개발, 조직개발이라고
하는 것에 많은 사람들이 동의하고 있는 상황이다. 여기서 어떤 학자들은
훈련개발 대신 개인개발을 추가하기도 하지만(Gilley, Eggland, & Gilley,
2002), 이 책에서는 많은 사람이 동의하는 인력자원개발의 세 기둥, 즉 '훈
련개발, 경력개발, 조직개발'을 주요 영역이라 전제하고 나머지 부분을 전
개해 갈 것이다.

  이 세 영역이 인력자원개발을 받쳐 주는 기둥이라는 인식을 갖게 된 것은
McLagan(1989)의 분류로부터 뿌리를 내리기 시작했다고 볼 수 있다. 그는
앞서 훈련개발을 별개로 정의한 바 있으나(McLagan, 1983), 후에 미국산업교
육협회(ASTD[2])의 후원을 받아 인력자원개발 관련 요소 간의 도식, 소위 인

---

[2] 이하 미국산업교육협회 또는 ASTD로 표기한다.

력자원 조직도(human resource wheel: HR Wheel)라 지칭되는 인력자원영역 관계 모형을 개발하면서 세 가지 영역을 언급하였다. 즉, 인력자원개발은 개인, 단위부서, 조직의 효과성을 향상시키기 위하여 훈련개발, 조직개발, 경력개발을 통합적으로 활용하는 활동(McLagan, 1989)이라고 개념정의를 한 이후, Marsick과 Watkins(1994), Swanson(1995), Hargreaves와 Jarvis(2000), 그리고 Gilley, Eggland와 Gilley(2002) 등이 세 가지 기둥을 중심으로 인력자원개발의 영역을 논의하고 있음을 알 수 있다.

세 영역은 뒤의 6장부터 8장에 걸쳐 다시 한 번 자세히 다루겠지만, 우선 세 영역의 핵심적인 활동 개념을 간략하게 살펴보면 다음과 같다.

먼저, '훈련개발'은 개인이 현재 혹은 미래 업무를 수행할 수 있는 핵심 역량을 개발할 수 있도록 그것들을 찾아내고, 확인하며—계획적인 학습을 통하여—개발하는 것을 돕는 일에 초점을 맞춘 활동이다.

둘째, '조직개발'은 건강한 부서 간-부서 내 관계를 가능하도록 하며, 단위부서들로 하여금 변화를 주도하고 관리할 수 있도록 돕는 일에 초점을 맞춘 활동이다.

셋째, '경력개발'은 개인과 조직의 요구가 최적으로 부합되도록 개인의 경력계획과 조직의 경력관리 절차 간 조율이 잘 이루어지도록 하는 일에 초점을 맞춘 활동이다.

2. 인력자원개발 및 인력자원관리의 영역 간 관계 모형

인력자원개발 및 인력자원관리의 영역 간 관계에 대해서는 McLagan (1989)이 제시한 인력자원 조직도, 소위 인력자원 바퀴 모형을 중심으로 간략히 설명하고자 한다. 물론 일반적인 경영학 이론에서 다루어지는, 채용에서 퇴직에 이르는 동안 종업원과 관련된 제반 관리 요소와는 부분적으로 차이가 있을 수 있다는 점을 염두에 둘 필요가 있다.

1) 인력자원영역 관계 모형의 변천

　인력자원개발의 영역을 구명하려는 노력은 1980년대 초부터 왕성하게 이루어졌다. DeGideo와 Swanson(1985)은 다양한 조직을 대표하는 103인의 전문가의 도움으로 1982년도에 ASTD가 확인한 인력자원영역 관계 모형을 활용하여 인력자원개발의 분야별로 어떠한 연구가 수행되어 왔는가를 확인하였는데, 이들은 조사 대상 연구를 1982년도 인력자원영역 관계 모형에 따라 분류하고 있다.

　1982년도의 모형을 간단히 살펴보면, 첫째, 당시의 모형은 훈련개발, 조직개발, 조직·직무설계(organization/job design), 인력자원계획, 선발 및 배치(selection and staffing), 인력자원 연구 및 정보체계(HR research and info systems), 보상 및 복지(compensation and benefits), 종업원 지원(employee assistance), 노동조합·노사관계(union/labor relations)의 9개의 하위 영역으로 이루어져 있었다. 그러다가 1989년에 하위 영역으로 경력개발과 성과관리체제가 추가되어 하위 영역이 모두 11개가 되었다. 둘째, 초기 모형의 중심은 인력자원영역이라는 제목으로 '직장생활의 질(quality of work life)' '생산성' '인력자원 만족도(HR satisfaction)' '인력자원개발(HR development)' '변화준비(readiness for change)'의 다섯 가지로 되어 있는데, 1989년도 모형에서는 '인력자원성과'라는 제목으로 '생산성' '품질(quality)' '혁신(innovation)' '인력자원 성취(HR fulfillment)', 그리고 '변화준비'의 다섯 가지로 구성 내용이 바뀌었다. 셋째, 초기 모형은 단순하게 2개의 동심원으로 되어 있고, 인력자원개발의 주요 하위 영역이라든가, 인력자원개발의 3개 하위 영역과 밀접한 관련 영역이라든가 하는 테두리 동심원이 그려져 있지 않음을 알 수 있다. 넷째, 용어의 선택에서도 미묘한 차이를 보이는데, 다음과 같은 차이가 발견된다. 즉, 초기 모형에서는 훈련개발은 개인이 현재 혹은 미래 업무를 수행할 수 있는 핵심역량을 개발할 수 있도록 그것들을 찾아내고, 평가하며—계획적인 학습을 통하여—개발하는 것을 돕는 일에 초

점을 맞춘 활동으로 설명하여, 핵심역량을 지식, 기술, 태도라고 적시하였
다. 또한 초기 모형에서 인력자원 연구 및 정보체계는 '인사(personnel) 연
구 및 정보체계' 라 명명함으로써 아직 인력자원이라는 용어가 제한적으로
사용되고 있음을 알 수 있다.

2) 인력자원영역 관계 모형의 인력자원개발 영역

인력자원개발 영역의 도식화를 포함한 인력자원영역 관계 모형,[3] 즉 인

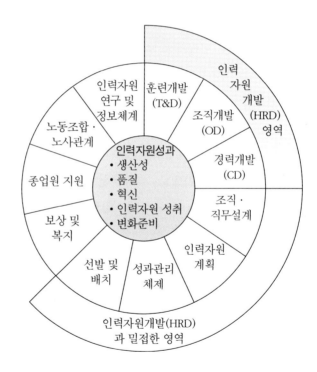

[그림 2-1] 인력자원 조직도

출처: McLagan (1989), p. 7.

[3] 일부에서는 '인력자원 수레(바퀴)' 라는 이름으로 일컬어지기도 한다.

력자원 조직도는 McLagan(1989)이 ASTD의 후원을 받아 수행한 연구결과로 도출된 모형이다. [그림 2-1]은 인력자원 조직도를 보여 준다.

[그림 2-1]에서 볼 수 있듯이 인력자원개발의 주요 영역은 훈련개발, 조직개발, 경력개발의 세 가지로 구분될 수 있다. 각각의 영역에서 다루는 핵심적인 활동은 앞서 설명한 바와 같이 훈련개발은 개인의 역량, 핵심역량에 초점을 맞추어 전개하는 인력자원개발 활동이고, 조직개발은 단위부서 또는 조직에 초점을 맞추어 전개하는 인력자원개발 활동이며, 경력개발은 장기적인 관점에서 개인과 단위부서 또는 조직에 초점을 맞추어 전개하는 인력자원개발 활동이라 할 수 있다. 따라서 인력자원개발은 기업 또는 특정 조직에서 개인, 단위부서, 전체 조직의 효과성을 향상시키기 위해 훈련개발, 조직개발, 경력개발이 바람직한 수준에서 통합적으로 활용되도록 하는 것이다.

3) 인력자원 조직도상의 인력자원관리 영역

앞의 [그림 2-1]에 나타나 있듯이 0시에서 3시 방향에 제시된 세 가지 영역이 인력자원개발의 직접적인 영역이고, 그 이후부터 '선발 및 배치'에 이르는 영역까지는 인력자원개발과 밀접한 관련 영역, 다시 말하자면 인력자원관리 영역의 일부다. 더 나아가 인력자원개발의 간접적인 영역인 '보상 및 복지'부터 '인력자원 연구 및 정보체계'까지도 인력자원관리 영역의 일부다. 결국 이 두 개의 큰 영역은 넓은 의미에서 인력자원관리의 영역이라 할 수 있다.

인력자원관리라는 부문에 속한 4개의 작은 영역 중 '조직·직무설계' 영역은 전체 조직의 단위부서와 개인의 직무 관점에서 개인의 과업, 권한 관계, 조직 내 각종 제도들이 어떻게 조직되고 통합되어야 할 것인지에 관한 것이다. '인력자원계획'은 기업 또는 조직의 주요 인력자원요구, 전략, 철학에 관한 것으로, 적정한 충원 인원, 필요 인력의 선발과 훈련, 승진과 부서이동 등에 관한 내용이 포함된다. '성과관리체제'는 개별 종업원과 조직의 목적(goals)이 유기적으로 연계되어 있는지를 확인하고, 조직의 목적을 달성하기 위해 개별 종업원이 매일 어떤 업무를 수행해야 하는지를 밝히고 그 과정과 결과를 점검하는 것이다. '선발 및 배치'는 인력 및 그의 경력 요구와 역량을 직무와 경력 경로(career path)와 부합하도록 일치시키는 것을 말한다.

인력자원 정보체계라고 표기된 인력자원관리의 간접적인 영역 중 '보상 및 복지'는 보상과 복지의 공정성과 일관성을 어떻게 유지할 것인가에 관한 것이고, '종업원 지원'은 개별 종업원의 문제를 해결해 주고, 상담 등을 통하여 고충을 처리해 주는 일에 관한 것이다. '노동조합·노사관계'는 노동조합과 사측 간의 건강하고 건전한 노사관계를 유지하는 것과 관련되어 있고, 마지막 '인력자원 연구 및 정보체계'는 인력자원 관련 정보가 신속한 관리정보가 되도록 하는 일과 인력자원의 기능적 성과 지수가 제대로 유지되도록 하는 일에 관한 것이다. 인력자원관리와 인력자원 정보체계의 두 부분, 곧 넓은 의미의 인력자원관리 영역은 기업 또는 특정 조직의 인력자원개발 체제 및 절차가 인력자원관리 체제 및 절차와 잘 조율되어서 종업원의 역량, 종업원 간의 신뢰, 성과 등을 향상시키는 것과 관련되어 있다.

이상과 같이 인력자원개발과 인력자원관리 영역을 토대로 인력자원개발 전문가 또는 인력자원개발 실무자(practitioner)가 주로 활동하는 분야를 가늠해 볼 수 있다. 전문성을 고려한 인력자원개발 전문가 또는 실무자의 활동 분야는 인력자원관리의 여러 하위 영역 가운데 훈련개발, 조직개발, 경력개발과 관련하여 개인, 부서, 전체 조직의 효율성과 효과성을 향상시키는 데 기여할 수 있는 각종 학습경험과 관계있는 활동 분야라고 할 수 있다. 점차 영역 간의 경계가 모호해지고, 경계의 구분이 점점 무의미해 가는 오늘날의 상황에서 인력자원개발 실무자는 학습활동과 관련된 영역에만 초점을 맞추는 것보다, 인력자원관리의 다른 하위 영역인 선발, 채용, 배치, 이동, 승진, 보상, 급여, 노사관계, 퇴직뿐만 아니라, 더 나아가 기업 또는 조직의 전체 경영 현황에 관한 기본적인 지식과 소양을 갖출 필요가 있다.

3. 인력자원개발 실무자의 역량

역량이라는 개념은 White(1959; 김영길, 2009 재인용)에 의해 환경과 효과적으로 상호작용하는 능력으로 정의되어 처음으로 소개되었다. 그는 역량을 타고난 특성이 아니라 구체적인 상황에서 길러지고 학습될 수 있는 특성으로 보았다. 이후 McClelland(1973; 김영길, 2009 재인용)는 전통적으로 수행되던 학업적성검사나 성취도검사가 지닌 한계를 대체할 수 있는 방법으로 역량에 주목하였다. 그는 전통적인 검사 방법은 개인의 업무성과나 인생에서의 성공 여부를 예측하지 못하는 한계가 있을 뿐만 아니라, 소수자 또는 여성 등에 대한 편견을 배제하지 못했다는 점을 지적하였다. 이러한 배경에서 그는 특정 조직이나 환경에서 요구되는 것을 수행할 수 있는 능력을 역량으로 보았다. 한편, Boyatzis(1982)는 직무수행의 결과인 성과와 그것을 수행하는 데 필요한 행동으로 구분하였고, 역량을 우수한 성과를 내는 데 직접적으로 관련된 동기, 특성, 기술, 자아상, 사회적 역할, 지식체계 등과 같이 개인에게 내재된 특성으로 보았다. 역량모델링으로 잘 알려진 Spencer와 Spencer(1993)는 역량을 특정한 상황이나 직무수행 시 준거에 맞춰 효과적이고 우수한 성과를 낳는 개인의 내적 특성으로 정의하였는데, 이들 내적 특성은 동기, 특질(traits), 자아개념, 지식, 기술(skill)과 같은 다섯 가지 요소로 이루어졌다고 보았다.

국내에서 수행된 몇몇 연구에서도 이러한 역량의 정의에 관한 논의를 찾아볼 수 있다. 김진규(2007)는 장학사의 역량 제고를 위한 평가체제를 개발하면서, 교육전문직의 역량을 교육환경에서 부여된 업무나 과제를 성공적으로 수행하는 데 필요한 지식, 기술, 태도 등의 행동특성의 집합체라고 정의하였다. 또 김영길(2009)은 역량을 "어떤 분야에 종사하는 사람으로 하여금 그 역할을 효율적으로 수행하여 성과를 창출하도록 하는 행동, 스킬, 지식의 종합"(p. 25)이라고 정의하였다. 그리고 강은숙(2011)은 여성 NGO 리더의 역할과 역량을 연구하면서 역량을 "성과에 영향을 미치는 개인의 신념과 가치관, 동기 등의 내적 특성 및 행동양식"(p. 25)이라고 정의한 바 있다. 한편, 이홍민(2009)은 역량의 특징을 다음과 같이 여섯 가지로 제시하였다. 첫째, 업무의 수행과정에서 나타나는 구체적인 행동이다. 둘째, 조직에서 필요한 역량과 중요성이 감소하는 역량을 규명하여 취사함으로써 조직의 변화를 지원한다. 셋째, 조직이 제시하는 성과기준과 직무수행 환경에 따라 달라지는 등 상황대응적이다. 넷째, 직무분석이 일의 절차나 단계, 구성요소를 분석하는 데 반하여 역량은 성과증대에 초점을 맞춘다. 다섯째, 교육훈련과 코칭, 도전적인 직무의 부여, 높은 목표 설정, 유익한 피드백 등을 통하여 육성과 개발이 가능하다. 여섯째, 관찰과 측정이 가능하다.

1) 1989년 ASTD의 인력자원개발 실무자의 역량

인력자원개발 실무자들이 갖추어야 할 역량은 ASTD의 후원을 받아서 McLagan(1989)이 정리하여 제시하였다. 비단 인력자원개발 실무자 또는 전문가뿐만 아니라 인력자원개발 분야 종사자들에게도 해당하는 역량이라 할 수 있다. ASTD에서 새로운 역량을 도출해 내게 된 배경에는 1990년대라는 시기가 가져온 조직의 변화, 인력의 변화, 그리고 일해 오던 관행의 변화 등이 자리하고 있다. 다만 2010년대를 살아가는 우리는 여전히 제시하는 역량들이 1980년대까지 미국의 상황을 반영한 역량들이라는 시간적·공간적 한계가 있음을 유의할 필요가 있다.[4] McLagan은 인력자원개발의 역량을 크게 네 가지 역량군으로 나누고, 35개의 하위 역량을 각 역량군마다 제시하였다. 그 네 가지 역량군은 첫째, 기술적 역량군(technical competencies), 둘째, 비

[4] 실제로 Marquardt와 Engel(1993)은 인력자원개발 역량이 미국을 벗어나 타국에서 작동하는 데 일정한 한계가 있음을 밝히고 있다. 이들은 태국에서 communication과 feedback이 미국의 현실과 다르게 나타나고 있는 사례를 제시하고 있다.

즈니스 역량군(business competencies), 셋째, 대인관계 역량군(interpersonal competencies), 넷째, 지적 역량군(intellectual competencies)이다. 각 역량군별 하위 역량은 다음과 같다.

(1) 기술적 역량군

- 성인학습(adult learning)의 이해: 성인들이 어떻게 지식, 기술, 태도를 습득하고 활용하는가에 관한 지식; 학습에서의 개인차에 관한 이해
- 경력개발 이론 및 기법의 이해: 경력개발에서 사용되는 기법 및 방법에 관한 지식, 그들 기법과 방법의 적절한 활용
- 역량 확인(competency-identification) 기술: 개인별 직무와 과업, 역할에 필요한 지식과 기능을 확인하는 기술
- 컴퓨터 활용 능력: 컴퓨터 및 응용 프로그램의 이해와 사용 능력
- 전기 · 전자 장치 관련 기술: 인력자원개발의 관리와 프로그램 전달에 필요한 전기 · 전자 장치(예: 컴퓨터기반 훈련, 원격화상회의, 전문가 시스템, 상호작용 비디오, 위성 네트워크 등)의 기능, 특징을 알고 응용할 수 있는 기술
- 시설 및 설비 관련 기술: 시설 및 설비를 효율적이고 비용효과적인 방법으로 활용할 수 있도록 계획하고 조정하는 기술
- 목표작성 기술: 바람직한 산출물을 나타내는 진술문을 명확하게 작성하는 기술
- 성과관찰 기술: 직무수행에 따른 행동과 그 결과를 추적하고 묘사하는 기술
- 주제의 이해: 주어진 기능에 관한 내용과 언급된 원리에 관한 이해
- 훈련 및 개발의 이론과 기법의 이해: 훈련에서 사용되는 이론과 방법에 관한 지식; 해당 이론과 방법의 적절한 사용에 관한 이해
- 연구 기술: 공식적인 조사연구를 위하여 통계적 기법이나 자료수집 기법 등과 같은 방법론을 선정하고, 전개하며, 활용할 수 있는 기술

(2) 비즈니스 역량군

- 사업의 이해(business understanding): 사업의 기능이 어떻게 작동하고, 기능 간에 어떻게 연관되는지에 관한 지식; 사업의 결정이 어떠한 경제적 영향을 미치는지에 관한 이해
- 비용-효과분석(cost-benefit analysis) 기술: 어떤 대안이 가져다주는 재무적, 심리적, 전략적 장점과 단점의 측면에서 대안들을 평가하는 기술
- 위임(delegation) 기술: 책임과 권한을 다른 사람에게 위양하는 기술
- 산업 분야의 이해(industry understanding): 산업 또는 부문을 규정하는 핵심 개념과 변인에 관한 이해; 주요 이슈, 경제적 취약성, 측정, 유통 방법, 투입요인, 산출요인, 정보원 등이 포함될 수 있음
- 조직행동(organization behavior)의 이해: 조직을 복합적인 목적을 추구하는 역동적, 정치적, 경제적, 사회적 체제로 보는 시각; 주요 사건과 변화를 이해하고 영향을 주는 틀로서 그와 같은 거시적 관점을 활용하는 것
- 조직개발의 이론과 기법: 조직개발에서 사용되는 기법과 방법에 관한 지식; 해당 기법과 방법의 적절한 사용에 관한 이해
- 조직의 이해: 특정 조직의 전략, 구조, 권력 관계(power networks), 재무적 상태, 그리고 체제 등에 관한 지식
- 과제 관리 기술: 특정 산출물을 얻을 수 있도록 작업을 계획하고 조직하며 모니터링하는 기술
- 기록 관리 기술: 쉽게 인출해 낼 수 있는 형태로 자료를 저장하는 기술

(3) 대인관계 역량군

- 코칭 기술: 개인의 요구, 가치, 문제, 대안, 그리고 목적을 인식하고 이해하도록 돕는 기술
- 환류(feedback) 기술: 정보, 여론, 관찰결과, 결론 등을 주고받음으로써 상대방에게 이해가 되게 하고, 필요한 조치가 이루어질 수 있도록 하는 기술

- 집단과정(group-process) 기술: 단위집단으로 하여금 과업, 관계, 개인의 요구가 잘 다루어질 수 있도록 영향을 주는 기술
- 협상 기술: 의사결정 과정에서 성공적으로 특정한 이익을 제기하여 관련된 이해당사자가 모두 이득을 보는(win-win) 합의에 이르게 하는 기술
- 발표(presentation) 기술: 정보를 구두로 발표하여 의도한 목적을 거둘 수 있도록 하는 기술
- 질문 기술: 면접, 질문지, 기타 조사 방법들을 사용하여 개인과 집단에서 정보를 얻어 내기도 하고, 개인과 집단의 통찰력을 자극하는 기술
- 관계구축(relationship-building) 기술: 다양하고 폭넓은 사람들 또는 집단에 걸쳐 관계 또는 관계망을 구축하는 기술
- 작성 기술: 일반적으로 받아들여지는 표기법과 형식을 준수하고, 대상의 특성에 적합하며, 창의적이고, 의도한 목적을 얻어 낼 수 있도록 서면 자료를 준비하는 기술

(4) 지적 역량군

- 자료 축약(data-reduction) 기술: 자료를 검토하고 종합하여 결론을 도출해 내는 기술
- 정보 검색 기술: 인쇄 자료 또는 기타 기록물에서 정보를 모으는 기술; 정보전문가를 활용하거나 참고자료 서비스 또는 지원을 찾아내는 기술
- 지적 융통성: 다양하고 폭넓은 아이디어와 사례들을 인식하고, 탐색하며, 활용하는 능력; 개인적인 편견으로부터 지나친 영향을 받지 않고 논리적이고 창의적으로 사고하는 능력
- 모형구성(model-building) 기술: 복잡한 아이디어들을 이해할 수 있고 유용한 방법으로 이론적, 실천적 틀을 개념화하고 전개할 수 있는 기술
- 관찰 기술: 어떤 상황 또는 다양한 상황에 걸쳐 발생하는 것을 객관적으로 인식하는 기술
- 자기 이해(self-knowledge): 자신의 개인적 가치, 요구, 관심, 방식, 역량

을 알고 그것들이 타인에게 미치는 영향을 아는 지식

● 비전화(visioning) 기술: 장래의 동향을 예견하고, 가능하고 또 있음직한 미래와 그 의미를 그려 낼 수 있는 기술

2) 2004년 ASTD의 직장 내 학습 및 성과와 역량

직장 내 학습은 현업을 수행하면서 그 수행 활동과 경험을 통해 유발된다. Sugrue, O'Driscoll과 Blair(2005; 김영길, 2009 재인용)에 따르면 직장(workplace)은 학습(learning)과 성과(performance)가 함께 어우러지는 맥락으로 기능한다. 김영길(2009)은 직장 내 학습 및 성과(workplace learning and performance: WLP)[5]를 다음과 같이 설명하고 있다.

> "……WLP에서 'W'는 학습해결책의 선택과 성공을 위해 업무현장 변수— 목표, 시스템, 자원, 인센티브— 의 역할을 강조하는 것이다. 이러한 업무현장의 환경 변수는 WLP 전문가에게 중요한 영향을 준다. WLP에서 'L'은 새로운 지식과 스킬을 학습하는 개인을 이끄는 공식적, 비공식적, 계획적, 비계획적인 모든 기회를 제공해야 할 책임을 포함한다. 특히 WLP 전문가는 개인과 조직의 지식과 전문기술을 개발시켜 조직성과를 주도하는 변혁적 관리자이어야 한다.……"(p. 14)

새 천년이 시작되면서 WLP로의 변화는 어떻게 시작되었는가? Argyris (1994)는 자발성이 미흡하고, 누군가 제공자의 의도에 좌우되는 훈련에서 자발성이 강조되고 학습자가 주체가 되어 이끌어 가는 학습으로의 변화, 그리고 일터에서 학습이 하나의 일상적 과정이 되는 변화를 지적하고 있다. 학습이

---

⑤ 이하 WLP로 표기한다.

선택이 아니라 필수가 된 상황에서 학습이 개인과 조직의 성과와 연계되는 상황에 대한 변화의 수용이 필요하다는 점을 강조하고 있다. 참고로, Rothwell과 Sredl(2000)은 WLP의 개념을 개인과 조직의 성과를 향상시키기 위해 학습 및 다른 해결책(solutions)을 통합적으로 활용하는 것이라고 보았다.

ASTD에서는 최초로 수월성의 표준을 규정하는 역량모형을 개발하여 사용해 왔는데, 이제 훈련에서 인력과 조직의 개발로, 다시 직장 내 학습 및 성과로 인력자원개발 분야가 확대 · 발전되면서 역량모형도 변화하지 않으면 안 되게 되었다고 진단하였다. 따라서 Bernthal을 포함한 여섯 명[6]의 학자와 전문가가 다시 ASTD의 후원으로 새로운 역량을 제시하기에 이르렀다. 그들은 향후 또 다른 역량이 출현할 것이라는 개방적인 태도를 취하고 있으며, 또 2004년도 모형이 모든 것을 포용할 만큼 완벽하지 않다는 한계점을 스스로 시인하고 있다.

이 모형은 피라미드형으로, 상위층에 학습전략가(learning strategist), 비즈니스 파트너, 프로젝트 관리자, 그리고 직무전문가(professional specialist)의 네 가지 WLP 역할을 제시하고, 피라미드의 중간층에 학습설계(designing learning), 성과향상(improving human performance), 훈련 제공(delivering training), 측정 및 평가(measuring and evaluating), 조직변화 촉진(facilitating organizational change), 학습기능 관리(managing the learning function), 코칭, 조직지식 관리(managing organizational knowledge), 경력계획 및 인재관리(career planning and talent management) 등의 9개 WLP 전문영역을 제시하고 있다. 끝으로 기단층에 세부적인 역량을 세 가지 역량군으로 묶어서 제시하였는데, 첫째는 대인관계 역량군이고, 둘째는 비즈니스/관리 역량군, 그리고 셋째는 개인적 역량군이다. 세 가지 역량군의 하위 역량은 모두 열두 가지인데 각각은 다음과 같다.

---

[6] 이들 여섯 명은 Paul R. Bernthal, Karen Colteryahn, Patty Davis, Jennifer Naughton, William J. Rothwell, Rich Wellins이다.

(1) 대인관계 역량군

● 신뢰구축: 상대에게 자신과 자신이 속한 조직의 목적에 대해 확신을 줄 수 있도록 상호작용함

● 효과적인 의사소통: 개별적인 상황과 집단 상황에서 사고와 의견, 아이디어를 분명하고 간략하며 설득력 있게 표현함; 타인의 말을 경청함; 청중의 주의를 사로잡기 위하여 자신의 스타일을 조정함; 정보를 정확히 주고 지원을 얻을 수 있도록 목표가 있는 의사소통 방법을 개발하고 효율적으로 사용함

● 이해당사자에 대한 영향력 발휘(influencing stakeholders): 조직의 성과를 향상시키는 방법으로서 학습의 가치 또는 권장된 해결책을 이해당사자들에게 납득시킴; 개인, 팀, 조직의 성과를 향상시켜 줄 해결책에 대한 헌신을 이끌어 냄

● 다양성의 장려(leveraging diversity): 모든 개인의 능력과 통찰력, 아이디어를 인정하고 장려함; 다양한 양식(styles), 능력, 동기요인, 배경(문화적 차이 포함)을 가진 개인들과 효과적으로 업무를 수행함

● 관계구축 및 제휴(partnering): 비즈니스 결과의 달성을 촉진하는 방향으로 WLP 전략을 강화할 수 있도록 조직 내외의 연줄(contacts)과의 협력 관계망을 개발하여 활용함

(2) 비즈니스/관리 역량군

● 요구분석 및 해결책 제시: 비즈니스 이슈와 고객의 요구, 문제, 기회를 찾아내고 이해함; 결론을 도출하기 위해 다른 정보원으로부터 얻은 자료를 비교함; 행동방침을 선택하거나 적절한 해결책을 개발할 수 있는 효과적인 접근방법을 활용함; 가용한 사실, 제한점, 얻어질 결과 등과 일치하는 행동을 취함

● 비즈니스 감각(business acumen)의 활용: 조직의 비즈니스 모델과 재정적 목적(goals)을 이해함; WLP 해결책에 대한 적절한 투자가 되도록 비즈

니스 사례를 만들어 내고 문서화할 때 경제, 재정 및 조직과 관련된 자료를 활용함

- **결과 추구(driving results)**: WLP 해결책과 관련하여 개선 가능하고 잘 다듬어진 목적을 세울 수 있는 기회를 찾아냄; 투입되는 노력을 조직화하고 진척상황을 측정함; 목적을 달성하고 이례적인 결과를 낳을 수 있도록 최선을 다함
- **과제의 계획과 수행**: WLP 목적을 확실히 달성할 수 있도록 시의적절하게 실천계획을 수립하고, 필요한 자원을 확보하여 과제를 완성함
- **전략적 사고**: 조직에서 학습과 성과에 영향을 미치는 내외적인 요인을 이해함; 비즈니스의 부가가치를 높이기 위하여 동향을 잘 파악하고 기회를 맞이함; 시스템적 관점에서 학습과 성과 전략을 개발하고 비즈니스 전략과 잘 정렬되도록 함

(3) 개인적 역량군

- **적응성 발휘(demonstrating adaptability)**: 직무 과업, 작업 환경, 또는 조직에 영향을 미치는 조건들(예: 경제적, 정치적, 문화적, 기술적 조건 등)에서 주요한 변화를 겪을 때 효과성을 견지함; 새로운 사람, 새로운 사고, 새로운 접근법에 대하여 개방적임; 새로운 작업 구조, 새로운 절차, 새로운 자격요건, 또는 새로운 문화에서 효과적으로 일할 수 있도록 적응함
- **자기개발 모델링(modeling personal development)**: 적극적으로 개인의 학습을 위한 새로운 학습영역을 찾아냄; 주기적으로 학습기회를 만들고 기회를 활용함; 새롭게 습득한 지식과 기술을 현장에 적용함

3) 기타 인력자원개발 실무자의 역량

국내에서도 2000년대에 들어 몇몇 학자들 사이에서 인력자원개발 실무자 혹은 담당자의 역량을 구명하려는 노력이 시도되었다. 괄목할 연구 중 하나

는 이호선과 유재철(2007)의 연구인데, 이들은 인력자원개발 관리자의 역할 중 하나로 '퍼포먼스 컨설턴트'로서의 역할에 초점을 맞추어 다섯 가지 역량군에 따른 38개 하위 역량을 구분하여 제시하였다. 퍼포먼스 컨설턴트의 역할은 Rothwell이 제시한 네 가지 역할, 즉 성과분석가, 해결책 선정전문가, 변화관리자, 평가자 등을 수행하는 데 필요한 역량을 활용하였고, 퍼포먼스 컨설팅 전 과정에 걸쳐 필요한 역량인 전반적인 핵심역량을 더하여 다섯 가지 역량군으로 분류하였다. 다섯 가지 역량은 첫째, 전반적인 핵심역량, 둘째, 성과분석가 역할에 필요한 역량, 셋째, 해결책 선정전문가 역할에 필요한 역량, 넷째, 변화관리자 역할에 필요한 역량, 다섯째, 평가자 역할에 필요한 역량이다. 먼저, 전반적인 핵심역량은 산업에 대한 이해, 리더십 기능, 대인관계 기능, 테크놀로지 이해, 문제해결 기능, 체계적 사고, 퍼포먼스에 대한 이해, 해결책에 관한 지식, 경영에 대한 이해, 조직에 대한 이해, 협상·계약 기능, 책임자 선정·지원 기능, 대처기능, 거시적 시야, 컨설팅 기능의 열다섯 개 하위 역량으로 이루어져 있다. 둘째 역량군인 성과분석가로서의 역량은 성과차이분석능력, 요구조사 설계와 기술 개발, 필요역량확인 기술, 질문 기술, 분석종합 기술, 작업환경분석 기술 등 여섯 가지 하위 역량으로, 셋째 역량군인 해결책 선정전문가로서의 역량은 성과정보 해석능력, 해결책 선정 기술, 업무성과 변화도 분석 능력, 해결책들 사이의 관계 조사능력, 핵심경영 이슈와 변화인식 능력, 목표실행 기술 등 여섯 가지 하위 역량으로 이루어져 있다. 넷째 역량군인 변화관리자로서의 역량은 변화촉진 기술, 의사소통 채널 및 협력관계 이해력, 집단역할 이해력, 프로세스 컨설팅 기술, 집단촉진 기술 등 다섯 가지 하위 역량으로, 다섯째 역량군인 평가자로서의 역량은 업무성과차이평가 기술, 조직목표대비 결과평가 능력, 기준설정 기술, 조직문화 영향 조사능력, 성과개선 해결책 결과평가 기술, 피드백 기술 등 여섯 가지 하위 역량으로 각각 이루어져 있다.

다음으로, 배을규(2009)는 인력자원 실천가의 역량을 제시하였는데, 앞서 기업체 인적자원개발 담당자의 역량 모형을 개발하면서(배을규, 김대영,

2007) '역량군 > 역량명 > 핵심행위'의 위계로 구분하여 다음과 같이 네 가지 역량군과 열한 가지 역량을 도출한 바 있다.

(1) 개인적 역량

● 다원적 사고방식
- 개방적인 사고방식을 갖는다.
- 개인적인 선입견과 편견을 갖지 않는다.
- 타인을 존중하고 타인에게 호의를 베풀어 친밀감, 호감을 갖게 한다.

● 의사소통
- 말, 몸짓, 언어, 표정 등으로 전달하고자 하는 메시지를 효과적으로 표현한다.
- 적절한 속도와 억양으로 말한다.
- 관계자들 사이에서 일반적으로 통용되는 양식에 따라 의도한 바에 맞게 문서를 작성한다.
- 다른 사람의 말을 적극적으로 경청한다.
- 상대방이 이해하기 쉽고, 명료하게 글을 쓴다.

● 매체 및 뉴테크놀로지 활용
- 필요한 정보제공 및 전달을 위해 각 특성에 맞춰 다양한 매체를 효과적으로 활용한다.
- 컴퓨터를 잘 이해하고 목적에 맞게 효과적으로 활용한다.
- 사용할 매체의 특성에 따라 제공한 정보와 자료를 가공한다.
- HRD 활동을 위한 전자시스템(예: 원격화상회의, 컴퓨터기반 훈련, 상호작용 비디오 등)의 특징을 이해하고 적절히 활용한다.

(2) 분석적 역량

● 수행 및 성과 분석
- 이상적인 성과수준과 실제 성과수준을 비교한다.

- 조직 구성원의 성과 및 업무 프로세스를 관찰하고 그 효과성을 파악한다.
- 조직 구성원의 학습 및 성과에 영향을 주는 업무 환경이나 특성을 이해한다.
- 조직의 학습 및 성과 증진 기회와 전략을 모색한다.

● 연구과제 계획 및 수행
- 연구 실행 계획을 수립하고 적절한 조사도구를 개발한다.
- 연구 진행에 필요한 예산 계획을 수립하고 관리한다.
- 연구를 통해 적절한 대안을 제시한다.
- 연구결과를 의사결정에 활용한다.

● 요구분석 및 해결책 제시
- 자료 및 정보를 탐색, 분석하여 현상 및 문제를 진단한다.
- 각 직무, 과업, 역할에 필요한 지식과 기술을 확인한다.
- 비즈니스 요구 및 이해관계자들의 요구에 따른 학습 및 성과 해결책을 제시한다.
- 제시된 해결책으로 얻게 될 결과를 규명한다.
- 제시된 해결책의 우선순위를 선정한다.

(3) 비즈니스 역량

● 조직 이해 및 비전 제시
- 조직의 핵심적인 경영(사업) 계획 및 전략을 이해한다.
- 조직의 구조, 체제, 기능, 운영 과정을 이해한다.
- 조직 내 의사결정 방식을 이해한다.
- 사업의 각 부문별 기능이 어떻게 유기적으로 작용하는지 이해한다.
- 바람직한 변화의 모습과 내용을 이해하고 나아가야 할 방향을 제시한다.
- 비즈니스 성과 달성을 위해 구체적으로 성취 가능한 목적 및 목표를

설정한다.

- 조직의 목적을 달성하기 위한 방법, 과제 등에 관한 정보를 제공한다.
- 조직의 비전과 전략을 조직 구성원 모두가 공유하도록 지원한다.

● 이해관계자와의 관계구축

- 조직 내외부의 사람 또는 집단과의 네트워킹을 통해 조언과 해결책을 모색한다.
- 우수사례를 탐색하고 공유한다.
- 조직 내외부의 관계자들과 협력해 활용 가능한 인적·물적 자원을 확보, 활용한다.
- 공동의 목적을 달성하기 위하여 관계자들과 협력한다.
- 타인의 조언에 대하여 개방적인 자세를 보인다.
- 이해관계자 간에 실재하는 갈등 및 잠재적 갈등 요소의 원인을 규명한다.
- 구성원들이 갈등과 집단의 문제를 인식하고 건설적으로 해결하도록 집단과정을 촉진한다.

(4) 전문적 역량

● 성인학습 이해와 활용

- 성인학습 및 성인학습자의 일반적인 특성을 이해한다.
- 성인학습자의 특성을 반영해 학습목표, 학습내용, 학습방법, 학습평가를 계획한다.
- 교육훈련 이론 및 기법에 대해 이해하고 적절하게 활용한다.
- 원격교육의 이론과 기법을 이해하고 적절히 활용한다.

● 조직개발 이해와 활용

- 조직 및 조직행동에 대해 이해한다.
- 조직 내외의 변화를 이해하고 지속적인 변화를 촉진하며 관리한다.
- 조직학습 및 조직개발 이론과 기법을 이해하고 적절하게 활용한다.

　　– 지속적인 학습 전이 발생이 가능한 환경을 구축하고 지원한다.

● HRD 프로그램 평가

　　– HRD 프로그램의 평가 기준을 설정한다.

　　– 조직과 조직 구성원의 학습 및 수행 · 성과 증진을 위한 HRD 프로그램 실행의 가치를 판단한다.

　　– HRD 프로그램의 효과분석 기법에 대하여 이해한다.

　　– HRD 프로그램 평가를 통하여 시사점을 도출한다.

　　– 이해관계자들이 HRD 프로그램 계획, 실행, 평가 과정에 관여할 수 있게 한다.

제3장

인력자원개발 관련 제도와 관리[1]

학습 주안점

① 기업에서 인력자원개발을 담당하는 조직은 어떻게 구성되어 있는가?

② 인력자원개발을 지원하기 위한 법적, 제도적 체계는 어떻게 조직되어 있는가?

③ 인력자원개발 기능의 관리란 무엇인가?

④ 인력자원개발의 효과성 제고를 위한 보조 기제는 무엇인가?

1. 인력자원개발 환경의 변화와 제도적 기반

어떤 기업에서는 인력자원개발 조직이 별도로 설치되어 있지 않고, 단순한 교육훈련 기능이 다른 부서 기능과 함께 수행된다. 또 어떤 기업에서는 인력자원개발 또는 교육훈련 기능이 인력자원관리를 전담하는 부서의 한 하위 기능으로 수행된다. 그리고 규모가 더 큰 대기업에서는 인력자원개발이 별도의 부서로 분리되어 기능을 수행한다.

인력자원관리가 조직의 목표와 전략을 가장 잘 달성할 수 있을 뿐만 아니라 개인의 목표와 요구를 실현할 수 있는 인력을 효과적으로 선발해서 활용하는 것이라고 한다면, 인력자원을 담당하는 전문가와 일선 관리자들은 인

---

[1] 이 장은 이기성(2003)을 수정 · 보완하고 새로운 내용을 추가하였다.

력자원관리, 특히 인력자원개발의 책무성을 함께 공유하고 실천해야 한다. 인력자원의 관리와 개발이 어떻게 실천되는지는 조직의 규모, 역사, 업종, 구성인원의 특성 등 많은 요인에 따라 다양하게 나타난다. 어떤 조직에서는 인력자원관리와 인력자원개발 기능이 중앙에 집중되어 있을 수도 있고, 다른 조직에서는 그렇지 않을 수도 있다. 이해를 돕기 위해 기업의 인력자원 관련 조직을 살펴보고자 한다.

[그림 3-1]은 규모가 큰 대기업의 인력자원관리 조직을 예시한 것이다.

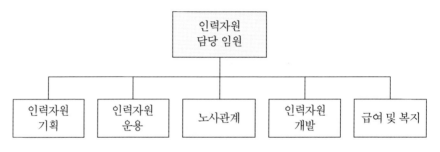

[그림 3-1] 대기업의 조직도표에 나타난 인력자원관리 기능(예시)

출처: Werner & DeSimone (2006), p. 9.

어떤 기업에서는 위의 부서를 모두 포함하지 않고 다른 기능과 명칭의 부서를 설치할 수도 있고, 위의 부서 외에도 필요에 따라 더 많은 부서를 인력자원관리 영역에 둘 수 있다. 실제로 과거 국내의 한 기업에서는 오늘날의 인력자원관리부라 할 인사부에 인사과, 노무후생과, 인사기획과, 조직개발과, 인력개발과, 교육훈련팀을 설치하여 운영한 사례가 있다. 인사과에서는 사원의 입사에서 퇴사까지 인사 전반을 관리하는 업무를 수행하였고, 인사기획과에서는 승진, 이동, 급여, 정원조정 등과 관련된 업무를 기획하고 조정하는 업무를 담당하였다. 노무후생과에서는 사원의 노사관계, 후생복지에 관한 업무를 담당하였고, 조직개발과에서는 조직의 변화, 조직문화의 보급 등에 관한 업무를 담당하였다. 인력개발과는 인력의 장기적인 운영, 육성에 관한 계획의 수립과 시행 등의 업무를 담당하였고, 교육훈련팀은 전 사원을 대상으로 이루어지는 각종 교육훈련 프로그램을 운영하는 기능을 맡았는데, 상시적으로 많은 인력이 교육훈련 장소에 동원되어야 했기 때문에 팀제로 운영하였다

1) 경영환경의 변화와 인력자원개발의 패러다임 전환

기업이라는 조직은 하나의 체계다. 따라서 내부적인 작동 요소와 절차 외에도 환경이라는 변수의 영향을 배제하고서는 존립할 수 없다. 오늘날 환경의 변화는 너무 급속하게 이루어져 변화에 대한 적응, 극복 노력을 잠시 멈추면 경쟁의 대오에서 쉽게 낙오하게 되어 있다. 휴대전화의 강자 Nokia의 몰락, 국내에서 철수한 Motorola 등과 같은 회사를 보면 그 부침의 역사가 한순간임을 느끼게 된다. 한때 위기에 몰렸던 국내 기업 삼성이 세계적인 전기전자업체를 누르고 세계적인 기업으로 우뚝 선 것을 보아도 마찬가지다.

여기서는 환경변화와 그에 따른 인력자원개발 분야의 변화를 논의하고자 한다. 환경변화에 관해서는 많은 사람이 약간씩 다른 견해를 가질 수 있지만, 세계화, 지식정보화사회의 도래, 디지털 경제화, 그리고 과학기술의 발달과 인구구조의 변화 등으로 나누어 기술한다.

세계화는 교통 및 통신의 발달에 힘입어 세계 시장이 확대·개방되고, 이로 인한 인적, 물적 교류가 증가하며, 이러한 교류를 촉진시키기 위한 신기술의 발달이 지속적으로 이루어짐으로써 한 국가가 독립적인 경제주체로 기능하기보다 상호의존적으로 기능하고, 한 국가의 정치, 경제, 사회, 문화에 관한 정책수립과 집행이 타국과의 긴밀한 영향하에 놓이게 되는 것을 말한다. 세계화가 진전되면서 각종 국제기구의 역할이 증대되고, 역으로 지역별 블록이 형성되어 또 다른 진입장벽을 구축하기도 한다.

지식정보화사회는 가치창출의 주요 자원이 토지와 금융자본, 노동력 등에서 지식과 정보로 전환된 사회를 말한다. 지식정보화사회에서는 산업의

구조가 1차, 2차 산업보다 3차 산업의 비중이 커지게 된다. 이러한 산업의 변화에 따라 지식기반 산업이 출현하게 되는데, 지식기반 산업은 기존의 노동, 자본 등의 생산요소보다 지식과 정보가 더 중요한 생산요소로 기능함으로써 기존 산업의 생산성을 향상시키고, 제품의 가치를 더 높이며, 신기술 산업을 창출하거나 지식서비스 자체를 제공하는 산업이다.

디지털 경제는 정보통신기술 발달에 힘입어 최근 급격하게 이루어진 사회경제적 변화를 일컫는 개념이다. 디지털 경제는 협의로는 정보통신산업과 인터넷을 기반으로 하는 전자상거래 역할을 중시하는 개념이며, 광의로는 재화와 서비스의 생산, 분배, 소비 등 주요 경제활동이 디지털화하고 네트워크화한 정보와 지식에 의존하는 경제를 일컫는다(우천식, 2000). 디지털 경제는 기업의 생산, 소비, 유통에서 광범위한 변화를 가져오는 요인이 된다.

인구문제에서 가장 중요한 것은 저출산 및 고령화라 할 수 있다. 의료기술과 생명공학이 발달하면서 평균수명이 100세를 바라볼 정도로 늘어난 반면, 출산율[2]이 급격히 낮아지면서 고령화 속도가 더 빨라지는 추세에 있다. 최근 자료에 의하면 우리나라가 고령화사회[3]에서 초고령사회로 진입하는 데 소요된 기간은 세계 최단으로 불과 26년밖에 걸리지 않을 것으로 예측되고 있다.

1960년대부터 겪은 경영환경의 변화와 그에 따른 기업의 인력자원개발 노력을 국제적 수준과 우리나라의 수준에서 시기별로 살펴보면 다음과 같다. 먼저 국제적인 흐름을 살펴보면, 1960년대에서 1970년대까지는 대량생

---

[2] 여기서는 여성 1명이 평생 동안 낳을 수 있는 평균 자녀수인 합계출산율(合計出産率)을 말하는 것으로, 우리나라는 2005년 1.076명까지 떨어졌다가 2012년 1.3명까지 회복되었으나 여전히 1.1명에서 1.3명 사이를 넘나들고 있다(통계청, 2013).

[3] 국제연합이 정한 바로는 고령화사회(aging society)는 65세 이상 노인 인구 비율이 전체 인구의 7% 이상을 차지하는 사회이고, 14% 이상을 차지하면 고령사회(aged society), 20% 이상을 차지하면 초고령사회(post-aged society)라고 한다. 통계청 자료에 따르면 우리나라는 2018년(14.3%)에 고령사회, 2026년(20.8%)에 초고령사회에 도달할 것으로 전망된다.

산 및 대량판매가 특징이었다고 한다면, 1980년대에서 1990년대는 정보화와 글로벌화에 따른 시장의 통합 및 세계무역기구(world trade organization: WTO) 체제의 출범 등을 특징으로 들 수 있다. 국내적으로는 1960년대부터 1970년대까지는 기본적인 욕구를 충족시키기 위한 1차, 2차 산업 중심의 산업구조가 특징이었다면, 1980년대부터 1990년대까지는 구매력이 급격히 확대되고, 과소비 및 과잉투자 등을 특징으로 하는 거품경제의 시기라는 특징이 있다. 1990년대 이후부터는 앞서 언급한 세계화, 지식정보화, 디지털 경제화, 과학기술의 발달과 인구구조의 변화 등이 더욱 가속화하면서 예상하지 못했던 도전과 직면하게 되는 상황을 맞이하게 되었다.

　이러한 경영환경의 변화에 따라 인력자원개발의 관심영역과 기법들도 변화를 겪게 되는데, 서구 세계의 환경변화와 적응 과정은 미국의 사례를 중심으로 제1장에서 논의한 바 있다. 여기서는 우리나라의 인력자원개발이 경영환경에 따라 변화하는 모습을 살펴보고자 한다.

　1960년대 이후부터 1970년대에 이르는 시기는 경제발전에 대한 재원의 집중적인 배분과 친기업적인 각종 정책의 추진을 통해 기업의 양적인 성장이 가능하게 되었다. 기업의 규모가 급격히 팽창함에 따라 기업이 필요로 하는 인력의 규모도 병행하여 급격히 확대되었다. 단순 기능직은 물론 관리직, 기술직 등 인력 전반에 걸쳐 수요가 폭증함에 따라 기업에서 실시하는 각종 인력자원개발 활동도 수요를 충족시킬 수 있도록 전개되었다. 그 밖에도 사업 범위를 해외로 확장하면서 급격하게 발생한 수요인력에 대한 교육훈련, 경공업에서 필요로 하는 초급 기술인력의 양성에서 점진적으로 중화학공업에서 요구되는 중견 기술인력 양성으로 전환시키는 교육훈련, 그리고 신규로 채용하는 기능인력, 고졸 및 대졸 인력 등을 대상으로 한 입문교육과 인력의 적기 투입을 위한 계층별 교육훈련 등이 동시다발적으로 전개되었다.

　1970년대를 거쳐 1980년대에 들어서면서 기업별로 체계화한 교육훈련과 계획에 의한 교육훈련이 강조되기 시작하였고, 생산성과 효율 향상을 위한 교육훈련, 원가절감과 품질관리 교육훈련은 물론, 전사적 자원관리(enterprise resource planning: ERP), 원가절감을 위한 가치공학 컨설팅(value engineering: VE) 등 인력자원개발의 질적인 변화가 나타났다. 이 시기의 특징은 사람을 보는 기업의 관점이 단순한 노동력(manpower)에서 인력자원으로 전환된 시기였다는 점이다(천영희, 2000). 기업의 인력자원개발 활동은 1980년대에 접어들면서 전략적 인력자원개발로 또 한 번의 변화를 겪었다. 1위가 모든 것을 취하는 '승자독식'의 공식이 서서히 자리 잡으면서, 모든 기업은 급변하는 경영환경에서 변화의 물결을 잘못 탔다가는 회사의 존재도 보장받지 못함을 체득하게 되었다. 즉, 경영환경의 변화가 있기 전에 인력자원개발 활동이 완만한 시장변화에 적응하기 위한 기제였다면, 1990년대 후반에 들어오면 기업의 주요 활동의 하나인 전략적 비즈니스 과정이었다고 할 수 있다.

2000년대에 들어서 인력자원개발은 총론의 변화는 물론 각론의 변화를 맞이하게 되었다. 즉, 연례적으로 운영되는 신입사원을 위한 교육훈련, 계층별 및 직능별로 일정 시기에 관습적으로 운영되던 교육훈련의 틀에서 벗어나 세계화, 지식정보사회화, 디지털 경제화, 그리고 과학기술의 발달과 인구 구조의 변화에 적극 대처하고 생존경쟁에서 살아남기 위한 기업의 주요 비즈니스 활동, 경영전략의 핵심적인 활동으로 변모하고 있다. 이제는 개인이 직무를 수행하기 위해 필요한 지식, 기술, 태도 등을 일일이 교육훈련 프로그램을 통해서 습득시키는 것을 넘어, 스스로 습득하는 방법을 도입하고 있다. 그뿐만 아니라 기업의 장래를 담당할 핵심 인재 양성에 더 많은 노력을 기울이고 있다. 더 나아가 기업 자체가 거대한 학습조직으로 변신하여 수시로 학습하고, 학습한 내용을 현장에서 적용하는 등 인력자원개발의 패러다임이 근본적으로 변화하고 있다. 요컨대, 기업의 인력자원개발 활동은 경영환경의 변화를 극복하고 살아남기 위한 생존전략의 일환으로 전개되는 매우 중요한 기업의 경영활동의 하나가 되었다고 할 수 있다.

또 다른 중요한 측면인 인력자원개발 활동의 목적에 관해서 살펴보면, 이전과는 확연히 다른 목적과 목표를 추구하는 것을 알 수 있다. 초기의 인력자원개발 활동은 경쟁사의 그것과 유사한 프로그램을 실시하고, 연간 교육 이수 인원 목표를 정해 놓고 그 목표 달성을 위해 노력하는 등 특별한 변화 없이 정례적으로 실시하는 형태였다. 교육훈련 프로그램 참가자의 반응이 좋으면 성공적이었다고 보던 시기의 기업체 교육훈련은 기업의 생산성 향상, 개인 및 부서의 성과 향상, 기업에 대한 충성심 강화 등을 주요 목적으로 하였다. 즉, 교육훈련 실시 이전과 이후를 비교하여 불량률의 감소, 가격경쟁력 향상, 1인당 생산성 증대 등이 이러한 목적을 측정하는 주요한 지표 역할을 하였다. 또한 회사의 사시(社是), 설립 이념, 경영 이념 등은 물론 영업 방침, 인사 및 노무관리 방침 등에 대해 회사의 정책을 따르고 회사 및 최고 경영자에 대한 충성심을 고취하는 데 주로 초점을 맞추어 왔다. 1990년대를 지나 2000년대에 접어들면서 인력자원개발 업무 담당자의 변화가 나타나는데, 기존에 외부 자원인사에 의존하던 방식에서 내부 인사의 양성, 활용으로 바뀌고, 인력자원개발 활동도 자사의 필요와 환경에 맞춘 맞춤형 (customized type)으로 바뀌게 되었다.

　기업들은 점차 경영 전략을 수립할 때 마케팅 전략과 인력자원관리 전략, 인력자원개발 전략을 통합함으로써 마케팅 계획과 인력자원관리 계획에 따라 교육훈련을 실시하고, 다시 교육훈련의 결과가 인력자원관리 계획에 반영되는 등 각 부문이 유기적으로 운영되도록 바꾸어 가고 있다. 단순히 제품을 더 많이 판매하여 기업의 단기적인 이익을 확보하기보다 종업원들에 대한 교육훈련으로 인한 일시적 업무의 공백과 수행의 차질을 감수하면서까지 장기적으로 경쟁우위를 확보하기 위해 노력하고 있다. 요컨대, 최근 기업의 인력자원개발 활동은 기업의 생존과 직결되는 필수적인 과정의 한 부분으로 자리 잡게 되었다. 따라서 경영자들은 기업의 인력자원개발 활동을 여유가 있을 때 실시하고, 경제적 상황이 위축되었을 때 규모를 축소하는 '비용(cost)의 개념'으로부터, 당장의 이익은 실현되지 않더라도 장기적으로 기업에 이익을 실현시켜 줄 '투자(invest)의 개념'으로 관점을 바꾸어 가고 있다.

끝으로, 기업에서 인력자원개발을 담당하는 인력의 역할 변화에 주목할
필요가 있다. 종전에는 인력자원개발 담당자라 하면 단순히 기존의 교육훈
련 프로그램을 운영하는 진행자라는 인식이 지배적이었다. 따라서 교육훈
련 담당부서는 전공과 무관한 담당자가 당분간 업무를 수행하다가 일정한
근무 연한을 채운 후 다른 부서로 이동하는 기착지 정도로 인식되었다. 그
러나 최근에는 교육학, 교육공학, 평생교육학, 인력자원개발학 등 교육훈련
과 직접 관련된 전공을 이수한 인력이 부서에 배치되는 추세가 강세를 보이
고 있다. 이들은 인력자원개발 프로그램을 개발하기 위한 요구분석(needs
analysis 또는 needs assessment), 설계, 프로그램의 개발, 강의, 그리고 평가에
이르는 인력자원개발 실무 전 과정을 담당하는 전문인력으로 역할이 변화
하고 있다. 또한 아직 흔하지는 않지만, 인력자원개발을 담당하는 부서에서
경력과 전문성을 쌓고 최고경영자의 지위에 오르는 경우도 나타나게 되었
다. 정은혜(2013)에 따르면 국내 100대 대기업의 인사담당 임원의 전공은 학
부 기준으로 상경(53.2%), 인문(19.5%), 공학(13.0%), 교육(6.5%), 법학(6.5%),
기타(1.3%) 순인 것으로 조사되었다. 인력자원개발 분야에서 성장한 인력이
기업에서 중요한 역할을 담당하는 최고경영자가 됨으로써 이 분야에서 직
장생활을 시작한 젊은 인력들에게 장래에 대한 밝은 전망을 갖게 해 주고
있다.

2) 인력자원개발의 제도적 기반

기업의 인력자원개발은 경영 성과의 제고, 즉 생산성을 향상시키고 종업
원의 현재 또는 미래 직무의 수행역량을 향상시킬 목적으로 시행되는 다양
한 활동이다. 대부분의 기업들은 이러한 인력자원개발이 효율적으로 이루
어지도록 자체적인 인력자원개발 체계를 가지고 있다. 기업체가 개별적으
로 수행하는 인력자원개발의 범위를 확장하여 다양한 활동이 추진되도록
뒷받침해 주는 것이 제도적 측면이 갖는 기업의 인력자원개발에 대한 의의

라 할 수 있다. 따라서 기업체의 인력자원개발의 제도적 측면을 이해하기 위해서는 각종 관련 법과 제도를 파악할 필요가 있다. 여기서는 우리나라 인력자원개발의 양대 부처라 할 수 있는 교육부[4]와 고용노동부[5] 소관 법률과 제도를 중심으로 기업체 인력자원개발의 제도적 기반을 개괄적으로 다루고자 한다.

(1) 교육부 소관의 법과 제도

우리나라의 인력자원개발과 관련된 법률 중 교육부에서 주무를 담당하는 주요 법률로는 「산업교육진흥 및 산학연협력촉진에 관한 법률」, 「직업교육훈련촉진법」, 「평생교육법」, 「인적자원개발기본법」 등을 들 수 있다.

먼저, 「산업교육진흥 및 산학연협력촉진에 관한 법률」은 1963년에 제정된 「산업교육진흥법」이 모체가 된다. 이 법은 '산업교육을 진흥하고 산학연협력(産學研協力)을 촉진하여 교육과 연구의 연계를 기반으로 산업사회의 요구에 따르는 창의적인 산업인력을 양성하며, 효율적인 연구개발체제를 구축하고, 나아가 산업발전에 필요한 새로운 지식·기술을 개발·보급·확산·사업화함으로써 지역사회와 국가의 발전에 이바지하는 것'을 목적으로 한다. 여기서 산업교육은 중등 및 고등교육단계의 각종 산업교육기관에서 산업에 종사하는 데 필요한 지식과 기술 등을 습득시키는 교육을 말한다. 이러한 역할을 담당하는 산업교육기관에는 다음과 같은 것이 있다. 첫째, 산업계의 수요에 직접 연계된 맞춤형 교육과정을 운영하는 고등학교에 해당하는 특수목적고등학교, 자연현장실습 등 체험위주의 교육을 전문적으로

---

[4] 교육부는 전신이었던 문교부의 개칭으로 1990년부터 존속되었으나, 2001년 장관의 부총리 격상과 함께 교육인적자원부로 개칭되었고, 다시 2008년 정부조직법 개정과 함께 교육과학기술부로 바뀌었다가 2013년 박근혜 정부의 출범과 함께 교육부라는 명칭으로 환원되어 오늘에 이르고 있다.
[5] 노동부는 1981년부터 존속되어 오다가, 2010년 정부조직법 개정과 함께 고용노동부로 개칭되어 오늘에 이르고 있다.

실시하는 고등학교를 제외한 특성화고등학교, 산업수요 맞춤형 학과 또는
전문계 과정(課程)을 설치한 일반고등학교 등의 고등학교와 고등기술학교
다. 둘째, 직업 또는 진로와 직업교육 과정을 운영하는 특수학교다. 셋째,
대통령령으로 정하는 고등교육기관으로, 기능대학, 국방대학교, 사관학교,
국군간호사관학교, 육군3사관학교, 경찰대학, 한국과학기술원, 광주과학기
술원, 대구경북과학기술원 등이다.

다음으로 1997년에 제정된 「직업교육훈련촉진법」은 직업교육훈련을 촉
진하는 데에 필요한 사항을 정하여 모든 국민에게 소질과 적성에 맞는 다양
한 직업교육훈련의 기회를 제공하고 직업교육훈련의 효율성과 질을 높임으
로써 국민생활 수준의 향상과 국가경제 발전에 이바지함을 목적으로 한다.
이 법에서 말하는 직업교육훈련은 비단 학생뿐만 아니라 일반 근로자 등에
게 취업 또는 직무수행에 필요한 지식·기술 및 태도를 습득·향상시키기
위하여 실시하는 직업교육 및 직업훈련을 말한다

또 「평생교육법」은 1999년 처음 제정된 법으로 「헌법」과 「교육기본법」에
규정된 평생교육의 진흥에 대한 국가 및 지방자치단체의 책임과 평생교육제
도와 그 운영에 관한 기본적인 사항을 정하는 것을 목적으로 한다. 이 법에
서 말하는 평생교육은 '학교의 정규교육과정을 제외한 학력보완교육, 성인
기초·문자해득교육, 직업능력 향상교육, 인문교양교육, 문화예술교육, 시
민참여교육 등을 포함하는 모든 형태의 조직적인 교육활동'을 말하고, 인력
자원개발과 관련하여 직접적인 연관성을 갖는 교육부문은 직업능력 향상교
육이다. 이 법에 따르면 평생교육기관은 「초·중등교육법」 및 「고등교육법」
에 따른 각급 학교(법 제29조), 학교부설 평생교육시설(법 제30조), 학교형태
의 평생교육시설(법 제31조), 사내대학 형태의 평생교육시설(법 제32조), 원격
대학형태의 평생교육시설(법 제33조), 사업장 부설 평생교육시설(법 제35조),
시민사회단체 부설 평생교육시설(법 제36조), 언론기관 부설 평생교육시설
(법 제37조), 지식·인력개발 관련 평생교육시설(법 제38조) 등 9개 학교 및 시
설로 대별되는데, 이 중 인력자원개발과 밀접한 관계에 있는 교육은 사내대

학 형태의 평생교육시설, 원격대학형태의 평생교육시설, 지식·인력개발 관련 평생교육시설 등에서 이루어지는 평생교육이라 할 수 있다. 첫째, 사내대학 형태의 평생교육시설은 「평생교육법시행령」에 따르면 「상법」 또는 특별법에 따라 설립된 법인인 사업장에서 일하는 종업원의 수가 200명 이상인 사업장의 경영자가 설치할 수 있고, 이곳에서 교육을 받을 수 있는 대상은 평생교육시설을 설치한 사업장에 고용된 종업원 및 해당 사업장에서 일하는 다른 업체 종업원으로 규정되어 있다. 둘째, 원격대학형태의 평생교육시설은 전문대학 또는 대학 졸업자와 동등한 학력·학위를 인정받기 위하여 원격교육형태의 교육을 이수하거나 다양한 정보를 제공받는 등의 평생교육을 이수할 경우에 적용된다. 셋째, 지식·인력개발 관련 평생교육시설은 지식정보의 제공과 교육훈련을 통한 인력개발을 주된 내용으로 하는 지식·인력개발사업을 시행하는 경우에 적용된다.

끝으로, 「인적자원개발기본법」은 인적자원개발정책의 수립·총괄·조정·평가 등에 관하여 필요한 사항을 정하여 인적자원개발을 효율적으로 추진하도록 함으로써 국민의 삶의 질 향상과 국가경쟁력 강화에 이바지함을 목적으로 하는 법률이다. 이 법은 2002년 처음 제정되어 몇 차례의 개정을 거쳐 오늘에 이르고 있는데, 이 법에서 '인적자원개발'은 국가·지방자치단체·교육기관·연구기관·기업 등이 인적자원을 양성·배분·활용하고, 이와 관련되는 사회적 규범과 네트워크를 형성하기 위하여 행하는 제반 활동으로 정의하고 있다. 이 법은 인력자원개발에 관한 다른 법률에 대하여 우선 적용을 받는, 말 그대로 인력자원개발에 관한 최고의 법이라 할 수 있다. 이 법은 주로 공공부문에 영향을 많이 행사하도록 되어 있는 것 같으나, 법 제14조(인적자원개발 우수기관 등에 대한 인증)의 "정부는 공공부문 및 민간부문의 인적자원개발을 촉진하기 위하여 인적자원개발 우수기관 등에 대한 인증을 실시하고, 필요한 지원을 할 수 있다."라는 제①항을 보면 공공부문 및 민간부문의 인적자원개발 촉진을 공히 관장하도록 하고 있음을 알 수 있다.

이러한 법률이 원래의 목적대로 집행되도록 각종 위원회를 비롯한 기구를 둘 수 있도록 하고 있고, 법의 목적 달성에 필요한 인력을 양성하거나 자격을 부여할 수 있는 근거를 제시하고 있으며, 법의 목적을 달성할 수 있도록 중앙정부와 지방자치단체, 각 기관의 적극적인 참여를 의무화하고 있다.

(2) 고용노동부 소관의 법과 제도

교육부에서 관장하는 법률의 대부분이 직업교육이라는 개념을 염두에 두고 제정 · 시행되는 것과 달리, 고용노동부에서 관장하는 법률의 대부분은 주로 직업훈련 또는 직업능력개발이라는 개념을 사용하고 있음을 알 수 있다. 직업훈련은 『직업교육훈련 대사전』에 따르면(한국직업능력개발원, 1999) 현직에 종사하고 있거나 취업 의사를 가진 자에게 직업에 필요한 직무수행능력을 습득, 향상시키기 위하여 실시하는 훈련이라고 정의하고 있다. 한편, 송병국(1999)은 산업 분야의 직업에 취업하고자 하는 자 또는 이미 취업한 자에게 그들의 적성, 희망, 능력에 알맞은 직업을 선택하도록 도와주고, 직무수행에 필요한 지식, 기능, 태도를 개발하고, 변화하는 산업과 기술에 대처하여 계속적으로 직업적 자기발전을 성취할 수 있도록 도와주는 것이며, 학교, 훈련원 또는 일의 현장에서 실시하는 모든 형태의 훈련이라고 정의하고 있다. 이 두 개념정의는 세부적으로는 내용상의 차이가 있지만, 그 대상은 미취업자와 재직자가 모두 될 수 있음을 말해 준다. 따라서 직업훈련 개념은 인력자원개발 개념과 많은 부분 중첩된다고 보아도 무리가 없을 것이다.

크게 보면 인력자원개발과 개념적으로 큰 차이가 없는 직업훈련은 그 법적 근거를 고용노동부의 직업훈련 관련 법제화 노력으로부터 찾을 수 있다. 그 첫째 열매가 1967년에 제정된 「직업훈련법」인데, 노동부가 보건사회부 산하의 노동청이었을 당시 우리나라 최초로 직업훈련의 법적 근거를 마련하였던 것이다. 이후 1976년 정부직제상 여전히 노동청이었을 당시 사업주에 대한 직업훈련의무제(levy system)를 근간으로 하는 「직업훈련기본법」을 제정·시행함으로써 직업훈련제도의 틀을 확립하게 되었다. 현재 「직업훈련기본법」은 다른 법들로 세분화가 이루어져 내용이 분야별로 이관된 상황이다.

우선 1993년도에 제정된 「고용보험법」은 고용보험의 시행을 통하여 실업의 예방, 고용의 촉진 및 근로자의 직업능력 개발과 향상을 꾀하고, 국가의 직업지도와 직업소개 기능을 강화하며, 근로자가 실업한 경우에 생활에 필요한 급여를 실시하여 근로자의 생활안정과 구직 활동을 촉진함으로써 경제·사회 발전에 이바지하는 것을 목적으로 하는 법이다. 「고용보험법」은 상시 근로자를 고용하고 있는 모든 사업에 적용된다. 고용보험에서 중점을 두는 영역은 첫째, 실직자 및 그 가족의 생활안정, 둘째, 실직자의 취업촉진, 셋째, 노동력의 효율적 이용과 유지·보전, 넷째, 노동시장 정보의 신속·정확한 파악 등인데, 노동력의 효율적 이용과 유지·보전 영역이 바로 근로자의 직업능력개발사업이다. 보험료는 보험사업에 사용되는 비용을 충당할 목적으로 징수하는데, 법적 근거는 「고용산재보험료징수법」[6]이다. 고용보험은 앞의 목적을 달성하기 위하여 고용보험사업을 시행하는데, 이에는 고용안정사업, 직업능력개발사업, 실업급여, 육아휴직 급여 및 출산전후휴가 급여 등이 있다(법 제4조). 고용보험의 고용안정·직업능력개발 사업은 기업에서 시행하는 교육훈련의 기회제공 및 각종 지원과 밀접히 관련된 분야로서, 「고용보험법」 제3장 제19조부터 제36조에 걸쳐 규정되어 있다. 주요 내용으로는 고용창출 및 고용조정의 지원, 지역 고용의 촉진, 고령자 등 고용촉진의 지원, 건설근로자 등의 고용안정 지원, 고용안정 및 취업 촉진, 고용촉진 시설에 대한 지원, 사업주에 대한 직업능력개발 훈련의 지원, 비용지원의 기준, 피보험자 등에 대한 직업능력개발 지원, 직업능력개발 훈련 시설에 대한 지원, 직업능력개발 촉진, 건설근로자 등의 직업능력개발

[6] 2013년 개정법안이 통과되어 2014년부터는 「보험료징수법」이 「고용산재보험료징수법」으로 대체된다.

지원, 고용정보의 제공 및 고용지원 기반의 구축, 지방자치단체 등에 대한 지원, 부정행위에 따른 지원의 제한, 업무의 대행 등이다. 같은 법 제29조에 의하면 고용노동부장관은 피보험자에게 직업생활의 전체 기간을 통하여 그들의 직업능력을 개발·향상시킬 수 있는 기회를 제공하고, 직업능력의 개발·향상을 지원하기 위한 직업능력개발사업을 실시하여야 한다고 규정하고 있다. 같은 법 제27조에서는 피보험자 등의 직업능력을 개발·향상시키기 위하여 직업능력개발훈련을 실시하는 사업주에 대하여 그 훈련에 필요한 비용을 지원할 수 있도록 하고 있다.

다음으로 1997년 제정된 「고용정책기본법」이 있는데, 이 법은 국가가 고용에 관한 정책을 수립·시행하여 국민 개개인이 평생에 걸쳐 직업능력을 개발하고 더 많은 취업기회를 가질 수 있도록 하는 한편, 근로자의 고용안정, 기업의 일자리 창출과 원활한 인력 확보를 지원하고 노동시장의 효율성과 인력수급의 균형을 도모함으로써 국민의 삶의 질 향상과 지속 가능한 경제성장 및 고용을 통한 사회통합에 이바지하는 것을 목적으로 하는 법률이다. 이 법에서는 근로자 자신은 물론, 사업주, 노동조합과 사업주단체에 대하여 근로자의 직업능력개발에 적극 나설 것을 명문화하고 있다. 즉, 근로자에 대하여는 근로자 자신의 적성과 능력에 적합한 직업을 선택하여 직업생활을 하는 기간 동안 끊임없이 직업에 필요한 능력을 개발하고, 직업을 통하여 자기발전을 도모하도록 노력할 책임을 부여하고 있다. 사업주에게는 사업에 필요한 인력을 스스로 양성하고, 사업주가 고용하는 근로자의 직업능력을 개발하기 위하여 노력하며, 근로자가 그 능력을 최대한 발휘하면서 근로할 수 있도록 고용관리의 개선 및 근로자의 고용안정 촉진 및 고용평등의 증진 등을 위해 노력할 것을 요구하고 있다. 그뿐만 아니라, 노동조합과 사업주단체에 대해서는 근로자의 직업능력개발을 위한 노력과 사업주의 근로자에 대한 직업능력개발·고용관리 개선, 근로자의 고용안정 촉진 및 고용평등 증진 등을 위한 노력에 적극 협조할 것을 요구하고 있다. 이 법에 따르면, 근로자 개인은 본인의 안정적인 직업생활을 영위하기 위하여 재직 중에 주도적으로 직업능력을 개발할 책임이 있으며, 사업주와 노동조합은 개인의 이러한 직업능력개발 노력을 지속할 수 있는 여건을 조성해 주고 적극 협조해야 한다.

끝으로, 「근로자직업능력개발법」은 1997년 기존 「직업훈련기본법」이 세분화하면서 「근로자직업훈련촉진법」으로 처음 제정되었는데, 이 법의 목적은 근로자의 직업능력개발을 위한 훈련 등을 통하여 근로자가 직업능력을 최대한 개발·발휘하도록 함으로써 근로자의 고용증진 및 지위향상과 기업의 생산성 향상을 도모하고 경제·사회발전에 이바지하는 것이었다. 2004년 말 지식경제와 평생학습사회로의 전환에 대응하여 근로자의 평생능력개발 체제 구축이 요구됨에 따라 직업능력개발사업의 참여자·지원대상 및 지원 범위를 확대하는 등의 내용이 개정되어 2005년 7월부터 「근로자직업능력개발법」으로 개칭되었다. 개정과 함께 법의 목적도 수정되었는데, 개정된 법의 목적은 근로자의 생애에 걸친 직업능력개발을 촉진·지원하고 산업현장에서 필요로 하는 기술·기능 인력을 양성하며 산학협력 등에 관한 사업을 수행함으로써 근로자의 고용촉진·고용안정 및 사회·경제적 지위 향상과 기업의 생산성 향상을 도모하고 사회·경제의 발전에 이바지하는 것으로 되어 있다. 이 법에서 말하는 직업능력개발훈련은 근로자에게 직업에 필요한 직무수행능력을 습득·향상시키기 위해 실시하는 훈련으로, 곧 인력자원개발의 정의와 대동소이함을 알 수 있다.

2. 인력자원개발의 관리와 교육훈련 보조 기제

인력자원개발의 세 가지 영역을 훈련개발 혹은 개인개발, 조직개발, 경력개발로 나눌 때, 이 절에서는 첫 번째 영역을 중심으로 관리가 어떻게 이루어지는지 살펴보고자 한다. 이 영역에서 이루어지는 기본적인 기능의 관리는 다른 두 영역에서도 기본적으로 적용될 수 있기 때문이다.

　　인력자원개발 범위를 좁혀서 훈련과정의 주요 단계를 보기 위해서는 훈련의 주기(cycle)를 고려할 필요가 있다. 즉, 훈련의 요구를 확인하는 단계, 핵심 내용과 훈련의 목적을 결정하는 단계, 설계하는 단계, 전달 방법을 포함하여 훈련을 시행하는 단계, 전체 훈련활동 종료 후 평가하는 단계 등을 고려해야 한다. 이러한 주요 단계를 염두에 두고 다음과 같은 사항들을 관리해야 인력자원개발 활동이 효율적, 효과적으로 이루어질 수 있을 것이다. 또한 훈련의 효과성을 높이기 위하여 보조 재료를 활용하고 전이효과를 높이는 방법이 있는데, 이 절에서는 이들 훈련 교보재(training aids)의 활용과 훈련의 전이를 함께 다루고자 한다.

1) 훈련과정의 관리[7]

　　훈련과정이 매끄럽게 진행되기 위해서는 전체 훈련 주기를 잘 관리할 수 있어야 한다. 중요한 것은 훈련의 필요에 맞는 훈련 프로그램이 준비되어야 한다는 점이다. 성공적인 훈련과정을 완수하기 위해서는 다음과 같은 몇 가지 사항을 준수하고, 필요한 대비를 하여야 한다. 첫째, 훈련과 관련된 이해당사자들과의 관계를 잘 유지한다. 둘째, 훈련참가자 명부 관리와 필요한 비용을 확보한다. 셋째, 훈련시행에 필요한 다양한 의사결정사항에 대해 적절한 선택과 의사결정이 이루어지도록 한다. 넷째, 외부 전문가의 섭외와 관련된 사항을 적절하게 처리한다. 다섯째, 훈련 참가자를 결정한다. 여섯째, 훈련계획표를 작성하여 관리한다(Hargreaves & Jarvis, 2000). 이상과 같은 관리에 필요한 사항들을 차례대로 자세히 설명하고자 한다.

[7] 이 소절은 Hargreaves와 Jarvis(2000)를 참고하여 작성하였다.

(1) 대외 관계 유지

훈련과정의 시행에는 많은 이해당사자가 개입된다. 따라서 훈련과정을 주관하는 부서는 기업 내 다른 부서와 좋은 관계를 항상 유지할 필요가 있다. 좋은 관계를 유지함으로써 다른 부서가 기업 내 인력자원개발 활동의 주요 이해당사자임을 주지시킬 수 있고, 때에 따라서 다른 부서의 부서장과 부서원들로부터 훈련과정의 결과에 대한 피드백을 얻을 수 있다. 특히 평상시에 훈련 프로그램 개발을 위한 요구분석이나 수요파악, 훈련결과에 대한 평가에 적극 참여하도록 함으로써 긴급히 필요한 경우 다른 부서의 도움을 끌어낼 수 있다. 이때 훈련부서에서는 자기 부서 외의 다른 모든 부서와 부서원을 고객이라 간주하고 접근하는 것이 바람직하다.

우리나라의 경우 전사적으로 시행되는 의무적 성격의 훈련이 많고, 훈련 프로그램을 주관하는 부서에서 일괄 교육명령 공문을 발송하여 교육참가자를 지정하는 경향이 있다. 그러나 국내에 진출한 많은 외국의 다국적 기업들은 인력자원개발 활동을 부서장 책임하에 맡기기 때문에 교육훈련부서에서 타부서, 타부서원과 평소에 좋은 관계를 유지하는 것이 훈련과정의 성공 여부에 큰 영향을 준다.

(2) 참가자 지명 및 비용 관리

참가자 지명과 관련된 절차는 훈련과정을 주관하는 부서에서 개인별, 훈련과정별로 관리하는 것이 바람직하다. 외국 기업의 경우 개별 종업원의 훈련비용을 중앙에서 별도로 관리하지 않는 경우가 있다. 대신 각 부문, 부서 단위로 예산이 책정되고 집행되는데, 이 경우 훈련과정 주관 부서는 참가 예정자, 즉 교육훈련에 참가하기로 지명된 종업원의 직속상관의 동의를 의미하는 서명을 받아둘 필요가 있다. 이들 외국 기업은 교육훈련의 참가 여부, 참가할 교육훈련의 분야, 시기 등을 일차적으로 개별 종업원의 책임하에 결정한다. 이들의 부서장은 부서 구성원들의 필요에 따라 한정된 예산을 배분하여 부서원들이 골고루 사내외 교육훈련 기회를 이용하도록 조정하는 역할을 한다. 부서의 관리자들은 부서원들과 개별적으로 정기 면담 기회를 가질 때 개인별로 필요로 하는 훈련과정이 무엇인지, 그들에게 필요한 지식, 기술 수준이 무엇인지, 어느 정도의 교육훈련 기간 동안 참여가 가능한지 등을 파악해 두면 부서의 교육훈련 참가계획을 수립할 때 유용한 정보로 활용할 수 있다.

이때 훈련참가 지명자 서식을 작성하면 효율적인 관리가 가능하다. 서식은 통일된 양식으로 할 필요는 없고, 자유롭게 작성하되 중요한 내용이 포함되고 일관성을 갖도록 작성하여 사용하면 된다. 훈련참가 지명자 서식에 포함될 주요 내용은 다음과 같다.

- 훈련참가 지명자 인적 사항(성명, 근무부서, 직위, 사원번호, 재직기간, 사무실 전화번호 및 개인 전화번호, 이메일 주소 등)
- 참가희망 훈련과정
- 선호하는 훈련과정 운영 장소
- 훈련참가 시 숙박 여부, 선호하는 형태(숙박 또는 출퇴근)
- 참가 가능한 시기(날짜, 시간 등)
- 훈련과정 참가 필요성
- 과거 일정 기간 동안(예컨대, 과거 2년간 등) 참여한 훈련과정
- 참가 지명자 서명, 날짜

여기에 관리자가 기록할 내용을 추가하면 되는데, 훈련과정 참여 시 예상되는 최대 소요비용, 자금원, 직속상관의 의견과 서명, 날짜를 기입하면 된다. 이상의 내용을 A4용지 크기의 카드로 작성하여 보관할 수도 있고, 가능한 경우라면 사내 경영정보시스템 등을 활용하여 양식에 개별적으로 입력 및 저장하여 관리할 수도 있다.

(3) 훈련시행의 의사결정사항 관리

훈련과정을 준비하면서 다음과 같은 아홉 가지 선택사항에 대한 의사결정을 내려야 한다.

첫째, 훈련 프로그램이 시행되는 장소에 필요한 기자재와 시설 및 장비가 잘 갖춰져 있지 않은 돌발 상황이 생길 경우, 이때 필요한 기자재와 장비를 어떻게 마련할 것인지 신속한 의사결정이 필요하다.

둘째, 어떤 유형의 훈련과정이 가능한지 확인한 후 다음과 같은 사항에 대한 의사결정을 내려야 한다. 이러한 사항에 대한 최종 결정은 훈련과정 주관 부서에서 내린다.

- 현장훈련으로 할 것인가 또는 집합훈련으로 할 것인가?
- 세미나, 강의, 워크숍, 멘토링, 직무교대 등 어떤 방법을 사용할 것인가?
- 목표와 기준이 분명하다면 사내교육훈련 형식으로 설계할 것인가?
- 관리역량개발 프로그램 등의 특수 과정은 외부 전문가를 투입하는 것이 효과적인가?
- 사내교육훈련 형식으로 하더라도 외부 컨설턴트 또는 전문가에게 요청하는 것이 필요한가?

셋째, 비용의 추산과 관련하여 외부 교육훈련 프로그램에 파견을 하든, 사내교육훈련 형식으로 추진을 하든 참가 인원을 기준으로 소요되는 비용을 파악할 필요가 있다. 다음과 같은 경우의 수를 고려해야 한다.

- 훈련대상자의 숫자가 극소수인 경우 외부 교육훈련과정에 참가시키는 것이 적은 비용이 든다.
- 훈련대상자의 숫자가 많을 경우 사내교육훈련 형식으로 설계하는 것이 낫다.

- 사내교육훈련 형식으로 교육훈련과정을 운영할 때 훈련전문가를 사용하는 것이 비용은 적게 들면서 더 효과적일 수 있다.
- 특별한 장비와 전문성이 필요한 경우 외부의 전문가를 활용하는 것이 최선의 방법일 수 있다.
- 또 다른 우수한 교육훈련방법으로 장단기 개방학습, 원격학습 등이 포함될 수 있다.

넷째, 사내교육훈련 형식의 교육훈련과정 사용 시 고려할 요인들은 다음과 같다.

- 우수한 교수자와 참가자가 충분히 많은 경우
- 다른 대안이 충분히 확보된 경우
- 전문가와 자문역이 가능할 경우 등

다섯째, 외부 교육훈련과정을 사용하기로 결정한 경우 고려할 요인들은 다음과 같다.

- 비용과 가용자원
- 과정이 진행되는 장소 및 소요 기간
- 숙박시설 기준과 주변 환경
- 장애인 참가자를 위한 시설
- 목표로 하는 역량의 기준 또는 수준
- 강사의 자격 또는 신뢰성
- 이전 참가자의 추천 여부 등

여섯째, 사내교육훈련 형식의 훈련과정의 단점은 다음과 같다.

- 과정 비참여자 또는 상사로 인한 방해요인 발생 가능성
- 과정 참여자의 몰입도 저하
- 교육훈련용 전용 공간이 확보되지 않은 경우 장소 문제 발생
- 교육훈련 부서 담당자의 훈련 외적 요인으로 인한 낭비요인 발생(식단 준비 등)
- 특별한 교육훈련 교보재 필요시 구입 또는 임대 필요 등

일곱째, 외부 교육훈련과정의 단점은 다음과 같다.

- 처리할 업무가 산적한 직원의 경우 숙박이 필요한 외부 교육훈련과정 참여에 소극적임
- 장거리 이동이 있을 수 있음
- 대개 비용이 더 소요됨
- 종종 이름난 좋은 교육장인 경우 미리 예약을 통하여 장소를 확보해야 함 등

여덟째, 때로는 저렴한 비용으로 원격교육을 활용할 수 있는데, 원격교육의 장점은 다음과 같다.

- 스스로 정해진 시간에 학습 가능
- 스스로의 수준에 맞게 학습속도 조절 가능
- 장소 구애 없이 학습 가능
- 대개 비용이 적게 소요됨 등

아홉째, 원격교육이 갖고 있는 단점은 다음과 같다.

- 주로 홀로 학습하기 때문에 때때로 학습동기를 상실할 수 있음

● 이해할 수 없는 내용에 관해 도움을 줄 사람이 없음
● 때때로 학습내용이 적합하지 않을 수 있고, 낡은 자료일 가능성이 있음
● 기업은 학습자가 근무 외 시간에 학습할 것을 기대함 등

(4) 외부 전문가 관리

많은 기업이 사내교육훈련을 운영할 정도의 전문가를 충분히 확보하지 못하고 있기 때문에 대개 외부 전문가를 활용하는데, 이러한 외부 전문가는 특별히 자격기준이 있는 것도 아니고, 전문가임을 자처하는 경우가 많아 외부 전문가를 사용할 경우에는 각별히 유의해야 한다. 그들을 초빙하기 전에 면접을 시행하는 것이 안전한데, 특별히 내용에 관해서는 해당 부서의 관련 업무 담당자의 배석하에 면접을 진행하는 것이 바람직하다. 자격을 갖추고 있거나 경험이 풍부한 외부 전문가를 선택하도록 신중을 기해야 한다. 비록 단기 계약에 의한 초빙이라 하더라도 조직의 문화에 대해 개방적이고 적응할 준비가 되어 있는 외부 전문가가 좋다. 가급적이면 해당 외부 전문가의 개인적 정보와 전문성에 관한 정보를 함께 확보하고, 관리를 위해서 최신의 내용을 지속적으로 추가 · 보완한다. 기타 회사의 외부 인사 초빙 또는 위촉에 필요한 행정적인 절차를 관할하는 부서의 협조로 필요한 기간 동안 해당 외부 전문가를 초빙하여 활용한다.

외부 전문가가 최종 선정되면 기업체 해당 부서와 전문가 사이에 일종의 합의가 이루어져야 하는데, 그 합의문에는 첫째, 교육훈련과정의 목표, 둘째, 교육훈련 참가자의 기대 학습수준, 셋째, 과정의 내용과 운영 절차, 넷째, 사용될 평가방법 등과 같은 사항들이 반드시 포함되어야 한다. 또한 외부 전문가가 강의를 위해 초빙될 경우 교육훈련과정에 관한 안내와 참여자의 특성을 제공하는 것이 바람직하다. 대략적인 특성에는 첫째, 참여자의 연령대 및 근무 경력(즉, 학습자 특성), 둘째, 교육훈련과정이 운영되는 장소에 관한 안내, 셋째, 교육훈련과정의 시행 날짜, 시간, 기간 등, 넷째, 교육장

에 비치된 시설 및 장비, 기타 준비된 물품 등이 포함되어야 한다.

끝으로, 외부 전문가가 초빙되는 경우 강사료 또는 컨설팅 비용에 대해 정확히 합의하는 것이 필요하다. 금전적인 사항은 우리나라의 상황에서는 여전히 금기시하는 경향이 있다. 따라서 전문가 자신도 명확하게 자신의 전문성 제공에 대한 적정한 대가(代價)를 적극적으로 협의하지 않고 자신을 초빙한 기업에 일임하는 경우가 많다. 기업 또한 자신들이 가지고 있는 강사료나 기타 발생하는 비용에 대한 정확한 안내를 하지 않고 외부 전문가 초빙을 성사시키는 일에 온 신경을 쓰는 경우가 많다. 이 모두가 점진적으로 개선되어 양측이 요구하는 바가 적정한 선에서 합의되도록 본안이 진행되기 전에 마무리 짓고 강의 또는 컨설팅이 착수되도록 해야 한다. 비용 계산 시 염두에 둘 내용으로는, 외부 전문가[8] 인당 지불할 금액, 전문성을 제공하는 기간 혹은 총시간, 출장경비 및 이동에 따른 부대비용, 교보재 및 장비 등의 사용에 따른 비용, 서적이나 디스크 혹은 배포자료 등의 비용, 세금 등이 있다.

(5) 훈련 참가자 관리

훈련을 주관하는 부서에서 특정 교육훈련과정에 참여할 참여 예정자 명단을 준비하고 있다 하더라도, 과정 개설을 준비하는 과정에서 최종적인 확인(confirmation) 절차를 밟는 것이 좋다. 특히 다음과 같은 점을 확인할 필요가 있다.

- 특정 교육훈련 프로그램에 참여할 적정 인원수
- 참여 예정자의 합숙훈련 또는 출퇴근 훈련에 대한 선호도

[8] 외부 전문가는 컨설턴트, 강사, 특강연사, 튜터 또는 진행자(moderator 혹은 facilitator) 등 다양한 성격을 가질 수 있다. 따라서 이들 각자의 역할에 따라 강사료 또는 컨설팅 비용에 대한 규정을 마련해 놓을 필요가 있다.

- 참여 예정자 또는 그들의 상사가 선호하는 훈련 프로그램의 내용 여부
- 참여 예정자의 훈련 프로그램 내용의 수준에 대한 인지 여부
- 참여 예정자의 학습내용에 대한 출발점 수준
- 참여 예정자의 연공서열 차이 여부
- 특이한 행동을 보이는 참여 예정자의 존재 여부 등

만약 교육훈련과정이 외부에서 진행되는 것으로 결정되었다면, 이후에 장소에 관한 예약, 필요한 사항 점검 등이 이루어져야 하고, 최종적으로 참여 예정자에게 훈련에 관한 세부적인 내용을 통보해 주어야 한다. 만약 이러한 과정을 사내교육훈련으로 진행하기로 했다면, 외부에서 진행되는 것과 같은 준비를 하되, 혹시 갑작스러운 훈련과정 참여 취소가 발생할 경우를 대비하여 예비 참여자를 몇 명 확보, 지명해 둘 필요가 있다.

(6) 연간 훈련계획 관리

대부분의 기업들은 연간 수행되는 각종 교육훈련 프로그램을 시기별로, 대상별로 매트릭스 표를 만들어 연간 계획을 관리한다. 이 양식에는 대상, 교육훈련과정명, 과정 운영 기간, 사내교육훈련인지 외부교육훈련인지 또는 자기계발 형식인지 여부 등을 포함하여 특정 기업의 필요에 따라서 상당히 복잡하고도 정교하게 계획표를 작성하기도 한다. 〈표 3-1〉은 매우 단순화한 연간 교육훈련 계획표를 예시하고 있다.

2) 교보재의 활용 및 효과지속을 위한 전이 전략

정보기술이 나날이 진보하면서, 기업체의 인력자원개발 활동에도 정보기술의 활용이 보편화되고 있다. 이 소절에서는 이러한 현장의 변화에 많은 영향을 주고 있는 훈련 교보재의 사용에 대한 철학적 질문과 현장에서 흔히 활용할 수 있는 교보재 유형에 관하여 살펴보고자 한다. 아울러 교육훈련의

표 3-1 2013년 연간 교육훈련 계획표(예시)

대상	과정명	1월	2월	...	...	12월
임원	전략세미나	9~11				
	본부장 역량 강화					11~12
	해외 글로벌기업 연구		11~13			
부장	리더십혁신				...	
	해외 마케팅 관리			...		
	경영개발		...			
	경영혁신과정	14~18				
	팀빌딩을 통한 조직활성화		4~7			
⋮	...					
⋮	...					
⋮	...					

효과를 지속하기 위한 전략의 하나로 훈련의 전이에 관하여 간략히 설명하고자 한다.

(1) 훈련 교보재의 활용

교보재의 유형으로는 각종 인쇄물 및 복사 자료, 비투시용 자료, 정지동작 투시용 자료, 음성 · 음향 자료, 음성 · 음향 및 시각 혼합 자료, 시청각 자료, 컴퓨터를 이용한 자료 등이 있고, 각각의 유형은 다시 다음과 같이 분류될 수 있다.

- 각종 인쇄물 및 복사 자료(printed and duplicated materials)는 종이와 활자를 사용하여 만들어진 자료로, 각종 배포자료(hand-outs), 과제 수행을 위한 양식, 개별화학습을 위한 인쇄자료, 집단학습을 위한 자료 등이 포함된다.
- 비투시용 자료(non-projected display materials)는 빛이 통과하지 않는 매

체를 이용하여 제작된 자료로, 칠판 및 마커보드, 펠트보드, 플립차트, 모빌, 모형 및 입체모형, 실물교재(realia) 등이 있다.

- 정지동작 투시용 자료(still projected display materials)는 동작이 없는 상태에서 내용을 전하는 매체로서, OHP, 슬라이드, 영사슬라이드(filmstrips), 축소복사용 필름(microfilm) 등이 있다.
- 음성 · 음향 자료(audio materials)는 소리를 이용하여 내용을 전달하는 매체이며, 라디오방송, 오디오디스크, 녹음테이프 등이 있다.
- 음성 · 음향 및 시각 혼합 자료(linked audio and still visual materials)는 음성과 음향, 시각이 혼합된 자료로, 음성 · 음향 효과가 있는 영사슬라이드, 라디오비전 프로그램(라디오방송에서 슬라이드 테이프[⑨]로 제시하는 것과 유사한 교수방법), 테이프 실물교재 등이 있다.
- 시청각 자료(video materials)는 시각을 활용하여 학습할 수 있도록 제작된 자료로 테이프영사 프로그램, TV 방송, 영상녹화, 비디오디스크 녹화 자료 등이 있다.
- 컴퓨터를 이용한 자료(computer-mediated materials)에는 대량고속처리(number-crunching) 패키지, 컴퓨터 튜터, 컴퓨터 실험실, 데이터베이스 시스템, 컴퓨터 이용 학습 시스템 등이 있다.

이상에서 소개한 다양한 방법은 사용하는 매체에 따라 훈련장의 좌석 배열을 달리해야 하는 번거로움이 있다. 매체의 특성에 따라 강사와 학습자가 최적의 환경에서 상호작용이 이루어지도록 세심한 좌석 배열이 필요하다. 또한 매체는 주로 기계적인 설비이기 때문에 항상 완벽하게 작동되지 않을 수도 있다. 따라서 비상시에 대비한 계획(contingency plan)이 늘 준비되어 있어야 한다. OHP를 사용할 때는 갑작스러운 경우를 대비하여 예비 전구를

⑨ 녹음된 음성 자료가 화면과 함께 화면 내용에 맞추어 설명되도록 제작된 자료를 말한다.

마련해 놓는다든가, 컴퓨터를 이용하여 자료를 발표하고자 할 때 USB의 호환이 이루어지지 않을 경우를 대비하여 배포자료를 참여자 수만큼 미리 준비하는 것 등이 그것이다.

현대와 같이 정보통신기술이 첨단을 걷는 시대에 인력자원개발 전문가들이 당면하고 있는 딜레마 중의 하나는 과연 어디까지 학습자에게 첨단기술을 활용한 교육훈련을 제공하는가다. 이는 기술에 대한 인력자원개발 분야 종사자의 철학과도 연결된 문제로서, 단순하게 다른 사람들이 그렇게 하기 때문에 나도 해야 한다는 맹목적인 모방과 답습에서 탈피할 필요가 있다. 결국 전달하는 메시지가 핵심이고, 전달하는 방법은 부차적이라는 사실을 염두에 두고 기술활용의 완급을 조절해야 한다.

(2) 훈련의 전이

훈련의 전이(transfer of training)는 학습과 적용의 관점에서 훈련효과 향상의 중요한 기제다. 1980년대 이후로 일단의 전문가들이 전이 문제에 관심을 갖기 시작하였는데(Baldwin & Ford, 1988; Friedman, 1990; Kehrhahn, 1995), 이들은 인력자원개발 활동에 투입되는 예산에 비하여 조금만 주의를 기울이면 전이효과가 크게 나타날 수 있다는 점에 주목하였다. Broad와 Newstrom(1992)은 보통 상태에서 분석, 설계, 시행 노력을 투입한 후 자발적으로 일어나는 결과에 비하여 전이를 적절하게 관리하면 훨씬 많은 추가적인 전이효과를 볼 수 있다고 주장하였다. 그들은 훈련의 전이를 "학습자가 훈련을 통해서 습득한 지식과 기술을 효과적이고 지속적으로 자신의 직무에 적용하는 것"(p. 6)이라 정의하였다.

Lee(1997)는 전이를 촉진하는 요인과 방해하는 요인을 구명한 연구에서, 상사의 지원은 촉진요인으로 작용하지만, 때로는 상사와 조직이 전이의 저해요인으로 작동한다는 점을 밝혔다. 종업원과 한 공간에서 거의 매일 함께 시간을 같이하는 상사의 경우 어떤 태도를 갖고 있는 상사인가에 따라 촉진요인과 저해요인을 넘나들며 영향을 미칠 수 있다는 것이다.

[그림 3-2]는 전이 전략의 사용 시점을 훈련 프로그램 실시 전, 중, 후로 나누고, 훈련 프로그램의 중요 역할 담당자를 상사(관리자)와 강사, 훈련 참여자 자신으로 나누어 전이 전략을 가장 빈번하게 사용한다고 인식하는 것과 누가 전이 전략의 구사에서 가장 강력한 역할을 행사하는가를 표로 제시한 것이다.

	사용 시점		
역할 담당자	전	중	후
상사(관리자)	5/1	6/8	9/3
강사	2/2	1/4	7/9
훈련 참여자	8/7	3/5	4/6

범례: 1 = 빈도/강도 높음; 9 = 빈도/강도 낮음

[그림 3-2] 전이 전략의 사용 시점 및 빈도와 역할 담당자의 역할행사 강도에 관한 인식

출처: Broad & Newstrom (1992), p. 55.

그림에서 알 수 있듯이 관리자의 역할은 훈련 전과 훈련 후에 강력한 힘을 발휘할 수 있다. 따라서 교육훈련과정의 실시 효과의 관리에서 상사의 역할만큼 중요한 것이 없을 것이다. 그뿐만 아니라, 조직의 분위기를 변화시킨다든가 하는 관리 방법도 전이효과의 증진에 중요한 역할을 한다.

제4장

인력자원개발 업무 담당자의 역할

학습 주안점

① 인력자원개발 업무 담당자의 업무 영역은 무엇인가?
② 인력자원개발 업무 담당자의 전문적인 역할은 무엇인가?
③ 인력자원개발 업무 담당자의 일반적인 역할은 무엇인가?
④ 인력자원개발 업무 담당자의 역할을 수행하기 위해 필요한 역량은 무엇인가?

1. 인력자원개발 업무의 활동 영역과 역할

인력자원개발 업무 담당자들의 역할이 인사부 업무 중 교육훈련과정 운영에 필요한 보조적 역할, 즉 허드렛일에 불과한 강의장 정리정돈, 간식 및 음료수 준비, 강사 섭외 등에 한정되었던 적이 있었다. 물론 오늘날에도 이와 같은 일들의 중요성이 덜한 것은 아니지만, 이제는 인력자원개발의 핵심적인 내용에 관하여 전문성을 갖출 것을 요구받는 시대가 되었다. 인력자원이 기업의 주변 영역에 머물러 있던 시대에서 기업의 핵심 영역, 전략적 파트너로서의 역할이 강조되는 시대로 접어들면서 인력자원개발 분야의 역할 변화가 자연스럽게 부각되고 있는 것이다. 그런 의미에서 이 장에서는 인력자원개발 실무자들의 주요 역할이 무엇인지 살펴보고, 각 역할에 따르는 역량과 연계하여 설명하고자 한다.

1) 인력자원개발 업무 담당자의 활동 영역

앞 장에서 인력자원의 영역은 인력자원계획, 인력자원개발, 인력자원 활용 등으로 구분한 바 있다. 인력자원계획 영역은 조직에 필요한 적정 인원을 확보, 유지할 수 있도록 인력자원의 충원과 관련된 각종 사항들을 계획하는 활동이다. 인력자원개발 영역은 개인 및 조직의 효율성을 향상시키는 데 기여할 수 있는 각종 교육훈련 등의 학습경험에 초점을 맞춘 활동이다. 인력자원 활용 영역은 보유하고 있는 조직 내 인력자원의 배치, 부서이동, 승진, 평가, 보상, 노사관계 등 입사 이후부터 퇴직에 이르는 기간 동안 발생하는 모든 종류의 인사와 관련된 사항을 다루는 영역이다. 인력자원계획과 인력자원 활용 영역은 크게 기존의 전통적 개념인 인력자원관리 활동으로 묶어 인력자원관리 전문가의 영역으로 분류할 수 있고, 일단 채용된 인력자원을 대상으로 그들의 직무역량을 향상시켜 주는 일과 그와 관련된 활동은 인력자원개발 업무 담당자의 활동 영역으로 분류할 수 있다. 그러나 오늘날과 같이 기업의 조직기능이 상호 간 긴밀하게 연결되어 있는 상황에서 인력자원개발 영역에 대한 전문성을 갖추는 일이 최우선으로 요구되는 것이라면, 인력자원의 다른 영역과 더 나아가 기업의 전체 구조 및 경영 메커니즘에 관한 전문성을 갖추는 일도 매우 중요한 일임을 인식할 필요가 있다.

Bernthal 등(2004)은 『ASTD competency study: Mapping the future』라는 연구에서 인력자원개발 업무 담당자들의 주요 역량을 도출하고, 이 기본적인 역량들을 특정 영역의 전문성을 개발하는 데 사용하여야 함을 묘사하고 있다. 그리고 그 역량을 대인관계 역량군, 비즈니스/관리 역량군, 개인적 역량군으로 나누어 제시하였다. 이들이 활동하는 주요 주제 영역은 각각 학습설계, 성과향상, 훈련 제공, 측정 및 평가, 조직변화 촉진, 학습기능 관리, 코칭, 조직지식 관리, 경력계획 및 인재관리 등의 9개 전문영역(area of expertise: AOE)이다. 인력자원개발 업무 담당자들은 기본

적으로 WLP 전문가로서 특별한 전문적, 기술적 지식과 기능을 WLP 영역
에서 갖추고 있어야 한다. 이들이 제시한 전문영역에 대한 정의는 다음과
같다.

- 학습설계: 요구에 부합하는 학습방법(learning interventions)을 설계하거
  나 새롭게 고안하여 개발함; 학습경험과 영향력을 극대화하기 위한 가
  장 적절한 전략, 방법론, 기술이 무엇인지 분석하고 선정함
- 성과향상: 성과의 간극(gap)을 확인하고 분석하는 체계적인 절차를 활용
  함; 미래의 성과향상을 위한 계획을 수립함; 성과의 간극을 메울 수 있
  는 비용효과적이고 윤리적으로 타당한 해결책을 설계하고 개발함; 성
  과향상의 기회요인이나 해결책을 모색할 때 고객을 참여시킴; 해결책
  을 시행함; 변화를 모니터링함; 결과를 평가함
- 훈련 제공: 학습자를 학습에 참여시킬 뿐만 아니라 바람직한 결과를 낳
  을 수 있는 방향으로 학습을 통한 해결책(예: 과정운영, 경험의 전수)을
  제시함; 학습자 요구(needs)를 처리하고 그 요구에 적절히 대응함; 학습
  을 통한 해결책이 시의성 있게 효과적인 방법으로 만들어지고 전달될
  수 있도록 함
- 측정 및 평가: 학습 및 성과에 대한 해결책이 주는 가치 또는 영향력에 관
  한 특정 질문에 해답을 줄 수 있는 자료를 수집함; 개별 프로그램의 영
  향력에 초점을 맞추되 전체 체계의 효과성을 측정하는 방법을 구안함;
  측정 및 평가 결과를 효과성 증진과 변화를 위한 권고안 제시에 활용함
- 조직변화 촉진: 조직 내 변화를 선도하고 관리하며 촉진함
- 학습기능 관리: 조직의 전략을 실행하기 위한 인적 자본을 개발하는 데
  지도력을 발휘하도록 함; WLP의 관리와 관련된 활동을 조직하고 모니
  터링하며 조절함
- 코칭: 개인과 조직을 좀 더 신속하게 개발하고, 좀 더 만족스러운 결과
  를 얻을 수 있도록 돕기 위하여 상호적인 과정을 활용함; 목표 설정, 실

행, 더 나은 의사결정, 타고난 강점을 더 잘 활용할 수 있도록 개인의 능
력을 개선시켜 주는 일

● 조직지식 관리: 지식 공유의 촉매자와 선구자로 기능함; 조직을 지식창
조, 지식공유 주체로 전환하는 계획을 개발하고 옹호함; 조직의 지식관
리 노력을 주도하고, 추진하며, 통합함

● 경력계획 및 인재관리: 종업원들이 조직의 전략적 도전에 부합하는 적합
한 기술을 갖추도록 함; 개인과 조직의 요구 사이에 적절한 조화가 이
루어지도록 개인의 경력계획과 조직의 인재관리 과정 간의 조율이 되
도록 함; 개인의 성장과 조직의 개선을 촉진함(p. xxii)

2) 인력자원개발 업무 담당자의 역할

Bernthal 등(2004)은 그들의 2004년도 ASTD 역량모형에서 피라미드의 맨
상위층에 위와 같은 역할을 수행하는 인력자원개발 전문가의 역할 네 가지
를 제시하였다. 이들 역할은 학습전략가, 비즈니스 파트너, 프로젝트 관리
자, 그리고 직무전문가다. 먼저, 학습전략가는 조직의 인력자원개발 활동이
어떻게 조직의 목적과 전략을 지원할 것인가에 관하여 고위층에서 의사결
정을 하는 데 관여한다. 비즈니스 파트너는 인력자원개발 활동이 어떻게 시
행되고 평가될 것인지를 관리자 및 기타 관계자들과 함께 결정하는 데 관여
한다. 직무전문가의 역할이 그들의 전문성을 설계, 개발, 전달, 평가 등과
같은 인력자원개발의 특정 영역에서 발휘하는 일이라고 한다면, 프로젝트
관리자로서의 역할은 인력자원개발 활동을 일상적으로 계획하고, 재원을
조달하며, 모니터링하는 일이다. Werner와 DeSimone(2006)은 이 역할을
두 가지로 구분하여, 학습전략가와 비즈니스 파트너로서의 역할을 좀 더 고
위의 인력자원개발 업무 담당자, 즉, 인력자원개발 임원 및 관리자의 역할
로 보았고, 다른 하나는 인력자원개발을 실무적으로 담당하거나 중간 관리
자급 담당자가 수행하는 역할로 보았다. Bernthal 등(2004)에 따르면 네 가

지 역할은 각각 다음과 같다.

- 학습전략가: 장기 비즈니스에서 성공하고 조직의 요구에 부합하는 부가가치를 창출하는 데 어떻게 WLP가 영향을 미칠 것인지 결정함; 조직의 전략적 방향을 지원하고 기존의 학습과 성과향상(performance improvement) 전략의 효과성 분석 결과를 근거로 한 학습과 성과향상 전략을 기획하고 실행하는 것을 이끌어 감
- 비즈니스 파트너: 직장의 성과향상 기회를 모색할 때 비즈니스와 산업에 관한 지식을 고객과 파트너와의 관계에 적용함; 제안된 해결책에 대하여 고객의 동의와 헌신을 이끌어 내고, 사업성과에 미치는 영향 평가를 포함한 전반적인 실행 전략을 그들의 협력하에 세워 나아감; 고객과 효과적이고 장기적인 관계를 구축하기 위해 적절한 대인관계 양식과 의사소통 방법을 사용함
- 프로젝트 관리자: 비즈니스상의 모든 새로운 시도를 지원하기 위해 학습과 성과에 관한 해결책을 설계하고, 필요한 자원을 제공하며, 적용하고, 평가함; 목표에 관하여 의사소통을 하고, 시행계획을 효과적으로 실천하도록 하며, 장애를 제거하고, 적절한 지원을 확보하며 사후적으로 관리함
- 직무전문가: 학습과 성과 해결책을 설계하고 개발하여 실시한 후 평가함; 경력계획 및 인재관리, 코칭, 훈련 제공, 학습설계, 조직변화 촉진, 성과향상, 조직지식 관리, 학습기능 관리, 측정 및 평가에서 하나 이상의 WLP 전문영역에서 작동되는 심화된 지식을 유지하고 적용함(pp. xxiii–xxiv)

한편, Gilley, Eggland와 Gilley(2002)는 인력자원개발 전문가로서의 세 가지 일반적인 역할, 인력자원개발 컨설턴트로서의 역할, 인력자원개발 지도자로서의 역할로 구분하고, 각각을 다시 세분하여 설명하였다. 이들은 그

세 가지 일반적인 역할로 학습촉진자(learning facilitator), 교수설계자(in-structional designer), 수행❶공학자(performance technologist)를 제시하였다. 이들은 '학습촉진자'를 종업원들에게 의미 있고 유용한 정보를 제공하는 사람, 지식과 업무 경험을 연결하여 종업원들이 새로운 정보를 업무에 적용할 수 있도록 돕는 사람이라고 보았다. 따라서 학습촉진자는 정보가 직원들의 궁극적인 성장과 발전에 연결되도록 해야 한다. 그렇게 하기 위해서는 종업원들의 학습 요구를 확인하고, 그 요구에 적합한 학습환경을 조성해 주어야 한다. 인력자원개발에서 지식과 정보를 전달하는 데 흔히 활용되는 방법으로는 강의법 이외에 다양한 기법들이 적극 활용되어야 한다. 즉, 적절한 질문법, 적극적인 경청, 때에 맞는 피드백, 학습환경에서 습득한 지식과 정보가 업무 현장에서 제대로 활용되도록 하는 학습의 전이 등을 신중하게 고려하여 다양한 방법을 잘 활용해야 한다. 한 가지 주의할 점은 비록 이들이 인력자원개발 전문가의 역할을 세 가지로 나누기는 하였지만, 세 가지 역할이 각각 별개로 존재하는 것이 아니라, 전체 인력자원개발을 위한 제반 활동 가운데 유기적으로 연계되어 있어서 일부 역할이 중복될 수도 있다는 점이다. 학습촉진자로서의 인력자원개발 전문가는 다음과 같은 학습과정에 관한 역할을 수행하게 된다.

- 평가자: 인력자원개발을 위한 제반 활동이 본래의 목적을 달성하였는지 프로그램의 전반적인 내용과 절차, 프로그램에 참여한 종업원의 변화를 평가함
- 집단촉진자: 조직의 인력자원개발이 집단활동을 통하여 추진되는 경우 집단 역동성이 잘 발휘될 수 있도록 조건을 정비하고, 피드백 등을 적

---

❶ performance는 인사관리 분야에서 대개 '업적' '성과' 등으로 해석되는데, 인력자원개발과 관련해서는 '수행'이라는 용어로 해석되어 사용되고 있다. 자세한 내용은 송해덕(2009)의 연구에 제시되어 있다. 이 책에서는 문맥에 따라 수행, 성과를 혼용 · 병용하기로 한다.

절히 제공하여 효과를 증진시킴

- 수업자료 작성자: 학습활동에서 다루어지는 내용을 교수자와 훈련에 참여하는 종업원에게 적합하도록 구성하고, 효과적으로 진행될 수 있도록 조직함
- 교수자: 학습자료를 매개로 훈련에 참여하는 종업원의 학습을 돕고, 그들과의 상호작용을 통하여 학습내용을 효과적으로 전달함
- 매체전문가: IT기술 등에 관한 전문성을 갖고 이를 활용할 줄 알며, 학습내용 구성 시 적절한 각종 매체를 특정 시점에 활용하도록 하여 학습효과를 높임
- 요구분석가: 훈련에 참여하는 종업원이 필요로 하는 수준의 학습이 이루어지도록 질문지, 면담, 초점집단면담 등 요구분석 기법을 잘 활용하여 요구를 확인함
- 프로그램 설계자: 학습목표에 따라 학습내용을 일정한 순서로 배열하고 필요한 학습활동과 매체 활용의 시점 등을 파악하여 효과적인 프로그램을 구성함
- 과업분석가: 종업원이 소속된 부서에서 담당하는 과업을 수행하는 데 필요한 지식과 기술의 수준 등을 파악함
- 전이촉진자: 각종 학습활동을 통해서 습득한 지식과 기술, 태도 등을 현업에서 적극적으로 활용하도록 필요한 여건을 마련하고, 실제 활용하도록 격려함

다음으로 '교수설계자'로서 인력자원개발 전문가는 학습활동이 어떻게 이루어질 것인지 설계하고, 설계한 그림에 따라 학습활동이 조직적으로 구성될 수 있도록 해야 한다. 설계 단계에서 고려할 요소들에 대해서는 다양한 의견이 존재한다. 또 이 견해들 간에도 약간씩의 차이가 있다. 예컨대, Werner와 DeSimone(2006)은 설계의 주요 요소로 목표정의, 교수계획 수립, 자료의 개발 및 획득, 훈련교관 선정, 방법과 기법 선정, 프로그램의 전

개 계획수립 등을 제시하였고, Piskurich(2006)는 전달방법의 결정, 목표 설정, 교수계획 수립, 과정별 개요 제시, 내용 구성, 학습자 평가 등을 제시하였다. 또한 Hargreaves와 Jarvis(2000)는 설계 단계에서 자원, 지도자(교수자), 방법, 시간계획, 계열화, 사회적 강화,^❷ 개별화, 역할과 관계, 평가의 기준, 설계의 명확성^❸ 등을 신중하게 고려할 것을 주장하였다. 한편, Gilley, Eggland와 Gilley(2002)는 설계 단계의 구성요소를 다음과 같이 제시하였다.

- 프로그램의 학습목표를 정한다.
- 구체적 요구를 충족시키는 프로그램을 계획한다.
- 프로그램 내용과 활동을 정한다.
- 프로그램의 구조를 정한다.
- 프로그램 활동의 순서를 정한다.
- 요구충족을 위하여 기존 프로그램이나 외주 프로그램을 사용할 것인지 또는 새롭게 프로그램을 개발할 것인지 정한다.
- 프로그램 활동에 필요한 비품과 용품을 확인한다.

교수설계자로서의 인력자원개발 담당자 역할은 최근 들어 분리되기 시작하였다(Gilley, Eggland, & Gilley, 2002). 이들에 따르면 1970년 Nadler의 연구와 1983년도 McLagan과 Bedrick을 비롯하여 1989년 McLagan의 '수월성을 위한 모형' 연구 등에서는 교수설계자와 학습촉진자의 역할을 별도로 구분하지 않았고, 따라서 훈련 프로그램을 제공하고 운영하는 측이 교수설계까지 하는 경우가 흔했다는 점을 지적하고 있다. 그러나 뒤에서 자세히

❷ 여기서 사회적 강화라 함은 교육훈련 프로그램에 참여하는 사람이 자신의 참여가 자신은 물론 자신이 속한 조직에도 가치가 있다고 느낄 필요가 있는데, 인력자원개발 담당자들은 모든 참여자에게 이러한 긍정적 강화가 이루어지도록 하는 것을 말한다.
❸ 교육훈련 프로그램의 목적이 무엇인지, 거기서 다루어지는 내용이 무엇인지, 사용되는 방법은 무엇인지 등에 관하여 참여자가 명확히 알 수 있도록 해 주는 것을 말한다.

다루겠지만, 교수설계 체제가 발전하면서 설계 분야가 하나의 단계로 자리 잡게 되면서 당연히 설계 단계의 전문가로서 교수설계자의 역할이 부각된 것이라 할 수 있다. 다시 Gilley, Eggland와 Gilley(2002)는 교수설계자의 역할을 프로그램 설계자, 수업자료 작성자, 매체전문가, 과제분석가, 이론가로 세분하여 다음과 같이 설명하고 있다.

- 프로그램 설계자: 교수설계자로서 인력자원개발 담당자는 교육훈련 프로그램 참가자들에게 변화가 일어나도록 촉진활동을 설계해야 한다. 따라서 이러한 역할을 수행하게 되는 프로그램 설계자는 훈련 프로그램의 목표를 설정하고, 목표 달성에 필요한 학습활동을 선정하며, 그 학습활동의 우선순위를 정하는 역할을 한다. 또한 프로그램 설계자는 학습활동에 필요한 매체와 자료, 교보재 등을 선정하는 일도 담당한다.
- 수업자료 작성자: 교수설계자는 교육훈련에 필요한 교재, 훈련교사 매뉴얼, 보조자료, 각종 인쇄물 등을 작성하는 역할을 수행한다. 수업자료 작성자가 수행하는 또 다른 중요한 활동으로는 자문과 성과개선을 위한 제안서를 작성하는 것이다. 제안서 작성은 대체적으로 요구분석 후에 이루어진다.
- 매체전문가: 매체전문가로서의 교수설계자의 역할은 인력자원개발 활동에 필요한 적절한 시청각 매체를 선정하는 일이다. 이는 학습자들의 학습 참여를 촉진시키고, 기억력을 증대시키며, 자료를 체계적으로 제시하는 데 도움이 된다.
- 과제분석가: 교수설계자는 과제분석가 역할을 수행할 수 있어야 하는데, 과제분석은 하나의 직무를 하위 요소로 나누어 학습자가 해당 직무에서 요구하는 사항을 단계별로 알 수 있도록 하기 위한 것이다. 교수설계자는 학습자가 직무를 통해 수행하는 바를 기술하고 측정해야 하므로, 교수활동을 통해 무엇을 가르치고, 어떻게 측정하는지를 알아야 한다.

● 이론가: 마지막으로, 하찮게 여겨져서는 안 되는 교수설계자의 역할은 이론가로서의 역할이라 할 수 있다. 더 좋은 방법이 무엇인지, 기존의 관점과 다른 점은 무엇인지, 성인학습이론과 프로그램 설계에 동원되는 지식과 정보는 무엇인지, 그리고 개인과 조직을 변화시키는 최적의 방법은 무엇인지 등에 밝아야 한다.

마지막으로, '수행공학자'로서의 역할이 있는데, Spitzer(1999)에 따르면 수행공학자는 조직에서 수행 또는 성과를 개선하는 일을 하는 사람을 말한다. 수행공학자는 조직에서 수행에 영향을 미치는 여러 가지 요인들을 찾아내고 분석하여 적절하지 못한 수행의 근본적인 원인을 밝혀내는 책임을 지고 있다. 수행공학자는 조직의 수행 또는 성과를 개선해야 하는 직접적인 권한은 갖고 있지 않지만, 종업원들의 수행 또는 성과 개선활동을 목표로 하여 일한다. 즉, 수행상의 장애요인을 제거하고, 수행 또는 성과 향상을 위한 해결방안을 찾아내는 일을 한다(Gilley, Dean, & Bierema, 2001). Gilley, Eggland와 Gilley(2002)는 계속해서 수행공학자로서 인력자원개발 담당자가 갖추어야 할 역량과 기술에 대해 기술적 역량과 인간관계 기술을 제시하고 있다. 먼저, 기술적 역량은 바람직한 목표를 설정하고 그 목표를 달성하기 위한 기회를 확인하는 데 사용되는 역량이다. 수행공학자는 수행 또는 성과상의 문제와 원인을 분석하고, 그의 개선을 위한 활동을 하는데, 여기에 필요한 하위 기술은 분석 및 관찰 기술과 설계 기술이다. 다음으로 인간관계 기술은 수행 또는 성과의 개선을 위한 방법으로서, 이는 이해당사자들의 관계구축, 면접, 프로젝트 관리, 해결책의 규명과 선정, 평가, 사후관리 및 프로젝트 완료에 중요한 기술이다. 이들은 Sink, Stolovitch, Keeps, Rodrigue 등이 제시한 수행공학자의 차이점을 정리하여 다른 인력자원개발 전문가와 다른 다음의 여섯 가지 특성을 제시하였다.

● 결과지향: 수행공학자는 궁극적인 목표를 수행 또는 성과상의 문제를 해

결하는 데 초점을 맞춘다. 따라서 수행공학의 과정과 절차에 치우치지 않고 근본적인 문제와 바람직한 결과를 지향한다.

● 조사연구 성향: 수행공학자는 인력자원개발과 관련하여 핵심을 짚어 내는 능력을 가지고 있으며, 정보의 원천이 어디에 있는지, 그 정보를 어떠한 방법으로 수집하는지에 관하여 전문성을 갖고 있다.

● 기준설정 및 유지 기술: 능숙한 수행공학자는 수행 또는 성과 개선과 관련된 활동을 시작할 때 질적인 기대 수준을 정하고 활동 진행과정에서 질적 수준을 유지하기 위한 점검활동을 한다.

● 협동성: 성공적인 수행공학자는 모든 이해당사자들, 즉 고객, 부하직원, 동료, 기타 전문가들과 협력하도록 촉진한다.

● 핵심 원칙 준수 및 유연성: 유능한 수행공학자는 새로운 상황에 잘 적응하고, 우선순위를 유연하게 재조정하며, 인력자원개발 활동의 성공을 위해 최선의 상태를 유지한다.

● 가치 증진: 성공적인 수행공학자는 고객에게 수행 개선 원칙을 알려 주고, 새로운 자원을 제공하며, 더 좋은 결과를 낳을 수 있는 기술을 도입하여 최대의 성과가 도출되도록 한다.

2. 교육훈련 주기에 따른 인력자원개발 업무 담당자의 역할[4]

교육훈련의 주기(cycle)는 훈련 프로그램이 개발되어 시행되기까지의 일련의 과정을 의미한다. Hargreaves와 Jarvis(2000)는 교육훈련의 주기를 교육훈련의 요구 확인(identify training needs), 교육훈련의 설계 및 계획(design, and plan training), 교육훈련의 시행(implement training), 끝으로 교육훈련의

---

[4] 이 절은 Hargreaves와 Jarvis(2000)를 참고하여 작성하였다.

평가(evaluate training)의 네 가지 구성요소로 설명하고 있다([그림4-1] 참조). 교육훈련의 주기는 교수체제설계 분야의 전문가에 따라 구성요소를 다양하게 제시한다. 흔히 'ADDIE 모형'이라고 일컫는 전형적인 교수체제설계 모형은 요구분석에서 평가에 이르기까지 다섯 단계로 설명하기도 하는데, 이에 대해서는 뒤에서 자세히 다루도록 하겠다.

　　Hargreaves와 Jarvis가 언급하듯이 교육훈련 모형과 관련된 많은 연구를 분석해 보면, 요구분석가, 교육훈련 프로그램 설계자, 교수자, 행정요원, 평가자, 그리고 통계전문가에 이르기까지 최소한 20개 이상의 다양한 역할이 존재한다. 인력자원개발 담당자는 때로 상담가 또는 경력상담가의 역할을 하기도 한다. 우리나라의 경우 1990년대 이전까지만 해도, 인력자원개발 분야는 전공과 상관없이 몇 년간의 경험을 쌓으면 수행할 수 있는, 전문성 없는 업무로 여겨졌다. 그것은 인력자원개발 담당자의 역할이 주로 교육장의 온갖 허드렛일을 처리하는 것이 주업무였던 시대였기 때문이다. 그러나 오늘날 인력자원개발 분야는 교육학적인 배경과, 성인학습, 인력자원개발 및 관리 등에 관한 전문지식을 갖춰야 하는 전문영역으로 변모해 가고 있다.

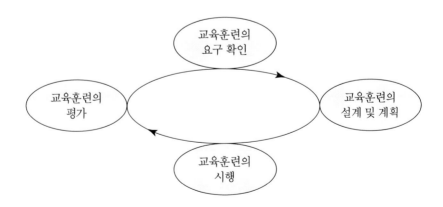

[그림 4-1] 체계적인 교육훈련의 주기 모형

출처: Hargreaves & Jarvis (2000), p. 54.

Hargreaves와 Jarvis(2000)는 인력자원개발 담당자에 관하여 McLagan과 Hargreaves가 제시한 다양한 역할을 정리하여 다음과 같이 제시하고 있다.

- 전략가: 인력자원개발 활동의 주어진 조건이나 환경에서 적절한 결과를 얻을 수 있도록 목적, 목표, 정책 등을 잘 조합하여 수행하게 하는 사람
- 과업 및 요구분석가: 교육훈련 참가자가 소속된 조직, 부서에서 어떤 업무를 수행하는지 관찰하여 분석하는 일을 담당하거나, 현재의 결과물과 기대되는 결과물 간의 격차를 확인하고 밝혀진 요구를 문제해결에 사용할 수 있도록 분석하는 일을 담당하는 사람
- 훈련개발 관리자: 교육훈련에 관련된 제반 활동을 관리하는 사람
- 프로그램 설계자: 교육훈련 프로그램에 참여할 종업원의 교육훈련 요구분석 결과를 토대로 프로그램의 밑그림을 마련하는 사람
- 프로그램 개발전문가: 실제로 적용될 교육훈련 프로그램에서 다루어질 내용을 교육훈련의 목적에 적합하게 작성하여 개발하는 일을 담당하는 사람
- 매체전문가(media specialist): 교육훈련 프로그램에서 사용되거나 적용될 각종 매체를 선정하고, 이를 효과적으로 사용할 수 있도록 하는 사람
- 프로그램 관리자(program administrator): 교육훈련 프로그램의 개발, 전달, 평가 등에 관한 전반적인 영역을 관리하는 사람
- 촉진자(facilitator): 교육훈련 프로그램의 실행과정에서 중재 및 조정 역할을 함으로써 프로그램이 원활하게 운영되고 목표를 달성할 수 있도록 하는 사람
- 교수자(instructor): 교수에 관한 전문성을 가지고 특정한 내용 또는 주제를 학습자에게 전달해 주는 사람
- 훈련교사(trainer): 특정 직무와 관련된 지식, 기술, 태도를 잘 알고, 다양한 방법론을 사용하여 가르치거나 학습을 하도록 하는 사람

- 통계전문가: 계량화한 자료(data)를 수집하여 집계, 분석, 해석, 도표화하는 기술을 가지고 통계를 전문으로 하는 사람
- 전이촉진자(transfer agent): (교육훈련과정을 통하여) 습득한 지식이나 기술을 새로운 업무 환경에 적용하여 문제해결을 도와주거나 효과성을 높이도록 지원해 주는 사람
- 평가전문가: 기업 내 업무에 관한 성과평가, 인사평가 등 다양한 대상 또는 사물의 가치나 수준 등을 평가하는 사람
- NVQs 평가자: 국가직업자격(National Vocational Qualifications)⁵의 분야별 요건, 수준 등을 평가하는 사람
- 의사소통 전문가: 전달하고자 하는 메시지를 상대방에게 효과적으로 전달하고 또 상대방의 메시지를 효과적으로 받아들이는 방법에 전문성을 갖춘 사람
- 개인개발 상담가: 새로운 지식과 기술을 습득하고 태도 및 행동 등을 개선하고자 하는 대상에게 그 분야의 전문성을 갖추고 도와주는 일을 하는 사람
- 이론가: 인력자원개발과 관련된 제 영역의 연원, 배경, 방법론, 사례 등에 관한 체계적인 지식을 갖추고 있는 사람
- 자기계발자(self-developer): 스스로의 직무 분야에 관한 전문성을 개선하고 높이기 위하여 각종 교육훈련 기회를 활용하는 사람
- 컨설턴트: 특정 분야 또는 특정 주제에 관한 전문성을 가지고 의뢰인에게 컨설팅 절차와 기법에 따라 필요한 조언을 제공하는 사람
- 마케팅 담당자(marketer): 인력자원개발에 관한 전문성과 정보를 토대로 인력자원개발 프로그램의 마케팅을 기획하고, 사용자를 발굴하는 등의 전문적인 작업을 하는 사람

---

⑤ 영국, 웨일즈, 북아일랜드에서 일정한 훈련과 평가를 통해 취득할 수 있는 직무기반 자격제도를 말한다.

이 밖에도 몇 가지 역할을 더 추가하자면 다음과 같은 것이 있다.

● 변화추진자(change agent)ⓖ: 조직개발 영역에서 조직변화가 효율적으로 이루어질 수 있도록 조직 구성원들을 설득, 교육하고 전문성을 바탕으로 조직이 변화를 추구하도록 도와주는 사람
● 경력상담가: 경력개발 영역에서 개인의 경력계획에 따라 경력경로를 설계하도록 돕고, 조직의 경력관리체계에 부합할 수 있도록 조언하는 사람

이상과 같이 인력자원개발 담당자는 다양한 역할을 요구받고 있고, 실제로 점차 전문성을 고도로 갖추어야 성공적으로 직무를 수행할 수 있다. 이제 다음에서는 인력자원개발 담당자가 교육훈련의 주기별로 수행하는 주요 역할과 인력자원개발 일반적인 영역에서 수행하는 주요 역할을 살펴보며, 그 역할을 수행하는 데 필요한 역량 등으로 나누어 다루고자 한다.

1) 교육훈련 주기에 따른 인력자원개발 업무 담당자의 역할

일반적으로 인력자원개발 업무 담당자는 기업 또는 조직의 교육훈련 부서나 인력자원개발 부서에서 공식적, 비공식적 교육훈련 활동을 계획 · 조직하고, 시행 · 평가하며, 결과에 대한 기록과 관리를 담당하는 역할을 맡는다. 이는 인력자원개발 업무를 교육훈련 활동에 국한시켜 좁은 의미로 보았을 때의 개념이다.

이때 인력자원개발 업무 담당자는 부서 관리자 또는 담당 경영진과 교육훈련 계획 및 사업전략 등에 관하여 논의해야 한다. 교육훈련 전문가로서 필요한 의사결정을 내리고, 조직 구성원과 조직의 요구에 맞춰 교육훈련계

ⓖ change agent는 학자에 따라 변화담당자, 변화촉진자 등으로 번역하기도 한다. 그러나 이들의 궁극적인 역할은 조직개발 컨설턴트로서의 역할이다.

획을 수립하고 조정해야 한다. 때로는 교육훈련과 학습의 촉매 역할을 하고, 조직의 다양한 계층과 경영진 간의 교육훈련과 관련된 소통의 창구 역할을 해야 하기도 한다. 전체적인 교육훈련을 설계하고, 더 나아가 조직 구성원들에게 사내, 사외 교육훈련 프로그램에 참여하도록 지원해야 한다.

인력자원개발 업무 담당자로서 자신의 영역에서 성공적으로 직무를 수행하기 위해서는 관리 기술 및 교육훈련에 관한 기술을 가지고 있어야 한다. 그리고 교육훈련 프로그램을 조직하고 때로는 진행할 수 있어야 한다. 교육훈련 상황에서 일어나는 다양하고 복잡한 사회적 관계를 다룰 수 있어야 함은 물론, 조직문화와 조화를 이루도록 교육훈련 상황을 관리할 수 있어야 한다.

인력자원개발 업무 담당자는 인력자원개발 부서에서 수행하는 교육훈련에 관한 전반적인 업무를 담당한다. 여기에는 교육훈련 프로그램 운영에 필요한 자원의 결정, 즉 사내 전문가 인력, 자료, 컴퓨터 등 집기 등의 사용에 관한 배분을 관리한다. 때때로 좋은 리더로서의 역할도 해야 하는데, 일상 직무 수행에 매몰된 직원들을 교육훈련 프로그램에 참여하도록 어떻게 동기부여할지에 관한 상당한 수준의 지식과 기술이 필요하다.

인력자원개발 업무 담당자가 교육훈련에 관한 업무 전문가로서 역할을 잘 수행하려면 몇 가지 특별한 역량이 필요하다. 첫째, 역할 수행에 따른 갖가지 갈등상황을 잘 극복할 수 있어야 한다. 이를 위하여 갈등 국면에 잘 대처해야 할 필요가 있다. Hargreaves와 Jarvis(2000)는 갈등에 대처하는 몇 가지 요령을 다음과 같이 제시하였다.

- 충분한 운동을 하라.
- 건강 음식을 섭취하라.
- 충분히 숙면하라.
- 휴식을 취하라: 잡담하고 가능하면 휴가를 즐기라.
- 긴장을 풀고 웃으라.

- 긴장된 상황을 완화하기 위해 유머를 구사하라.
- 다양한 범위의 기술을 습득하라: 좀 더 자신감을 갖게 해 준다.
- 몰두할 수 있는 취미를 개발하라.
- 현실적인 마감시한을 설정하라.
- 문제가 발생하면 경험 많고 배려심 있는 상사와 마음을 터놓고 얘기하라.
- 친구와 좋은 우정을 유지하라.

둘째, 시간 관리를 철저히 해야 한다. 특히 교육훈련을 전담하는 전문가로서 인력자원개발 업무 담당자는 교육훈련 활동이 시한이 정해져 있는 활동이기 때문에 비교적 짧게 허용되는 시간 동안 복합적인 역할들을 관리할 수 있어야 한다. 일의 경중, 긴급성, 마감시간 여부 등에 따라 시간 관리가 잘 될 수 있도록 유의해야 한다. 다시 Hargreaves와 Jarvis(2000)는 시간을 절약할 수 있는 몇 가지 방법을 다음과 같이 제시하였다.

- 필요한 경우 경영진의 도움을 받아서라도 목적을 정립하라.
- 활동에 소요되는 시간을 적정하게 배정하라.
- 가능하면 위임하라. 특히 서류정리 같은 일은 다른 사람이 하도록 하라.
- 교육훈련과 관련된 자료는 컴퓨터로 관리하라.
- 이메일을 적극적으로 사용하라.
- 개인적인 면담 등에는 시간을 제한적으로 사용하라.
- 교육훈련 프로그램 전문 공급자의 전화는 엄격하게 대하라.
- 시간 관리에 관한 과정을 준비하여 실시하라.
- 읽기 능력을 높여서 시간을 많이 들이지 않고 훑듯이 내용을 파악할 수 있도록 하라.

셋째, 의사소통 기술을 발휘해야 한다. 교육훈련 업무 전문가의 역할 중 중요한 역할 한 가지는 바로 훌륭한 의사소통 전문가여야 한다는 점이다.

의사소통 능력이 있어야 오해와 갈등을 피할 수 있기 때문이다. 이와 관련하여 Hargreaves와 Jarvis(2000)는 다음과 같이 몇 가지 요령을 제시하였다.

- 조직 내에서 의사소통에 가장 효율적인 수단이 무엇인지 찾으라.
- 교육훈련과 관련된 정보를 알고 싶어 하는 모든 이와 의사소통하되, 필요한 경우 비밀을 보장하라.
- 사람들이 말하려는 것을 경청하라.
- 교육훈련 업무 전문가가 고급 수준의 의사결정 사항을 조직 내 모든 사람들에게 퍼뜨릴 수 있음을 주의하라.
- 불필요하게 회사 내 소문을 퍼뜨리지 말라.
- 의사소통의 실제 장애물과 가상의 장애물을 제거하라.
- 종업원들에게 이메일, 사내신문 등을 통해 교육훈련에 관한 최신의 정보를 제공하라.
- 경영진의 지원하에 전체 부서에 필요한 세미나를 준비하고, 모든 사람들이 참여하도록 격려하라.
- 상사 앞에서 위축되는 경력이 적은 직원을 위한 직무 관련 세미나를 준비하라.
- 미소, 눈 맞춤, 어조, 유머 등 몸짓 언어가 중요한 정보 전달 수단이 됨을 기억하라.
- 정보를 다른 사람에게 전하기 전에 확인하라.

이러한 배경지식을 토대로 인력자원개발 업무 담당자가 교육훈련에 관한 업무 전문가로서 맡아야 할 역할을 교수체제설계 단계에 맞추어 설명하고자 한다. 즉, 가장 보편적인 교수설계체계라 할 수 있는 5단계 모형, 이른바 'ADDIE 모형'은 다섯 단계로 이루어져 있고, 각각의 단계마다 전문성을 발휘할 수 있는 역할을 도출할 수 있다. 즉, 요구분석 단계는 요구분석가 (needs analyst), 설계 단계는 프로그램 설계자, 개발 단계에서는 프로그램 개

발전문가, 시행 단계에서는 교수자, 강사, 훈련교사 또는 촉진자, 마지막으
로 평가 단계에서는 평가전문가 등으로 역할을 명명할 수 있다. 이를 자세
히 살펴보자.

(1) 요구분석가

먼저, 요구분석가는 기술 또는 지식에서 조직 차원의 요구와 개인 차원의
요구에 관심을 갖고 있는 전문가다. 요구분석가가 하는 일은 성과 또는 수
행의 차이를 확인하는 일, 경영진과 직원의 교육훈련에 대한 요청을 모니터
링하는 일, 그리고 그 요구의 우선순위를 결정하는 일 등이다.[7] 인력자원개
발 업무 담당자는 기업이나 조직에서 경영자 편에 서서 일하는 존재다. 따
라서 요구분석가는 실제 요구분석을 해야 하는 시점에서 요구분석을 시행
하기도 하지만, 조직 차원의 요구가 발생하는 것을 항상 주시하고 있을 필
요가 있다. 조직 차원의 요구는 대개 다음과 같은 사안에 의해 감지될 수 있
다(Hargreaves & Jarvis, 2000).

- 조직의 내부 시스템, 업무 또는 공정 절차, 특히 예산 등의 자원 배분
- 조직(기업)문화와 작업 방식 등
- 보건 및 안전에 관한 이슈들
- 제품의 품질, 생산성, 종업원의 응집력과 조직에 대한 충성도 등

개인 차원에서는 개인이 직무 또는 과업을 수행하는 데 필요한 역량을 분
석하는 것에 초점을 맞추는데, 해당 직무 또는 과업을 수행하는 데 필요한
기술, 행동, 태도 등을 분석대상으로 한다. 요구분석가로서의 인력자원개발
업무 담당자는 일정 수준의 통계에 관한 지식과 경험이 필요하고, 분석, 평

---

[7] 요구분석에 관해서는 7장에서 상세히 다루게 된다. 차례대로 설계, 개발, 시행, 평가 등이 이어
지는 장에서 다루어진다.

가할 수 있는 역량을 필요로 한다.

(2) 프로그램 설계자

실제 실무현장에서 교육훈련 전문가로서의 인력자원개발 업무 담당자는 일련의 교육훈련과정의 결과로 인해서 종업원들에게 큰 변화가 일어나는 것을 원하지 않을 수 있다. 그 대신 현재 수준의 지식에 지식을 추가하거나, 혹은 학습을 강화하는 일에 관심이 있을 수 있다. 따라서 프로그램 설계자는 교육훈련과정에서 다루는 지식과 기술에 관한 학습내용이 참가자들에게 어떻게 효과적으로 전달될 것인가에 더 집중하게 된다.

프로그램 설계자들은 교육훈련 프로그램의 내용, 프로그램이 시행되는 장소, 대상, 시간, 프로그램이 전달되는 방법 등에 따라 다양한 설계방법을 구사할 수 있다. Richey, Fields와 Foxon(2001)에 의하면 교수설계체제에서 프로그램 설계자는 다음과 같은 분야의 역량이 필요하다는 것을 지적하고 있다.

- 교수학습의 전달에 영향을 주는 물리적, 사회적 환경의 측면을 찾아낼 수 있는 역량
- 교수학습의 전달방법에 대한 태도에 영향을 주는 환경적, 문화적 측면을 찾아낼 수 있는 역량
- 학습, 태도, 성과 또는 수행에 영향을 주는 환경적, 문화적 요인을 찾아낼 수 있는 역량
- 교수학습 과정에서 다양한 작업 환경의 본질과 그 역할을 찾아낼 수 있는 역량
- 교육훈련과정의 설계와 성공에 미치는 조직의 사명, 철학, 가치관의 영향력 정도를 결정할 수 있는 역량

성공적인 프로그램 설계자가 되기 위해서는 전체 과정을 파악하고, 예산,

교육장 시설, 허용되는 시간, 훈련생의 수(규모), 교육훈련의 목표, 요구되는 지식, 기술 습득의 수준, 평가 방법 등에 관하여 필요한 정보를 갖고 있어야 한다. 이들은 설계에 대한 기본적인 지식, 교육훈련에 사용될 각종 매체, 교육공학적인 지식, 예술적 감각, 시청각 교육 등에 관한 깊이 있는 지식을 갖추어야 한다.

(3) 프로그램 개발전문가

프로그램 개발전문가라는 역할은 실제 현장에서 필요한 역할임에도 불구하고, 어디에도 개발전문가를 양성하는 프로그램이나 양성하는 기관이 없다. 그러한 현실에서도 인력자원개발 전문가, 특히 교육훈련 업무 전문가는 필요한 교육훈련 프로그램을 정해진 기간 내에 경영진 또는 인력자원개발 부서 관리자에게 만들어 보여야 한다. 교육훈련과정을 설계하는 일도 매우 정교한 기술이 필요한 일이지만, 실제 프로그램을 개발하는 일 역시 매우 숙련된 기술이 필요한 일이다. 어떤 경우에는 거의 해당 분야에 대한 경험을 쌓을 기회가 없거나, 교육을 받을 기회가 없다 하더라도 프로그램을 만들어 내야 한다. 프로그램 개발전문가의 업무에는 다음과 같은 것을 개발하는 작업들이 포함된다(Hargreaves & Jarvis, 2000).

- 학습자료(학습자용 교재)
- 교육훈련 프로그램 관련 안내자료
- 배포자료
- 소책자
- 도표, 그래프, 표 등

프로그램 개발전문가는 위와 같은 작업을 능수능란하게 수행할 수 있는 컴퓨터 사용 능력이 반드시 필요하고, 시청각 매체에 관한 지식과 기술이 있어야 한다. 뿐만 아니라 문서작성, 교재 집필 등의 경험과 능력을 갖추고 있어야 명확하고 간결하게 학습내용을 전달할 수 있다. 이들 또한 설계에 대한 기본 원리를 알고 있어야 하고, 매체를 개발할 수 있는 원리와 지식, 경험을 갖추고 있어야 한다.

(4) 교수자

instructor로 표현되는 교수자는 강사, 훈련교사,[③] 촉진자, 교사, 교관 등을 포괄하는 의미를 갖고 있다. 교관이라 하면 군대에서 특정한 군사훈련을 지휘하는 사람을 연상하게 되므로, 인력자원개발 현장에서 교관이라는 용어보다는 대개 훈련교사, 강사 등의 용어를 쓰는 경향이 있다. 다시 Hargreaves와 Jarvis(2000)는 훈련교사 또는 교수자에 관하여 다음과 같이 설명하고 있다.

> "훈련교사 또는 강사라 하는 교육훈련 전문가는 누구보다 생동감 있고 흥미진진하게 학습내용을 전달해야 한다. 또한 혼자만의 일방적인 전달이 아니라 학습자가 능동적으로 참여하는 쌍방향 교육훈련이 이루어지도록 해야 한다. 이들은 때로는 세미나 형태의 교육훈련 프로그램을, 때로는 워크숍 형태의 교육훈련 프로그램을, 또 어떤 때는 토론, 강의, 공개 포럼, 단기 교육과정 형태의 교육훈련 프로그램을 진행해야 한다.
> 이들은 의사소통의 전문가이기도 하다. 늘 명확하고 간결하게 교육훈련 내용을 전달하여 학습자가 충분히 이해할 수 있도록 한다. 필요한 경우 교육훈련 프로그램에서 다루어지는 내용에 대한 확신과 자신감의 표시로 어조를 달리하거나, 몸짓 언어를 적절히 구사할 수 있어야 한다."

이들이 대상으로 하는 학습자는 다양한 배경을 가진 성인학습자들이다. 이들 학습자는 때로는 훈련교사 또는 강사가 지닌 전문성을 뛰어넘는 수준

[③] 일부에서는 훈련교사를 뜻하는 trainer를 '훈련자(가)'로 번역하기도 한다(한국기업교육학회, 2010).

의 전문성을 갖고 있을 수도 있고, 경험 또한 훨씬 더 깊이 있고 다양한 경우가 있다. 이런 경우 훈련교사 또는 강사는 매우 도전적인 국면에 처하게 되는데, 종종 이들 성인학습자의 지적 욕구에 미흡하게 교육훈련을 이끌어 가면 예기치 않은 비난을 감수해야 할 수도 있다. 기본적으로는 비난 또는 비판도 학습의 기회로 삼으려는 열린 마음이 요구된다.

한편, 프로그램 전달에서 촉진자도 중요한 역할을 하는 전문가다. 어떻게보면, 촉진자의 역할은 교육훈련 프로그램의 전달 현장에서 축소되어 보일수 있다. 주로 학습 참여자가 교육훈련 내용을 주도하여 이끌어 가고, 촉진자는 얼핏 방관자처럼 보일 수 있기 때문이다. 그러나 깊이 생각해 보면, 일반적인 훈련교사나 강사보다 촉진자의 역할이 매우 중요하고 또 쉽지 않다는 점을 알 수 있다.

성공적인 훈련교사 또는 강사가 되기 위해서는 교수법에 정통해야 하고, 교수학습의 이론에 관한 깊이 있는 지식, 교육공학 및 학습심리, 특히 성인학습심리에 관한 이론과 실제에 평균의 학습자를 압도할 수 있는 해박한 지식을 갖추어야 한다.

(5) 평가전문가

인력자원개발 업무 담당자, 그중에서 교육훈련 업무 전문가로서 매우 중요한 역할이 바로 평가전문가로서의 역할이다. 교육훈련 주기에 명시된 업무 중의 하나가 평가이기 때문에 그렇다기보다 모든 활동의 마지막은 평가로 종결되어야 하기 때문이다. 그러나 엄밀히 말하자면 평가에 대해서는 종결을 전제로 하기보다는 새로운 시작을 전제로 하는 것이 옳은 접근법이다. 평가에 대한 수많은 오해와 오용이 낳은 부작용으로 인해, 평가에 대한 선입견이 바람직하지 않게 형성되었다고 할 수 있다.

평가에 관한 문헌을 보면 다양한 모형이 존재하는 것을 볼 수 있다. 형성평가와 총괄평가, 절대평가와 상대평가 등의 용어 외에도, 과정중심의 평가와 결과중심의 평가 등을 비롯하여 깊이 들어가면 다양한 평가모형들이 존재해 왔고, 현재 사용되고 있음을 알 수 있다. 또 평가의 수준에 따라서도 모형이 분류되는데, 전통적으로 4수준 평가모형이라고 하는 Kirkpatrick (1998), Kirkpatrick과 Kirkpatrick(2006)의 모형에서부터 최근의 5수준 평가모형이라고 하는 Phillips(2003)의 투자대비회수율(return on investment: ROI)에 이르기까지 평가모형은 여전히 진화하고 있다.

평가는 인력자원개발 업무를 담당하는 사람들뿐만 아니라 한 기업 또는 조직의 인력자원 담당 최고경영진에 이르기까지 결코 쉬운 주제가 아니다. 평가는 대개 시간이 소요되는 작업이며, 평가 결과가 도출된 이후에도 그 결과가 부정적이냐 긍정적이냐에 따라서 다양한 이해당사자 간의 희비가 엇갈리는 분야다. 따라서 평가를 할 경우 정확하게 평가의 목적이 무엇이고, 평가의 범위가 어디까지인지 명확히 할 필요가 있다. 교육훈련 프로그램이 표방하는 목표를 달성했는지 여부를 측정하는 것이 평가의 목적이라면, 그 목표 달성 정도를 파악해 낼 수 있는 평가도구를 개발하여 측정해야 한다. 교육훈련 프로그램 참여자의 프로그램에 대한 만족도를 측정하는 것이 목적이라면, 만족 정도를 파악해 낼 수 있는 문항으로 만족도 조사를 실시해야 한다. 이와 같이 평가의 목적이 분명해야 평가결과의 해석과 적용에서 갈등의 소지가 완화될 수 있다.

성공적인 평가전문가가 되기 위해서는 평가에 대한 전반적인 이론과 지식을 갖추어야 한다. 마땅히 통계에 관한 지식도 갖추어야 하고, 분석이나 평가에 관한 기법 등에도 정통할 필요가 있다.

2) 일반적인 인력자원개발 업무 담당자의 역할

앞에서 인력자원개발 업무를 교육훈련 활동에 국한시켜 좁은 의미로 보았을 때, 그 분야에서 직무를 수행하는 전문가로서의 인력자원개발 업무 담당자의 역할을 보았다면, 지금부터는 일반적인 의미의 인력자원개발 업무 담당자의 역할을 살펴볼 것이다. 앞의 2절의 서두에서 열거한 인력자원개발

업무 담당자의 역할 중에서 교육훈련 업무를 특화해서 보았을 때의 역할을
제외하면 대부분 이 영역에 속하는 것으로 간주할 수 있다. 여기서는 그들
역할을 모두 다루지 않고 중요한 역할 위주로 간략히 설명하고자 한다.

(1) 프로그램 관리자

인력자원개발 업무 담당자는 전체 교육훈련 프로그램을 관리하는 관리자
역할을 수행한다. 프로그램 관리자는 프로그램이 잘 조직되고 아무런 문제
없이 매끈하게 진행되는 일에 관심을 갖고 있다. 프로그램 관리자의 역할은
매우 중요하면서도, 복잡하고 또한 시간이 소모되는 일이다. 초기 프로그램
개발을 위한 기초조사 단계에서부터 프로그램이 시행된 이후의 결과에 대
한 평가를 관리하고 다음 프로그램이 개선될 수 있도록 환류하는 일, 모든
자료를 기록으로 남기고 관리하는 일 등이 프로그램 관리의 영역에 속하는
일들이다.

Hargreaves와 Jarvis(2000)는 프로그램 관리자로서 성공적으로 직무를 수
행하기 위해서는 조직화 또는 체계화하는 역량(organizing abilities)이 필요하
다고 보았다. 이 역량을 통해서 참가자, 훈련교사 또는 강사, 필요한 보조 인
력과 사용될 교수학습 자료들이 인력자원개발 활동이 이루어지는 정확한
장소, 날짜, 시간에 맞추어 준비될 수 있기 때문이다. 그들은 또 다른 중요한
역량으로 협상 기술을 제시하였다. 협상 기술은 외부에서 프로그램을 진행
할 경우 모든 시설 및 설비의 조달에 반드시 필요한 역량이다. 이 기술은 또
한 내부에서 진행되는 프로그램이라 하더라도 각종 물자(logistics)의 확보와
배분에 필요하기 때문이다.

(2) 마케팅 담당자

앞서 마케팅 담당자는 인력자원개발에 관한 전문성과 정보를 토대로 인
력자원개발 프로그램의 마케팅을 기획하고, 사용자를 발굴하는 등의 전문
적인 작업을 하는 사람이라고 하였다. 과연 우리나라의 현실에서 인력자원

개발 프로그램의 마케팅이 필요할까 의문이 갈 것이다.

인력자원개발 부서의 마케팅부서화는 미국을 위시한 서구사회에서는 보편화된 것 같다. 서구사회의 경우 우리나라의 인력자원개발 업무처럼 중앙에 집중되어 있지 않고, 인력자원개발에 관한 권한이 사업부문 또는 단위부서의 책임자에게 대폭 위임되어 있기 때문이다. 이를테면 부서 또는 부문별로 인력자원개발에 관한 계획을 세우고 필요한 예산을 확보하여 부서원의 요구, 요청이 있을 경우 계획이 시행되는 구조를 갖고 있다. 우리나라도 일부 그룹에서는 지난 1990년대 말 외환위기를 겪은 후 연수원체제가 흔들리면서, 연수원도 독립채산제에 의한 수익창출기관화함으로써 이러한 인력자원개발 활동이 중앙집중형에서 분권형으로 옮겨갈 가능성이 나타나고 있다. 그렇게 되면 우리나라의 기업들도 부문 또는 부서 단위로 계획을 세우고 필요한 예산을 집행하는 구조로 변화할 수 있다. 이때 마케팅 담당자로서의 인력자원개발 업무 담당자의 역할이 부각될 것이다.

마케팅은 특정 제품을 즉시 판매하여 이익을 내는 것을 1차적인 목표로 하지 않는다. 미래지향적이고, 간접적인 판매를 추구하는 활동이 마케팅의 개념인 것처럼, 인력자원개발 분야에서도 마케팅은 현재 보유하고 있는 인력자원개발 프로그램의 우수성, 유용성을 홍보하여 잠재적인 참가자를 확보하려는 효과적인 수단이 될 수 있다. 따라서 마케팅 담당자라는 전문성을 가진 역할이 인력자원개발 업무 담당자에게 요구되는 것이다.

(3) 컨설턴트

인력자원개발 업무 담당자의 역할 중 컨설턴트로서의 역할은 특정 분야 또는 특정 주제에 관한 전문성을 가지고 의뢰인에게 컨설팅 절차와 기법에 따라 필요한 조언을 제공하는 사람이라고 앞서 정의하였다. 대부분 인력자원개발 업무 담당자는 현업에서 사내교육훈련 프로그램이 시행될 경우 경영진 또는 현장의 훈련참가자의 상사들에게 프로그램의 목적, 기대효과, 결과의 활용 등에 관하여 조언하고, 관련된 정보를 제공하는 컨설턴트의 역할

을 해 줄 것을 요구받는다. 따라서 컨설턴트로서의 인력자원개발 업무 담당
자는 당해 프로그램의 제원에 관해서는 물론, 외부의 유사한 프로그램, 심
지어 단위부서에서 시행한 선행 프로그램에 관해서도 정확한 지식과 정보
를 가지고 있어야 한다.

　Hargreaves와 Jarvis(2000)는 이들에게 요구되는 역량으로 문제해결 역량,
대인관계 역량, 의사소통 능력, 유연성 등을 제시하고 있다. 따라서 이들에
게는 교육훈련 내지 인력자원개발 관련 문제를 해결할 수 있는 역량이 필요
하고, 일반 컨설턴트들에게 요구되는 다양한 역량들로 무장되어야 한다.

(4) 기타 역할들

1989년 ASTD의 후원으로 McLagan이 수행한 연구에서 분류한 바에 따르
면, 인력자원개발 업무 담당자는 다음과 같은 역할을 수행하는 전문가라고
보았다.

- 연구자: 새로운 이론과 모형, 개념, 기술들을 찾아내고, 개인과 조직의
  성과를 향상시키기 위하여 개발, 시험을 통하여 새롭게 발견한 지식과
  정보를 적용하는 사람
- 마케팅 담당자: 긍정적인 이미지를 제고하기 위하여 인력자원개발 프로
  그램과 관련 서비스를 판매 또는 홍보하는 사람
- 조직 변화추진자: 조직과 부서 간의 갈등을 해결하고 조직의 규범 내지
  표준, 가치, 문화 등을 추구함으로써 조직의 행동을 의도적으로 변화시
  키는 일을 추진하는 사람
- 요구분석가: 현재의 수준과 이상적인 수준과의 격차를 찾아내고 그 원인
  을 찾아내는 사람
- 프로그램 설계자: 확인된 학습 요구를 통하여 학습목적을 설정하고, 학습
  내용과 학습활동을 선정하는 사람
- 인력자원개발 자료 개발자(HRD material developer): 강의 지침서, 학습용

워크시트(worksheets), 시청각 보조자료 등을 개발하는 사람

● 교수자/촉진자: 개별 훈련참여자가 학습하고 학습한 것을 적용하도록 도 와주기 위하여 정보, 지식, 조직화된 학습경험을 제공하는 사람

● 개인 경력개발상담가: 개인으로 하여금 자신의 능력, 가치, 목적 등을 인 식하도록 조언과 필요한 자료 및 정보를 제공해 주는 사람

● 관리자: 인력자원개발 프로그램과 서비스가 성공적으로 시행되도록 지 원하고 필요한 도움을 제공하는 사람

● 평가전문가: 개인 또는 조직의 효율에 끼친 훈련, 교육, 개발활동의 효과 와 영향력을 측정하고 평가하는 사람

● 인력자원개발 관리자(HRD manager): 부서의 업무를 지원하고 이끌어 가 며 그 일과 전체 조직을 연결하는 사람

1996년에 McLagan은 기존의 인력자원개발 업무 담당자의 역할과 정의를 재구성하여 다음과 같이 제시하였다.

● 인력자원 전략상담가(HR strategic adviser): 의사결정자에게 조직의 전략과 성과 목적을 추구하는 데 영향을 주는 인력자원개발 이슈에 관하여 조 언을 제공하는 사람

● 인력자원 체계 설계 및 개발전문가(HR systems designer and developer): 조 직의 성과에 영향을 주는 인력자원 체계 설계 및 개발을 위하여 인력자 원관리를 지원하는 사람

● 조직 변화추진자: 조직의 개혁을 위하여 변화전략을 설계하고 시행하는 것에 관하여 관리자 또는 최고경영진에 조언을 제공하는 사람

● 조직설계 컨설턴트(organization design consultant): 인력자원을 효율적으로 활용할 수 있도록 비즈니스 과정 설계에 대하여 관리자 또는 최고경영 진에게 조언을 제공하는 사람

● 학습 프로그램 전문가(learning program specialist): 학습자의 요구를 분석하

고, 학습 프로그램을 설계·개발하며, 교보재를 개발하는 사람
- 교수자/촉진자: 체계적으로 구조화한 학습경험과 학습자료를 사용하여 학습을 이끌고 촉진하는 사람
- 개인개발 및 경력상담가(individual development and career counselor): 체계적인 경력개발 계획을 수립할 수 있도록 개인의 역량과 목표를 평가할 수 있게 지원하고 조언을 제공하는 사람
- 성과 컨설턴트(performance consultant): 개인과 부서의 성과를 향상시킬 수 있는 개입 프로그램을 설계하는 일에 조언을 제공하는 사람
- 연구자: 인력자원개발 활동의 효과를 결정할 수 있도록 통계적인 과정을 사용하여 역량개발 활동과 역량개발 프로그램을 평가하고 그 결과를 조직에 보고하는 사람

한편, Nadler(1984)는 인력자원개발 업무 담당자의 역할을 다음과 같이 제시하였다.

- 학습 전문가(learning specialist): 가장 기본적인 역할로, 성인학습의 촉진 자이며, 교수학습 프로그램 개발자인 동시에 교수학습 전략을 개발하는 사람
- 인력자원개발 관리자(HRD manager): 인력자원개발 프로그램의 책임자이며, 인력자원개발 부서 인사의 개발 책임자인 동시에 시설과 재정 자원을 주선하며 다양한 관계를 유지하는 사람
- 컨설턴트: 전문가이자 옹호자이며, 자극을 주는 사람이면서 동시에 변화를 추진하는 사람

인력자원개발 대상으로서의 성인학습자

제5장

1. 성인과 성인학습자의 개념은 어떻게 정의되는가?
2. 성인학습자의 일반적인 특징은 무엇인가?
3. 성인학습자의 학습과 관련한 특징은 무엇인가?
4. 성인의 학습능력과 관련하여, 교육훈련 과정 진행 시 고려할 점은 무엇인가?

1. 성인학습자의 이해

인력자원개발의 대상은 대개 성인이 주축을 이룬다. 성인을 대상으로 한 인력자원개발 활동은 성인이 특정 시점에서 보유하고 있는 지식 수준, 기술 수준, 태도 및 가치관 수준을 증진시키고 변화시키는 것을 목적으로 한다.

학습자로서의 성인은 학생인 학습자와 유사한 점도 있지만 대개는 여러 가지 면에서 확연히 차이가 난다. 성인과 성인 이전 단계의 학습자는 학습에 참여하는 목적과 학습하는 방법, 학습을 받는 환경, 학습 결과물의 활용 등에서 많은 차이가 있다.

이 절에서는 먼저 성인 이전 단계의 학습자, 즉 아동 및 청소년 학습자와 성인이 어떤 차이가 있는지 개념적으로 알아보고, 학습자로서의 성인은 어떤 존재인가를 다루고자 한다.

1) 성인의 의미

우리가 성인이라고 할 때 과연 성인은 무엇을 의미하는가? Rogers(1986; Tight, 1996 재인용)에 따르면 성인이라는 용어에는 폭넓은 범위의 개념들이 내포되어 있다. 성인이라는 단어는 한 개인의 인생 주기에서 특정한 단계 (stage)를 의미한다. 아기가 태어나서 어린이가 되고, 그가 자라서 청소년이 되며, 그다음에 성인이 되는 것과 같은 것이다. 한편으로는 사회적으로 받아들여지는 지위(status)를 의미하기도 한다. 사람은 사회에서 필요한 것들을 익히고 준비한 후, 이제 어엿한 사회의 구성원으로 받아들여지는 것이다. 어린이와 구별되는 존재로서의 성인으로 한 사회의 구성원이 되는 것이고, 일련의 이상과 가치를 가진 성인기를 맞이하게 되는 것이다.

성인이라는 용어의 사용에는 아직도 일치된 정의가 없고(Paulson & Boeke, 2006), 여전히 개념적인 논쟁이 계속되고 있다. 즉, 역사적 · 문화사회적으로 상대적인 개념이 사용된다. 어떤 문화권에서는 사춘기를 성인기 진입 시기로 보기도 하고, 또 다른 문화권에서는 흡연이라든가 음주와 같은 성인으로서의 행동으로 용인되는 법적 조항에 의해 성인을 구분하기도 한다(Wlodkowski, 2008).

성인을 구분하는 가장 단순한 방법은 나이로 구분하는 것이다. 우리나라의 경우 2013년 7월 1일부로 바뀐 「민법」에 따르면 "제4조(성년) 사람은 19세로 성년에 이르게 된다."고 규정하고 있다. 이전까지는 '만 20세'를 성인의 기준 연령으로 하였으나 이제 '19세'를 기준 연령으로 하여 해당 연도의 1월 1일부터 12월 31일까지의 기간 내에 들게 되면 19세라는 성년의 조건을 갖춘 성인으로 인정받게 된다. 2013년 9월 23일부터 시행된 「청소년기본법」에 따르면 "제2조(정의) 제1호 청소년이란 만 19세 미만인 사람을 말한다. 다만, 만 19세가 되는 해의 1월 1일을 맞이한 사람은 제외한다."고 하여 성인과 구분되는 청소년을 연령으로써 정의하고 있다. 물론 성인의 나이를 19세로 하향조정했다고 해서, 모든 법률에서 성인으로 여겨지는 것은 아니다. 「형사법」상의 형사미성년자의 연령, 「공직선거법」상의 대통령, 국회의원 피선거권 등은 같은 성인이라 하여도 일정한 연령에 도달할 것을 명시하고 있다.

이상과 같은 성인 구분에서 나이가 어떻게 적용되는가를 토대로 나이가 인생의 주기에서 갖는 의미(윤진, 1989)를 살펴보고자 한다. 여기서 나이는 신체적 연령을 의미하는데, 출생 후 몇 해가 지났는지 그 횟수를 헤아려서 계산해 낸다. 나이를 크게 다섯 가지로 나누어 제시하면 다음과 같다.

첫째, 신체적 나이 또는 달력상의 나이(chronological age or calendar age)다. 이는 출생 후 넘겨진 달력으로 계산하는 나이다. 즉, 1년치의 달력이 다 넘어가면 한 살을 먹는 식이다. 이 나이는 개인의 능력과 의지에 상관없이 기계적으로 지구의 공전 1회에 1년이 흘러가는 것으로, 대부분의 국가에서 법률 및 행정, 관습상 중요한 기준으로 사용된다.

둘째, 생물학적 나이(biological age)다. 이는 개인의 생물학적·생리적 발달과 성숙 수준, 건강 수준을 보여 주는 나이다. 즉, 개인의 신체적 활력을 보여 주는 혈압, 맥박, 신진대사, 근육의 유연성, 폐활량 등이 포함되는 개념이다. 따라서 신체적 나이가 같다 하더라도 생물학적 나이에 따라 퇴화, 노화, 노인성 질환 등이 다르게 나타날 수 있다.

셋째, 심리적 나이(psychological age)다. 이 나이는 신체적 나이를 먹어감에 따라 심리적인 성숙과 적응이 함께 이루어져서 인생의 발달단계를 제대로 밟아 나아가는지 판단할 수 있는 기준이 된다. 이 나이에 의해 성인 초기에 자아정체감을 확립하고, 장래의 자신의 모습을 실현해 가기 위한 준비를 하게 된다.

넷째, 사회적 나이(sociological age)다. 이 나이는 사회적으로 규범화한 나이를 의미한다. 취학연령, 결혼 적령기, 취업 및 승진, 은퇴연령 등은 사회적으로 자연스럽게 받아들여진다. 오히려 해당 연령기에 그 위치에 있지 못하게 되면 사회적으로 문제시되기도 한다. 또한 그 연령에 따라 사회적인 기대도 다르게 되는데, 20대의 피 끓는 청년기의 젊은이들에게는 진취적이고 모험을 감행하는 용기 등이 기대되는 것이 그러한 예다.

다섯째, 자신이 스스로 느끼는 나이(self-awaring age)로, 신체적 연령과 상관없이 자신이 느끼는 자각 연령이다. 신체적으로는 80이 넘었어도 50대인 것처럼 왕성하게 사회활동을 하는 원로들은 자각 연령을 50대라고 생각하는 것이다. 따라서 청년이나 중년, 노년을 규정하는 것은 자신이 자신의 나이를 얼마라고 생각하는가에 따라 달라진다.

2) 성인학습자

성인학습자(adult learner)라는 용어를 설명하기 위해서는 그의 상대적인 개념인 비성인학습자(non-adult learner)의 개념을 먼저 생각해 볼 필요가 있다. 전통적으로 학습자는 학령기에 학교라는 공식적인 교육기관에 다니는 초·중·고등학생, 더 나아가 대학생이라는 개념에 익숙해 있기 때문에 어른 학생, 성인 학생이라는 개념은 쉽게 와 닿지 않는 경향이 있었다. 교육의 또 다른 용어인 페다고지(Pédagogie, pedagogy)는 중세 유럽에서 교육기회를 놓쳐 정규교육기관에 다니지 못하는 어린이들을 대상으로 고아원과 같은 기관에서 교육했던 데서 사용되어 온 용어인데, 일찍이 Lindeman(1926; 전주성, 1994 재인용)은 페다고지 모형이 성인교육 모형으로 부적합할지도 모른다는 가정을 하게 된다. 그는 성인학습자와 성인교육자로서의 경험을 토대로 성인은 단지 신체적으로 성장한 어린이, 즉 '어른애'가 아니며, 그들이 무엇을, 언제, 어떻게 배울 것인가에 대해 주체적으로 의사결정하여 참여할 때 학습효과가 가장 좋다고 주장하였다.

한국기업교육학회(2010)의 HRD용어사전에 따르면, 성인학습은 "성인들(그들 스스로나 타인에 의해 성인임이 지각되고 있는)의 교육적 니즈가 조직화된 학습경험, 방법의 활용, 기술, 그리고 성인에게 적합한 자원들을 통해 충족된 과정"(p. 143)이라고 정의된다. 따라서 이를 토대로 성인학습자를 정의해 보면, '성인학습과정을 통해 학습활동에 참여하는 성인'이라고 할 수 있다.

성인의 학습은 복잡다단한 측면이 있다. 20명의 성인으로 이루어진 어떤 프로그램이 있다고 가정해 보면, 그들은 이미 각각 독특한 경험, 태도, 인지 능력, 아이디어들로 무장되어 있다. 각 사람의 사고체계는 서로 다르고, 새로운 지식이나 정보를 습득하여 처리하는 과정도 각각 다르다. 그들의 학습 상태는 아무것도 씌어 있지 않은 칠판이 아니어서 교수자의 마음대로 원하는 것을 그려 넣을 수 있는 상황도 아니다. 또한 그들의 정신적 상태가 텅 빈 그릇 같아서 교수자가 마음대로 원하는 것을 퍼 담을 수 있는 상황도 아니다. 그들의 지적 칠판은 이미 너무 많은 내용이 씌어 있어서 교수자가 깨끗이 지워 버리지 않는 한 새로운 것을 써 넣을 여지는 그렇게 많지 않다. 이러한 상황에서 교수자의 역할은 백지(tabula rasa)에 새로운 것을 채워 넣는 것이 아니고, 학습자의 지식창고에 가득 차 있는 내용을 새롭게 정렬하고 구조화하는 것을 도와주는 것이다.

이 소절에서는 성인학습자의 특성을 살펴볼 것이다. 그러나 성인학습자의 특성을 살펴보기 전에 먼저 성인의 특성을 짚어 보고자 한다. 일반적으로 성인은 아동, 청소년과 구분되는 여러 가지 특성을 갖고 있는데, 주요한 특성들은 다음과 같다.[1]

- 다양한 경험을 많이 소유하고 있다: 인생의 연륜이 더하면서 삶의 현장에서 아동이나 청소년이 갖지 못한 다양한 경험의 기회를 많이 접하면서 깊이 있고 폭넓은 경험을 쌓을 수 있는 것이다.
- 자신의 학습에 영향을 끼칠 만한 습관과 성품을 갖고 있다: 성인은 몸에 밴 자신만의 독특한 습관과 성품을 형성하게 되는데, 이 습관과 성품은 개인의 학습과정, 학습결과에 영향을 줄 정도로 견고하게 내면에 자리 잡게 된다.
- 자존심이 강하다: 아동이나 청소년도 자존심이 강하지 않은 것은 아니나,

---

[1] 이 부분은 Davis (1984)를 참고하여 설명을 덧붙였으나, 정확한 원전을 밝히지 못하였다.

특히 성인은 자존심이 이들보다 강하여 학습현장에서 자칫 자존심이 손상될 만한 상황에 처하면 교수자와의 관계뿐만 아니라 학습자 간에서도 갈등이 일어날 소지가 있다.

● 평판과 존경 등에 관심이 많다: 성인은 자신이 타인의 눈에 어떻게 비쳐지는지, 어떻게 평가받는지에 관하여 관심이 많다. 또한 사회에서 어른으로 대접받고 존중받는 것을 당연하게 생각한다.

● 권위에 저항하려는 경향이 있다: 성인은 스스로가 특정한 분야에서 오랜 경험과 전문성을 갖추고 있다고 생각하고, 해당 분야의 권위자로 자처한다. 따라서 타인의 권위에 대해서 특별히 존중심을 갖기보다 자신의 권위와 동등하게 취급되기를 원한다.

● 여러 가지 돌보아야 할 과제가 많다: 아동 및 청소년들과 달리 성인은 가정이나 사회생활에서 돌보아야 할 일뿐만 아니라 책임져야 할 일들이 많다.

● 선택지가 너무 많은 것을 혼란스러워 한다: 성인은 때로는 과거의 경험으로부터 단순하고 쉽게 의사결정하는 것을 선호하려는 경향이 있다. 따라서 많은 선택지 중에서 최적의 것을 고르기보다, 두어 가지 중에서 최선의 것을 고르는 것에 편안함을 느낀다.

● 가치관이나 태도에 관하여 고정관념에 사로잡혀 있다: 성인은 대개 자신이 겪어 온 경험이라든가, 살아온 지혜로부터 얻은 것을 거의 유일한 정답으로 여기는 경향이 있다. 따라서 다양한 가능성을 열어 두기보다 특정한 가치나 태도를 고수한다.

● 선택적으로 지각한다: 성인은 사물을 인지하고 지각하는 데 모든 경우의 수를 고려하기보다 필요한 것, 이해관계가 있는 것을 더 잘 지각하고 기억한다.

● 강화를 필요로 한다: 성인은 사물이나 사건을 한 번 접하는 것만으로 충분히 기억하지 않는다. 중요성이나 필요성 등을 자주 반복함으로써 기억을 좀 더 장기간 유지하게 할 수 있다.

● 개인적 감정의 표현을 자제한다: 성인은 표현하고 싶은 것들을 조목조목

밝히기보다 마음 속 깊은 곳에 간직하고, 특별한 경우가 아니면 표현하지 않는 경향이 있다. 좀 더 개방적이고 우호적인 분위기가 형성되었을 때 표현을 유도할 수 있다.

● 학습에 도움이 되는 많은 경험과 아이디어를 갖고 있다: 성인이 일에서 얻은 경험, 여행이나 독서 등을 통해서 얻은 경험 등은 아동이나 청소년에 비해 월등히 넓고 깊이가 있으며, 이들은 학습현장에서 보조적인 자료로 활용될 만한 가능성과 가치가 있다.

● 존재 이유를 필요로 한다: 성인은 자신에게 특별한 역할을 부여해 줄 경우 흔쾌하게 그에 맞는 반응을 하는 경향이 있다. 즉, 특정한 자리에 초대받되 아무런 역할이 부여되지 않은 경우 그 자리를 매우 불편하게 생각한다.

Draves(1984)는 성인의 특성을 좀 더 세분하여 다음과 같이 정서적, 신체적, 정신적, 사회적 측면으로 나누어 소개하였다. 복잡한 존재인 사람을 이해하기 위해서는 각 사람을 독특하게 만들어 주는 이 네 가지 측면을 학습현장에서 잘 해석해서 적용해야 한다고 주장하였다.

● 정서적 측면: 성인의 경우 정서적 측면은 학습할 수 있는 능력과 불가분의 관계에 있다. 학습이 원활하게 이루어지기 위해서는 정서적으로 편안한 학습환경이어야 한다. 때로는 강압적인 분위기, 절박한 분위기에서 학습이 이루어지기도 하나, 궁극적으로는 편안함을 느끼게 해 주는 분위기에서 학습이 더 잘 이루어진다.

● 신체적 측면: 신체적 측면도 학습할 수 있는 능력과 밀접한 관계에 있다. 즉, 학습환경이 지나치게 춥다든가 덥다든가 해서는 학습이 효과적으로 이루어질 수 없다. 나이가 들수록 더위와 추위에 더욱 민감해진다. 같은 나이라 하더라도, 개인적 체질에 따라서 외부 기온에 대한 반응은 달라진다. 나이에 따라 달라지는 시력과 청력에 대한 고려도 필요하다.

신체적인 측면은 학급 규모에 직접적으로 관련이 있으므로, 신체적 측면을 고려할 때 함께 고려해야 한다.

● 정신적 측면: 정신적인 측면이란 늘 최고의 상태를 유지하기 힘든 신체적 측면과 달리 조절이 가능한 측면이다. 성인학습에서 고려할 수 있는 정신적 측면은 배우려는 준비자세, 문제해결지향성, 시간에 대한 관념 등이다. 성인은 학습에 관한 한 자발성이 전제되어야 하고, 과목지향적이기보다 문제해결에 초점을 맞추어야 하며, 시간을 고려한 학습내용의 다과(多寡), 난이(難易) 등이 조절되어야 한다.

● 사회적 측면: 성인을 학습 국면에서 대할 때 가장 중요하게 다루어야 할 사회적 측면은 그들의 경험이 풍부하고 다양하다는 점이다. 이 측면은 아동 및 청소년과 성인의 차이를 극명하게 보여 주는 측면이다. 성인은 상이한 배경, 직업, 성장 유형, 출신 지역 등에 따라 축적한 경험에 많은 차이가 있다.

이상과 같은 성인의 특성은 성인을 학습자로 만났을 경우 교수자로서 참고해야 할 시사점이 많음을 알 수 있게 해 준다. 다음으로는 이러한 성인의 특성을 토대로 하여 성인학습자의 특성을 살펴보도록 하겠다.

많은 연구자들이 일반 아동 및 청소년 학습자와 다른 성인학습자의 특성에 대해 언급해 왔다. 여기서는 Lindeman, Tough, Knowles, Caffarella, Carroll 등의 이론을 소개하고자 한다.

먼저, Lindeman(1926; Knowles, Holton, & Swanson, 2005 재인용)은 성인학습자에 대하여 몇 가지 가설을 세웠다. 첫째, 성인은 학습을 통하여 그들의 요구와 관심이 충족되는 것을 경험할 때 학습이 촉진된다. 둘째, 성인의 학습은 그들의 생활지향성(life-centered)에 근거를 둔다. 셋째, 경험은 성인학습의 풍부한 원천이 된다. 넷째, 성인은 자기주도적인 학습에 깊은 욕구를 가지고 있다. 다섯째, 성인의 개인차는 연령이 높아질수록 증가한다. 그는 일찍이 전통적으로 아동 및 청소년을 대상으로 이루어지던 교육을 전통적

인 교육으로 보고, 새롭게 성인을 대상으로 하는 교육을 대비시켰다는 점에
서 새로운 틀을 도입한 성인학습 분야의 초기 선구자라 할 수 있다. 바꾸어
보면, 아동 및 청소년들에게도 성인학습에 세운 가설로부터 시사점을 얻을
수 있다는 것으로 이해할 수 있다. 즉, 아동과 청소년에게도 학습에 대한 요
구, 관심, 그들의 일상 경험, 자아개념, 그리고 개인차 등을 고려한다면 학
습이 더 효과적으로 이루어질 수 있다고 할 수 있다.

　　Tough(1968; Cross, 1981 재인용)는 성인학습자들의 학습을 동기화하는 주
요 요인을 밝히기 위한 일련의 면담을 실시한 결과를 제시하였다. 〈표 5-1〉
은 Tough가 35명을 대상으로 한 면담에서 사용한 학습동기별 응답자 분포
를 보여 준다.

표 5-1　학습을 시작한 이유와 계속하는 이유

	이유	'매우 그렇다' '꽤 그렇다' 응답자 수	
		시작한 이유	계속하는 이유
1	이해하기 위하여	11	11
2	시험을 대비하기 위하여	2	2
3	남에게 나눠 주기 위하여	12	15
4	실천하기 위하여	29	33
5	학습하는 것을 남에게 인정받기 위하여	7	9
6	궁금한 것을 깨닫기 위하여	22	15
7	지식 소유의 만족감을 채우기 위하여	13	15
8	새로운 지식을 아는 즐거움을 위하여	14	20
9	새로운 기술을 익히는 즐거움을 위하여	8	10
10	성공적으로 학습하고 있음을 느끼기 위하여	6	18
11	학습활동의 즐거움을 위하여	18	17
12	못다 배운 것을 완성하기 위하여	3	3
13	아무런 이득과 상관없음	5	10

출처: Cross (1981), p. 84.

이 연구로부터 Tough는 몇 가지 결론을 도출하였다. 첫째, 거의 모든 학습자들은 학습에 참여하는 이유가 한 가지 이상 중복되고 있다는 점이다. 둘째, 이 결과는 다른 성인대상의 연구결과와 비슷한데, 성인학습자는 새로운 지식이나 기술을 사용 또는 응용하고자 하는 실질적인 이유에 의해 동기부여가 된다는 점이다. 셋째, 학습의 유형에는 세 가지, 즉 별다른 특별한 이유 없이 학습에 참여하게 되는 경우, 호기심과 궁금증으로부터 학습에 참여하게 되는 경우, 학습의 심화를 위한 욕구로부터 학습에 참여하게 되는 경우로 나눌 수 있다는 것이다. 마지막으로 학습을 계속하는 이유는 몇 가지 실용적인 이유를 제외하면, 대개 학습활동으로부터 즐거움 또는 행복감을 느끼기 위해서라는 점이다.

Knowles(1980)는 이른바 성인교육이라는 개념을 통하여 학습자로서 성인을 대상으로 하는 교육(안드라고지, andragogy)과 아동 및 청소년을 대상으로 하는 교육(페다고지, pedagogy)의 차이를 부각시켰다. 즉, 학습의 원리나 교수학습 방법에 관한 연구는 주로 아동 및 청소년들을 대상으로 하여 전개되었는데, 성인을 가르치는 데는 다른 기법을 사용해야 한다고 주장하였다. 즉, 페다고지가 아동과 청소년들에 초점을 맞추어 전통적으로 사용되던 교수학습 방법론을 강조하는 용어라면, 안드라고지는 성인을 중심으로 하는 학습활동을 일컫는 용어로 구분할 것을 주장하였다. 그가 주장한 성인학습의 네 가지 가설은 다음과 같다.

- 사람은 성장해 가면서 자아개념이 의존적인 것에서 자기주도적인 것으로 변화한다. 특정한 상황에서는 의존적인 성향이 나타나더라도 일반적으로 자기주도적인 심리를 갖고 있다.
- 사람은 성장하면서 많은 경험을 누적시키고 그 경험은 학습활동의 풍부한 원천이 된다. 그러므로 성인은 수동적인 학습으로 습득한 지식보다 경험을 통한 학습에 더 큰 의미를 둔다.
- 성인의 학습준비도는 새로운 사회적 역할 수행에서 요구되는 발달과업

과 연관된다. 성인은 삶의 문제해결이나 과제의 성공적인 수행을 위해 학습이 필요하다고 느낄 때 더 잘 배울 준비를 한다.
● 성인은 학습에 대하여 문제중심적인 경향을 보인다. 따라서 성인은 학습을 삶의 과정에서 잠재력을 개발하는 과정의 일환으로 여긴다.

그는 계속해서 성인학습자의 특성을 바탕으로 안드라고지, 즉 성인교육에 관한 새로운 관점을 제시한다(Knowles, Holton, & Swanson, 2005). Knowles, Holton과 Swanson(2005)은 성인교육의 핵심 원리로 다음과 같은 점들을 제시하였다.[2] 첫째, 성인은 학습을 시작하기 전에 왜 학습하려고 하는지 알고 싶어 한다는 점이다. 둘째, 성인은 자신의 삶을 스스로 책임져야 한다는 점을 인식하고 있기 때문에 스스로 학습할 수 있다는 심리적인 욕구를 발달시킨다는 점이다. 셋째, 성인은 이전의 다양한 선행경험을 학습상황에서 활용한다. 넷째, 성인은 자신이 알고 싶은 것을 학습하려는 준비가 되어 있고, 실생활에 학습한 것을 효율적으로 적용한다. 다섯째, 아동 및 청소년기의 학습자에게는 교과목 중심의 학습이 이루어지지만, 성인은 실생활에서 직면하는 문제해결 중심의 학습이 이루어진다. 여섯째, 성인은 외재적인 동기(급여인상, 승진 등)에 따라 학습을 하기도 하지만, 주로 내재적인 동기(자존감, 삶의 질, 만족감 등)를 위해 학습에 참여하려고 한다.

Caffarella(1994)는 성인의 경험과 새로운 정보의 통합의 관점에서 성인학습자의 특성을 다음과 같이 제시하고 있다. 첫째, 과거에 습득한 지식이나 경험은 성인학습자의 학습참여를 높이는 요인이며, 그것들은 성인의 학습활동에서 중요한 역할을 한다. 둘째, 각 성인학습자는 학습양식에서 차이를 드러낸다. 여기서 학습양식이란 특정 학습상황에서 정보를 습득할 때 각각

---

[2] 이에 관한 자세한 내용은 Knowles, Holton과 Swanson(2005)의 『New perspectives on andragogy』와 전주성(1994)에 소개되어 있다.

이 선호하는 방식을 말한다. 셋째, 성인학습자는 학습활동에 능동적으로 참여한다. 넷째, 성인학습자는 다른 학습자의 학습을 돕고 연합하려는 욕구를 갖고 있다. 다섯째, 성인학습자의 삶에서 개인적, 사회적 배경은 학습의 중요한 내용이 된다. 이러한 점들을 앎으로써 어떻게 성인학습자의 학습 참여율을 제고할 것인지, 각각의 성인학습자 특성에 맞는 학습양식을 어떻게 선택할 것인지, 교수자의 역할(학습촉진자 또는 정보제공자로서의 역할 강화)을 어떻게 다양화할 것인지, 협동연구, 공동연구, 민주적 의사소통과 같은 많은 학습방법을 어떻게 적용할 것인지에 관한 시사점을 얻을 수 있다.

Carroll(1996; 김선희, 1998 재인용)은 아동 및 청소년 학습자와 구별되는 성인학습자의 특성을 다음과 같이 제시하였다. 첫째, 성인학습자는 학습에 대하여 각각 요구 수준이 다르고 기대하는 바가 다르다. 둘째, 전형적인 대학생에 비하여 성인학습자는 더 성숙하고 가정과 직장에서의 책임감을 느끼고 있다. 셋째, 성인학습자는 특정 경력에 대한 요구를 가지고 있다. 넷째, 성인학습자는 학교가 정해 주는 인위적이고 사소한 범주 내에서 자신의 교육진로나 경력경로에 방해받지 않기를 원한다.

한편, Wlodkowski(2008)는 미국 사회를 배경으로 현재 사회적으로 학습에 참여하는 성인들에 관한 통계자료를 제시하면서 성인학습자의 특징을 소개하고 있다. 자료에 따르면, 오늘날 73%에 이르는 대학생이 비전통적인 학생[3]이라는 것이다. 이들은 다음과 같은 특성을 한두 가지 이상 갖고 있다. 중등 이후 단계의 교육기관에 등록한다, 재정적으로 독립하였다, 전일제 직업을 갖고 있다, 배우자가 아닌 부양가족의 신분으로 있다, 편부모인 경우다, 정규 고등학교 졸업장을 소지하지 않고 있다 등이 있다. 이들은 대개 장년기의 성인인 25세에서 64세(대학졸업 이후의 경제활동 참여인구)에 분포하지만, 일부는 이들보다 연배가 낮거나 혹은 높다. 비전통적인 학생은

---

[3] 일정한 연령대에 그 연령에 해당하는 교육기관에 전일제 학생으로 등록하여 재학하지 않고, 나이와 상관없이, 그리고 반드시 전일제 학생의 신분이 아닌 상태로 재학하는 형태를 말한다.

학위를 마치기까지 많은 위험요소들이 있음에도 불구하고 1/3가량은 성공적으로 학위를 취득한다. Wlodkowski가 말하는 성인학습자의 두 번째 특징은 이 연령대에 속하는 비전통적인 학생 가운데 대다수(약 65% 정도)가 여성이라는 점이다. 여성이 대다수를 차지하는 원인으로는 이 연령대의 여성 인구가 남성인구보다 많다는 점, 더 많은 여성이 교육을 성공의 통로라고 생각한다는 점, 그리고 이전 세대와 달리 가족의 충분한 지원을 받을 수 있고 사회적으로 역할기대가 바뀌었다는 점 등이 거론되고 있다. 세 번째 특징은 이 연령대에 속하는 학생 가운데 약 12% 정도는 소수민족, 소수인종이라는 점이다. 이 연령대의 학생들이 특히 지역사회 대학에서는 전체 고등교육기관에 재학 중인 소수민족, 소수인종의 재학생 비율(약 30%)보다도 더 낮은 비율이다. 그러나 고등교육기관에 진입하는 소수민족, 소수인종의 비율이 서서히 증가하여 앞으로 소수와 다수가 뒤바뀔 가능성이 있다고 한다.

　Delahaye(2005)는 학습자로서의 성인에 초점을 맞추어 미국의 진보주의자와 전통주의자 간에 교육대상을 놓고 전개되어 온 이견을 소개하였다. 즉, 학습자를 빈 그릇(empty vessel)으로 여기고 교수자의 지식을 채워 넣는 존재로 보는 전통주의적 관점 대신, 학습자의 개성표현, 경험을 통한 학습, 학습자의 요구(needs)의 중요성, 적극적인 학습활동의 역동성을 가치 있게 생각하는 진보주의적 관점에 서서 성인학습자는 바로 그러한 대상이어야 함을 강조하고 있다. 또 Rogers[4]의 학습상황에서 성인학습자들이 가진 차이점을 인용하면서 성인학습자와 아동 및 청소년 학습자가 다른 방식으로

---

[4] Rogers(1986; Delahaye, 2005 재인용)는 성인학습자들은 다음과 같은 점에서 다르다고 주장하였다.
　• 그들은 성장과정의 출발점에 있지 않고 계속해서 성장하고 있다.
　• 그들은 경험과 가치관을 학습현장에 가지고 온다.
　• 그들은 의도를 가지고 학습경험을 한다.
　• 그들은 학습과정에 관한 기대를 갖고 있다.
　• 그들은 양보할 수 없는 관심 분야를 갖고 있다.
　• 그들은 이미 정형화된 학습양식을 갖고 있다.

다루어져야 함을 강조하고 있다.

이상과 같이 살펴본 결과 성인과 성인학습자는 일반 아동 및 청소년과 아동 학습자 및 청소년 학습자와 여러 가지 측면에서 판이한 특성을 보임을 알 수 있다. 그럼에도 불구하고 Werner와 DeSimone(2006)이 지적하듯이, 성인학습과 비성인학습의 방법론이 전혀 별개의 것이 아니라, 성인학습의 일부 내용은 아동 및 청소년을 대상으로 하는 일반 학교교육에도 적용할 가능성이 있고, 또 적용의 성과도 충분히 얻을 수 있을 것이다.

2. 성인학습자의 학습능력

성인의 학습과 관련하여 흔히 거론되는 속담이 있다. "You can't teach an old dog new tricks." 늙은 개에게 새로운 기술을 가르치는 것이 불가능하다는 의미인데, 오랫동안 같은 방법을 답습해서 그 일에 익숙한 사람에게 무언가 변화된 방법으로 새로운 것을 하게 하는 것이 어려움을 표현한 말이다. 예컨대, 고령의 어르신께 최첨단 스마트폰의 다양한 응용프로그램을 가르치는 것이 어렵다는 말이다.

그렇다면 성인들, 특히 학령기를 한참 지난 성인학습자에게는 새로운 지식과 기술을 가르치는 것이 불가능한가? 여기서는 학습능력이 무엇인지와 학습에 영향을 미치는 요소들이 무엇인지를 살펴보고, 성인학습을 가능하게 하는 요인을 몇 가지 알아보고자 한다.

1) 성인과 학습능력

사람의 능력에 관한 선구적 학자인 Fleishman(1972; Werner & DeSimone, 2006 재인용)에 따르면, 능력(abilities)이란 일련의 과업을 수행하는 것을 가능하게 해 주는 일반적인 능력으로 정의된다. 이러한 능력은 유전적인 요인과 후천적인 경험이 상호작용하여, 장기간에 걸쳐 지속적으로 개발된다(Werner & DeSimone, 2006). 그동안 일반적인 지능, 언어적 이해력, 수리능력, 귀납적 추론 등을 포함하여 100여 가지의 능력이 확인되었다. 특히 학습능력(ability to learn 또는 learning capacity)이란 학습, 즉 새로운 것을 배워 익힐 수 있는 일반적인 능력이라 할 수 있다. 한국기업교육학회(2010)에서는 학습능력을 학습력(learning capabilities)이라는 개념으로 용어를 정의하고 있는데, 그 내용은 다음과 같다. 즉, 학습력이란 "학습자가 독립적으로, 혹은 주변의 동료나 교수자 등과의 협력적 관계를 통해서 바람직한 행위상태에 도달할 수 있도록 하는 학습자가 가지고 있는 능력을 의미한다. 학습력에는 지적 기능, 언어정보, 인지전략, 운동기능, 태도 등이 있다. 지적 기능이란 상징을 사용해서 환경과 상호작용하는 방법을 의미하며, 언어정보는 구두언어, 문장, 그림 등을 사용해서 일련의 사실이나 사태를 진술하거나 말하는 능력을 의미한다. 인지전략이란 학습자의 학습, 기억, 사고 등의 내적 과정을 조정하고 관리하는 능력을 의미한다. 운동기능은 수많은 조직된 운동행위의 동작 수행을 나타내고 태도는 학습자의 행동선택에 영향을 주는 경향성을 의미한다." (p. 286)

학습이 어떻게 일어나는가에 대한 질문에 몇 가지 답을 할 수 있는 접근법이 있다(Cross, 1981). 첫 번째는 과정으로서의 학습(learning as process)이다. 이 학습심리학의 접근법에서는 주로 지적 능력(mental ability)의 측정, 지각과 감각(perception and sensation), 기억과 망각(memory and forgetting), 인지기능(cognitive function) 등에 초점을 맞추어 연구를 수행한다. 그러나 아쉽게도 이 접근법은 사람이 노화하면서 지능검사의 결과에 어떤 변화가 있는가와 같은 매우 좁은 범위의 질문에 국한하여 관심을 갖는다는 한계가 있다. 또 한편으로는 세포의 생리학적인 노화에 따라 시력, 청력, 반응시간 등이 어떻게 달라지는가를 보는 연구도 포함된다. 이 학습과정 중심의 접근법을 얘기한 주요 학자들로는 기억력에 관한 연구로 알려진 Ebbinghaus를 필두로, Dewey, Thorndike, Watson, Lewin 등의 초기 학자들과, 이들보다

후에 두각을 나타낸 Skinner, Gagné, Bruner, Piaget 등이 있다.

두 번째는 성인의 발달적 측면에서의 접근이다. 이 접근법은 생애주기와 생애단계, 자아와 성격발달, 도덕적 발달, 인지 또는 지능발달 등이 광범위하게 연구에 포함되는 등 범주의 정의에 대한 오류가 있다. 그럼에도 불구하고 발달심리학 이론에 기반한 본 접근법으로부터는 성인은 생애의 각 시기마다 무엇을 배울 수 있도록 준비되며, 어떻게 다양한 발달과업을 성취하도록 도움을 줄 것인가를 배울 수 있다. 이 접근법에 속한 주요 학자들로는 Havighurst, Gould, Levinson, Sheehy, Erikson, Kohlberg 등이 있다.

다양한 주제로 많은 학자들이 성인의 학습에 관하여 연구하였지만, 아직도 학습능력에 대해서는 그 본질이 무엇인지 일치된 견해가 없다. 또한 학습능력을 구성하는 요소에 대해서도 아직 구명되지 않은 부분이 많이 남아 있을뿐더러, 학습능력을 구성하는 요소가 정확히 무엇인지에 대해서도 의견의 일치가 이루어지지 않고 있다. 그럼에도 일반적으로 학습자의 기억력이라든가 지능, 동기(화)와 준비도, 자기주도성, 태도, 창의력, 사고력 등이 학습능력에 영향을 미치는 요소로 연구되고 있다.

학습능력에 관한 첫 번째 광범위한 연구는 1928년 Thorndike와 그의 동료들[5]에 의해서 수행되었다(Cross, 1981). Thorndike가 보기에 학습에 가장 유리한 시기는 20~25세인 것으로 나타났지만, 일반적으로 25~45세에 이르는 성인학습자를 가르치는 경우 그들이 15~20세의 젊은 학습자들과 거의 같은 속도와 같은 방법으로 학습할 수 있다고 기대해도 된다(1928; Cross, 1981 재인용)고 결론을 내렸다. 다른 심리학자들도 Thorndike와 비슷한 연구방법을 사용하여 유사한 결론을 내리고 있다. 다만, 학습능력이 더 늦은 나이에 감소하기 시작할 뿐만 아니라 감소율도 Thorndike의 감소곡선에 비

---

[5] 자세한 내용은 다음의 URL에 소개되어 있다.
https://docs.google.com/viewer?url=http://64.62.200.70/PERIODICAL/PDF/TheSurvey-1928apr01/45-48/&chrome=true (2013. 7. 12 검색)

해 완만하게 감소한다는 것이 차이점으로 밝혀졌다. 지능을 일괄적으로 측정하는 방법을 사용한 연구의 대부분이 10대 후반부터 30대 초반 어디에선가 전체적인 성취도가 정점을 이루고 60대 초반까지 서서히 감소하고, 그 이후에 급격히 감소한다는 사실을 보여 준다.

2) 학습에 영향을 미치는 요소

(1) 지능

지능은 지적 능력(mental ability 또는 intellectual ability)을 말한다. 좋든 싫든 지능검사 점수는 상당히 오랫동안 학습능력의 척도로 사용되어 왔다. 지능검사가 시도되던 초기의 경우 성인의 지능을 측정하는 일에는 관심을 거의 보이지 않아 왔다. 왜냐하면 지능지수라는 것은 선천적인 능력을 측정하는 것인데, 지능지수는 16세에 최고조에 달했다가 그 후에도 상당 기간 유지되는 것으로 여겼기 때문이다. 학습에 영향을 미치는 요소들이 그렇듯이 지능 혼자만으로는 학습에 절대적인 영향을 미치는 요소가 아니다. 지능의 변화에 대해서는 나이가 들면서 학습의 산물로 점차 증가하는 경향이 있다고 주장하는 희망적 관점을 견지하는 부류와, 생물학적 접근법을 들어 10대 후반 또는 20대 초반을 정점으로 나중에 미세하게 쇠퇴하게 된다고 주장하는 미온적 관점을 견지하는 부류로 나뉘어 오랜 기간 동안 줄다리기를 해 왔다. 그러나 많은 연구자들은 실용적인 지적 능력(practical intelligence), 즉 학습할 수 있는 능력은 유전과 경험 및 지식의 축적에 동시에 영향을 받는다는 사실에 동의한다(Cross, 1981). 유전이나 경험 및 지식의 축적 중에서 어느 것이 더 중요한 역할을 하는가는 학습 과제의 본질, 학습자의 신체적인 상황, 학습의 조건 등에 따라 달라질 수 있다.

지능에 대해서는 많은 학자들이 개념을 정의해 왔다. Birren, Kinney, Schaie와 Woodruff(1981: 500)는 지능을 정의하는 방법으로 양적인 접근법과 질적인 접근법을 제시하고, 실제로 지능을 정의하는 데는 적어도 다음과 같은 네 가지 방법이 있다고 제안하였다.

- 추상적인 사고를 할 수 있는 능력(Terman, 1921)
- 목적을 가지고 행동하고 합리적으로 사고하며 효과적으로 환경에 대처하는 개인의 종합적, 전체적 능력(Wechsler, 1944)
- 적응할 수 있는 사고 또는 행동(Piaget, 1950)
- 타고난, 일반적이고 인지적인 능력

Binet와 Simon, Goddard, Stoddard 등 다른 학자들도 지능의 개념을 정의하였는데, 각각의 정의는 다음과 같다.[6]

- Binet와 Simon(1916): 잘 판단하고, 잘 추리하고, 잘 이해하는 능력
- Goddard(1946): 직접적인 문제해결과 앞으로의 문제 예측에 필요한 개인 경험의 유용성 정도
- Stoddard(1963): 난이성, 복잡성, 추상성, 속도, 한 목적에 대한 적응성, 사회적 가치성, 독창성의 발현에 의하여 특징지어지는 활동을 하는 능력

한편, Owens(1953; Birren et al., 1981 재인용)는 30년에 걸친 종단적 연구로 지능을 측정한 결과를 제시하였다. 연구 대상은 1919년에 아이오와 주립대 입학 지원생 127명(당시 20세)이었고, 사용한 검사도구는 Army Alpha였다. 이들을 대상으로 30년 후, 첫 검사를 시행했던 대상이 대략 49세가량 된 시점인 1949~1950년간에 동일한 검사를 시행하였는데, 그 결과 지능이 감소하기는커녕 다소 증대하였다. 특히 실용적 판단력, 분석력은 통계적으로 유의한 증가가 있었고, 문제해결 능력에서도 약간의 증가가 있었다. 그리고

---

[6] 이하 지능의 개념 세 가지는 이종성, 강봉규, 한종철(1983)을 참고하여 작성하였다.

언어 유창성 및 언어 이해력에서도 증가를 보였다. 다만, 반응속도(reaction time), 운동기능(motor skills) 등의 영역에서만 감소가 나타났다. 이와 유사한 결과는 Bayley와 Oden의 1955년 연구, Schaie와 Strother의 1968년 연구 등에서도 나타났다(Birren et al., 1981).

또한 Cattell(1963; Cross, 1981 재인용)의 연구는 2요인 이론(two-factor theory)을 주장하였는데, 지능을 유동성 지능(fluid intelligence)과 결정성 지능(crystallized intelligence)으로 나누었다. Cattell과 Horn의 연구(Birren et al., 1981)는 두 요인을 가지고 성인기의 지적 능력을 측정하였는데, 유전적 또는 생물학적 영향을 받는, 그리고 학습과 경험에 비교적 무관한 유동성 지능은 20대에 접어들기 전부터 감퇴하기 시작하였다. 그러나 성장한 이후 환경과의 접촉을 통해서 형성되고 굳어지는 결정성 지능은 오히려 성인기에 현저한 증대 현상을 보였다.

이상과 같이 다양한 정의와 연구에서 보듯이 지능은 어느 한 가지로 정의되기 어려운 속성을 지니고 있는 개념이다. 성인기에 들어서도 학습 수행에 필요한 지적 능력은 학습에 지장을 줄만큼 감퇴하지 않음을 알 수 있다. 즉, 학습능력이라는 측면에서 보면 학습내용이 무엇인가에 따라, 측정하려고 하는 능력이 무엇인가에 따라 지능의 효용성 유무가 달라진다고 할 수 있다. 따라서 반응속도를 필요로 하는 영역에서 성인학습자의 학습속도를 적절하게 조절해 준다면 (성인이 자신 없다고 느끼는) 속도에 대한 불안감이 불식될 수 있고, 단순한 지적 능력의 감소가 학습에 절대적인 장애요인이 아님을 알 수 있다.

(2) 기억력

인지적 기능의 또 다른 국면으로 교육에서 지대한 관심을 받아온 지적 능력인 기억력은 앞서 결정성 지능과 유동성 지능을 다루면서 이미 언급한 바 있지만, 학습과 관련한 연구에서 기억력은 거의 중심 주제로 다루어졌다. 기억범위(memory span)와 함께 연상기억(associative memory)은 유동성 지능을 측정한 값이며, 이들은 나이가 들어감에 따라 악화되는 것으로 간주되었다. 그러나 만약 학습자료를 초기에 잘 배우고, 새로운 정보의 양이 기억해 내기에 너무 많거나 복잡하지 않다면 고령에 이르기 전까지 심각할 정도로 악화되지 않는 것으로 밝혀지고 있다. 물론 소위 장기기억(long-term memory)이라고 하는 것은 나이가 들어도 거의 문제가 발생하지 않는다. 연로한 노인들도 회상해 낼 수 있을 뿐만 아니라, 어떤 경우에는 매우 자세하게 수십년 전에 일어났던 일까지도 기억할 수 있다. 연구의 결과, 단기기억(short-term memory)에서 약간의 문제가 발생하지만, 그것도 젊은 학습자들과 나이 든 학습자들에게 동일한 지식 습득을 하게 하면 기억력의 인식에서 발생하는 차이도 사라진다는 것을 밝혀냈다(Craig, 1974; Cross, 1981 재인용). 뿐만 아니라 학습자료를 잘 배우고, 새로운 정보가 이전에 이미 배운 학습 내용과 연관될 경우 기억은 성인기의 대부분 기간 동안 일정하게 유지되는 것을 알 수 있었다. 나이가 든 성인학습자에게 기억력과 관련된 가장 큰 문제는 오히려 무의미한 학습, 복잡한 내용의 학습, 예전에 학습한 것을 재평가해야 하는 새로운 사실에 대한 학습의 경우였다. 한편, 언어능력이 뛰어난 사람들은 그렇지 않은 사람들보다 단기기억의 악화가 덜 일어난다. 결론적으로 나이 든 성인학습자의 경우 학습 과제가 너무 빠른 속도로 진행되거나, 복잡하고 흔하지 않은 내용일 때 초기 학습이나 그다음의 회상이 가장 어려운 것으로 보인다.

(3) 동기 및 동기화[7]

왜 사람은, 특히 성인은 학습경험에 참여하려고 할까, 또는 참여하지 않으려고 할까? 이에 관한 답을 주는 것이 바로 동기화(motivation)에 관한 것이다. 동기(motive)는 학습과 관련해서 볼 때, 학습욕구를 촉진시켜 주는 것

---

[7] 동기와 동기화(동기부여 또는 동기유발)는 의미가 다르지만, 문맥상 구분 없이 사용한다.

이라 할 수 있다. 좀 더 구체적으로 Birren 등(1981)은 동기화 또는 동기유발을 어떤 유기체가 에너지를 쏟게 만들거나 특정 목적을 달성하도록 행동하게 하는 강한 욕구라고 정의하였다. Webb과 Norton(2009)은 동기화는 개인이 바람직한 최종 결과 또는 목적을 달성하기 위하여 특정한 방법(긍정적 또는 부정적)으로 행동하도록 하는 일련의 힘이라고 보았다. 이 용어는 대개 순간적인 또는 갑작스런 돌출현상으로 나타나는 행동이라기보다는 비교적 지속성이 있는 행동을 보여 준다는 의미를 내포하고 있다. 따라서 사람이 목적을 추구하는 데 지속성이 있다거나 좌절, 더 나아가 분노와 고통을 감내하려고 하는 것은 고도로 동기부여가 되었다. 또는 동기화가 되었다는 것을 우회적으로 보여 주는 것이라 할 수 있다.

　성인학습자의 동기화에 관한 답을 찾으려는 연구방법론은 네 가지로 요약할 수 있다(Cross, 1981). 첫째는 심층면접이고, 둘째는 동기화 척도(scale)를 이용한 통계적 분석이며, 셋째는 설문문항이고, 넷째는 가설검정(hypothesis testing)이다. Robinson(1991)은 동기화에 관하여 세 가지 관점을 제시하였다. 첫째는 내면의 욕구에 의해 추동되는 행동으로 보는 관점인데, 이 관점은 주로 Freud를 중심으로 한 정신분석학적 접근방법을 따른다. 둘째는 외부상황적 힘에 의해 추동되는 행동이라고 보는 관점으로, Pavlov 또는 Skinner 등의 행동주의 심리학적 접근방법에 이론적 토대를 두고 있다. 셋째는 내재적인 성장 역량에 의해 특정한 행동이 유발된다고 보는 관점인데, Rogers로 대표되는 인본주의적 심리학자들이 이에 속한다.

　동기화에는 세 가지 요소가 있다(Webb & Norton, 2009). 첫째는 한 사람이 특정한 대안을 선택할 때 선택의 유형을 나타내는 방향성(direction)이다. 둘째는 선택한 대안을 향하여 얼마나 열심히 추진하는가를 나타내는 행동의 지표인 노력(effort)이다. 셋째는 행동을 얼마나 오랫동안 지속하는가를 보여 주는 지속성(persistence)이다.

　동기 또는 동기화에 관해서는 Maslow, White, Rogers 등 다수의 뛰어난 심리학자들과 Houle, Tough, Morstain과 Smart, Carp, Cross 등 성인학습

분야의 학자들이 있지만, 여기서는 Maslow와 Houle을 중심으로 살펴보려 한다. Maslow(1954; Birren et al., 1981 재인용)는 사람은 자아실현을 추구하는 존재라 규정한 것으로 널리 알려져 있다. 그는 긴급성이 감소하는 순서로 첫째, 생리학적 필요, 둘째, 안전, 셋째, 사랑과 소속감, 넷째, 존경, 다섯째, 자아실현의 욕구 위계(hierarchy of needs)를 제시하였다. 낮은 단계의 욕구가 충족되면 자연히 다음 단계의 욕구를 충족시키는 것을 추구한다고 보았다. 그러나 욕구 위계의 예외도 있다고 하였다. 즉, 하나의 위계가 100% 충족된 후 다음 단계가 완성되는 것은 아니다. 모든 사람이 이와 같은 욕구의 위계 순서를 갖고 있는 것은 아니며, 욕구의 내용도 사람마다 동일한 것은 아니다.

Houle(1961; Cross, 1981 재인용)은 성인의 학습참여 동기를 세 가지로 나누어 제시하였다. 그 세 가지 분류에 따른 성인학습자는 목적지향적 학습자, 활동지향적 학습자, 학습지향적 학습자다. 먼저, 목적지향적 학습자는 특정 목적을 달성하기 위한 수단으로 교육을 사용하기 때문에 목표 달성에 도움이 되는 기관이나 교육 프로그램을 선택하여 참여하는 특징이 있다. 둘째, 활동지향적 학습자는 활동 그 자체와 사회적 상호작용을 목적으로 교육에 참여하는 사람이다. 셋째, 학습지향적 학습자는 지식 그 자체를 추구하는 사람으로, 학습을 통하여 지속적으로 새로운 것들을 알려고 하고 인격적으로 성장하고자 하는 근본적인 소망을 가지고 있는 학습자다. Houle의 연구는 이후의 연구자들에게 성인학습자의 동기화에 관한 연구의 기본 틀을 제시해 주었고, 동기 척도의 제작과 설문지 구성 등에 많은 영향을 끼친 연구로 평가받고 있다.

(4) 준비도

성인학습자들은 대부분 어느 정도 배울 준비가 된 상태에서 학습현장에 도착한다. 오늘날 대부분의 성인학습은 동료의 압력과 같은 사회적 강압이 영향을 미치지 못하고 거의 자발적으로 이루어진다. 즉, 자신이 원하기 때문에 학습에 참여하는 경향이 더 지배적이다. 준비도(readiness)는 공식적인 학교교육이 종료된 이후 자학자습, 개인 연구, 자기주도적 학습과 같은 '진정한 학습'이 더욱 환영받는 분위기에서 중요한 학습의 변인 중 하나로 간주된다(Draves, 1984).

준비도는 학습자에게 내재하는 인지적인 구조의 일부를 의미하기도 하고, 또 발달심리학적으로는 발달단계를 의미하기도 한다(Lefrancois, 1982). 일반적으로 준비도는 특정한 행동을 할 수 있는 조건이 준비된 상태라고 볼 수 있다. 즉, 성공적으로 학습이 이루어지려면 어떠한 학습이라도 일정 수준의 발달이 전제되어야 한다. 준비도에는 다음과 같이 몇 가지 요인이 있다.

- **성숙도**: 학습의 바탕인 준비도의 주요 요인으로서 발달에서 학습과 상보적 관계를 이룬다.
- **지능**: 아동 및 청소년 학습자의 학습활동은 지능 발달이 주된 활동이 된다. 지능은 학업을 결정해 주는 주요 요인으로 지능이 높은 학습자는 일반적으로 지능이 낮은 학습자보다 학습속도가 빠르고 성취도 또한 높다.
- **경험**: 경험의 성과는 학습자가 이미 가지고 있는 경험의 배경에 의해서 크게 좌우되며, 성인의 경우 이미 경험한 것과 관련된 학습을 할 경우 흥미가 유발된다. 선행학습이 충분할수록 학습에 필요한 준비도가 충분히 갖추어지게 된다.

(5) 자기주도성

자기주도성(self-directedness)이란 타인 또는 특정 교육기관의 도움을 받지 않고, 개인 스스로가 주체가 되어 의사결정하고, 의사결정한 바를 토대로 추진해 나가는 것을 말한다. 즉, 교수자가 주도하는 것이 아니고, 프로그램이 주도하는 것도 아니며, 무엇보다 학습자 자신이 스스로 학습을 주도하는 형태를 말한다. 우리나라에서는 오래전부터 독학(獨學)이라는 명칭으로 개별 학습자가 자주적으로 하는 학습을 지칭해 왔다. 초기에 self-directed learning이라는 개념이 처음 도입되었을 때 자기결정적 학습, 자기지시적 학습, 자기관리적 학습 등으로 번역되어 오다가 오늘날에는 자기주도적 학습으로 개념이 통일되어 사용되고 있다. 이 개념을 오늘날 평생교육의 중심 개념으로 확립시키는 데 큰 역할을 한 사람은 Knowles와 Tough 같은 학자들이라 할 수 있다.

성인학습자에게는 학습방법상, 학습환경상 자기주도적인 방법이 가장 적절한 방법이다. 왜냐하면, 자기주도적 학습은 "학습자 스스로가 학습의 참여 여부에서부터 목표 설정 및 학습목표 달성을 위한 학습계획의 수립, 교육 프로그램의 선정과 학습계획에 따른 학습 실행, 학습결과의 평가에 이르기까지 교육의 전체 과정을 자발적 의사에 따라 선택·결정하고 조절과 통제를 행하게 되는 학습형태"(한국기업교육학회, 2010, p. 203)이므로 성인학습자에게 가장 잘 부합하는 교육방법이 되기 때문이다. 한국기업교육학회의 정의를 끝까지 옮기자면 "자기주도적 학습은 사회교육이나 성인학습에서 많이 활용되며, 스스로 동기화되어 스스로 학습과정을 계획하고 실행해나가는 학습형태로, 학습 목적, 전략, 방법과 자원, 그리고 평가에 대한 학습과 통제권을 부여하는 것이 특징이다. 자기주도적 학습의 목적은 철저히 개인의 성취감에 있으며, 개인의 성취감이 업무, 사회생활 또는 개인생활 어디에 부합되든지 문제가 되지 않는다."(p. 203)

여기서 자기주도적 학습이 강조된 배경을 간략히 살펴보면, 첫째 평생학습시대의 도래를 들 수 있다. 자기주도적 학습은 사람의 발달이 전 생애에 걸쳐 계속되며, 그 발달은 학습에 의하여 실현된다는 평생학습론에 기초를 두고 있다. 학교를 벗어나 지속적으로 교사의 도움을 받아 학습이 이루어지는 것은 불가능한데, 개인이 스스로 학습의 주체가 된다는 것이 개념상 부합하기 때문이다. 둘째, 학습관의 변화를 들 수 있다. 지금까지 학습의 개념은 창고에 지식을 쌓아 두는 '은행형' 학습관이었으나, Freire(1970)가 말하는 '대화형' 학습관으로 변화하게 되었다. 이것은 개인의 능동성, 주체성을 강조하는 학습관으로의 변화를 의미하고, 따라서 개인학습자가 주체적으로 의지를 가지고 학습 주도권을 갖게 되었다는 것을 의미한다. 셋째, 학교교육에 대한 불신감을 들 수 있다. 『탈학교의 사회(Deschooling society)』를 저술한 Illich(1971)나 『학교는 죽었다(School is dead)』[8]의 저자 Reimer(1971) 등과 같은 탈학교론자들은 현대사회의 학교제도에서는 학습과 학력이 혼동되고 있다고 주장하였다. 그들은 학교제도가 생기기 전 지역사회가 가지고 있던 상호교육력을 재생시켜야 하며, 학습네트워크를 재구축해야 한다고 주장하였다. 다시 말하면, 현재의 학교라는 제도에 의해 주도되는 학습은 준비형, 축적형, 현상유지형의 학습에 불과하며, 이를 가지고는 사회변화에 적절하게 대응하지 못할 뿐만 아니라 개인의 주체적, 경험적, 개별적 학습 요구를 충족시킬 수 없다는 것이다.

3) 성인학습의 원리 및 교수자

(1) 성인학습의 원리

앞에서 성인학습과 성인학습자, 그리고 성인학습자의 학습능력 및 학습에 영향을 미치는 요소들에 관하여 살펴보았다. 이제 이와 같은 모든 배경지식을 토대로 하여 성인학습을 실천하는 현장에서 적용되는 몇 가지 원리를 살펴보고자 한다.

Robinson(1991)은 성인학습의 원리를 다음과 같이 제시하였다.

- 학습은 적극적인 과정이다. 성인학습자는 적극적으로 참여하는 것을 선호한다. 따라서 적극적 참여를 촉진하는 활동과 기법을 활용하면 그렇지 않은 학습과정보다 더 빠른 학습효과를 볼 수 있을 것이다.
- 학습은 목적지향적이다. 성인은 목적을 달성하려 하거나 필요를 충족

---

[8] 국내 번역판의 제목은 『人間 없는 학교』다.

시키려 한다. 따라서 좀 더 분명하고, 더 현실적이며 기대하는 결과와 연관될 때 학습효과가 극대화될 것이다.

● 서로를 지원하는 학습분위기를 만들 수 있는 한, 집단학습은 개별학습 보다 더 효과적일 수 있다. 따라서 집단 참여를 중심으로 하는 기법이 개인을 독립된 단위로 취급하는 학습보다 더 효과가 있을 것이다.

● 곧바로 응용할 수 있는 학습이 그렇지 않은 학습보다 더 오래 기억에 남으며, 좀 더 즉시 사용할 기회를 찾게 한다. 따라서 실용적인 방법으로 학습자료의 즉각적인 응용을 가능하게 하는 기법을 사용해야 한다.

● 학습한 내용은 강화가 이루어져야 한다. 따라서 즉각적이고 강화가 되는 피드백이 가능한 기법을 사용해야 한다.

● 새로운 내용을 학습하는 것은 이미 알고 있는 것과 관계가 있을 때 더 촉진될 수 있다. 따라서 사용된 기법이 성인학습자로 하여금 이러한 관계를 발견하여 학습자료를 통합하도록 도와줄 수 있어야 한다.

● 학습량이 늘어나면서 주기적으로 고원현상을 겪는 것은 학습 과업이 정체하지 않고 지속적으로 진전이 이루어지도록 변화를 가능하게 하는 것이다. 따라서 어느 특정한 세션에서도 전달방법에 지속적인 변화가 시도되어야 한다.

● 학습은 학습자가 자신의 진도를 알고 있을 때 촉진될 수 있다. 따라서 자기평가를 할 수 있는 기회가 포함된 기법을 사용해야 한다.

● 학습은 주제 내용이 논리적이고, 그 논리가 학습자의 모든 경험과 관련하여 의미가 있다고 여겨질 때 촉진된다. 따라서 학습은 계열화와 누적 효과가 발생하도록 조직되어야 한다.

성인학습의 원리는 매우 이상적이고, 그대로 실천이 된다면 더할 나위 없이 큰 효과를 거두겠지만, 현실세계에서는 그 효과를 방해하는 제약이 있을 수밖에 없다. 인력자원개발 전문가는 성인학습의 원리와 실제에 관한 끊임없는 탐구와 시도를 통하여 현장의 상황에 맞는 최적의 대안을 도출해 내도록 노력을 기울여야 한다.

(2) 성인학습에서의 교수자의 역할

앞서 기술한 성인학습의 원리에 충실하기 위해서 교수자는 자신의 역할을 어떻게 수행해야 할까? 성인인 학습자를 대상으로 지식과 정보상의 우월적 지위에서 빈 그릇을 채우듯 일방적으로 지식과 정보를 주입하는 역할을 할 수만은 없다. 또 성인학습자들은 그러한 열등한 지위에 있지도 않다.

이러한 배경에서 성인학습에서의 교수자의 역할 변화가 요구되는데, 다음과 같은 몇 가지 역할을 생각해 볼 수 있다.

첫째, 공동 학습자로서의 역할을 생각할 수 있다. 성인을 대상으로 하는 성인학습은 누가 교수자라 할 것이 없이 모두가 교수자요, 동시에 모두가 학습자라는 점을 전제한다. 따라서 교수자는 상교학습이 일어나도록 필요한 조치를 취해야 한다.

둘째, 개방적인 자기주도적 학습에서 교수자는 촉진자(facilitator) 또는 자원 인사(resource people)로서의 기능을 감당해야 한다. 촉진자는 학습자보다 좀 더 많은 지식과 정보를 소유할 수 있도록 노력해야 하고, 더 많은 경험을 갖추고 있어야 할 것이다. 자원 인사도 마찬가지로 다양한 배경의 성인학습자들에게 도움을 줄 수 있는 학습 자원을 충분히 보유하고 있어야 한다.

셋째, 성인학습에서 교수자는 학습방법에 대한 전문적 지식과 경험을 갖출 필요가 있다. 특히 학습자의 욕구, 흥미, 발달상의 특징 등에 관해서도 해박한 지식을 쌓아야 할 것이다.

넷째, 성인학습에서 교수자는 학습경험을 계획하고 실시하며, 평가자로서의 역할을 수행해야 한다. 또한 훌륭한 교육요구의 진단자가 되어야 한다. 그 진단 결과를 바탕으로 정확한 교수학습목표가 도출될 것이기 때문이다.

(3) 다시 개방적 자기주도적 학습의 효과를 생각하며

성인학습에서 교수학습의 기본 형태는 학습자의 자율적인 학습을 근간으로 하는 자기주도적 학습이어야 한다. 교실과 같이 일정한 장소에서 이루어지는 교육에서는 교수자와 학습자 간의 상호작용이 더 빈번히 일어나지만, 성인학습에서는 한 공간에서의 직접적인 상호작용보다 학습자의 목표에 따라 학습자가 스스로 책임을 지며 학습을 수행해 나가는 가운데 필요한 경우 교수자와 상호작용을 하는 형태로 학습방법이 다르게 적용된다. 여기서 개방적 자기주도적 학습이라 함은 학교 학습이 학습 목표, 수준, 내용, 방법, 평가 기준 등이 미리 규정된 것(폐쇄적)과 달리 성인 대상의 자율적 학습에서는 학습자 개인의 가치, 욕구, 선호 등에 따라 목표 수준 등이 추후에 결정된다(개방적)는 점이다.

유사한 개념으로 syllabus-free 학습과 syllabus-bound 학습을 생각해 볼수 있는데, 알다시피 syllabus는 강의계획표다. 후자는 강의요목이 정해져 있고 교수자와 학습자가 강의요목을 준수하여 학습이 이루어지는 체계라면, 전자는 강의요목이 정해져 있지만 교수자와 학습자가 반드시 그에 얽매일 필요 없이 상황에 맞추어 자유롭게 운영되는 체계라 할 수 있다. 심지어는 강의요목 자체가 매우 느슨하게 짜일 수도 있고, 심한 경우 강의요목 자체가 없는 경우까지 생각해 볼 수 있다. 성인학습에서는 syllabus-free를 지향하는 개방적 자기주도적 학습이 성인학습자의 특성, 성인학습에서의 교수자 변수를 고려해 볼 때 더욱 효과적일 뿐만 아니라 지향점이어야 할 것이다.

제2부

인력자원개발의 주요 영역

학습 주안점

1 훈련과 개발은 어떠한 개념적 차이가 있는가?
2 개인개발과 훈련개발의 개념적 유사점과 차이점은 무엇인가?
3 훈련개발에는 어떠한 방법이 있는가?
4 훈련개발의 방법은 어떠한 내용을 포함하고 있는가?

1. 훈련개발의 개념적 논의

이 절에서는 제2장에서 이미 개별적으로 논의한 교육, 훈련, 개발을 염두에 두고, 이들이 결합된 용어인 훈련개발[1] 그리고 유사하게 사용되는 용어인 개인개발(individual development)의 개념을 살펴보고자 한다.

기억을 돕기 위하여 이 책의 앞부분에서 소개한 훈련개발, 조직개발, 경력개발에 관한 ASTD의 개념을 다시 한 번 짚어 보도록 한다. 앞서 훈련개발은 개인이 현재 또는 앞으로의 직무를 수행하는 데 필요한 핵심역량(key competencies)을 찾아서 확인하고, 계획적인 학습을 통하여 개발하도록 돕는 일이라고 하였다. 둘째, 조직개발은 단위조직 간, 단위조직 내의 건전한

---

[1] 훈련개발의 용어에 관하여 제1장에서 간략히 논의하였다.

관계 형성을 돕고, 조직이 변화를 주도함은 물론 관리할 수 있도록 돕는 일이라고 하였다. 끝으로, 경력개발은 개인과 조직의 요구(needs)가 최적점에서 조화를 이루도록 개인의 경력계획(career planning)과 조직의 경력관리(career management) 절차 간의 조율을 도모하는 일이라고 하였다.

1) 훈련과 개발의 개념

앞서 제1장에서 훈련과 교육, 개발의 개념을 간략히 짚어 보았다. 이 장에서는 훈련개발 또는 개인개발이라는 개념을 다루기 위해 훈련과 개발의 의미를 다시 한 번 살펴보고자 한다.

『성인교육과 훈련의 핵심 개념(Key concepts in adult education and training)』이라는 저서에서 Tight(1996)는 두 용어의 개념과 의미를 논의하였는데, 훈련이라는 개념은 대개 누군가가 주로 일터에서 과업 또는 역할을 수행할 수 있도록 준비시키는 일과 관련되어 있다는 전제에서 출발하고 있다. 그는 Peters의 훈련 개념의 정의와 Goldstein과 Gessner의 개념정의, 그리고 Dearden의 개념정의까지 다룬 후, 많은 전문가들의 개념정의가 어느 한 가지로 귀결될 수 없음을 인정하며, 최종적으로 명확한 개념정의보다 훈련의 개념을 둘러싼 시각을 정리한 하나의 연구결과를 인용하면서 개념 논의를 마친다.

- 일반 대중은 훈련이라는 용어를 훈련 전문가들이 이해하는 것보다 훨씬 좁은 의미의 활동으로 사용한다.
- 대부분의 사람들에게 훈련은 정규 과정(formal courses)에서 진행되는 활동이다.
- 고용주는 종업원보다 더 좁은 의미로 훈련의 개념을 이해한다.
- 훈련의 개념에 포함된 활동들은 집단마다 다양하다.
- 자체 활동으로 또는 자체 예산으로 진행되는 활동은 포함시키지 않는

경향이 있다.

● 대부분의 사람들에게 훈련은 직업과 연계되어 있다.
● 대부분의 사람들에게 훈련과 교육의 경계선은 모호하다.

Noe(2008)는 훈련을 "종업원의 직무와 관련된 역량의 학습을 촉진하기 위해 회사가 제공하는 계획된 노력"(p. 4)이라고 정의하였다. 이를 위한 역량에는 성공적인 직무수행에 반드시 필요한 지식, 기술, 행동이 포함된다. 여기서 훈련의 목적은 종업원들로 하여금 훈련 프로그램에서 목표로 하는 지식, 기술, 행동을 완전히 익히고 그것들을 일상 활동에 적용하도록 하는 것이다. 한편, Mankin(2009)은 훈련을 특정한 기술 또는 실무 부문의 계획적인 교수학습을 포함하고, 직장에서 성과개선으로 이어지는 변화된 행동을 가져올 수 있도록 의도된 활동이라고 하였다. 그리고 개발은 훈련보다 훨씬 광범위하고 대개 장기적인 관점에서 이루어지는 활동이라고 하였다.

개발[e]에 관해서는 훈련이라는 용어에 관해서보다는 적은 사람들이 개념적 논의에 뛰어들고 있다. 훈련이라는 용어가 일찍이 인력자원개발 분야에서 사용되기 시작하였고, Nadler 등 초기 학자들이 굳이 용어의 외연을 훈련, 교육, 개발 등으로 확장하면서 논의하였음에도 불구하고 보편적으로 개발과 훈련이 결합된 채 사용되어 왔기 때문으로 추측된다.

먼저, Tight(1996)는 개발을 거시적 수준의 개발, 미시적 수준의 개발, 그리고 중간(meso) 수준의 개발 등 세 가지 단계로 나누어 접근하였다. 거시적 수준의 개발은 국가 또는 국제적 관계에서 이루어지는 것이고, 미시적 수준의 개발은 개인적, 사적 차원에서 이루어지는 것이며, 그 사이에 있는 중간

---

[e] 영어표현으로 development는 우리말로 개발과 계발 두 가지로 번역될 수 있다. 사전적 의미로 개발(開發)은 토지나 천연자원, 산업이나 경제 등 물질적인 발전을 도모하는 경우에, 계발(啓發)은 슬기나 재능, 사상 등 정신적인 것의 발전을 도모하는 경우에 사용된다. 그러나 오늘날 인력자원개발 현장에서는 계발과 개발을 특별히 구분하지 않고 혼용하는 추세다.

수준의 개발은 조직과 공동체 수준에서 이루어지는 것으로 나누었다. 모든 수준은 성인의 교육 및 훈련과 관계가 있고, 각각의 수준 간에는 연결고리가 있다고 하였다. 그는 다시 개발과 연결된 개념으로 성장 또는 변화와 같은 용어를 제시하였다.

Noe(2008)는 개발을 종업원이 미래를 준비하는 데 도움을 주는 형식적 교육, 직무경험, 관계, 성격 및 능력의 평가라 보고, 개발계획의 과정에는 개발의 요구를 확인하는 일, 개발의 목적을 설정하는 일, 목적 달성을 위해 종업원과 조직이 필요로 하는 활동을 파악하는 일, 목적의 달성도를 측정할 것인지 결정하는 일, 개발 추진 일정을 수립하는 일 등이 포함된다고 하였다. 그는 기업 또는 조직이 종업원들에게 개발의 기회를 전략적으로 부여한다고 보았다. 첫 번째 전략은 개발의 기회를 오로지 최고위 임원, 고위 관리자 또는 핵심 인재로 선별된 종업원들에게만 부여하는 것이다. 이 경우 일반 종업원을 동기부여하고 계속 재직하도록 하는 데 중요한 역할을 하는 하위 관리자는 무시되는 현상이 나타난다. 두 번째 전략은 모든 종업원이 인당 일정 시간만큼 개발에 참여하게 하거나 일정한 예산을 집행하도록 의무화하는 것이다. 이 전략은 모든 종업원들이 개발에 참여하도록 보장하기는 하지만, 실행 가능한 개발 방법으로 공식적인 과정 참여만을 강조할 수 있다. 이는 학습과정에서 상호작용이 일어나고, 스스로 학습주제와 전달방법을 선택할 때 학습의 동기부여가 된다는 성인학습에 위배되는 것이다. 끝으로, 가장 효과적인 개발 전략은 개별화, 학습자의 통제, 지속적인 지원을 수반하는 것이다.

Noe(2008)는 앞서 논의한 훈련과 일련의 절차와 순서에 따라 전개되는 개발의 차이점을 비교하여 〈표 6-1〉과 같이 간략히 제시하고 있다.

| 표 6-1 | 훈련과 개발의 비교 |

구분	훈련	개발
초점	현재	미래
직무경험의 활용 정도	낮음	높음
목적	현재 직무 대비	변화 대비
참석의 강제 여부	의무적 참여	선택적 참여

출처: Marquez (2006), pp. 24-30; Noe (2008), p. 315 재인용.

끝으로, Nadler와 Wiggs(1986)는 종업원 훈련, 종업원 교육, 종업원 개발로 세분하여 각각의 목적과 방법을 제시하였다.

● 종업원 훈련
  - 목적: 종업원으로 하여금 현재 수행하는 직무를 더 잘 수행하게 하기 위함; 새로운 기술, 태도, 지식을 습득하기 위함
  - 방법과 원천: OJT, 교실수업, 공공 교육기관, 대학 및 대학교
● 종업원 교육
  - 목적: 종업원으로 하여금 현재의 지위 또는 계획된 조직으로의 이동을 준비시키기 위함; 승진 또는 경력개발을 위함
  - 방법과 원천: 교실수업, 직무 순환, 현장견학, 공공 세미나, 대학 및 대학교
● 종업원 개발
  - 목적: 미래를 위하여 조직 구성원들을 성공적이고 유연한 인력으로 양성하기 위함; 조직의 혁신을 위함; 새로운 인력의 본질적 특성에 대응하기 위함; 인력의 잠재력을 발현시키기 위함
  - 방법과 원천: 강좌, 직무경험, 상호 인력교류, 조직혁신 및 개인혁신; 두뇌 집단 활용

이상과 같이 훈련과 개발의 개념정의를 훑어보았으나, 여전히 두 개념 간의 경계가 명쾌하게 드러나지 않는 것 같다. 비교적 단기적이고 현재 수행하는 직무에 초점이 맞추어져 있으며, 집중·반복적이고, 집단적으로 이루어지는 경향을 보이는 것을 훈련이라고 한다면, 비교적 장기적이고, 장차 수행할 수도 있는 직무에 초점이 맞추어져 있으며, 산발적이고 주로 개별적인 경향을 띠는 것을 개발이라고 생각하면 무리가 없을 듯하다. 그러나 이 구분도 명확하지 않은 것이 두 개념 간 경계 구분 없이 상호 교환적으로 사용되는 것이 현실이기 때문이다.

2) 개인개발과 훈련개발

배을규(2009)는 학습이라는 개념을 추가하여 개인개발을 "훈련, 교육, 학습 프로그램을 통한 개인의 성장과 발달을 도모하는 HRD 활동"(p. 85)이라 정의하고, 훈련의 대상은 새로운 직원이나 현재 직무수행 능력이 부족한 직원을 대상으로 하는 반면, 교육과 학습은 최고관리자, 고급관리자를 포함한 모든 직원을 대상으로 하는 것으로 보아 대상에서 차이점을 찾아내었다. 또 양자 간의 차이점으로 훈련은 주로 기술 습득에 초점을 맞추어 진행되는 반면, 교육과 학습은 기술 습득뿐만 아니라 지식과 태도 함양을 위하여 형식적, 무형식적 방법으로 진행된다고 하였다. 그는 이어서 개인개발 영역에서 시행되는 프로그램을 제시하였다. 즉, 개인개발 프로그램으로 조직사회화와 오리엔테이션, 기초능력·문해 프로그램, 기술훈련 프로그램, 인간관계 훈련 프로그램, 전문성 개발 및 교육 프로그램, 관리자개발 프로그램 등을 제시하였다.

Gilley, Eggland와 Gilley(2002)는 개인개발이라는 용어를 사용하면서 훈련과 개인개발을 구분하였다. 즉, 개인개발은 공식적, 비공식적 학습을 모두 포함하는 반면, 훈련은 대개 현직에서 시행되는 공식적이고 구조화된 학습만을 일컫는다고 하였다. 그들은 계속해서 두 개념 간의 차이점을 다음과 같이 제시하였다.

- 개인개발은 모든 형태의 학습활동을 포함한다. 반면에 훈련은 기본적으로 지식습득이나 기술개발에 국한한다.
- 개인개발은 경영진까지 포함한 모든 직원을 대상으로 한다. 반면에 훈련은 신입직원이나 저숙련자에 국한하여 실시되는 경향이 있다.
- 개인개발은 온라인 교육, 컴퓨터기반 교육, 성과지원 도구, 양방향 비디오, 교수자중심 훈련, 위성 프로그램, 원격 화상회의, 자기주도적 학습, 현직훈련 등이 모두 포함된다.

권대봉(2003)은 개인개발의 내용[3]을 다음과 같이 분류하고 있다.

- 기초기술 및 문해교육 프로그램: 3R's 교육 및 컴퓨터 활용기술 등
- 기술훈련 프로그램: 도제훈련, 컴퓨터훈련, 기술 및 지식 훈련, 안전훈련, 품질훈련 등
- 대인관계기술 프로그램: 판매훈련, 고객관계 · 서비스 훈련, 팀훈련 등
- 전문성 개발 프로그램: 기업대학 등

이어서 권대봉(2003)은 개인개발의 방법[4]으로 다음과 같이 크게 두 범주로 나누어 그에 대한 여러 가지 방법을 제시하고 있다.

- 전통적 개인개발 방법: 집합교육, 직장 내 훈련(또는 현장훈련, on-the-job training: OJT)
- 학습 및 수행중심 개인개발 방법: 경험학습, 실천학습(action learning), 정보

---

[3] 더 자세한 내용은 권대봉(2003), pp. 57-71을 참고하라.
[4] 더 자세한 내용은 권대봉(2003), pp. 73-124를 참고하라.

기술 활용학습, 학습조직, 자기주도학습

일찍이 ASTD의 지원으로 인력자원개발 담당자의 역량과 인력자원영역 관계 모형을 도출해 낸 McLagan(1989)은 훈련개발을 개인이 현재 또는 미래에 담당할 직무수행에 필요한 핵심역량을 찾아서 확인하고, 계획적인 학습을 통하여 개발하도록 돕는 활동이라고 정의하였다. Swanson(1995)은 훈련개발은 성과를 향상시키기 위하여 개인의 전문성을 체계적으로 개발시키는 과정이라고 정의한 바 있다.

Swanson과 Holton(2009)은 인력자원개발의 가장 큰 영역을 훈련개발로 보았다. 그는 훈련개발을 성과향상(performance improvement)을 위해 직무와 관련된 지식 및 전문성(expertise)을 체계적으로 개발하는 과정이라고 정의하였다. 또한 Nadler(1970)가 분류한 것처럼 훈련을 단기적인 학습활동으로 보고, 개발을 장기적인 학습활동으로 보았다. 그는 훈련개발을 이해하기 위한 모형으로 교육훈련 모형, 성과분류 모형, 무형식·우연학습 모형의 세 가지를 제시하고 있다.

Reynolds(1993)의 정의에 따르면 개인개발은 "개인이 성장하거나 잠재력 있는 장래를 준비하기 위하여 필요한 필수 역량의 개발을 돕도록 조직된 계획된 학습노력"(p. 105)을 말한다. 한편, 훈련개발에는 'See human resource development(HRD)'라고 지시해 놓고, 다시 human resource development 에는 Nadler의 정의를 원용하고 있다. 즉, 인력자원개발은 "고용주가 특정한 기간 동안 성과향상 또는 개인의 성장을 목표로 제공하는 조직화된 학습경험"(p. 100)이라는 Nadler의 정의를 그대로 옮겨 놓고 있다. 이어서 "인력자원개발 활동은 훈련, 교육, 그리고 개발이다. 인력자원개발은 조직에 소속된 종업원들에게 조직이 제공하는 학습활동에 초점이 맞추어져 있다는 점에서 일반 성인교육과 구별된다."고 적고 있다.

한편, 한국기업교육학회(2010)는 개인개발을 "새로운 지식과 기술, 행동의 개선에 초점을 맞춘 학습활동으로, 개인의 현재 업무수행 능력과 장래에 담당할 업무의 수행 능력을 신장시키기 위한 학습을 규명하고 평가하여 조정하는 일련의 계획적인 노력을 의미한다."(p. 7)고 정의하였다. 그리고 개인개발의 방법으로 현재 수행하는 업무의 개선을 위한 훈련, 공식적 · 비공식적으로 이루어지는 학습을 포함하여 현장훈련(OJT)이 활용된다고 하고, 많은 조직이 개인개발의 과정을 촉진하기 위해 경력상담가를 활용하고 있다고 적고 있다. 한편, 훈련개발에 관해서는 "구성원의 사고 · 습관 · 태도를 변화시킴으로써 맡은 바 직무를 효과적으로 수행할 수 있도록 하기 위해 계획된 조직적 활동이다. 계획적인 지식습득훈련으로 각 종업원들의 조직에서의 목적, 목표에 변화를 줄 수 있는 동시에 각 종업원의 가능성을 개발하고 경력향상, 작업의 만족스런 발전에 기여함을 의미한다."(p. 306)고 정의하였다.

Werner와 DeSimone(2006)은 훈련과 개발의 개념을 각각 제시하고, 이둘의 결합 개념인 훈련개발이 신입사원으로부터 시작해서 고위 관리자에게 어떻게 적용되는가를 연속적으로 보여 주고 있다. 이들에 따르면 훈련개발은 개인의 지식, 기술, 태도를 변화시키거나 개선하는 데 초점을 맞춘 활동이다. 이 중에서 훈련은 특히 종업원들에게 특정 과업이나 직무를 수행하는데 필요한 지식과 기술을 제공하는 일을 수반한다. 이때 태도에 관한 변화가 시도될 수도 있다. 반면에 개발 활동은 종업원들이 현재 직무를 더 잘 수행할 수 있도록 역량을 향상시켜 줄 뿐만 아니라 장차 담당하게 될 임무를 준비하는 데 초점을 맞춘 장기적인 활동이다. 이 두 개념을 합해 보면 종업원이 현재 수행하고 있는 직무뿐만 아니라 장차 수행할 직무를 위해서 필요한 지식, 기술, 태도를 향상시켜 주는 활동이라고 할 수 있다.[5]

이와 같이 훈련과 개발이 결합된 개념인 훈련개발 활동은 신입사원이 조직에 합류할 때 시작되는데, 대개 신입직원 오리엔테이션이나 기초기술훈련이라는 형태로 시행된다. 신입직원 오리엔테이션은 새로운 직원으로 하여금

---

[5] 우리나라의 직업훈련은 양성훈련과 향상훈련으로 대별된다. 초기 입직을 준비하기 위한 훈련을 양성훈련이라 하고, 재직 중 직무능력 향상을 위하여 시행하는 훈련을 향상훈련이라고 한다.

조직의 중요한 가치와 규범을 학습하게 하고, 직장에서 필요한 관계를 형성하며, 직무를 어떻게 수행하는가를 학습하는 과정이다. 이때 인력자원개발 업무 담당자와 채용을 담당하는 부서에서는 오리엔테이션 과정(process)의 설계, 일반 오리엔테이션 세션의 운영, 기초기술훈련 실시 등에 관하여 공동으로 책임을 지게 된다. 기초기술훈련 프로그램은 범위를 좁혀서 신입직원들이 배치될 부서를 염두에 두고 특정한 기술이나 해당 업무 분야의 지식을 전달하게 된다.

일단 신입직원이 직무수행에서 어느 정도 익숙해지면 인력자원개발 활동은 개발 활동, 특별히 코칭이나 카운슬링에 좀 더 초점을 맞추게 된다. 코칭에서는 개인에게 자신의 행동에 대한 책임을 강조하고, 직무와 관련된 문제를 해결하도록 하며, 최고 수준의 성과를 달성하고 유지하도록 격려한다. 코칭은 종업원을 개인적 목적과 동시에 조직의 목적을 달성하는 동반자로 대우하는 일도 포함한다. 카운슬링은 종업원이 개인과 조직의 목적을 달성하는 데 방해가 되는 사적인 문제를 해결할 수 있도록 돕는 데 사용되는 활동이다. 카운슬링 프로그램에는 약물 남용(substance abuse), 스트레스 관리, 금연, 중독, 신체단련, 영양 및 섭생, 체중조절 등의 내용이 포함될 수 있다.

인력자원개발 업무 담당자는 관리자나 감독자가 자신의 직위에서 효과적으로 업무를 수행하는 데 필요한 지식과 기술을 갖출 수 있는 프로그램을 개설하고 참여하도록 하는 책임을 지고 있다. 이러한 프로그램에는 감독자 훈련, 직무 순환, 세미나 또는 대학의 교과과정 등이 포함된다.

이상과 같이 개인개발과 훈련개발을 살펴보았다. 훈련과 개발의 개념적 논의에서 도달한 결론처럼, 개인개발과 훈련개발에서도 어느 한쪽의 정의에 손을 들어 주기에는 두 개념의 경계가 모호하고, 상당부분 중첩되어 있으며, 차별점의 도출이 약간은 곤란한 측면이 있다. 이에 대하여 권대봉(2003)은 개인개발이 훈련개발(training and development)과 자주 혼용되는 이유로 첫째, 애초 인력자원개발의 시작이 훈련개발에서 시작[6]되었고 훈련개발의 내용이 조직에 속한 개인의 능력을 향상시키는 것을 목적으로 했기 때문이라는 것을 들었다. 둘째는 조직이 훈련을 개인의 역량개발 측면에서 이해했기 때문이라고 풀이하고 있다.

일부 학자는 인력자원개발의 세 가지 기둥인 훈련개발, 조직개발, 경력개발의 교집합 부분을 개인개발이라 지칭하기도 한다. 그러나 아직은 많은 사람의 동의를 얻지 못하고 있는 것으로 보인다. 개인개발이 장기적이고 미래지향적인 관점에서 개인의 지식과 기술, 전문성을 향상시키는 활동이라 한다면, 결국은 현재의 직무수행 능력의 향상 없이 미래만을 위한 개발은 의미가 없을 것이다. 이런 점에서 본다면 개인개발과 훈련개발은 크게 차이가 없는 개념으로 보아 두 용어를 상호 교환적으로 사용하는 것에 큰 무리가 없을 것으로 보인다.

다른 대안으로 교육과 훈련을 결합한 개념인 교육훈련(eduction and training)을 사용하는 것도 의미를 포괄한다는 점에서 유용한 용어라 할 수 있다. 실제로 직업교육 영역에서는 직업교육과 직업훈련을 결합한 개념인 직업교육훈련(vocational education and training: VET)이라는 용어가 보편적으로 사용되고 있다.

2. 훈련개발의 내용과 방법

이 절에서는 앞 절에서 논의한 훈련개발의 개념과 정의에 따라 개인의 직무수행 능력을 향상시키는 다양한 방법들을 알아보고, 실제로 기업에서 활용되는 프로그램 사례를 간략히 살펴보고자 한다.

ⓖ 실제로 1995년을 전후하여 미국 Minnesota 대학교의 Vocational Education Department에 소속되어 있던 여러 개의 division 중 Division of Training and Development가 Division of HRD로 전환되었고, 더 넓게는 당시 Vocational Education Department가 속해 있던 College of Education이 College of Education and Human Development로 전환된 사례가 있다.

1) 훈련개발 접근방법

제1장에서 소개했듯이 ASTD에서 발간하는 『Training & Development』
와 나란히 인력자원개발 현장 중심의 실무자, 담당자들을 위한 월간지로는
『Training』이 있다. 『Training』은 매년 일정한 시기에 미국 전체의 산업체
현황을 소개하는 특집으로 'Industry Report'를 꾸미는데, 그 안에는 당해
연도의 인력자원개발 분야 전체 규모와 내용을 쉽게 볼 수 있는 각종 통계
자료들이 소개되어 있다. Dolezalec(2005)이 보고한 자료 중에는 미국의 훈
련개발 내용별 비율을 소개한 자료가 있다. 그 자료에 따르면 여전히 비중
높게 다루어지는 유형으로 의사소통을 비롯한 다양한 내용을 다루는 프로
그램들이 대다수의 조직에서 시행되고 있음을 볼 수 있다. 〈표 6-2〉는 프로
그램 내용별 비율을 보여 준다.

표 6-2   기업이 제공하는 훈련개발 프로그램 내용별 비율

비율	프로그램 내용
20~30% 미만	ESL(제2외국어로서의 영어), 외국어, 교정 독서(remedial reading) 지도, 쓰기, 산수
30~40%	재취업 주선(outplacement), 은퇴
40~50%	창의성
50~60%	건강, 판매
60~70%	기초 생활 및 직업 기술, 고객 교육, 발표 능력, 전략적 기획
70~80%	제품 관련 지식, 훈련교사교육(traine-the-trainer), 품질, 다양성, 시간 관리, 채용 및 면접, 변화 관리, 개인 성장
80~100%	의사소통 기술, 경영자 교육, 신입직원 오리엔테이션, 안전, 리더십, 고객 서비스, 성희롱, 문제해결, 기술훈련, 성과 평가, 전산 시스템/응용프로그램, 새로운 장비 운전

출처: Dolezalec (2005), p. 22.

같은 맥락에서 미국의 기업체들이 시행하는 훈련개발 활동의 면모를 살

퍼볼 수 있는데, 이와 관련하여 Dolezalec(2005)의 자료를 다시 한 번 인용하여 제시하면 〈표 6-3〉과 같다.

표 6-3 훈련개발 현황과 관련된 Q & A

질문	응답
고용주는 공식적인 훈련을 몇 % 정도 제공하는가?	70%
전체 고용주를 통틀어 얼마 정도의 예산이 공식적 훈련에 배정되는가?	500~600억 달러
종업원들은 고용주가 제공하는 훈련에 몇 시간 정도 참여하는가?	30시간
누가 대부분 훈련에 참여하는가?	일반 사원: 36%, 관리자급: 25%, 임원급: 14%(전체 훈련 중)
급여 대비 비율로 볼 때 훈련 비용은 회사 규모에 따라 어떻게 달라지는가?	소기업(종업원 500인 미만)이 중·대기업보다 덜 사용함
산업별로 훈련 비용의 총액이 달라지는가?	달라짐; 교통, 금융, 보험, 부동산, 배관, 공익사업(전기, 수도, 가스 등) 및 서비스 산업이 가장 많이 지출하고, 정부부문, 보건, 무역업이 가장 적게 지출함
얼마나 많은 훈련이 외주(컨설턴트나 교육기관 같은 외부 공급자들이 제공하는)에 의해 시행되는가?	대부분 회사는 거의 전체 직급의 종업원들에게 사내, 사외 프로그램을 동시에 활용한다고 보고함; 외주 프로그램의 경우 36%는 전통적 훈련 프로그램이고, 27%는 기술 기반 프로그램임
누가 훈련 관련 구매를 통제하는가?	훈련부서 또는 HR 부서: 51%, 위원회 또는 관련 부서: 22%, 임원: 19%, 훈련생: 4%, 훈련생의 소속 부서: 2%(전체 구매 중)
훈련 프로그램 전달은 어떻게 이루어지는가?	강사의 강의실 진행: 70%, 강사의 원격 진행: 16%, 강사 없이 컴퓨터 진행: 7%, 기타: 7%
얼마 정도의 훈련 프로그램이 외부 계약자에 의해 개발되는가?	훈련 프로그램은 외부 계약자뿐만 아니라 내부 직원에 의해 개발됨; 전통적인 훈련 프로그램: 44%, 기술 기반 훈련 프로그램: 38%(외부 계약자에 의한 전체 훈련 프로그램 개발 중)
훈련 제품 및 서비스 구매에 얼마 정도를 사용하는가?	135억 달러

출처: Dolezalec (2005), pp. 19-28을 정리함.

(1) 훈련개발의 주요 접근방법[7]

앞에서 Gilley, Eggland와 Gilley(2002), 권대봉(2003), 배을규(2009) 등이 제시한 개인개발의 내용과 방법을 염두에 두고 Noe(2008)가 제시한 훈련개발의 주요 접근방법을 살펴보면 내용상 근소한 차이가 있을 뿐, 대체적으로 큰 그림은 유사함을 알 수 있을 것이다. Noe는 종업원을 대상으로 실시하는 훈련개발의 주요 접근방법을 첫째, 형식교육, 둘째, 평가, 셋째, 직무경험, 넷째, 대인관계 등 네 가지로 나누어 소개하고 있다. 대부분의 기업이나 조직에서는 이들 접근법을 조합하여 적용하고 있다.

● 형식교육: 형식교육 프로그램에는 특별히 종업원을 위하여 설계된 집합 (off-site) 프로그램 및 현장(on-site) 프로그램, 외부 전문가나 대학 등에서 개설하여 운영하는 단기과정, 경영자 MBA 프로그램, 참가자들이 전일제 학생으로 등록하여 이수할 수 있는 대학교 프로그램 등이 모두 포함된다. 이들 프로그램은 주로 산업계의 전문가 또는 대학 교수에 의한 강의, 경영 게임, 모의 경영, 고객과의 만남 등을 포함한다. 많은 기업이 유수한 대학교에 의뢰하여 최고경영자 과정을 비롯한 다양한 맞춤형 프로그램을 운영하고 있다. 한편으로는 주로 대기업들 중심으로 자체 인력개발원, 연수센터 등을 통하여 자사 실정에 맞는 장단기 사내 (in-house) 프로그램을 개발하여 활용하기도 한다. 사내 프로그램의 경우 첫째, 사업 영역과 성격에 맞는 프로그램을 개발할 수 있고, 둘째, 자체적인 평가 척도를 가지고 결과를 용이하게 평가할 수 있으며, 셋째, 고위 경영진이 참여할 수 있으므로 많이 활용되고 있다. 최근 고위 경영진을 대상으로 하는 훈련개발에 몇 가지 새로운 경향이 나타나고 있는데, 첫째, 많은 기업과 대학교가 점차 원격교육 형태의 프로그램을

[7] 이 부분은 Noe(2008)를 참고하여 작성하였다.

운영한다는 점이다. 둘째, 기업과 대학교가 기업의 실질적인 사업 요구(business needs)에 맞는 프로그램을 공동으로 개발한다는 점이다. 셋째, 프로그램 개발 시 컨설턴트나 대학 교수의 보완적인 과정까지 함께 밟을 수 있도록 한다는 점이다. 한편, 대학교가 제공하는 MBA 과정과 같은 전문 학위과정은 종업원의 교과과정 이수에 소요되는 기간 단축 요구에 따라 전일제 학생이 학위 취득에 소요되는 시간보다 짧은 2년 이내의 축약형 MBA 과정을 개설하는 사례가 점차 증가하고 있다.

● 평가: 여기서 평가란 개별 종업원의 행동, 의사소통 유형, 가치관, 기술 등에 관한 정보를 수집하고 분석하여 그들에게 피드백시키는 일련의 과정을 말한다. 이를 위하여 종업원 자신은 물론, 그를 둘러싼 동료, 관리자, 심지어 고객에게까지 해당 종업원과 관련된 정보가 수집된다. 평가는 종업원의 경영자로서의 잠재력을 확인하고, 그의 상사인 관리자의 강약점을 측정하기 위하여 빈번하게 사용된다. 또한 평가는 관리자가 상위 직급의 경영진으로 승진할 가능성이 있는지 확인하기 위하여 사용되고, 함께 일하는 부서원들을 통하여 각각의 부서원의 강약점을 측정하며, 부서의 생산성에 장애가 되는 의사결정 과정과 의사소통 양식을 확인하기 위하여 사용된다. 몇 가지 대중적으로 활용되는 평가도구로는 Myers-Briggs Type Indicator(MBTI), 평가센터(assessment center)기법, Benchmarks, 성과평가(performance appraisal) 및 360도 환류체계(360-degree feedback system) 등이 있다.

● 직무경험: 대부분의 종업원 개발은 실제 업무를 수행함으로써 얻어진다. 이전에 경험하지 못했던 과업을 수행한다든지, 팀원으로서 수행했던 유사한 업무를 책임자가 되어 수행한다든지 함으로써 직무수행 능력은 크게 신장되는 것이다. 여기서 직무경험이란 종업원이 현업에서 직면하는 관계, 문제상황, 직무상의 요구(demands), 과제 등을 말한다. 종업원의 개발에 직무경험을 활용하는 것의 주요 가정은 종업원의 기술 및 과거 경험과 특정한 직무가 요구하는 기술 간의 불일치가 발생할 때 개

발이 가장 잘 이루어진다는 점이다. 어떤 종업원이 자신의 직무를 성공적으로 수행하기 위해서는 대개 자신이 현재 갖고 있는 지식과 기술을 뛰어넘는 신지식과 신기술이 있어야 한다. 바꾸어 말하면, 종업원은 지속적으로 새로운 지식과 기술을 습득하고, 그것을 새로운 방법으로 적용하는 가운데 새로운 경험을 체득할 수 있는 것이다. 개발과 관련한 연구들을 보면, 직무경험은 주로 임원진이나 고위 관리자들에 초점을 맞춰 왔지만, 생산직 종업원들도 직무경험을 통해서 학습이 가능하다. 한 부서가 성공적인 성과를 내려면, 예전에는 관리자 수준에서 필요로 했던 기술, 예컨대 고객응대, 생산품질 결정을 위한 자료분석, 팀원 간의 갈등 해결 등에 관한 기술을 이제는 하위 팀원까지 갖추고 있어야 한다. 직원의 개발을 위해서 사용될 수 있는 직무경험으로는 직무 확대, 직무순환, 부서이동, 강등, 한시적 배치,[8] 자원 근무 등을 들 수 있다.

- 대인관계: 종업원은 회사 내의 더 경험 많은 직원과 상호작용을 통하여 자신의 회사와 고객에 대하여 지식을 확대할 수 있고, 필요한 기술을 개발할 수도 있다. 개발을 위한 대인관계 방법으로는 멘토링과 코칭 등이 있다.

(2) 목적과 전략에 따른 훈련개발 접근방법[9]

앞에서 Noe가 분류했던 네 가지 훈련개발 접근방법과 달리, Wexley와 Latham(1991)은 비교적 체계화한 접근법을 사용하여 훈련개발 접근법을 소개하였다. 즉, 그들은 훈련개발을 하는 목적이 다르다는 점과 또 직원의 개발을 위하여 사용하는 접근 전략이 다르다는 점에 착안하였다.

---

[8] 직원 교류(employee exchange)가 한 예다. Noe(2008)는 Gunsch(1992)의 연구를 인용하면서, First Chicago National Bank와 Kodak이 직원을 한시적으로 맞교환하여 근무시킴으로써 양사의 사업에 대하여 더 이해하고 서비스를 개선할 수 있는 계기가 되었다는 점을 소개하였다.

[9] 이 부분은 Wexley와 Latham(1991)을 참고하여 작성하였다.

먼저, 그들은 훈련개발의 목적에 관하여, 다음과 같이 세 가지로 범주화하였다.

- 개인이 자신의 역할이라든가, 자신이 수행해야 할 임무, 타인에게 비친 자신 등에 관한 자아인식 수준을 향상시킨다.
- 조직 내에서 직무와 직간접적으로 관련 있는 전문성을 갖춘 영역에서 개인의 직무기술을 증진시킨다.
- 개인이 자신에게 부여된 직무를 더 잘 수행할 수 있도록 개인의 동기유발(동기부여)을 강화시킨다.

훈련개발에서 목적하는 바를 달성하기 위한 전략은 다음과 같은 세 가지 영역으로 범주화하였다. 첫째는 인지적 영역이고, 둘째는 행동적 영역, 그리고 마지막은 환경적 영역이다. 이와 같이 목적과 전략의 각각에 따른 세 가지씩의 하위 범주를 가지고 3×3 행렬표를 만들 수 있다. 〈표 6-4〉는 목적과 전략에 따른 훈련개발 방법의 행렬표다.

이들은 각 셀에 들어갈 훈련개발 방법을 다음과 같이 제시하였다. 원래의 표는 훈련개발의 목적이 직무기술을 향상시키는 것이고, 인지적 접근 전략

표 6-4 목적과 전략에 따른 훈련개발 방법[10]

		목적		
		자기인식 수준 향상	직무기술 증진	동기부여 강화
전략	인지적 영역	①	②	③
	행동적 영역	④	⑤	⑥
	환경적 영역	⑦	⑧	⑨

출처: Wexley & Latham (1991), p. 6.

[10] 이 표는 편의상 각 셀에 들어 있는 훈련개발 방법 대신 숫자 ①~⑨로 표기하였다.

을 통하여 목적을 달성하려 한다면 ②번 셀을 참고해 해당되는 다양한 방법
들을 찾아볼 수 있도록 되어 있다. 각 셀별로 해당되는 훈련개발 방법을 예
시하면 다음과 같다.

- ● (①)자기인식＋인지적 전략
  - 경력개발
  - 경영자 역할 이론
  - 성취 요구(need for achievement)
  - 이중 순환 학습
  - 감수성 훈련
  - 자기주도적 경영자 개발
  - 교류분석
- ● (②)직무기술＋인지적 전략
  - 신입직원 오리엔테이션
  - 강의
  - 시청각 기법
  - 사례연구
  - 인시던트 프로세스(The incident process)[11]
  - 직무보조자료(job aids)
  - 컴퓨터 기반 훈련
  - 원격화상회의
  - 기업대학
  - 세미나와 워크숍

---

[11] 사례연구의 한 방법으로 교육훈련을 받는 사람들이 서로 디렉터 · 리포터 · 멤버 · 옵서버 등의
역할을 개별적으로 분담하여 행하는 연수법을 말한다.

- (③)동기부여＋인지적 전략
  - 역할 동기부여 이론
  - 성취 요구
  - 훈련
  - 조사결과 환류
- (④)자기인식＋행동적 전략
  - 상호적인 기술훈련
  - 상사와 부하 결합(leader match)
- (⑤)직무기술＋행동적 전략
  - 현장 훈련
  - 도제제도
  - 프로그램 학습
  - 장비 모의실험
  - 컴퓨터 보조 학습
  - 합리적 관리훈련
  - 대규모 회의
  - 평가센터기법
  - 역할연기
  - 모의 경영게임
  - Grid 세미나
  - 상사-부하 교환근무
  - 청년 중역회의
  - 대역 배치(understudy assignments)
  - 멘토링
- (⑥)동기부여＋행동적 전략
  - 코칭
  - 행동모방훈련

- (⑦)자기인식＋환경적 전략
  - 없음
- (⑧)직무기술＋환경적 전략
  - 없음
- (⑨)동기부여＋환경적 전략
  - 직무 순환
  - 행동 수정

(3) 집단 크기와 훈련개발 방법 사례

참고로 다음에 제시하는 〈표 6-5〉는 대상의 크기에 따라 적용할 수 있는 훈련개발의 방법과 간략한 개요를 보여 준다.

표 6-5 대상의 크기에 따른 훈련개발 방법과 개요

대상 크기	방법	개요
개인	도제제도	유경험자로부터 지도를 받음
	컴퓨터 기반 교수학습	프로그램화한 컴퓨터와의 상호작용
	통신교육	우편으로 교수자와 교육자료를 학습하는 과정
	상담	상담가로부터의 도움
	자습	학습자가 주도하는 체계적인 학습
	개별화 학습 프로젝트	특정한 학습을 위해서 학습자 주도로 몇 개의 과정을 완성하는 학습
	관찰/모방	타인의 수행을 관찰하고 모방함
	프로그램화 학습	단계적으로 개략적인 과정이 제시되고, 학습에 대하여 즉각적인 피드백이 이루어짐
	튜터링/코칭	교수자와 일대일 학습
소그룹 (30명 미만)	학급/과정	일정 시간 동안의 연속 과정
	강습(clinic)	진단, 분석, 문제해결

〈계속〉

	위원회	3~7인의 구성원이 특별 과제를 해결함
	토론 집단	상호 관심사와 이슈 토론을 위한 8~15인 정도의 집단으로 대개 토론 진행자의 도움으로 진행됨
	세미나	특별한 연구과제를 위한 고급 학습자 집단에 의한 과정으로 상호 간 프로젝트와 경험을 토론하면서 학습함
	감수성 훈련	대개 훈련교사가 진행하는 8~15인 집단의 자기 노출과 피드백을 통한 학습
	단기 과정	고객의 주문에 맞춰진 장기 과정의 축약 과정
	훈련 세션	특정 기술의 습득에 초점
	연찬회(workshop)	직무 세션과 문제해결, 결과물 등에 강조점을 둔 과정
대그룹 (30명 이상)	집회(assembly)	특정 활동(조치)에 대한 합의를 목적으로 한 활동
	학회(conference)	다양한 기법을 사용하여 하루 또는 그 이상 기간 동안 특정한 주제를 논의함
	포럼	정보의 발표에 이어서 청중의 질문과 참여가 따르는 모임
	연속 강좌	일정 기간 동안 동일한 또는 여러 명의 강사가 진행하는 연속 강의 과정
	회합	한 시간 내지 세 시간 정도의 세션
	오리엔테이션 세션	신참 집단에게 정보를 주기 위한 모임

출처: Robinson (1991), pp. 70-72에서 일부 제외하고 재구성함.

2) 훈련개발 프로그램 사례

기업체는 종업원의 역량 향상을 위하여 끊임없이 새로운 방법을 모색한다. 최근에는 각종 시청각 자료를 활용한 훈련개발 과정이 자체 인력을 이용하거나 외주 형태를 통해서 이루어진다. 다음은 인기리에 읽혔던 Spencer Johnson의 『누가 내 치즈를 옮겼을까?(Who moved my cheese?)』를 토대로 개발된 self-leader 과정의 일부를 소개한 것이다.

● 프로그램의 개요: 개인의 개발을 촉진하기 위한 self-leader 과정

● 진행 방법: 12분가량의 동영상을 감상한 후 다음의 활동내용 작성 시트와 같은 과제를 미리 편성한 모둠별로 논의하여 서로 나누게 하고, 모둠별 발표를 통하여 변화 수용에 대한 타인의 사례를 수용하거나 자신의 태도를 수정한다.

● 주요 활동사항
  – 등장인물에 관하여 토론함
  – 등장인물의 변화에 대한 행동유형을 토론함
    • 실제 사례에 해당하는 주변 인물을 발굴해 보시오.
    • 우리는 어떤 유형의 인물에 속하는지 생각해 보시오.

● 활동내용 작성 시트(예시)

		변화 수용에 대한 유형	주변 인물	팀원 수
생쥐	Sniff			
	Scurry			
사람	Hem			
	Haw			

제7장

경력개발

학습 주안점

① 현대의 경영환경에서 경력개발의 필요성이 대두되고 있는 이유는 무엇인가?
② 경력, 경력개발, 경력관리의 개념은 각각 무엇인가?
③ 경력관리는 어떠한 단계를 밟아 이루어지는가?
④ 경력개발의 주요 이론에는 어떠한 것들이 있는가?

1. 경력, 경력개발, 경력관리

이 장에서는 최근 들어 많은 조직에서 관심을 기울이고 있는 경력개발을 다루고자 한다. 경력이란 무엇이며, 경력개발과 경력관리는 무엇인가, 또 경력개발은 어떠한 단계를 거쳐 시행되는가 등과 같은 기본적인 개념에 관한 검토부터 시작하고자 한다.

우리나라의 선도적인 기업체는 이미 1990년대 중반 이후부터 경력개발제도를 도입하기 시작하였고, 정부가 시행하는 '인적자원개발우수기관인증제'[1]의 인증심사 기준에는 경력개발제도에 관한 부분이 포함되어 있다. 뿐

[1] '인적자원개발우수기관인증제'는 2005년 당시 교육인적자원부와 노동부가 주축이 되어 국내 공공부문 및 민간부문의 조직을 대상으로 인력자원관리와 인력자원개발 부문에서 일정 점수를 얻게 되면 '인적자원개발우수기관(Best HRD)'으로 인증하는 시범인증사업을 필두로 시작되었다. 2013년 현재까지 시행되고 있으며, 지난 이명박 정부에서 공공부문은 '우수인재개발기관'이라는 명칭으로 인증사업이 수행된 바 있다.

만 아니라 정부부처를 중심으로 경력개발제도를 도입하였고, 정부기관평가에서도 평가항목으로 다루어지고 있다.

이미 제2장에서 다룬 바 있지만 기억을 돕기 위하여 ASTD의 후원으로 McLagan(1989)이 종합적으로 발표한 인력자원개발의 세 요소 가운데 경력개발의 개념으로 잠시 돌아가면, 경력개발은 개인과 조직의 요구(needs)가 최적점에서 조화를 이루도록 개인의 경력계획(career planning)과 조직의 경력관리(career management) 절차 간의 조율을 도모하는 일이다.

1) 경력개발의 필요성과 개념

(1) 경력개발의 필요성

경력개발에 대한 관심의 증가에는 여러 가지 원인이 있다. 첨단산업 중심으로 산업구조가 급속하게 재편되면서 산업 간 인력 이동이 빈번해졌고, 지식기술의 변화가 가속화하면서 지속적인 학습이 이루어지지 않으면 직업생활의 영위가 어렵게 되었다. 사회변화뿐만 아니라 개인의 가치관이 변화하면서 한 직장, 한 분야에서 정년을 맞이할 때까지 근무하기보다는 개인의 적성과 전문성에 맞는 직무를 선호하기도 하고, 심지어는 자신의 잠재력을 필요로 하는 일과 직장을 찾아 과감히 이동하기도 한다.

Delahaye(2005)는 경력개발이 1980년대에서 1990년대 사이에 잠시 위축되는 듯했지만, 다시 새로운 세기에 들어서서 그 중요성이 재발견되고 있다고 지적하면서, 그 이유는 종업원들에게 경력개발은 그들의 경력이 성숙과 승진을 확보할 수 있는 기회이고, 또 장래 기회를 증가시켜 주는 기회로 인식의 전환이 이루어졌기 때문이라고 하였다. 그는 경력개발에 대한 관심의 증가가 어떠한 근거에 기반을 둔 것이든지, 경력개발은 이제 기업이나 조직에서 성과평가만큼 중요성이 강조되고 있다는 점을 지적하고 있다.

경력개발 분야의 선진국 중 미국의 사례를 살펴보면, 기업들은 경력관리를 적극적으로 활용하여 종업원과의 성공적이고 지속적인 관계를 유지하고, 미래에 대비한 인적 자산을 구축할 필요성을 느끼고 있다(강경수, 2005). 이에 따라 경력개발의 일차적인 책임은 종업원들에게 있는 것으로 기정사실화하고, 기업은 조직의 경영전략과 향후 사업 전개에 대한 정보를 분명히 제공하여 경력개발제도가 성공적으로 시행되도록 한다. 그에 따르면 미국에서는 "경영전략으로서의 경력개발과 보상으로서의 경력개발"(p. 41)이라는 두 가지 기능을 수행하고 있다.

김흥국(2000)은 경력개발이 필요한 배경으로 두 가지 측면의 환경 변화를 지적하고 있다. 첫째는 외부 환경의 변화로 경쟁의 심화, 사회 구성원의 가치관 변화, 삶의 질 추구, 조직 간 이동의 증가, 그리고 남녀고용 평등법의 강화 등이다. 부연하면, 경쟁의 심화는 공급자 중심의 시장에서 소비자 중심의 시장으로의 변화와 국제화, 세계무역기구 체제 출범에 따른 국경의 무력화, 자유무역협정 체결에 의한 새로운 블록화 등에 기인한 현상이다. 사회 구성원의 가치관은 산업사회로 변화하면서 개인주의적 성향이 점차 심화하고, 직장생활에 대한 태도의 변화가 수반되는 경향이라 할 수 있다. 삶의 질 추구는 소득 수준과 생활수준이 높아짐에 따라 직장이 갖는 의미 또한 생활의 일부로 보는 경향이 강해지면서 직장생활의 질까지 동시에 추구하게 되는 경향을 말한다. 조직 간 이동(interorganizational mobility)은 산업화, 도시화의 심화로 사회 구성원의 계층적, 공간적 이동이 빈번해짐으로써 덩달아 용이해지는 현상이다. 끝으로 남녀고용 평등법의 강화는 과거의 남성 위주의 직장, 남녀차별이 공공연히 묵인되던 조직 환경이 더 이상 유효하지 않게끔 직장 환경이 변화했음을 의미하는 것이다.

경력개발이 필요한 두 번째 배경은 내부 환경의 변화인데, 여기에는 승진정체의 심화, 직무환경의 변화, 조직의 분권화 및 개인 참여의 증대, 그리고 여성인력의 증가 등이 포함된다. 승진정체는 우리 경제의 안정화 기조 진입으로 점차 고용 없는 성장(jobless growth) 국면의 지속, 신규 채용규모 증가 추세 둔화를 불러오고, 따라서 과거에 비해 수직 이동인 승진의 적체가 누적될 것이라는 전망을 근거로 한다. 직무환경의 변화는 기존의 직무가 그대로 유지되지 않고 새로운 전문 인력의 수요가 빠르게 증가하면서 기존의 일반 관리자(generalist)보다 전문가(specialist)의 양성과 활용의 중요성이 증대하고 있다는 점을 지적하는 것이다. 조직의 분권화 및 개인 참여의 증대는 정치적 민주화의 진전에 따라 기업의 소유, 운영 측면에서도 상당한 민주적 변화가 동반되고 있다는 점을 시사한다. 여성인력의 증가는 과거와 달리 여성의 직업세계 진입 장벽이 서서히 허물어질 뿐만 아니라 유리천정으로 상징되던 여성인력의 승진 가능성이 점차 높아져 기존의 조직운영체제가 근본적으로 변화되어야 한다는 점을 지적하는 것이다.

　이와 같은 조직 내외부 환경의 변화에 대처하는 유일한 길이 경력개발을 활성화한다거나 제도화하는 노력만으로 해결되는 것은 아니다. 그러나 인력자원개발의 여러 가지 분야 중 적극적으로 노력을 기울여야 할 부분 가운데 하나가 바로 경력개발 분야가 될 것이다.

(2) 경력, 경력개발, 경력관리의 개념

　경력이라는 용어는 영어로 'career' 다. 다시 career는 우리말로 '직업' '생애' '경력' '진로' 라고 풀이된다. 직업이라는 역어를 제외하면 일정 기간 동안 진행되는 어떤 것을 표현하고 있는 것을 알 수 있다.

　경력에 대해 정의한 문헌들을 살펴보면, 먼저 한국기업교육학회(2010)의 『HRD 용어사전』에는 "한 개인의 평생을 걸친 직업 혹은 직무 관련 경험"(p. 12)으로서 개인의 직업발달과 그 과정을 포괄적으로 가리키는 말이라고 정의하고 있다. 즉, 동 학회는 경력을 개인이 종사하는 대상이 되는 특정한 전문 영역 또는 직종을 의미할 수도 있고, 개인이 직업생활에 종사하면서 겪는 동일한 또는 상이한 일의 경험, 일에 대한 전문성, 그리고 장기간 수행한 일의 과정 등을 모두 포함할 수도 있다고 본다. 동 학회는 계속해서 경력개발을 "직업적 또는 전문적 숙련도와 인식 등을 발전시키기 위한 개인의 의식적이고 구조화된 노력"(p. 13)이라고 정의하고, 경력개발과 똑같이 career로 표기되지만 진로로 번역되는 진로개발은 "개인이 전 생애에 걸쳐 보람 있는 삶을 영위하기 위해 자신의 진로를 정하고, 진로에 따른 직업을 선택하며, 새로운 직업기회와 개인의 진로 목표를 지속적으로 추구해 가는 과정"(pp. 245-246)이라고 정의한다. 그리고 두 개념 사이의 차이는 직업선택을 기점으로 이전에 진행되는 활동을 진로개발, 이후에 개인의 경력을 다루는 활동을 경력개발로 구분하고 있다.

Reynolds(1993)는 경력을 네 가지로 나누어 정의하고 있다. 첫째, 한 개인의 일이 시간이 경과하면서 특징지어지는 직무나 임무의 유형 또는 연속물이다. 둘째, 개인이 헌신하게 되는 특정한 직업 또는 전문영역에서의 발달이다. 셋째, 경력개발 과정에서 열정, 태도, 가치를 포함하는 것이다. 넷째, 느슨하게 정의하자면, 평생에 걸쳐 지속되는 일과 관련된 활동이다. 계속해서 그는 경력개발을 "조직의 대표와 개인 간의 상호작용이 계획적이고 구조화한 과정으로, 조직 내에서 개인을 성장하게 하고, 그 결과 조직이 그들을 최적으로 활용할 수 있게 해 주는 활동"(p. 12)이라고 정의하고 있다.

경력에 관하여 Greenhaus와 Callanan(1994)은 두 가지 측면에서 경력의 개념을 논의하고 있다. 첫 번째는 경력을 직업 또는 조직의 구조적인 속성으로 보는 것이다. 이 접근법은 다시 두 가지로 나뉘는데, 하나는 지위의 연속성 측면에서의 경력으로 법률 분야를 예를 들면 다음과 같다. 법학을 전공하는 학생이 대학을 졸업하게 되면 법률 서기, 법률회사(law firm)의 junior member,[2] 이어서 법률회사의 senior member,[3] 그다음에 판사로 재직하다가 은퇴하는 순서[4]를 밟게 된다. 다른 예는 한 조직 내에서의 경력의 이동인데, 마케팅 분야의 예를 들면 다음과 같다. 처음 판매 사원으로 경력을 시작한 사람이 나중에 영업 담당자가 되었다가, 제품 관리자, 다시 지역

[2] 법률회사에서 지분이 적은 직원을 말한다.
[3] 법률회사에서 지분을 많이 가져가는 senior member급을 말한다.
[4] 우리나라의 법조계 인력 체계와 달리 미국에서는 사법고시를 통하여 판사를 배출하지 않고 변호사 경력을 가진 법률 전문가가 판사로 등용된다.

마케팅 관리자를 거쳐 광역 마케팅 관리자가 되고 다시 권역 마케팅 부사장이 되는 것과 같은 경로를 밟게 되는 경우다. 두 번째는 경력을 조직이나 직업의 속성으로 보기보다는 개인의 속성으로 보는 접근법이다. 대부분의 사람들은 일련의 독특한 직무, 지위, 경험을 축적하기 때문에 각 개인은 독특한 경력을 추구하는 것이다. 이들은 계속해서 경력개발을 개인이 매 단계마다 비교적 독특한 과제와 문제들로 특징지어지는 일련의 단계를 통하여 진전해 나가는 지속적인 과정이라고 정의하였다(Greenhaus, Callanan, & Godshalk, 2000). 우리나라의 경우 작가에서 정치인(국회의원), 다시 방송인으로 변신한다든가, 기업인이 정치인이 된다든가, 법조인이 종교인이 된다든가 하는 것들이 모두 두 번째 접근법에 해당하는 사례다.

국내에서 경력개발과 관련하여 학계의 초기 세대에 속하는 김흥국(2000)은 경력을 "한 개인이 일생에 걸쳐 일과 관련하여 얻게 되는 경험"(p. 32)이라 하고, Arthur, Hall과 Lawrence 등이 분류한 여러 학문 분야에서의 경력의 정의를 제시하고 있다. 몇 가지 밀접한 학문 분야에서 정의한 경력을 정리하면 〈표 7-1〉과 같다.

김흥국(2000)은 경력개발을 "한 개인이 일생에 걸쳐 일과 관련하여 얻게 되는 경험을 통해 자신의 직무 관련 태도, 능력 및 성과를 향상시켜 나가는 과정"(p. 34)이라고 정의하고, 경영학적인 관점에서 한 개인이 입사 이후 퇴사하기까지의 경력경로를 개인과 조직이 같이 계획하고 관리하여 개인의 요구와 조직의 목표를 달성해 가는 총체적 과정으로 보았다. 계속해서 경력개발이 갖는 포괄적인 의미를 다음과 같이 설명하고 있다.

- 경력개발은 조직 구성원 개인의 가치를 존중하고 개인의 가능성에 대한 신뢰를 기초로 하는 인본주의를 기본으로 한다.
- 경력개발은 조직 차원의 경력관리 계획의 수립 과정에서 개인과 조직을 공동으로 참여시켜 개인과 조직의 요구를 조화시키는 과정이다.
- 경력개발은 입사로부터 퇴사에 이르기까지 조직 구성원을 장기적으로

표 7-1 학문 분야별 경력의 개념과 의미

학문	경력의 개념	의미
심리학	• 직업	• 직업의 특성과 개인의 특성이 일치하는 경우가 최적의 직업을 선택한 경우이고, 이때 경력은 조직과 개인에게 최적의 선택임
	• 자아실현의 수단	• 인본주의적 관점에서 개인의 성장과 완성을 위한 도구
	• 개인 생애구조의 한 요소	• 사람은 자신과 환경의 상호작용에 따라 연령별로 단계를 거치는 생애구조를 갖는데, 직업을 통한 일은 생애단계의 중요한 요소가 됨
사회학	• 사회적 역할 수행	• 사회의 존속을 위해서 필요한 기능을 수행하는 것
	• 사회적 이동의 수단	• 개인의 다양한 특성을 보여 주는 지표로 한 개인의 사회적 지위를 파악할 수 있는 정보를 주는 것
사회심리학	• 외부 환경의 역할 메시지에 대한 반응	• 외부 환경이 제공하는 자극에 대한 반응으로, 특히 외부 환경이 제공하는 역할 메시지에 대한 반응
경제학	• 시장의 원리에 따른 개인의 능력 축적과 발휘	• 시장의 힘에 의해서 개인은 자신의 직업을 선정하는데 이러한 직업의 누적을 말함
(직업) 교육학	• 상위 단계로의 이동	• 사회로 진출하거나 상급학교로 진학하는 등의 상향 이동 경로

출처: Arthur, Hall, & Lawrence (1989), p. 10을 재인용한 김홍국(2000), p. 32와 권대봉(2003), pp. 292-293을 토대로 재구성함.

관리하는 인재육성의 접근법을 사용한다.

● 경력개발은 개인의 상황과 희망에 기초한 주관적 관점을 존중한다.

● 경력개발은 광의로 볼 때 개인의 일과 관련되는 한 가정생활과 여가활동을 포함하여 개인과 직무, 가정의 상호작용의 틀에서 논의한다.

● 경력개발은 개인 차원에서는 자아개념의 확대를 의미하고, 조직 차원에서는 인력의 흐름을 관리하는 인력자원개발을 의미한다.

  오늘날 경력개발이 조직 내에서 상위 직급으로의 승진이나 책임, 권한의 소재에 관한 것이 아니고, 예고 없는 구조조정과 수시로 발생하는 인원감축 등은 경력에 관한 결정권이 개인에게 달려 있다는 것을 절감하면서 경력에 대한 재정의가 필요하게 되었다(강대석, 2007). 따라서 21세기의 경력은 Hall(1996; 강대석, 2007 재인용)이 제기한 것과 같이 프로티언 경력(Protean career)으로 인식할 필요가 있다(Greenhaus, Callanan, & Godshalk, 2000; Noe, 2008; Werner & DeSimone, 2006). 프로티언 경력은 특정한 조직이나 직업에 얽매이지 않고 개인 스스로가 자신의 일과 인생에서 중요하다고 생각하는 것을 추구하게 된다. 참고로 〈표 7-2〉는 경력개발과 관련된 패러다임의 변화를 보여 준다. 각 구분 항목에 따라 과거의 모습에서 얼마만큼 변화하였는지 일별할 수 있다.

표 7-2 경력개발과 관련된 패러다임의 변화

구분	전통적 모습	변화된 모습
환경 특성	안정적	동적
경력 선택	경력 초기에 1회	각 경력 단계에서 연속
경력에 대한 책임	조직	개인
경력의 범위(장소)	단일 조직	다수 조직
경력의 범위(시간)	장기	단기
종업원에 대한 고용주의 기대	헌신과 몰입	장기 근무
고용주에 대한 종업원의 기대	직업 안정	고용 가능성을 위한 투자
승진의 기준	연공서열에 따른 승진	성과에 따른 승진
성공의 의미	직제상의 승진	내적 성취감
교육훈련	공식적인 프로그램 위주	비공식적인 현장훈련

출처: Baruch (2004), p. 13.

  Noe(2008)는 경력의 개념으로 네 가지 다른 의미를 제시하였다. 첫째, 경력은 승진을 의미할 때 사용된다. 즉, 한 개인이 조직에 속해서 일련의 경로를 따라 승진하거나 상위 직급으로 이동하는 것을 의미한다. 둘째, 경력은 전문직을 표현하는 용어로 사용된다. 이때의 경력이라는 용어는 승진의 유형이 분명한 특정 직업에서만 사용되는데, 예컨대 의사, 교수, 회사원, 변호사 등이 경력경로에 따라 이동하는 직업이다. 조교수에서 부교수로 다시 정교수로 승진하게 되는 교수직의 경우와 달리 일정한 직급에 따라 주기적인 승진이 없는 식당 종업원(웨이터)이나 정비원 등에게는 경력이라는 용어를 사용하지 않는다. 셋째, 경력은 평생에 걸쳐 직업이 연속되는 경우에 사용된다. 그 사람의 경력은 직업이 무엇인지, 직급이 무엇인지 등과 상관없이 사람이 일생 동안 종사하는 일련의 직업을 말할 때 사용된다. 넷째, 경력은 역할과 관련된 경험을 평생에 걸쳐 연속적으로 하게 되는 경우 사용된다. 경력은 어떻게 한 사람이 그 이력에서 연속적으로 직무와 과업을 경험해 왔는가를 나타낸다. Noe는 이와 같은 일련의 경력에 대한 의미를 논의한 후 궁극적으로는 Hall(1986)[5]이 내린 경력의 정의를 받아들여 사용한다. Hall(2002)은 경력을 개인의 전 인생에 걸쳐 직무와 관련된 경험과 활동에 연계된 연속적인 태도 또는 행동이라고 정의하였다.

한편, 강대석(2007)은 경력이라는 용어의 개념정의에서 다른 국내 학자들과 다른 시각으로 접근하고 있다. 즉, 그는 career에 대해서 경력이라는 용어 대신 발음 나는 그대로 '커리어'라는 용어를 사용한다. 그 이유는 경력이 과거지향적인 의미를 지니고 있기 때문에 현재 또는 미래의 의미를 함께 포함하고 있는 career를 대체하기에는 무리가 있다는 것이다. 이러한 전제하에 커리어에 대하여 "개인 생애의 직업과 관련된 경험"(p. 179)이라고 간단하게 정의하고 있다.

경력관리의 개념에 관하여 Greenhaus와 Callanan (1994)은 개인이 경력목표와 전략을 수립하고, 실행하며, 모니터하는 과정으로 정의하였고, 그

---

[5] Hall, D. T. (1986). An overview of current career development theory, research, and practice. In D. T. Hall & Associates (Eds.), *Career development in organizations* (pp. 1-20). San Francisco, CA: Jossey-Bass를 참고하라.

이후 Greenhaus, Callanan과 Godshalk(2000)도 같은 정의를 사용하고 있다. 이들은 좀 더 구체적으로 경력관리를 첫째, 자신과 일의 세계에 관한 적절한 정보를 수집하고, 둘째, 대안적인 직업, 직무, 조직뿐만 아니라 자신의 재능, 흥미, 가치, 선호하는 생활방식에 관한 정밀한 그림을 전개하며, 셋째, 수집한 정보를 토대로 현실적인 경력 목적을 설정하고, 넷째, 목적 달성을 가능케 하는 전략을 수립하여 실행하며, 다섯째, 전략의 효과성과 목적의 적절성에 대한 환류를 구하는 지속적인 과정이라고 기술하고 있다.

Werner와 DeSimone(2006)은 경력개발은 경력계획과 경력관리라는 양 날개가 제대로 작동해야 가능하다고 주장하였다. 즉, 개인과 조직은 모두 개인의 경력에 똑같이 관심을 갖고 있고, 두 당사자 모두 그 경력에 영향을 미칠 수 있다고 하였다. 이와 관련된 활동이 바로 경력계획과 경력개발이라는 것이다. 그는 Hall(1986)의 견해를 빌려 경력계획을 설명하였는데, 경력계획은 "첫째, 자신, 기회, 제약상황, 선택안, 그리고 결과에 대하여 인식하고, 둘째, 경력과 관련된 목적을 확인하며, 셋째, 방향과 시점, 그리고 특정한 경력 목적을 달성하기 위한 단계적 순서 등을 제시해 주는 일과 교육, 관련된 개발 경험을 계획하는 의도적인 과정"(p. 461)이라고 하였다. 이런 측면에서 보면, 경력계획은 자신의 직업 생활을 이해하고 조절하기 위해 개인이 감당해야 하는 활동이다. 이 활동은 전적으로 개인이 수행해야 하는 일이다. 간혹 경력 상담가나 상사 또는 조직 내외의 인사들이 도움이 될 수도 있지만, 경력계획의 초점은 개인이 책임져야 하는 사항이다. 경력개발에서 또 다른 쪽의 날개는 경력관리인데, 경력관리는 "개인이 개별적으로 또는 조직의 경력시스템하에서 추진될 수 있도록 경력계획을 수립하고, 시행하며, 모니터링하는 지속적인 과정"(p. 461)이라고 정의하고 있다.[6] 경력관리는 개인이 경력계획을 수립하고 추진하는 것을 돕는 활동을 포함할 수 있

---

[6] Werner와 DeSimone은 Hall(1986)의 정의를 그대로 사용하고 있다.

다. 그러나 조직이 기대하는 인력자원 요구에 맞도록 가능성을 높이는 행동에 초점이 맞춰진다. 경력개발은 개인이 책임져야 하는 부분이라면, 경력관리는 바로 조직의 책임하에 추진되어야 하는 부분이다. 예컨대, 승계계획(succession planning)과 같은 것이 그 범주에 속한다. 경력관리와 경력계획은 상호 보완적이기도 하고, 서로를 강화시켜 주기도 한다. 계획과 관리 간 균형을 이룰 때 경력개발은 효과를 거둘 수 있다(Gutteridge, 1986: Werner & DeSimone, 2006 재인용).

경력계획의 목적은 조직의 인력수요를 적기에 충족시키고, 조직 구성원에게 향후 경력경로의 기회를 알려 주며, 조직의 인력자원계획에 따라 조직의 인력자원개발은 물론, 조직 구성원의 경력희망 요구를 동시에 충족시켜 주는 것이다(이학종, 1990). 경력계획은 인력자원계획과 인력자원개발, 그리고 직무분석과 인사고과 등 인력자원관리의 제 분야와 밀접하게 연결되어 있기 때문에, 경력계획 과정에서 조직과 관리자, 그리고 개인 모두의 공동 참여와 책임을 요구하고 있다(이기성, 2006).

끝으로, 경력개발에 관한 개인 차원의 관점과 조직 차원의 관점에 관해서는 김흥국(2000)의 제안을 참고할 필요가 있다. 〈표 7-3〉에서 볼 수 있듯이

표 7-3 경력개발에 관한 개인 차원의 관점과 조직 차원의 관점

개인 차원의 관점	조직 차원의 관점
• 생애계획의 설정	• 전략적 인력계획
• 직업정보의 탐색	• 관리자 잠재력의 평가 및 개발
• 직업 및 구직 상담	• 경영자 승계계획
• 직업의 선택	• 합리적 경력경로의 설계
• 조직의 선택	• 이동 기준의 설정
• 직무 선호도 차이	• 공정한 인사고과 및 승진관리
• 자기계발의 추구	• 효율적 교육훈련
• 정직한 자기진단	• 인사정보시스템의 구축
• 회사 경력기회 정보의 탐색	• 경력 상담 서비스

출처: 김흥국(2000), p. 39.

개인 차원에서 이루어지는 경력계획 부분과, 조직 차원에서 이루어지는 경력관리 부분은 상이하지만, 또 이들이 상호 보완적임을 보여 준다.

2) 경력관리 체제[7]

경력관리 체제는 기업 또는 조직이 전체 과정의 어떤 요소에 강조점을 두는가에 따라, 또 각 과정을 얼마만큼 정교하게 운영하는가에 따라 달라진다. 그러나 경력관리 절차가 아무리 다르더라도 [그림 7-1]과 같이 자기평가(self-assessment), 실현가능성 검토(reality check), 목적 수립(goal setting), 실천 계획(action planning)과 같은 네 가지 요소는 반드시 포함되어야 한다.

경력관리의 네 단계는 평가, 직무경험, 공식 훈련 과정, (멘토링과 코칭과 같은) 관계 활용 기법 등의 개발활동을 사용한다. 경력관리 과정은 개발계획 과정과 유사하다. 즉, 심리검사, 성과평가, 평가센터기법, 360도 환류 등으로부터 얻은 평가 관련 정보는 자기평가와 실현가능성 검토의 일환으로 사용될 수 있다. 실천 계획 단계에서도 직무경험, 관계 활용 기법 등을 사용할 수 있고, 단기 또는 장기 경력 목적에 도달하기 위한 공식적인 과정을 활용할 수도 있다.

자기평가는 종업원 개인의 관심, 가치, 적성, 행동 경향 등을 판정하기 위하여 종업원 자신들이 제공하는 정보를 활용하는 것을 말한다. 자기평가는 종종

[그림 7-1] 경력관리 절차

출처: Noe (2008), p. 419.

[7] 이 소절은 Noe(2008)를 참고하여 작성하였다.

Strong-Campbell 흥미도검사나 자기주도적 검색 등과 같은 심리검사지를 사용할 수 있다. Strong-Campbell 흥미도검사는 종업원이 자신의 직업, 직무에 관한 흥미도를 확인하는 데 도움이 된다. 반면에 후자를 통해서는 다른 유형의 환경(예: 판매, 상담, 조경 등)에서 일하는 것의 선호도를 확인할 수 있다. 이러한 검사는 또한 종업원들로 하여금 자신들이 직업활동이나 여가활동에 대한 상대적 가치를 확인하는 데도 도움이 될 수 있다. 자기평가를 위해서는 "나는 어디에 있는가?" "나는 누구인가?" "어디에 있기를 원하는가, 그리고 무슨 일이 일어났으면 하는가?" 등에 대한 자문자답을 하면서 현재 자신의 경력상 어느 위치에 있는지를 확인하고, 미래 계획을 알아보며, 자신의 경력이 현재 상황과 가용한 자원과 어떻게 잘 조화를 이루는지 평가할 수 있다. 경력 상담가가 종업원들의 자기평가 과정과 심리검사 결과의 해석을 도와줄 수 있다.

실현가능성 검토는 종업원들이 어떻게 회사가 자신들의 지식과 기술을 평가했는지, 그들이 회사의 계획(장래의 승진 기회, 수평 이동 등)의 어디에 부합하는지에 관하여 받게 되는 정보를 의미한다. 대개 이 정보는 회사의 성과평가 과정의 일환으로 종업원의 상사에 의해 제공된다. 경력계획제도가 잘 구축된 회사에서는 성과평가와 경력개발에 관한 논의가 분리되는 것이 보편적이다.

목적 수립에서는 종업원이 단기, 그리고 장기의 경력 목표(objectives)를 수립한다. 이 목적에는 대개 희망하는 지위(예: 3년 이내에 판매 관리자가 된다), 기술 활용의 수준(예: 예산편성 기능을 부서의 현금 흐름문제 해결에 활용한다), 작업의 착수(예: 2년 내에 기업영업 부서로 옮긴다), 또는 기술습득(예: 회사의 인력자원정보시스템의 작동법을 배운다) 등이 포함된다. 이러한 목적은 대개 부서장과 논의한 후 개발계획에 기입해 둔다. 개발계획에는 대개 경력목적에 도달하기 위한 강약점, 경력 목표, 개발활동(과제부여 또는 훈련)에 대한 기술(記述)이 포함된다.

실천 계획에서는 종업원들이 어떻게 그들의 단기, 장기 경력 목적을 성취할 것인가를 결정한다. 실천 계획은 훈련과정이나 세미나에 등록하겠다든가, 정보수집을 위한 면담을 실시하겠다든가, 혹은 회사 내 구인공고에 지원한다든가 하는 것들이 포함될 수 있다. 참신한 과제는 종업원들로 하여금 자신들이 현재 갖고 있는 기술, 경험을 활용할 수 있는 기회를 주기도 하고, 새로운 기술을 개발할 수 있는 만남의 기회로 이용할 수 있다. 취업전망지도(career opportunity map)를 사용하게 되면 종업원들이 가능성 있는 직무와 직무수행을 성공적으로 하는 데 필요한 기술을 확인할 수 있다. 또한 포괄적인 직위공모제(global job posting system)를 사용하면 종업원들로 하여금 전사적으로 새로운 기회를 찾는 데 도움이 된다.

2. 경력개발의 모형과 이론

앞서 진로개발과 경력개발의 취업 이전과 이후로 구분하는 용어 정의에 관해서 언급하였다. 실제로 영어식 표현으로 career development라고 하면 진로개발인지, 경력개발인지 구분 자체가 모호하다. 외국 학자들의 연구, 저서를 보면 경력개발 모형이 전 생애를 포함하고 있는 것을 볼 수 있다. 즉, 그만큼 경력개발 이론에서 다루어야 할 것이 많음을 의미한다. 실제로 경력개발의 이론과 방법까지 다루려면 한두 학기 분량이 될 것이다. 전체 인력자원개발의 한 부분으로서 경력개발이 차지하는 비중이 큼에도 불구하고 이 절에서는 큰 주제를 한 장씩 할애한다는 원칙에 따라 간략히 경력개발의 기본이 되는 이론과 몇 가지 모형들을 개요 수준으로 다루고자 한다.

1) 전통적인 경력개발 모형[8]

경력개발을 다룬 많은 모형은 성인이 직업생활을 영위하는 동안 겪어야

---

[8] 이 소절은 Werner와 DeSimone(2006)을 참고하여 작성하였다.

하는 단계의 연속에 관하여 설명을 시도해 왔다. 이 모형들은 경력 단계가 한 사람의 생애 중 특정한 경력이 포함된 연령 범위와 연결되어 있고, 또 실제로 개념들이 중첩되어 있다는 점을 강조하고 있다. 이러한 모형들이 일정한 유사성을 갖고 있다는 점을 고려하여 Greenhaus, Callanan과 Godshalk(2000)는 5단계 모형으로 제시하였다. 각 단계와 단계별 내용은 다음과 같다.[9]

- **1단계: 직업준비(0~25세)**
  - 이 시기의 주요 과제는 한 개인이 장차 갖고 싶은 직업에 관한 생각을 형성하고 정돈하며, 그 직업을 갖는 데 필요한 준비를 하는 것이다. 이러한 준비활동에는 향후 택할 가능성이 있는 직업을 평가해 보고, 실제로 직업을 선택하며, 직업을 영위하는 데 필요한 교육을 이수하는 것 등이다.
  - 직업 선택에 영향을 주는 많은 연구에 의하면, 이 시기에 한 선택은 최종 선택이 아니라 초벌 선택이며 이 시기의 선택이 개인 경력의 첫 번째 방향을 결정한다.
- **2단계: 조직진입(18~25세)**
  - 이 단계에서 개인은 자신이 선택한 직업 영역에서 처음으로 고용되는 조직과 직업을 선정한다. 이때 얻은 정보의 양과 질이 첫 직업 선택을 성공적으로 이끌어 가는 단초가 되는가, 실패한 출발이 되는가를 좌우한다.
  - 이 시기에 개인이 직면하는 장애물로는 초기 직업이 도전적인가, 초기 직업이 만족스러운가, 조직에서 성공적으로 사회화에 성공하는가 여부 등이 있다.
- **3단계: 경력 초기(25~40세)**

[9] Greenhaus, Callanan과 Godshalk는 이 3단계부터 5단계까지 Levinson의 생애단계와 동일하게 따라 구성하였다. 1단계와 2단계는 입직 연령의 개인차 때문에 시기가 중복된다.

- 이 단계에서 개인은 거처를 마련하고, 자신의 꿈을 추구하는 일을 한다. 또한 이 단계에서 직업과 조직을 선택하는 일도 수반된다. 이러한 일을 잘하기 위한 과제에는 기술적으로 능숙한 것과 조직문화에 동화하는 일이다(즉, 조직의 규범, 가치, 기대 등을 학습함).
- 이러한 일들을 성공적으로 해결하게 되면 직무 만족도, 직급 상승, 재정적·사회적 보상의 증가 등을 얻게 된다.
- 4단계: 경력 중기(40~55세)
  - 경력 중기 단계는 Levinson의 성인 중기 과도기(40~45세)와 같은 시점에서 시작된다. 따라서 개인이 직면하는 과제 중의 하나는 이전 단계에서 채택했던 생애의 구조와 선택 사항들을 재검토하게 된다.
  - 개인은 꿈을 재확인하거나 수정하기도 하여, 성인 중기에 맞는 선택을 하게 되고, 직장에서 여전히 생산성을 유지하게 된다.
  - 이 시기에 직장에서 두 가지 도전에 직면하게 되는데, 중년기의 고원현상과 노후화다. 전자는 책임과 권한 증대 또는 승진 등이 정체되는 것이고, 후자는 기술변화에 따라 요구되는 과제 수행에 충분한 기술을 갖추지 못하는 경우다. 이 경우 두 가지 도전을 잘 해결하면 생산성을 유지하지만, 그렇지 않은 경우 좌절이나 정체를 겪게 될 것이다.
- 5단계: 경력 말기(55세~은퇴)
  - 개인은 경력 말기에 두 가지 도전에 직면한다. 첫째는 생산성을 유지하면서 자존심을 유지하는 것이다. 이 도전은 때때로 사회가 갖고 있는 고령자의 성과와 능력에 대한 부정적인 신념에 의해 제한을 받는다. 둘째는 이 시기에 개인은 직장을 마치고 은퇴기에 들어가는 도전에 직면한다. 은퇴는 정서적, 재정적, 사회적 변화를 수반하므로 실제 은퇴에 앞서 잘 계획해야 한다.
  - 현재의 사회보장 체계, 대부분 직업의 의무적인 은퇴연령의 폐지,[10]

---

[10] 보장된 정년 연령이 의무적으로 지켜지지 않아도 되는 변화를 말한다.

연금기금의 관리에 대한 문제점을 고려해 보면, 많은 사람이 적절한 계획 없이 은퇴를 맞이하는 셈이다.
- 사람들은 부모 세대가 은퇴하던 연령에 이르러 자신의 은퇴 연령 자체에 대하여 걱정하기보다 직업세계의 급격한 변화를 더 걱정해야 하는 처지가 되었다.
- 직장에서 인건비 절감을 위해 조기은퇴 압력이 가해지면 계획에 없는 은퇴를 하게 됨으로써 또 다른 부가적인 문제를 야기할 수 있다.

이 모형은 한 개인의 직장 생활 동안 발생할 수 있는 정상적인 또는 전형적인 일련의 사건과 경험을 확인할 수 있다는 점에서 유용하다. 물론 남들보다 늦은 시기에 입직한 개인의 경우 이 모형에서 제시한 연령 범위가 다소 빗나갈 수도 있다. 비록 연령 범위가 다르고 많은 도전이 여전히 기다리고 있지만, 특정한 인생의 단계에서 마주치는 이슈들을 고려해 볼 때, 개인은 그 도전들을 인지하고 잘 대응할 수 있을 것이다.

한편, Hall(1976; 이학종, 1990 재인용)의 경력개발 모형[11]을 살펴보면 다음과 같이 단계를 나누어 볼 수 있다. Hall의 모형은 미국 전화회사인 AT&T 관리자들을 대상으로 연구한 실증연구로, 기존의 경력단계가 존재함을 실제로 입증하였다는 의의가 있다. 또한 그전의 연구가 사회심리적 발달과 변화에 초점을 맞추었다면, Hall은 경력단계별 업무성과의 변화를 다루었다는 특징이 있다(김흥국, 2000). Hall이 구분한 경력단계는 [그림 7-2]와 같다.

● 탐색 단계(15~25세)
- 경력의 첫째 단계인 성장 단계로, 개인은 자신을 인식하고 교육과 경

---

[11] 이 모형은 시공간적으로 현실에 부합하지 않는 점이 있으나, 경력개발을 다룬 많은 자료에서 공통적으로 빈번하게 다루어지고 있다.

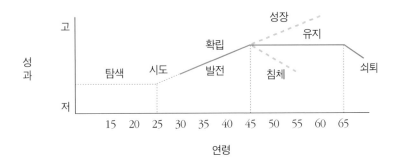

[그림 7-2] Hall의 경력단계 모형

출처: Hall (1976), p. 57; 김홍국(2000), p. 90 재인용.

험을 통해 여러 가지를 실험하면서 자신에게 적합한 직업 선정을 위해 노력한다.
- 필요하면 직장을 옮기면서 경력 목적과 직업 분야를 선택한다.
● 확립 단계(25~45세)
- 둘째 단계인 발전 단계로, 선택한 직업 분야에서 정착하기 위해 노력하고 마침내 한 직업에 정착하게 된다.
- 이 확립 단계에서는 개인이 조직에서 성과와 업적을 축적하여 승진하면서 경력의 발전을 이루고, 조직의 경력자로서 조직에 헌신하는 단계다.
● 유지 단계(45~65세)
- 셋째 단계인 고원 단계로서, 개인은 자신을 반성하고 경력경로의 재조정을 고려하며, 신체적 노화와 능력상의 도태로 인해 심리적 충격도 받는 단계다.
- 어떤 개인은 이 단계를 원만히 통과하여 경력 발전에 도달할 수 있지만, 어떤 개인은 심리적 충격 때문에 침체할 수도 있다.
● 쇠퇴 단계(65세 이상)
- 마지막 단계로 퇴직과 더불어 개인은 자신의 경력에 대하여 만족을

느끼고 사생활로 접어드는 단계다.

2) 경력개발 이론 및 모형[12]

경력개발과 관련된 분야의 이론은 경력개발을 개인의 관점에서 보는 방법과 조직의 관점에서 보는 방법으로 크게 나눌 수 있다. 여기서는 두 가지 관점별로 경력개발 이론을 분류하고, 다시 각각에 대하여 특성별[13] 전개 이론과 단계별 전개 이론으로 나누어 〈표 7-4〉와 같은 순서에 따라 간략히 제시하고자 한다.

표 7-4 경력개발 이론의 분류

관점	구분	이론	연구자
개인적 관점	특성별	• 특성요인 이론 • 직무적응 이론 • 직업선택 이론 • 경력닻 유형론	• Cattell 등 • Dawis, England, Lofquist • Holland • Schein
	단계별	• 생애단계 이론 • 경력단계 이론	• Erikson, Super, Levinson • Schein, Dalton, Thompson, & Price, Hall
조직적 관점	특성별	• 3차원 모형 • 경력 유형론	• Schein • Driver
	단계별	• 조직사회화 단계 모형 • 경력성공순환 모형	• Feldman • Hall

출처: 김흥국(2000), pp. 49-50을 토대로 재작성함.

[12] 이 소절은 김흥국(2000) 등을 참고하여 작성하였다.
[13] 김흥국(2000)은 '특성별'이라 명명한 항목을 '내용이론'으로, '단계별'로 명명한 항목을 '과정이론'으로 분류하였다.

(1) 개인적 관점의 경력개발 이론

① 특성별 기준에 따른 분류

● 특성요인 이론
- 특성요인 이론은 개인의 성격과 능력, 흥미 등의 차이를 전제하고 이러한 특성이 직무환경이나 조직환경에서 조화를 이룰 때 이상적인 경력 발전, 직무수행 성과를 기대할 수 있다고 가정한다. 이 이론에서는 개인차를 나타내는 특성이 무엇인지와 그것을 측정하는 방법에 초점을 맞춘다.
- 개인차와 관련된 연구는 Galton, Cattell, Parson 등으로 이어졌고, Binet-Simon 지능검사와 Strong-Campbell 흥미도검사 등의 측정도구가 개발되기에 이르렀다.
- 특성요인 이론의 목표는 개인과 직무 간의 합치(person-job match 또는 person-job fit)를 이루는 데 있으므로 이를 위한 개인의 심리적 특성을 찾는 데 관심이 있고, 그 특성 가운데 중요한 것은 직무와 관련된 능력과 직업흥미도 및 요구와 가치관 등이다.

● 직무적응 이론
- 직무적응 이론에서는 어떤 사람의 직무에 대한 적응(work adjustment)의 정도를 그 직무에서 보낸 근속 연수가 어느 정도인지에 의해서 정의한다. 또한 개인의 직무적응은 직무와의 상호작용으로 나타난 두 가지 특성인 직무성과(satisfactoriness)와 직무만족(satisfaction)에 따라 결정된다고 가정한다.
- 이 분야의 주요 연구자로는 Minnesota 대학교 심리학과의 Dawis, England, Lofquist(1964; 김흥국, 2000 재인용) 등이 있다.
- 직무적응 이론은 많은 명제를 설정하여 그 명제를 검정하기 위한 타당도 높은 측정도구를 개발, 사용하였다는 특징이 있다. 주요 측정도구로는 개인의 능력을 측정하는 General Aptitude Test Battery(GATB), 개인의 욕구를 측정하는 Minnesota Importance Questionnaire(MIQ),

직업적성유형을 측정하는 Occupational Aptitude Patterns(OAP), 직무만족을 측정하는 Minnesota Satisfaction Questionnaire(MSQ) 등이 있다.

- 직무적응 이론은 개인과 직무의 합치도가 높을 때 직무성과와 직무만족이 높고, 결국 장기 근속이라는 직무적응으로 이어진다는 것을 입증하고 있다. 조직에서는 직무적응 이론을 활용하여 선발, 배치, 승진 등의 자료로 활용할 수 있다.

● 직업선택 이론

- 직업흥미(vocational interests)가 향후의 직업선택을 결정하는 데 중요한 역할을 한다고 보고, 직업에 대한 흥미는 개인의 신체적 특성, 가정환경, 교육, 개인의 활동 등이 복합적으로 작용하여 형성된다고 가정한다.
- Roe(1957; 김흥국, 2000 재인용)의 직업선택 조기결정 이론에 기초하여 Holland(1973, 1985; 김흥국, 2000 재인용)가 완성한 이론이며, 직업흥미의 여섯 가지 성격 유형인 RIASEC 모형 또는 육각형 모형으로 발전되었다.
- 직업흥미를 나타내는 개인의 여섯 가지 성격은 ① 사실적(realistic), ② 탐구적(investigative), ③ 예술적(artistic), ④ 사회적(social), ⑤ 기업가적(enterprising), ⑥ 관습적(conventional) 유형이다. 이 여섯 가지 유형을 꼭짓점으로 한 육각형에서, 특정 유형과 이웃의 두 유형 간에는 유사성이 높고, 정반대쪽과 정반대쪽의 두 이웃 유형과는 유사성이 낮은 특징을 보인다.
- Holland에 따르면, 개인의 성격과 직업환경 간의 적합도(person-job congruence)가 높을수록 개인의 직무만족과 직무성과가 높아진다.

● 경력닻 유형론

- 경력닻(career anchor)이라는 개념의 발상은 배가 정박할 때 닻을 내려 고정시키듯이, 사람도 환경의 변화에 흔들리지 않고 자신의 경력과 관련된 선택에서 흔들림 없이 포기하지 않는 닻의 역할을 하는 특성이 있다고 본 것이다.

- Schein(1978, 1990; 김홍국, 2000 재인용)은 이 개념을 토대로 MIT 대학의 경영대학원 학생들을 대상으로 10년에 걸쳐 종단적 연구를 실시하는 등 이론을 정교화하였다.
- 경력닻은 ① 개인의 재능, 기술 또는 역량, ② 개인의 동기나 욕구 또는 삶의 목표, ③ 가치관을 포함하는 자아개념을 말하며, 경력닻 유형에는 여덟 가지가 있다. 여덟 가지 유형은 기술적·기능적 역량, 일반관리자 역량, 자율·독립, 안전·안정, 기업가적 창의성, 서비스·봉사, 순수한 도전, 라이프 스타일 등이다.

② 단계별 기준에 따른 분류
● 생애단계 이론 1: Erikson(1950; 김홍국, 2000 재인용)
- Erikson은 Freud의 심리성적(psychosexual) 발달이론을 기초로 사람의 발달을 8단계의 사회심리적 발달단계로 파악하였다(Crain, 1980). 그 8단계는 구강기, 항문기, 남근기, 잠복기, 사춘기, 성인 초기, 성인기, 노년기로 이루어져 있다.[14]
- Erikson의 생애발달단계 이론의 특징은 각 단계가 명확히 구분되지 않고 경계가 밀접하게 연결되어 있다는 점이며, 각 단계에서 해결해야 할 발달과업을 만족스럽게 해결하지 못하면 다음 단계로 이행이 어렵다는 점이다.
- 그의 이론이 갖는 한계는 첫째, 생애발달단계에서 남녀 간 차이가 있다는 점을 밝히지 못했다는 것이고, 둘째, 여러 가지 직업이 갖고 있는 다양성 때문에 생애단계 모형의 일반화가 어렵다는 것이다.

[14] Erikson(1982)은 생애발달단계를 유아기(infanny), 아동 전기(early childhood), 아동기(play age), 학령기(school age), 청소년기(adolescence), 성인 초기(young adulthood), 성인기(adulthood), 노년기(old age)로 구분하였다.

● 생애단계 이론 2: Super(1957; 김흥국, 2000 재인용)

- 사람들은 자신의 능력과 흥미를 개발해 가면서 생애에 걸친 자아개
  념을 발달시켜 가는데 이들은 일련의 단계를 거쳐 이루어진다고 본
  다. 따라서 Super는 개인의 경력개발은 자아개념을 발달시키면서 이
  를 현실과 맞추어 나감으로써 생애단계에 걸쳐 연속되는 과정이라고
  주장하였다.

- 경력발달의 단계는 성장, 탐색, 확립, 유지, 쇠퇴의 5단계로 이루어져
  있다.

- Super 이론의 특징은 대순환인 생애단계가 다시 성장, 탐색, 확립, 유
  지, 쇠퇴 단계의 소순환 과정으로 이루어진다는 점이다. 그리고 그의
  이론은 직업과 관계된 개인의 발달과정을 매우 체계적으로 제시하는
  것으로 평가된다.

● 생애단계 이론 3: Levinson(1986; 김흥국, 2000 재인용)

- 성인 발달은 남녀, 문화, 시대의 차이와 상관없이 계절이 주기적으로
  변화하는 것처럼 구조적으로 변화한다고 본다. Super는 사람의 생애
  는 서로 구분되는 발달시기가 교차하면서 생애주기를 이룬다고 보
  고, 그 생애주기를 5년 정도 이어지는 시기(period)와 몇 개의 시기를
  포함하는 시대(era)로 나누어 발달과정을 구분하였다.

- Levinson이 구분한 성인 발달의 시기는 성인 초기 과도기, 성인 초기
  입문기, 30세 과도기, 성인 초기 완성기로 이루어지는 성인 초기, 성
  인 중기 과도기, 성인 중기 입문기, 50세 과도기, 성인 중기 완성기로
  이루어지는 성인 중기, 그리고 성인 후기 전환기를 거쳐 이어지는 성
  인 후기 등이다.

- 다른 발달이론이 생애발달 전반을 다루었다면 Levinson은 성인기 발
  달에 초점을 맞추어 이론을 체계화했다는 점에 의의가 있다.

● 경력단계 이론[15]

- Feldman(1988; 김흥국, 2000 재인용)은 Schein(1971; 김흥국, 2000 재인

용)과 Dalton 등(1977; 김홍국, 2000 재인용)이 제시한 경력단계 모형을
종합하여 자신의 모형을 제시하였다. 이 모형의 특징은 개인의 경력
단계를 경력 이전, 경력 초기, 경력 중기, 경력 후기로 나누어 단계별
과제와 이슈를 정리했다는 점이다.
- Feldman에 따르면 개인의 경력단계는 탐색기, 시도기, 확립기, 전환
기, 발전기, 유지기, 쇠퇴기로 나누어진다.
- 이 모형의 특징은 성인 초기뿐만 아니라 청소년기까지 포괄적으로
경력단계를 설정했다는 점이다. 아울러 한계점으로는 조직을 떠난
후의 준비 단계가 경력단계에서 누락되어 퇴직에 대한 조직경력 단계
의 의미와 준비를 고려하지 못하였다는 점이다(권대봉, 2003).

(2) 조직적 관점의 경력개발 이론

① 특성별 기준에 따른 분류
● 3차원 모형(Schein, 1971; 권대봉, 2003 재인용; 김홍국, 2000 재인용)
- 조직에서 구성원들의 다양한 이동은 수직적 이동, 수평적 이동, 방사
형 이동의 세 가지 차원으로 구분하여 설명할 수 있다.
- 수직적 이동은 상위계층으로의 이동으로 승진을 의미하고, 하향 이
동은 대부분 퇴출을 의미한다. 수평적 이동은 부서 간 이동으로 수행
직무상의 기능이 변경되는 것이다. 방사형 이동은 조직의 외곽에서
내부 핵심으로 이동하는 것으로, 대개 방사형 이동은 수직적 이동과
함께 발생한다.
- 조직 내 이동의 세 가지 차원은 각각 경계가 있는데, 수직적 이동의
경우에는 승진, 수평적 이동의 경우에는 직무순환, 방사형 이동의 경

⑮ 경력단계 모형에 해당하는 이들로 Dalton, Schein, Feldman, Hall 등이 있는데, 여기서는 앞에
서 다룬 Hall을 제외하고 Feldman의 이론을 다룬다.

우에는 특별대우(발탁승진 등)를 통해 경계 간 이동이 가능하다.

● 경력 유형론(Driver, 1979: 김흥국, 2000 재인용)

- 경력의 이동에는 특정한 유형들이 있는데, 이들 유형은 이동의 방향과 주기에 따라 직선형(linear career concept), 전문가형(expert career concept), 나선형(spiral career concept), 전이형(transitory career concept)의 네 가지로 분류된다. Driver의 경력 유형론은 Schein의 3차원 모형보다 조직 내에서 존재하는 경력의 이동을 좀 더 효과적으로 설명할 수 있다(권대봉, 2003).

- 직선형은 조직 계층을 따라 수직으로 이동하는 것으로 가장 일반적인 경력이동의 유형이다. 전문가형은 이동이 거의 없이 한 분야에서 지속적으로 경력을 유지하는 유형이다. 나선형은 7~8년 주기로 한 분야에서 다른 분야로 이동하는 유형으로 개인적 성장과 창의성을 추구한다. 전이형은 3~5년 주기로 계속해서 다른 분야로 이동해 가는 유형이다.

② 단계별 기준에 따른 분류

● 조직사회화 단계 모형

- 조직사회화(organizational socialization)는 조직 밖의 사람이 조직의 일원으로 수용되어 그 조직의 구성원으로 바뀌어 가는 과정을 말하는데, 조직사회화를 지지하는 학자들은 조직사회화가 일정한 단계를 거쳐 이루어진다고 본다.

- Feldman(1976; 김흥국, 2000 재인용)은 조직사회화가 3단계에 걸쳐 이루어진다고 보았는데, 1단계는 진입 단계, 2단계는 개시 단계, 3단계는 정착 단계다. 진입 단계는 개인이 조직에 들어오기 전에 사회화가 진행되기 시작하므로 예비적 사회화 단계라고도 하고, 개시 단계는 조직에 합류하여 자신에게 분장된 일과 조직을 처음 대하는 단계로 조우 단계라고도 한다. 정착 단계는 조직에 대한 정착과 적용이 실제

로 시작되는 단계로, 개인과 조직 모두의 행동에 변화가 오기 때문에 변형 단계라고도 한다.

- 조직사회화는 일회적으로 초기에만 작용하는 것이 아니고, 일반적인 사회화 과정과 마찬가지로 조직생활의 전 과정에서 반복적으로 발생할 수 있다(권대봉, 2003).

● 경력성공순환 모형

- Hall(1971)이 목표 설정과 심리적 성공에 관한 Lewin의 연구결과를 개인의 경력개발에 적용하여 개발한 이론으로, 경력성공과 경력목표 설정 간의 관계 또는 과정을 보여 준다.

- 심리적 성공의 순환은 다음과 같이 이루어진다. 개인에게 직무의 도전감과 업무수행의 자율성을 주면, 목표에 대한 몰입이 이루어지고, 스스로 노력을 할 때 상사가 적절히 지원하면 목표 달성으로 이어진다. 이때 심리적 성공을 경험하게 되고, 심리적 성공을 느끼면 자긍심이 높아져서 직무만족도가 높아진다. 직무에서의 만족감이 높아지면 직무몰입이 강화되고, 다시 직무 도전감에 대한 동기부여가 이루어져 심리적 성공이 계속적으로 순환된다.

- Hall의 모형의 특징은 순환성과 개인의 심리적 요인들이 경력개발, 직무수행, 직무만족 등과 상호 관련되어 있다는 것을 제시했다는 점과, 개인의 차이를 강조하는 경력개발 전략의 사용을 지지한다(권대봉, 2003 재인용)는 점이다.

제8장

조직개발

학습 주안점

1. 조직문화와 조직개발의 기본 개념은 무엇인가?
2. 조직개발의 원리는 무엇이고, 주요 모형에는 어떤 것이 있는가?
3. 조직개발의 주요 기법은 무엇인가?
4. 조직개발 기법은 각각 어떤 경우에 사용되는가?

1. 조직문화와 조직개발

이 장은 인력자원개발의 세 영역 중 마지막 영역인 조직개발을 다루게 된다. 먼저, 조직개발과 조직문화를 논의하고, 조직개발 절차와 모형, 그리고 다양한 조직개발 기법을 간략하게 설명하고자 한다.

간단히 말하자면 조직은 공통의 목적을 달성하기 위해 만들어진 두 사람 이상의 모임이다. 조직의 공통 목적 달성에 영향을 미치는 요소로는 사람(people), 업무(tasks/work), 조직구조와 체계(structure), 조직문화(culture) 등이 있다(Nadler & Tushman, 1997). 이 중에서 가장 중요한 요소는 사람이라 할 수 있다. 그 인력자원이 역동성을 발휘하고 시너지효과를 내기 위해서는 접착제와 같이 인력자원을 결합시켜 주는 역할을 하는 매개체가 필요한데, 그 역할을 하는 것이 바로 기업의 조직문화다.

기억을 돕기 위하여 제2장에서 다룬 바 있는 인력자원개발의 세 가지 요소 중 조직개발의 개념으로 잠시 되돌아가고자 한다. 즉, 조직개발은 단위조직 간 그리고 단위조직 내의 건전한 관계 형성을 돕고, 조직이 변화를 주도하는 것은 물론 변화를 관리할 수 있도록 돕는 일이라고 하였다.

1) 조직문화와 조직문화의 7S 개념

(1) 문화와 조직문화의 개념

문화는 한 사회를 생각할 때, 그 사회를 구성하는 성원들이 함께 공유하고 있는 가치관과 신념, 이념, 관습, 규범, 전통, 예술, 지식, 기술 등을 포함하는 거시적이고 종합적인 개념이다. 문화는 구성원의 행동에 영향을 줄 뿐만 아니라 구성원에 의하여 영향을 받기도 한다. 1871년 Edward Tylor 경이 썼듯이, 문화 또는 문명은 민족지학적으로 볼 때 그 사회의 구성원에 의해 받아들여진 지식, 신념, 예술, 도덕, 법, 관습, 그리고 여타의 능력이나 습관을 포함하는 복잡한 통합체다. 한편, 국제연합교육문화과학기구(United Nations Educational, Scientific and Cultural Organization: UNESCO)에서 발간된 한 문서에 따르면 문화란 예술, 문학, 생활양식, 공존하는 방식, 가치체계, 전통과 신념 등에 더하여 한 사회 또는 사회적 집단이 두루 아우르고 있는 독특한 정신적, 물질적, 지적, 정서적 특징을 말한다. 정리하자면, 문화는 한 사회 구성원의 행동과 사회의 체계를 형성하고 이들을 연결해 주고 조정해 주는 통합요소라고 할 수 있다(Parsons, 1973).

이와 같은 거시적인 문화의 개념을 미시적인 조직 수준에 적용한 것을 조직문화(organization culture 또는 corporate culture)라 할 수 있다. 조직문화에 관해서는 많은 학자들이 개념정의를 시도해 왔다. 즉, 조직문화는 조직체 또는 집단이 내외 환경에 적응하고 통합하는 과정에 적용하는 기본 전제로서 조직 구성원의 가치관과 사고방식, 그리고 행동을 지배하는 근본요소(Schein, 1983; 이학종, 1990 재인용)라고 정의하기도 하고, 또 조직문화를 한 조직의 전통과 분위기로 정의하면서 조직의 가치관과 신조, 행동양식을 규정하는 기준이 포함되어 있는 것(Ouchi, 1981; 이학종, 1990 재인용)으로 보기도 한다.

　결론적으로 조직문화를 개념적으로 정리하면, 한 조직의 구성원들이 함께 공유하고 있는 가치관, 신념, 이념, 관습, 규범, 전통, 지식, 기술 등을 포함한 종합적인 개념이라 할 수 있다. 문화와 같이 조직문화도 조직의 구성원은 물론, 조직 전체의 행동에 영향을 주고 또 그들로부터 영향을 받는다.

(2) 조직문화의 7S 개념

　조직문화는 조직 구성원과 전체 조직체의 행동에 영향을 주고 동시에 영향을 받는다고 하였다. 그런데 위의 정의에서 일별했듯이 조직문화를 구성하는 요소가 다양하고, 또 이들 요소가 독립적인 것이 아니라 상호 연계되어 있기 때문에 어떠한 요소가 어떻게 영향을 미쳐 조직의 변화를 이끌고 유지하는지 알기가 어렵다. Pascale과 Athos(1981)는 조직문화의 다양한 요소 중에서 특히 중요한 요소와 이들의 상호 관계를 제시한 연구를 수행하였는데, 이들이 개발한 조직문화의 틀이 '7S 모형'이다. 1970~1980년대 미국이 경제적인 어려움을 겪는 와중에서 승승장구한 일본 기업들의 강점을 연구했는데, 일본 기업들의 고성과를 가능하게 한 일곱 가지 중요한 조직문화의 요소들을 규명해 낸 것이다.

　이들 일곱 가지 요소는 S로 시작하기 때문에 7S라 호칭하게 되었다. [그림 8-1]은 조직문화를 구성하는 일곱 가지 요소를 보여 준다.

　각각의 S에 관한 내용을 살펴보자. 첫째, 리더십 양식은 조직 구성원들의 행동 경향과 양식을 의미하는 것으로 조직 구성원 간의 상호관계, 집단 간의 관계, 상사와 부하 간의 상호관계 등의 기본 성격을 지배하는 요소다. 이는 조직문화와 조직분위기에 직접 영향을 준다. 둘째, 구성원은 조직의 인력자원요소를 말한다. 인력의 구성과 역량, 전문성, 가치관과 신념, 욕구와 동기, 지각과 태도 등이 포함된다. 셋째, 제도는 일상적인 조직 운영 및 경영 과정과 관련된 제도와 절차를 말하는 것으로, 커뮤니케이션제도, 의사결정

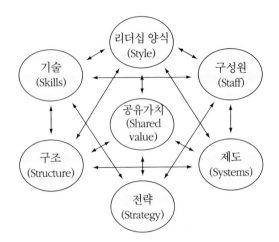

[그림 8-1] 조직문화의 일곱 가지 구성요소

출처: Pascale & Athos (1981), p. 202.

제도, 경영정보체제, 보상제도, 인센티브, 목표설정제도 등 조직의 목적과 전략을 달성하는 데 적용되는 제도와 체제를 포함한다. 넷째, 전략은 조직의 목적 달성을 위한 장기 계획과 자원 배분 양식을 말한다. 조직의 장기적인 방향과 기본 성격을 좌우하는 요소로 공유가치를 중심으로 조직운영의 장기적인 틀을 제공하는 요소다. 다섯째, 구조는 조직의 전략수행에 필요한 조직구조와 직무설계, 권한관계와 방침 및 규정, 상호 연관관계 등 조직 구성원의 행동에 영향 주는 공식 요소들이다. 여섯째, 기술은 구성원이 보유하고 있으며 실제로 동기부여, 강화, 통제, 조정, 갈등 및 변화 관리 등 조직관리에 사용되는 역량과 각자의 직무수행에 사용되는 구체적인 기술 및 방법 등이다. 마지막으로, 공유가치는 조직문화에서 가장 중요한 요소인데, 조직체가 전통적으로 중시하고 구성원들에게 주입시켜 온 가치관, 이념, 전통가치, 경영 목적 등이 포함된다. 조직의 전략 목적 달성과 조직 구성원의 행동 경향 등에 매우 큰 영향을 준다.

이들 일곱 가지 요소들은 서로 유리된 것이 아니라 상호 밀접하게 연계되어 있고, 조직은 이들 요소의 일관성 있는 적합도를 유지하여 조직의 목적을 달성한다. 이러한 일련의 과정이 반복되는 가운데 조직문화가 형성되고, 조직체의 공유가치에 따라 다른 요소들과 유기적으로 기능한다.

2) 조직개발의 개념 및 원리와 조직개발 전문가의 역량

(1) 조직개발의 개념

조직개발을 상담(consultation)의 관점에서 말한다면, 그 시원(始原)은 구약성서에서 Moses가 그의 장인으로부터 조직관리에 관한 조언을 받은 것이라 할 수 있다(Burke, 1982). Moses는 이집트에서 탈출한 이스라엘 백성들이 광야에서 생활하는 동안 갖가지 갈등과 다툼을 판결해 주느라 다른 일을 할 수가 없었다. 보다 못한 장인 Jethro는 재덕을 겸비한 인재들을 선발해서 천부장, 백부장, 오십부장, 십부장으로 세워 경미한 일은 십부장 선에서, 해결이 쉽지 않은 중대한 일은 천부장을 거쳐 해결난망인 사안만 Moses가 직접 판결하도록 조언을 하게 된다.❶

조직개발을 보는 관점에는 두 가지가 있다(McLean, 2006). 그러나 이 둘은 분리되어 있으면서도 밀접하게 연결되어 있다. 첫째는 철학적 관점으로, 조직개발의 기본 가정은 사람, 일, 조직, 변화에 관한 철학으로부터 영향을 받았다는 것이다. 주로 1950년대, 1960년대를 거쳐 이 주장이 힘을 받았다. 미국에서 관리에 관한 사조(思潮)는 세 단계에 걸친 진화를 겪게 되는데, 첫째가 고전주의 학파의 사조이고, 둘째가 인간관계 학파의 사조이며, 셋째가 인력자원 학파의 사조다. 이어서 둘째는 방법론적 관점인데, 이 관점은 조직개발의 기본적인 기법이 20세기 초 응용사회과학자들이 수행한 많은 실험으로부터 나왔다고 본다. 따라서 조직개발의 많은 기법이 이 시기에 집중적으로 도입된다. 특징적인 것으로 실험실훈련, 설문조사연구 및 환류,

---

❶ 이 내용은 구약성서 출애굽기 18장 13절부터 27절에 기록되어 있다.

Tavistock 사회기술적 체계, 품질관리 및 업무 과정 재설계(business process reengineering) 등이 있다.

이와 같은 배경을 염두에 두고 조직개발의 몇 가지 정의를 살펴보고자 한다. 초창기 조직개발 분야 전문가인 Beckhard(1969; Cummings & Worley, 2009 재인용)는 조직개발은 행동과학 지식을 이용하여 조직의 '과정'에 계획적인 기법을 적용함으로써 조직의 효과성과 건전성을 증가시키기 위한 계획적이고, 조직 전체적으로, 그리고 최고 경영층으로부터 관리되는 노력이라고 하였다.

Bennis(1969; Rothwell, Sullivan, & McLean, 1995 재인용)는 조직개발은 변화에 대한 대응, 즉 신념, 태도, 가치, 조직의 구조 등을 바꾸어 새로운 기술, 새로운 시장과 새로운 도전, 그리고 아찔한 속도의 변화 자체에 더 잘 적응할 수 있도록 하기 위한 복합적인 교육 전략이라고 하였다.

Beer(1980)는 조직개발이란 조직의 구조, 과정, 전략, 인력자원과 문화의 일치를 증진시키고, 새롭고 창의적인 조직문제 해결책을 구안하며, 조직의 자기쇄신 능력을 개발할 목적으로 전사적으로 자료를 수집하고, 진단하고, 실천 계획을 세우며, 개입과 평가 관리하는 과정이라고 하였다. 이러한 일은 행동과학 이론과 연구, 기법을 활용하는 변화추진자(change agent)와 조직 구성원과의 협력을 통하여 가능하다.

Burke(1982)는 조직개발 분야에 종사하는 사람들 대부분이 조직개발은 고객들에게 심리학, 사회학, 문화인류학, 그리고 관련 학문과 같은 행동과학으로부터 나온 지식을 활용하여 그들 조직을 개선하도록 돕는 컨설턴트를 참여시키는 것이라는 점에 동의한다고 본다. 또한 대부분의 사람들은 만약 우리가 조직기능의 개선이 변화의 결과라고 한다면 조직개발이 곧 변화를 의미한다는 점, 다시 말해서 광의로 정의하면 '조직개발은 조직의 변화'라는 말에 동의하는 것이라고 본다.

McLagan(1989)은 조직개발은 단위조직 간 그리고 단위조직 내의 건전한 관계를 형성하도록 돕고, 조직이 변화를 주도하도록 돕는 일에 초점을 맞춘 활동이고, 따라서 조직개발의 일차적인 강조점은 개인과 부서 간의 관계와 과정이라고 하였다. 그리고 일차적인 개입은 시스템으로서의 조직에 영향을 주도록 개인과 부서의 관계에 영향력을 행사하는 것이다.

French와 Bell(1990)은 조직개발이란 좀 더 효과적이고 협력적으로 조직문화의 진단과 관리, 특히 공식적인 정규 부서와 임시 부서, 또 부서 간 문화에 초점을 맞추고, 컨설턴트 촉진자의 도움과 행동연구를 포함한 응용행동과학의 이론 및 기법의 활용으로 조직의 문제해결과 과정(process)의 개선을 증진하기 위하여 최고 경영층으로부터 지원을 받아 추진하는 장기적인 노력이라고 정의하였다.

Chesterland 조직개발연구소(1991; Rothwell, Sullivan, & McLean, 1995 재인용)는 조직개발은 문제해결력과 기획력을 증진시킴으로써 조직의 효과성을 강화하는 방법으로 인력자원을 물색하고, 활용하며, 개발하는 일련의 계획된 과정으로 정의하였다.

Reynolds(1993)는 조직개발을 "대개 장기간에 걸쳐, 응용행동과학의 기법을 사용하여 전체 조직 또는 조직의 일부에 가하는 계획적인 변화 노력"(p. 174)이라 정의하고, 조직개발은 부서들이 변화를 주도하고 관리하며 개인적인 성장과 발전 욕구를 조직 목표와 통합할 수 있도록 계획적인 개입기법을 통하여 조직의 효과성과 건전성을 증가시키는 것을 목표로 하는 활동이라고 하였다. 여기서 변화를 가능하게 하는 조직개발 전략을 개입(intervention)[2]이라고 하였다.

Gilley, Eggland와 Gilley(2002)는 조직개발의 목적을 조직의 수행능력 향상과 성장, 경쟁력 제고라고 설명하였다. 또 조직개발은 장기간에 걸친 과정이고, 조직 구성원 전원의 참여가 필수적인 조건이라고 하였다. 또한 조직개발의 방법론으로 실천연구와 과학적 방법을 제시하였다. 조직개발은

---

[2] intervention은 개입 또는 개입기법으로 번역하여 맥락에 맞게 적용하였다. 때로는 조직개발 기법 또는 방법을 의미하기도 한다.

일회성 처방이 아니고, 조직변화를 관리하는 방법이며, 따라서 시간의 경과에 따라 조직에서 일상적으로 수행하는 과정으로 정착이 된다. 조직개발은 계획적이고 과학적인 접근법이기 때문에 목표 설정에서 실행계획, 환류, 결과평가가 포함되어야 한다.

Burke와 Bradford(2005)는 조직개발은 대체로 인본주의적 가치와 행동과학의 응용, 그리고 개방체제 이론에 기초하여 외부 환경, 미션, 전략, 리더십, 문화, 구조, 정보 및 보상체계 등과 같은 핵심적인 조직 차원의 문제에 관하여 좀 더 조화롭게 전체적인 조직의 효과성을 증진시키는 방향으로 계획된 변화를 도모하는 전사적인 과정이다.

Cummings와 Worley(2009)는 조직개발을 "계획적으로 개발하고 개선하며, 조직의 효과성을 위한 전략, 구조, 과정을 강화하는 데 행동과학 지식을 전사적으로 적용하고 전이가 일어나도록 하는 활동"(pp. 1-2)이라고 정의하고 있다.

이학종(1990)은 조직개발을 환경변화에 대한 조직의 적응능력을 기르기 위해 조직의 변화와 조직 구성원의 행동 개선을 가져오는 활동이라고 하였다. 조직개발의 정의에는 몇 가지 중요한 개념이 있는데, 첫째, 조직 전체의 성과 증대를 목적으로 하고, 둘째, 계획적이고 의도적인 변화를 추구하며, 셋째, 행동과학적인 방법과 기법을 활용하고, 넷째, 장기적이면서 동시에 일상적인 과정으로 추진한다는 점이라고 주장하였다.

권대봉(2003)은 조직개발을 조직의 변화와 개인의 복지를 목적으로 조직문화, 구조, 운영 등의 변화를 계획적으로 실시하는 행위를 말한다고 정의하였다. 활동의 초점은 개인이 아니라 조직이라는 점이 특징이고, 조직변화의 핵심에 개인의 행동변화를 전제한다는 점에서 인력자원개발의 다른 영역과 공통점을 갖는다고 하였다.

한국기업교육학회(2010)는 조직개발을 "조직의 유효성(effectiveness)과 건강(health)을 높이고, 환경변화에 적절하게 대응하기 위하여 구성원의 가치관과 태도, 조직풍토, 인간관계 등을 향상시키는 변화활동"(p. 21)을 의미한다고 하였다. 이어서 조직개발의 실행은 문제점 인식, 진단 및 자료수집, 피드백, 분석·검토 및 변화전략 구상, 실천 계획 수립, 실행, 확인 및 평가의 과정을 거친다고 설명하고 있다.

이 밖에도 많은 사람이 조직개발의 개념을 정의하였는데, 각 정의마다 약간씩 강조점의 차이가 발견된다. 예컨대, Burke의 정의는 조직문화의 변화에 초점이 맞춰져 있고, French와 Bell의 개념정의는 조직개발이 장기적인 노력이라는 점과 컨설턴트의 활용을 강조하고 있으며, Beckhard와 Beer의 정의는 조직개발의 과정을, Burke와 Bradford의 정의는 조직개발의 범위와 관심 영역의 확장에 초점을 맞춘 것이다.

여기서 조직개발이 포함하고 있는 용어를 중심으로 개념을 밝힌 Ralphs(1996)의 정의를 자세히 살펴보고자 한다. 그는 조직개발은 조직의 성과와 효과성을 증대시키기 위하여 행동과학과 인본주의적 가치, 원리, 관행들을 사용하는 계획적이고 전사적인 변화라고 하였다. 덧붙여 조직개발은 진단이라는 형식을 사용하고 조직의 건전성을 증진시키기 위하여 다양한 개입 기법을 사용하는 변화추진자에 의해 시행되는 활동이라고 하였다. 그가 내린 개념정의에 조직개발의 핵심 용어가 다 들어가 있는데, 하나씩 설명하면 다음과 같다.

- 계획적인 변화(planned change): 조직개발은 개선효과를 얻기 위하여 미리 계획된 변화 노력을 시도한다.
- 전사적(system-wide): 계획적인 변화의 목적은 부분적으로, 전면적으로 또는 전체 조직적으로 시스템과 과정을 개선하는 일이다.
- 행동과학: 조직개발은 행동과학의 가정과 원리에 근거한다. 이 원리들은 사람들이 개방적이고, 신뢰하며, 상호 협조적이고, 공동의 목적을 공유할 때 더 나은 개인의, 부서의, 조직의 효과성을 얻을 수 있다고 말한다.
- 조직의 성과와 효과성: 조직은 조직개발의 원리와 사례들을 사용함으로

써 개선된다. 조직은 계획적인 변화 노력에 의해 더 건전해진다.

- 진단(diagnosis): 몇 가지 진단 방법은 문제의 범위와 본질을 알아내기 위하여 모든 조직개발 개입기법에서 사용된다. 진단 방법에는 설문지조사, 개입, 관찰, 행동연구, 기타 진단적 기법 등이 포함된다.
- 변화추진자: 변화 노력을 주도하는 사람들을 일컫는다. 그들은 계획적인 변화를 실현할 수 있도록 많은 개입기법을 사용한다.
- 개입기법: 변화추진자(또는 조직개발 컨설턴트)가 계획적인 변화를 추구하기 위하여 사용하는 조직개발 기법을 개입기법이라고 한다. 이들 개입기법들은 변화추진자의 연장(도구)이라고 할 수 있다.

결국 조직개발은 다양한 개입방법을 계획적으로 구사하여 조직의 건전성과 개인의 발전을 동시에 도모하는 과정이라고 할 수 있다. 인력자원개발 분야가 그렇듯이 다양한 전공을 배경으로 하는 전문가들이 활동하는 영역이기 때문에 어느 한 가지의 합의된 정의를 내리는 것은 불가능하다. 또 그러한 정의를 내리는 것 자체가 별로 실익이 없는 일일 수도 있다. 조직의 국면은 항상 역동적이고, 어느 한 가지 정답이 조직을 둘러싼 환경의 변화와 함께 끊임없이 변화하기 때문이다.

(2) 조직개발의 원리

조직개발은 다른 인력자원개발 활동과 달리 특별히 적용되어야 할 원리가 있다(Ralphs, 1996). 다음에 제시하는 조직개발의 원리는 모든 조직개발 상황에 적용되는 것은 아니나, 모든 조직개발 노력의 근본적인 토대가 된다.

- 조직개발은
  - 위로부터 시작되어야 한다.
  - 전체 구성원의 참여를 요한다.
  - 역동적이고 상황 주도적(proactive)이어야 한다.

- 목적 달성을 강조해야 한다.
- 조직 중심, 성장 중심이어야 한다.
- 행동과학이론을 근거로 추진되어야 한다.
- 상호작용과 환류가 이루어져야 한다.
- 시스템적 사고로 접근해야 한다.
- 변화추진자를 활용해야 한다.
- 효과증진을 위하여 노력해야 한다.
- 진단 및 자료 중심이어야 한다.
- 실천연구, 조사연구 중심이어야 한다.
- 경험학습을 토대로 해야 한다.
- 응용이론의 실질적 접근법을 활용해야 한다.
- 성과향상에 초점을 맞추어야 한다.
- 계획적인 변화를 지향해야 한다.
- 공유가치를 위해 매진해야 한다.
- 과정 중심이어야 한다.
- 신뢰와 위임이 토대가 되어야 한다.
- 구성원과 성과 간의 균형을 이루어야 한다.
- 개방적인 의사소통이 장려되어야 한다.
- 협동적인 접근이 이루어져야 한다.

조직개발의 원리는 대부분 앞서 소개한 조직개발의 개념정의와 맞물려 있다. 목적과 목표에 초점이 맞추어져야 하고, 행동과학 이론을 적절히 활용해야 하며, 전체 구성원의 참여와 위로부터의 시작, 원활한 의사소통 등이 원리의 골격을 이루고 있다. 이러한 원리들이 변화추진자들은 물론 조직개발 활동이 적용되는 고객 편에서도 충분히 공감되고 숙지되어야 성공적인 조직개발이 가능하다.

(3) 조직개발 전문가의 역할과 역량

조직개발 전문가에는 다양한 사람이 포함될 수 있다. 그러나 앞서 보았듯이 변화추진자, 다시 말하자면 조직개발 컨설턴트가 바로 조직개발의 전문가라 할 수 있다. 변화추진자는 변화를 추진하기 위한 개입전략의 설계를 전체적으로 관리하는 변화관리자(change manager)[3]를 도와 변화전략의 설계와 시행을 담당한다. 즉, 변화추진자에게는 전략의 설계와 시행에 관한 모든 활동을 촉진해야 하는 일차적인 의무가 있다. 따라서 변화추진자는 조직개발의 이론, 개념, 사례, 연구결과 등에 관한 지식을 갖춤으로써 변화관리자에게 시행에 따른 이슈와 다른 개입전략의 효능 성과에 관하여 조언을 할 수 있다.

변화추진자는 내부 인사(예: 인력자원개발 업무 담당자)가 맡을 수도 있고 외부 컨설턴트를 사용할 수도 있다. 먼저, 내부 인사인 변화추진자는 대개 조직의 사명(mission), 구조적 요인, 기술, 내부적인 정치 역학, 사회적 요인 등에 밝다. 이러한 사전 지식은 변화관리자와 변화를 스스로 겪게 될 조직의 구성원들과의 신뢰 형성에 매우 중요한 요소가 된다. 그러나 조직 구성원들은 내부 변화추진자가 문제상황에서 자유로울 수 없기 때문에, 즉 문제상황의 당사자가 될 수도 있기 때문에 객관적이지 못하다고 느낄 수 있다. 그뿐만 아니라 내부 변화추진자는 필요한 상황에 꼭 맞는 개입방법에 대해 충분한 지식과 경험을 갖추고 있지 못할 수도 있다. 이러한 상황에서는 조직 차원에서 조직개발 분야의 특화된 지식과 기술을 갖춘 외부 변화추진자를 사용할 수 있다.

외부 변화추진자는 일정한 기간 동안 한시적으로 특별한 기능과 역할을 수행하도록 채용한 인사다. 따라서 외부 변화추진자의 역할은 변화관리자가 결정하고, 그 내용은 채용 시 계약서에 명시할 수 있다. 계약서를 작성할

[3] Werner와 DeSimone(2006)은 변화관리자와 변화추진자를 나누어 설명하고 있다.

역할	역할의 정의	역할 수행 시점
옹호자	변화추진자가 고객조직이 특정한 조직개발 개입기법을 사용하도록 영향력 행사	고객이 취할 접근법을 확신하지 못하거나 다양한 방향을 요구할 때
기술적 전문가	특정 문제에 맞는 기술적 지식 제공	고객이 특정한 문제에 대하여 진행 방향을 요구할 때
훈련가 또는 교육자	조직개발 또는 다른 개입 전략에 관한 정보 제공	고객이 조직개발의 어떤 측면에 대해 교육을 필요로 할 때
문제 해결 협력자	문제 분석, 해법 확인, 조치 단계 등에 관한 도움 제공	고객이 의사결정하는 데 도움을 필요로 할 때
문제해결 지원자	위와 같으나 '공동으로' 일하지 않음	고객이 의사결정 과정을 밟아 가는 데 도움을 필요로 할 때
정보 수집가	연구 또는 자료 수집	고객의 요구가 매우 구체적일 때
과정 전문가	회합과 집단 과정 촉진	고객의 요구가 과정 상담을 필요로 할 때
성찰 전문가	고객이 정보에 대하여 반응하게 함으로써 상황을 이해하도록 도와줌	고객이 자료를 확신하지 못하거나 구체적인 설명을 필요로 할 때

표 8-1 변화추진자의 역할

출처: Burke (1987), pp. 146-148.

때 계약서에는 수행할 업무의 정확한 본질, 업무수행 시간계획, 채용기간, 비용의 총액과 지불방법, 외부 변화추진자의 성과에 대한 평가 방법 등을 포함해야 한다. 〈표 8-1〉은 Burke(1987)가 변화추진자의 역할을 여덟 가지로 구분하여 설명한 것이다.

　조직개발 전문가는 인력자원개발 업무 담당자와 역할이 일부 중복된다. 따라서 필요한 역량도 중복될 수밖에 없다. 그러나 조직개발 전문가, 즉 변화추진자는 일반적인 인력자원개발 업무 담당자가 갖추어야 할 역량 이외에도 조직개발과 관련한 구체적인 역량을 추가로 필요로 한다. 다음은 Eubanks, Marshall과 O'Driscoll(1990)이 선별한 조직개발 전문가의 역량에 대한 설명이다.

● 실무자 기술 영역
  - 사람에 대한 기술
  - 자료에 대한 기술
  - 전달 기술
● 역량 영역
  - 대인관계 기술의 활용
  - 계약 체결 관련
  - 집단 과정의 관리
  - 개입방법의 적용
  - 자료 활용
  - 고객과의 관계 유지
● 실무자 행동 영역
  - 경영층의 지원 확보
  - 전문성 입증
  - 협동, 공동 작업
  - 고객의 특수(전문)용어 사용
  - 준비성
  - 고객의 문제해결
  - 변화에 대한 적응
  - 명확한 계약 수립
  - 친밀한 관계 형성
  - 자료수집
  - 집단 과정 촉진
  - 추후 활동

크게 실무자 기술 영역에 세 가지 기술이 소개되고 있는데, 미국의 직업
심리학 분야에서 사람이 일반적으로 직업을 선택할 때 세 가지 영역, 즉 사

람 영역, 자료 영역, 사물 영역 중 사람과 자료 영역을 포함하여 변화추진자, 즉 컨설턴트에게 가장 중요한 역량 중의 하나인 전달 역량을 추가하였다. 역량 영역은 사전 준비와 관리에 관한 측면을, 실무자 행동 영역은 실제 변화추진자로서 실무를 진행할 때 요구되는 역량으로 구분하여 제시하고 있다.

2. 조직개발의 변화 모형과 기법

1) 조직개발의 변화 모형

조직개발의 이론적 토대는 일찍부터 형성되어 왔으나, 조직의 성과향상과 개인의 역량 강화라는 두 가지 목적을 병행해야 하는 조직개발 모형을 구축하려는 시도는 제대로 이루어지지 않은 상황이었다. 따라서 여러 가지 조직 이론과 기법의 기능과 역할을 밝히는 모형의 필요성이 높아졌다.

변화과정에 대한 이론은 조직의 개선과 변화가 일어나는 역학관계를 설명하려고 한다. Lewin은 세 단계, 즉 해빙(unfreezing), 변화(moving), 재동결(refreezing)이 일어나는 현상을 통해서 변화과정을 묘사한 바 있다(Lewin, 1958; Werner & DeSimone, 2006 재인용). 여기서 해빙 단계는 조직 구성원에게 변화가 불가피하다는 점, 변화에 저항하는 일(예: 비효과적인 기존 정책, 관행, 행동에 집착하는 것)을 중지해야 한다는 것을 받아들이게 하는 과정이다. 변화 단계는 새롭고 바람직한 상태(예: 새로운 정책과 관행)를 받아들이도록 하는 과정이며, 마지막 재동결 단계는 새로운 관행과 행동이 조직운영과 역할기대의 항구적인 일부분이 되도록 하는 과정이다. Lewin은 변화는 두 가지 물리적 힘에 의해 일어나는 것으로 보았는데, 하나는 내부적으로 생겨나는 힘이고, 다른 하나는 환경에 의해 부과되거나 초래되는 힘이다. 그는 환경적 힘을, 다시 변화를 적극적으로 받아들이고 그에 대응하도록 하는 추동력(driving forces)과 현상을 유지하려고 변화에 맞서는 저항력(restraining forces)의 두 가지로 구분하였다. 환경적인 변화의 압력이 가능하기 위해서는 추동력이 저항력을 압도해야 한다.

Schein(1987)은 Lewin의 변화과정에 대한 이론을 좀 더 세밀하게 묘사하였다. Schein의 변화 모형은 개인의 변화와 어떻게 변화추진자가 이러한 변화를 관리하는지의 역학관계를 강조한다. 첫 번째 해빙 단계에서 변화추진자는 구성원들에게 그들의 태도, 행동, 성과가 부당함을 입증함으로써 변화를 수용하도록 동기를 부여한다. 예컨대, 종업원이 양호하지 못한 작업 습관을 수정하도록 하기 위해서 그는 먼저 자신의 성과가 적절하지 않았다는 것을 인정해야 한다. 두 번째 인지재구조화(cognitive restructuring)를 통한 변화 단계에서는 종업원으로 하여금 사물을 달리 보고 달리 수행하도록 강조하고 실제적으로 작업 습관을 바꿈으로써 성과가 향상될 것이라고 믿게 한다. 마지막 세 번째 재동결 단계에서 변화추진자는 종업원의 이러한 새로운 행동(작업 습관)을 그의 사고양식에 통합시키도록 돕는다. 이 단계에서는 종업원이 자신의 자아개념을 재확인하고 바람직한 성과 표준을 강화하도록 돕는 데 초점을 맞춘다.

또 다른 변화 모형으로 이학종(1990)은 Lewin, Schein, French, French와 Bell, Burke 등의 모형을 종합하여 다음과 같이 4단계 모형을 제시하였다.

● 문제의 진단(problem diagnosis): 계획적 변화의 첫 번째 단계로 조직이나 집단의 각종 성과지표를 통하여 문제증상이 지각되어 변화추진자의 연구조사를 통하여 문제를 진단한다.
● 변화계획의 수립: 문제의 요인을 구조적, 기술적, 그리고 조직 구성원의 행동 측면에서 분석하고 조직에 존재하는 여러 가지의 공식적, 관습적인 제약 조건들을 고려하여 실행 가능한 변화 전략과 방법, 계획을 수립한다.
● 변화시행(change implementation): 변화추진자가 개입하여 조직의 구조적 변화와 각종 조직개발 개입기법을 적용하여 변화를 실제로 시행한다.

● 결과평가(evaluation): 계획적 변화의 마지막 단계로서 집행된 변화의 결과와 효과를 주기적으로 측정·평가하고, 그 결과를 변화전략과 변화계획에 환류하여 변화과정을 조정하고 수정해 나간다(p. 486).

한편, Cummings와 Worley(2009)는 Lewin의 계획적 변화 모형과 행동연구 모형,[4] 긍정 모형(positive model)[5]을 참고하여 계획적 변화 모형을 제시하였다. 그들은 조직 내에서 변화가 필요함을 인식하는 상태를 출발점으로 하여 [그림 8-2]와 같이 착수 및 계약(entering and contracting), 진단(diagnosing), 변화의 계획 및 시행(planning and implementing change), 평가및 변화의 제도화(evaluating and institutionalizing change)의 4단계를 밟아 이루어진다고 보았다.

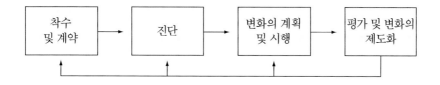

[그림 8-2] 계획적 변화의 일반 모형

출처: Cummings & Worley (2009), p. 30.

● 착수 및 계약: 첫 번째 단계로 관리자들이 계획적 변화 모형에 의한 프로그램을 채택할 것인가 여부를 판단하도록 도와주는 단계다. 이 단계에서 변화추진자는 조직이 가지고 있는 문제, 긍정적인 측면 등에 대한

---

[4] 행동연구 모형은 조직에 관한 초기 연구가 후속 행동을 안내하는 정보를 제공하는 순환적인 과정을 밟게 된다는 모형이다.
[5] 긍정 모형은 결핍 모형(deficit model)인 Lewin의 모형과 행동연구 모형과 달리 조직이 무엇을 잘하고 있는가에 초점을 맞추어 조직 구성원들에게 조직의 가능성 등을 이해하도록 돕는다.

이해를 할 수 있는 초기 자료를 수집하는 일을 한다. 이러한 정보가 수집되면 문제가 무엇인지, 향후 어떤 기회가 있는지를 논의하고 향후 계획적인 변화를 위한 계약이나 협약을 체결한다. 계약에는 향후 변화를 위한 활동, 과정 진행에 필요한 자원, 조직개발 전문가와 조직 구성원이 어떻게 참여할 것인가 등이 포함된다.

● 진단: 고객의 조직 시스템에 관하여 조심스럽게 연구하는 단계다. 진단의 초점을 원인과 결과를 포함한 조직의 문제, 조직의 긍정적인 속성이 있는 사례를 수집하는 쪽에 맞출 수 있다. 조직개발에서 가장 중요한 단계인 진단 단계에서는 조직을 이해할 수 있는 적절한 모형을 선정하는 일과 조직에 존재하는 문제와 기회요인들에 관하여 수집하고 분석한 결과를 관리자와 조직 구성원들에게 환류하는 일이 포함된다. 진단은 세 가지 차원에서 이루어진다. 첫째, 가장 복잡한 진단의 수준이면서 전체 조직을 포함하는 조직 차원, 둘째, 부서와 단위조직의 효과성과 관련된 이슈를 진단하는 부서 차원, 셋째, 개인의 직무 설계와 성과문제를 다루는 개인 차원 등이다.

● 변화의 계획 및 시행: 조직 구성원과 조직개발 전문가가 공동으로 조직개발 개입기법을 계획하고 시행하는 단계다. 이 단계에서 양 당사자들은 조직의 비전과 목적을 달성할 수 있는 개입기법을 설계하고 시행하기 위한 실행 계획을 수립한다. 개입기법을 설계하는 데는 조직의 변화에 대한 준비도, 변화 수용 능력, 조직의 문화와 권력 분포, 변화추진자의 기술과 능력 등 몇 가지 준거가 있다.

● 평가 및 변화의 제도화: 계획적 변화 모형의 마지막 단계로서 개입기법의 효과를 평가하는 일과 성공적인 변화 프로그램인 경우 제도화하여 그들이 계속 추진할 수 있도록 관리하는 일이 포함된다. 개입기법의 효과에 대한 환류는 변화를 지속할지, 수정할지, 보류할지에 관한 정보가 된다. 한편, 성공적인 변화의 제도화를 위해서는 환류, 보상, 훈련 등을 통해 강화 작업이 수반되어야 한다.

2) 조직개발의 기법

이른바 조직개발 기법이라고 하는 개입기법들은 이미 언급한 바와 같이 변화추진자, 곧 조직개발 컨설턴트들이 늘 휴대해야 하는 도구다. 조직개발 기법에는 다양한 접근법이 있다. 권대봉(2003)은 조직개발 기법을 Friedlander와 Brown, Guzzo, Nicholas와 Kats 등의 연구를 토대로 절차 개입이론에 따른 기법, 기술구조 개입이론에 따른 기법, 사회기술체계 설계에 따른 기법, 조직변신 이론에 따른 기법으로 나누었다.[6] McLean(2006)은 개인이 대상이 되는 조직개발부터 전체 조직을 대상으로 하는 조직개발에 이르기까지 수준별로 분류하였다. Cummings와 Worley(2009)는 인간과정 개입, 기술구조적 개입, 인력자원관리 개입, 전략적 관리 개입 등으로 분류하였다. 또한 Swanson과 Holton(2009)은 조직중심 조직개발 기법, 업무수행 과정 중심 조직개발 기법, 집단중심 조직개발 기법, 개인중심 조직개발 기법 등으로 나누었다.

이 책에서는 Rothwell, Sullivan과 McLean(1995)이 분류한 방법대로 기술하되, 우리의 현실과 부합하지 않거나 자주 사용되지 않는 개입기법은 부가적인 설명 없이 간략하게 소개하고자 한다. 또한 이들의 문헌에 소개되지 않았더라도 시의성 있는 개입기법은 수준에 맞추어 추가로 기술하고자 한다.

(1) 개인적 차원

개인적 차원에서 이루어지는 조직개발 기법은 기법 적용의 대상이 개인에 초점이 맞추어진다. 대부분의 개인 대상의 인력자원개발 활동이 이 범주에 속한다고 할 수 있다.

---

[6] Werner와 DeSimone(2006)의 동일한 분류에 대한 번역을 배을규(2009)는 인간과정 개입, 기술구조 개입, 사회기술체계 개입, 조직혁신 개입이라고 표현하였다.

- 카운슬링/코칭: 개인이 자신의 문제를 전문가에게 의뢰하여 자신의 문제를 해결하고, 대인관계에서 발생하는 문제를 잘 처리하며, 나아가 인격적 성장을 도모하도록 하는 도움을 주고받는 기법이다. 특히 코칭은 행동의 변화를 유발하고, 업무수행에 필요한 능력과 지식을 갖고 있음에도 불구하고 성과가 미진할 때 이를 향상시킬 수 있는 유용한 방법이 다. 또한 코칭은 고위 경영자나 외부 컨설턴트가 직무성과 또는 성과달성 방법에 관하여 피코치와 일대일로 함께 작업하게 된다(Walton, 1999).

- 훈련: 개인에게 직무에 즉시 적용할 수 있는 지식, 기술, 태도 등을 제공할 수 있도록 설계된 기법이다. 개인은 수행능력을 향상시키고, 필요한 수준의 지식과 기술을 습득하는 데 도움이 되는 정보를 제공받고, 또 교수학습을 조직적으로 받을 수 있도록 구성된다. 훈련을 통하여 직무수행능력의 향상과 역량 강화를 달성할 수 있다.

- 개인 목적 설정(individual goal setting): 개인과 그의 직속 상사와의 사이에서 개인의 성과향상 계획을 잘 세울 수 있도록 설계된 기법이다. 목표설정은 개인과 상사가 함께 참여하여 부하직원인 개인의 목적을 설정하고, 모니터링하며, 필요한 경우 상담과 지원을 제공한다.

- 성과평가시스템(performance-appraisal systems): 종업원들의 성과를 측정하는 방법, 그들의 성과에 대한 환류를 제공하는 방법을 변경하거나 개선함으로써 개인의 발전을 도모할 수 있도록 기획된 기법이다. 업적평가 과정은 보상체계와 긴밀하게 연계시킬 수도, 그렇게 하지 않을 수도 있다.

- 자기인식 도구(self-awareness tools): 개인의 성격과 인지적인 측면에 대한 올바른 이해를 통해 대인관계를 개선하고, 직무수행에 도움이 되도록 사용하는 기법이다. 흔히 사용되는 것으로 Johari Window, Myers-Briggs Type Indicator(MBTI), DiSC 등이 있다.

- 직무기술서(job descriptions): 개인이 수행하는 직무를 분석하고 그가 도달해야 할 결과를 기술하기 위하여 시행하는 기법이다. 직무기술은 특

정한 직무를 수행하는 데 필요한 구체적인 지식과 기술, 업무조건, 감
독지시, 다른 직무와의 관계, 급여 수준 등과 같은 요소들이 포함되고
더불어 직무의 방법과 성과의 기대수준 등이 설명되어 있다. 직무기술
서의 변경은 개인의 행동과 성취 목표에 영향을 준다.

- 가치 명확화(value clarification): 개인의 가치나 부서의 가치를 평가하고 결
  정하는 것을 돕도록 설계된 기법이다. 가치 명확화 기법을 통하여 개인
  은 자신의 가치를 확인하고, 그 가치가 자신의 행동에 어떻게 영향을
  미치는지 확인할 수 있다. 자기주도적인 개인으로 성장하는 데 중요한
  기법이다.

- 생애 및 경력 계획(life and career planning): 생애계획은 개인의 전체 인생
  의 목적과 방향을 결정하는 것으로 이 과정에는 교육, 가정, 여가활동,
  정신 개발, 직장 등이 포함된다. 경력계획은 좁은 의미로 직장 생활을
  하는 동안 경력기회를 탐색하고, 목적과 방향을 설정하며, 목적 달성에
  필요한 수단을 선택하는 것을 포함한다.

- 절차 매뉴얼(procedures manuals): 개인이 조직에서 당면하는 일상적인
  문제를 처리하는 방법을 수립하거나 공식화하기 위해 설계된 기법이
  다. 이 절차들은 조직의 각종 정책으로부터 나온다.

- 과정 개선(process improvement): 수행되는 과정을 좀 더 효과적이고 효
  율적인 방법으로 바꾸도록 고안된 기법이다. Shewhart의 순환 모형(계
  획-실행-점검-개선)이라든가, Rummler와 Brache(1995)의 현재(is)와 미
  래(should) 상태의 비교를 통한 개선 방법들이 있다.

- 다면평가 환류(multirator feedback 또는 360-degree feedback): 한 개인이
  다수의 사람들로부터 환류 받도록 고안된 기법이다. 대체로 개인의 행
  동, 기술, 역량의 개발을 위한 환류도 포함된다. 이 기법은 평가 주체를
  다양화함으로써 종전의 평가개념에서와 같이 1인에 의한 평가로 평가
  결과가 편향되는 것을 방지하고, 평가의 공정성과 객관성을 제고하여,
  결과에 대한 반발을 감소시킬 수 있다.

- 평가센터(assessment center)기법: 평가센터는 장소의 의미가 아니라 평가하는 방법을 의미한다. 이 기법은 조직개발뿐만 아니라 선발과 개인개발을 위해서도 폭넓게 사용된다. 평가센터는 사람들을 시뮬레이션, 역할연기, 의사결정 과정 활동 등에 참여시킨 후 개인의 역량을 평가하는 기법이다.

(2) 팀 또는 부서단위 차원

팀 또는 부서단위를 대상으로 하는 조직개발 기법은 주로 개인적으로 접근하기보다 한 부서나 같은 목적 달성을 위하여 조직된 팀을 기본 단위로 한다.

- 팀구축(team building): 함께 작업하는 종업원들의 응집력과 협동심을 증가시키기 위해, 또 문제해결능력을 강화하여 작업집단의 효과성을 향상시키기 위해 고안된 기법이다. 팀구축을 실시하는 데에는 첫째, 팀구축 요구에 대한 예비 진단이 실시되어야 하고, 둘째, 변화추진자가 조직개발 지식과 기법을 갖춘 사람이어야 하며, 셋째, 변화관리자와 변화추진자가 공동으로 팀구축 방법을 고안해야 한다는 전제조건이 있다.
- 직무 충실화(job enrichment): 직무상 과업과 기대되는 결과에 변화를 가하고, 재직자에게 더 큰 의무를 부여하도록 설계된 기법이다. 이 방법은 조직 구성원들의 동기를 강화하기 위해서 직무활동을 다양화하는 것이다. 특정 직무를 개인 또는 집단에 부여하여 직무 전체 과정을 계획하고 실행·평가하게 하는 것으로, 직무에 대한 자부심과 책임감, 자발성을 갖게 한다. 직무 확대가 과업의 수를 양적으로 증가시키는 것과 달리 직무 충실화는 과업의 질적 개선을 제고하는 방법이다.
- 직무 확대(job enlargement): 특정 직무에서 수행되는 과업의 수를 증가시켜 개인의 직무 범위를 확장하도록 함으로써 직무만족도와 수행성과를 높이기 위해 실시되는 기법이다. 직무수행자는 추가로 부과된 업무수

행을 위하여 여러 가지 과업에 대한 학습을 해야 하지만, 결과적으로 여러 과업활동을 경험함으로써 개인의 능력을 총체적으로 개발할 수 있는 기회로 활용할 수 있다.

● 직장 생활의 질(quality of work life: QWL): 근무 조건을 개선하고 자신과 조직에 영향을 미치는 주요 의사결정에 종업원들의 참여를 증가시키기 위해 고안된 기법이다. 1950년대 유럽에서 시작되어 미국으로, 이어서 일본으로 전파되면서 직장생활의 질에 관한 문제가 질적인 변화를 겪게 되었다. 기존의 조직설계와 직무설계를 넘어서 보상체계, 작업과정, 관리양식, 직무환경 등과 같이 생산성과 직무만족에 영향을 미치는 다양한 조직 특성이 주요 주제로 다루어지게 되었다.

● 품질분임조(quality circles: QC): 소그룹, 종종 작업집단을 사용하여 제품을 향상시킬 수 있는 방법을 찾거나 업무상의 문제를 해결할 수 있도록 고안된 기법이다. 이는 개별적인 직무 문제뿐만 아니라 일에 관한 전반적인 의사결정에 조직 구성원을 참여시키는 과정이다.

● 부서 목적 설정(unit goal setting): 개인 목적 설정과 달리 부서 목적 설정은 부서의 구성원이 목적(종종 제품의 품질 등을 수반함) 수립을 잘할 수 있게 도와주도록 설계된 기법이다.

● 갈등 관리(conflict management): 작업 집단의 구성원 간에 발생하는 파괴적인 갈등을 감소시키기 위해 고안된 기법이다. 갈등 관리는 조직의 성과를 최고 수준으로 유지하기 위하여 관리자가 해결해야 할 과제 중 하나다. 상황에 따라 갈등을 유발하기도 하면서 관리할 필요가 있다.

● 과정 자문(process consultation): 외부 컨설턴트가 관리자들을 도와 그들이 다루어야 할 과정상의 사건을 인지하고 이해하여 관리자들로 하여금 해당 문제에 영향을 미칠 수 있게 하는 기법이다. 초점은 어떻게 상호작용을 할 것인가에 맞추어 설계된다. 이 기법은 조직이 당면하고 있는 중요한 개인적, 집단적 문제해결을 목표로 외부 컨설턴트가 개입하되 조직에서 스스로 문제해결을 하도록 하는 방법이다.

(3) 부서 간 차원

- 작업흐름 계획(work-flow planning): 2개 또는 그 이상의 조직 요소들 간에 발생하는 작업의 흐름을 계획할 수 있도록 고안된 기법이다.
- 일정 검토(scheduling review): 직무수행의 일정이 어떻게 잡혀 있는지 평가하도록 설계된 기법이다.
- 조직 간 개발(interorganizational development): 2개의 부서가 좀 더 효과적인 관계를 형성하거나 유지하게 하기 위해서 함께 일하도록 하는 기법이다.
- 부서 간 갈등 관리(intergroup-conflict management): 일반적인 갈등 관리가 집단 구성원 개인 간의 파괴적 갈등을 감소시키기 위한 것이라면, 부서 간 갈등 관리는 2개 또는 그 이상의 부서에서 발생하는 파괴적 갈등을 해소하기 위해 고안된 기법이다.
- 3자 개입(third-party intervention): 이전의 갈등으로 손상된 관계를 개선하도록 고안된 기법이다. 제3자가 개입하여 문제상황의 두 해당 부서 간 문제를 진단하고, 해석하며, 해결할 수 있도록 도와준다.
- 다직종 교차훈련(cross-functional training): 구성원이나 부서들이 다른 부서 또는 조직과 제대로 기능하는 데 필요한 지식을 제공하도록 고안된 기법이다. 다른 부서 내지 다른 조직의 업무 기능을 이해함으로써 부서 간 협력과 업무 분담이 원활히 이루어진다.

(4) 전체 조직 차원

- 전략적 기획(strategic planning): 조직의 장기적인 목적, 목표, 그리고 방향을 더 잘 설정할 수 있도록 설계된 기법이다.
- 대면 회합(confrontation meetings): 파괴적인 갈등을 해결하기 위하여 2개 또는 그 이상의 부서가 함께 대면할 수 있도록 설계된 기법이다.
- 문화변화(culture transformation): 어떤 일을 하는 옳은 방법이라는 가정을 바꾸도록 고안된 기법이다. 조직의 문화는 어느 한 가지로 설명될 수

없는 다양한 요소를 포함하는데, 기존에 조직이 공유하는 가치 및 가치관, 조직구조의 변화 등을 통하여 조직문화를 바꿀 수 있다.

● 업무 재구축(reengineering): 중대한 결과를 얻기 위하여 사업 과정을 급진적으로 재설계하는, 과정 혁신(process innovation) 또는 핵심 과정 재설계(core process redesign)라고도 알려진 기법이다. 기업의 목표로부터 가치관, 조직, 공정 및 업무 등에 이르기까지 원점에서부터 재검토해서 재조직하는 일종의 경영 혁신을 말한다. 성공적인 업무 재구축은 종종 조직의 정보체계 변화와 밀접하게 관련되어 있다.

● 직무 재설계(work redesign): 기존에 조직되어 있던 직무와 그 직무를 수행하는 구성원, 그리고 필요한 기술적 자원을 다시 조정하여 변경하는 기법이다.

● 품질 및 생산성 시스템(quality and productivity systems): 조직 전체적으로 품질과 생산성을 꾸준히 향상시키도록 고안된 기법이다.

● 설문 환류(survey feedback): 조직 구성원으로부터 정보를 수집하고, 결과를 보고하며, 그 결과를 개선활동을 위한 실천 계획의 출발점으로 사용하도록 설계된 기법이다. 설문 환류는 조직 내의 변화를 위해 조직 구성원들에게 변화에 대한 고민과 생각, 타인과의 의견교환, 행동변화 동기의 활성화 등의 기회를 제공하는 계기로 삼을 수 있다.

● 구조 변화(structural change): 보고 체계를 비롯하여 조직의 구성요소들의 목적과 목표를 변경하도록 설계된 기법이다.

● 고객 서비스 개발(customer-service development): 종업원에게 효율적이고 정중한 고객 서비스의 감수성을 높이고, 효과적인 고객 서비스를 제공하는 방법을 구안하도록 설계된 기법이다.

● 사회기술적 시스템(sociotechnical systems): 종업원과 조직에서 사용되는 직무 관련 기술 간의 연관성을 증진시키도록 설계된 기법이다.

● 대규모 기술/미래 탐색 회의(large-scale technology/future search conference): 조직의 이상적인 미래를 만들어 내기 위해 조직의 다양한 수준에 있는

종업원들을 대규모로 소집하도록 기획된 기법이다.

● 벤치마킹(benchmarking): 벤치마킹은 최고의 모범적인 성공사례를 발굴하여 배우고 모방하며 실행해 보는 기법이다. 이 방법은 조직의 목표 달성을 위하여 업무 과정을 분석하는 데 매우 유용하다. Camp(1995)는 벤치마킹의 과정을 계획, 분석, 통합, 실행, 완성의 5단계로 제시하였다.

이상과 같이 조직개발의 대상이 개인인 소규모 경우부터 조직 전체인 대규모 경우에 이르기까지 다양한 조직개발 개입기법이 있다. 요컨대, 변화추진자는 이러한 개입기법을 자신의 도구로 적시에 사용할 수 있도록 준비해야 한다. 조직개발의 고객 조직의 변화관리자 또는 인력자원개발 업무 담당자도 대략적인 개입기법에 관한 지식을 어느 정도 갖추고 있어야 한다.

제3부

인력자원개발의 실제

제9장

인력자원개발 요구분석

학습 주안점

① 교수설계와 교수체제개발의 개념은 각각 무엇이고, 어떤 점에서 필요한가?

② 교수체제개발의 모형에는 어떤 것들이 있는가?

③ 요구분석의 개념은 무엇이고, 그 필요성과 목적은 무엇인가?

④ 인력자원개발 프로그램 요구분석의 주요 방법과 내용은 무엇인가?

1. 교수설계와 교수체제개발

이 장부터는 인력자원개발의 하위 영역 가운데 실제적으로 기업이나 조직의 인력자원개발 부서에 종사하는 담당자의 업무 중 큰 비중을 차지하는 교육훈련 프로그램을 다루고자 한다. 일반적으로 사람들이 교육훈련 프로그램에 참가하였을 때 프로그램의 전체 주기에서 접할 수 있는 단계는 프로그램이 전달되는 시행 단계와, 만족도 조사라는 이름으로 프로그램 마지막 또는 한 강좌가 종료되었을 때 실시하는 평가 단계가 될 것이다. 그렇다면 전달되는 프로그램이 가시적인 형태로 나오기 전에는 어떤 단계들이 더 있을까?

프로그램은 일반적으로 교육훈련 현장에서 사용되기 전에 어떤 내용을 담을지 분석하고, 어떻게, 어느 정도의 수준으로 담아야 할지, 누구에게 어떻게 전달할지 등을 결정하는 단계를 거쳐야 한다. 이러한 단계를 밟아 가는 데 안내자 역할을 하는 것이 교수설계다. 즉, 교수설계(instructional design)는 교수체제를 설계, 제작, 적용, 평가하는 등 교수의 전체 과정을 최적화, 체계화하기 위한 활동이다. 이러한 체제적 설계의 원리를 준비 단계부터 최종 평가 단계에 이르기까지 적용하여 교수체제개발(instructional systems development: ISD)이 이루어진다.

1) 교수설계와 교수체제개발의 개념

Piskurich(2006)는 교수설계에 관하여 유용한 비유를 들어 설명하고 있다. "만약 가야 할 곳이 어디인지 모른다면, 어느 길도 그곳에 다다르게 하지 못할 것이다(If you don't know where you are going, any road will get you there)."(p. 1)라는 것이다. 그는 이어서 교수설계의 목적은 바로 정확한 목표 지점이 어디이고 그 목표 지점에 다다르게 하는 방법이 무엇인지를 제시해 주는 것이라고 풀이한다. 따라서 교수설계는 아주 효율적인 방법으로 효과적인 훈련을 만들어 내도록 도와주는 과정이라고 정의할 수 있다. 교수설계는 하나의 체계로서 정확한 질문을 할 수 있게 안내해 주고, 올바른 의사결정을 하도록 도와주며, 상황이 요구하고 허락하는 한 유용하고 쓸모 있는 제품을 만들어 내도록 도와준다. 따라서 어떤 사람들은 교수설계를 '과학'이라 하기도 하고, 또 어떤 사람들은 '예술'이라 하기도 한다.

교수설계는 교수라는 단어와 설계라는 단어의 조합으로 이루어져 있다. 한국기업교육학회(2010)의 정의에 따르면 교수는 "의도된 특정 학습목표 달성을 촉진하기 위해 정보활동을 개발하고 전달하는 것"(p. 42)이고, 설계는 "문제를 해결하기 위한 계획의 개발 또는 실행에 선행하는 체계적인 혹은 의도적인 계획과 사고과정"(p. 42)이라고 하였다. 즉, 교수설계란 특정한 학습내용을 전달하거나 특정한 학습 집단을 대상으로 할 때, 학습자들의 지식과 기술 등에 기대되는 변화를 일으키기 위해 필요한 최적의 교수방법이 무엇인지를 결정하는 과정을 말한다. 교수설계의 최종 산출물로 작성되는 것은 학습을 위한 교수계획표, 즉 교수명세서다. 교수설계에서는 교수목표를 결정하기 위한 교수분석, 교수매체와 효과적인 전달을 위한 교수전략개발, 교수자료의 효과성과 수정을 위한 교수평가 등이 체계적으로 이루어져야 한다. 한편, 교수개발(instructional development)에 관해서는 "학습활동을 만들어 내는 과정으로 교수설계와 유의어로 쓰이기도 한다. 수업상황에 적합한 효과적·효율적인 교수방법을 창안해 내는 기법을 개발·개선·적용하는 것이다. 즉, 교수방법을 실제적으로 창안해 내는 기법을 이해하고 개발하며, 상황과 필요에 따라 개선하고, 개발한 기법들을 직접 적용하는 일체의 과정"(p. 40)이라고 하였다.

Piskurich(2006)는 다시 교수설계가 필요한 이유를 설명하고 교수설계의 간단한 모형과 자신이 발전시킨 모형을 제시하면서 각자의 한계와 장점을 비교하였다. 먼저, 교수설계의 필요성과 관련하여 엉터리 교수설계가 가져오는 폐해를 다음과 같이 재미있게 표현하고 있다.

"수업이 과정개요에 진술된 목표들과 부합하지 않았는가? 엉터리 교수설계 때문이다! 프로그램 종료 시에 시행한 평가가 무의미했는가? 엉터리 교수설계 때문이다! 교수자가 아무런 명확한 패턴 없이 이 주제에서 저 주제로 갈팡질팡 진행했는가? 엉터리 교수설계 때문이다! 제시된 학습내용이 너무 어려웠는가, 아니면 너무 기초적이었는가? 여전히 엉터리 교수설계 때문이다!"(p. 3)

이어서 그는 [그림 9-1]과 같이 교수설계의 가장 단순한 모형인 일직선 모형을 제시하였다. 이 모형은 각 요소가 한 번의 주기로 교수체제개발이 완료되는 것을 말한다.

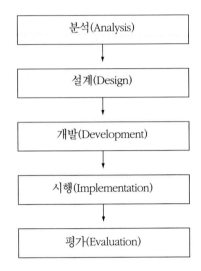

[그림 9-1] 교수체제개발의 일직선 모형

출처: Piskurich (2006), p. 4.

그러나 시간이 경과하면서 설계자들은 이렇게 시작과 끝이 있는 일직선 모형이 비현실적이라는 것을 알게 되었다. 평가는 대개 더 많은 분석으로 이어지고 이러한 분석은 프로그램을 다시 설계하는 데 환류되었던 것이다. 따라서 [그림 9-2]와 같은 순환적인 모형을 구안해 내게 되었다.

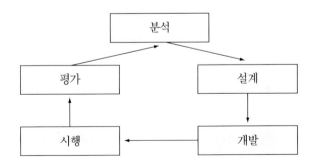

[그림 9-2] 교수체제개발의 순환 모형

출처: Piskurich (2006), p. 4.

　　교수체제개발 현실을 보면, 다섯 단계의 요소에 관하여 의사결정을 하고, 또다시 반복적으로 의사결정을 하는 과정을 밟게 된다. 이 경우 순환적인 모형만으로 충분하지 않기 때문에 각 요소 간 상호작용이 활발히, 반복적으로 일어나는 현실을 반영하는 거미집 모형이 출현하게 되었다([그림 9-3] 참조).

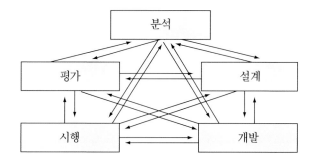

[그림 9-3] 교수체제개발의 거미집 모형

출처: Piskurich (2006), p. 5.

　　강대석(2007)은 교수설계가 과정으로서의 훈련개발의 기반이 된다고 전제하고, Berger와 Kam(1996; 강대석, 2007 재인용)의 교수설계 정의를 채택한다. 이들은 교수설계를 교수(instruction)의 질을 위하여 학습 및 교수이론을 이용해서 교수방식을 체계적으로 개발하는 것이라고 정의하였다.

　　Rothwell과 Kazanas(2008)는 성과문제와 연관 지어서 넓은 의미로 교수설계를 정의하였다. 즉, 교수설계는 "종업원의 성과문제를 체계적으로 분석하고, 성과문제의 근본 원인이 무엇인지 찾아내며, 근본 원인을 해결할 수 있는 다양한 해결책을 고려하고 수정하는 과정에서 의도하지 않았던 부작용이 최소화되도록 설계된 해결책을 시행하는 광의의 개념"(p. 3)이라고 하였다. 보충하면, 교수설계는 단지 일과 관계된 교수를 준비하는 것뿐만 아니라, 직무보조자료를 준비하고 사용하는 등 성과문제에 대한 관리대책을 선정하는 일, 조직구조와 보고 체계를 재설계하는 일, 직무와 과제를 재설계하는 일, 종업원 선발 방법을 재조정하는 일, 직무 관련 및 과제 관련 환류체계를 재조성하는 일, 종업원의 보상 프로그램을 설계하고 시행하는 일 등을 포괄한다(Jacobs, 1987; Rothwell, 2000; Rothwell, Hohne, & King, 2007).

앞서 인력자원개발 업무 담당자의 역할을 논의하면서, Gilley, Eggland와 Gilley(2002)의 견해를 소개하였다. 그는 인력자원개발 업무 담당자의 역할을 학습촉진자, 교수설계자, 수행공학자의 세 가지로 나누면서, 이 중 교수설계자로서는 프로그램 설계자, 수업자료 작성자, 매체전문가, 과제분석가, 이론가의 다섯 가지 역할을 한다고 하였다. 이들이 주로 하는 활동은 요구분석, 수행목표 설정, 교육훈련 활동의 설계, 교육훈련의 전략 선택, 결과평가 등임을 소개하였다. 이들은 성과 향상과 변화를 위해서는 프로그램의 설계가 핵심이라는 점을 강조한다.

이상에서 살펴보았듯, 많은 학자들이 교수설계와 교수개발체제에 관하여 생각하는 범위와 용어가 갖는 의미, 절차 등은 일치하지 않고 있다. 그러나 교수라는 한정된 범위에 초점을 맞춘다면, 광의의 관점은 교수활동과 간접적으로 관련된 분야와 교수활동은 상호 연결되어 있어서 별개의 활동이 아니라 교수활동을 원활하게 하는 보조 기능을 한다고 보면 무리가 없을 것이다.

끝으로 교수설계와 교수개발, 교수체제설계와 교수체제개발의 용어 정의를 정리하고자 한다. 네 가지 용어를 다음과 같이 정리할 수 있다(Reynolds, 1993).

- 교수설계: 교수를 위한 계획과 설계 활동; ISD의 설계 단계; 엄격하지 않게 보면, 교수개발의 유의어이지만 일부는 교수개발과 엄격하게 구분하기도 함
- 교수개발: 학습활동을 개발하는 과정, 교수공학과 교수체제개발 참조; ISD의 개발 단계; 엄격하지 않게 보면, 교수설계와 유의어이지만 일부는 교수설계와 엄격하게 구분하기도 함

- 교수체제설계(instructional systems design): 교수체제개발 참조
- 교수체제개발: 대개 ISD라는 약어로 많이 사용되는데, ISD는 교수개발을 조직하는 다양한 종류의 체제를 일컫는 용어; ISD는 계획적이고 순서 정연해야 하지만 유연한 과정이며, 종업원들이 비용효과적인 방법으로 성공적인 직무수행에 필수적인 지식, 기술, 태도를 배울 수 있는 프로그램을 계획하고 개발하는 과정

교수설계와 교수개발은 사람마다 유의어로, 또는 별개의 개념으로 다룬다. 하지만 교수설계를 기초로 교수개발이 이루어진다고 할 때, 교수설계와 교수체제개발이라는 용어를 연결되는 용어로 사용하는 것이 무리가 없을 것이다.

2) 교수체제개발 모형의 변천

교수설계는 여러 가지 규칙 또는 절차로 구성되어 있다. 이 절차 중의 어떤 것은 교육훈련의 목적을 결정하는 일과 관련이 있고, 또 어떤 절차는 참가자들이 그 목적이 무엇인지 알 수 있도록 내용을 구성하는 것과 관련이 있다. 또 다른 절차는 훈련의 모든 것이 그 목적에 초점을 맞추도록 정렬시키고, 아울러 그 목적이 달성되었는지 어떻게 점검할 것인가 하는 것과 관련되어 있다. 이러한 일련의 원칙들은 1940년대 군대에서 개발되어 오늘날의 교수체제개발 모형으로 발전되었다(Piskurich, 2006). 1940년대는 제2차 세계대전과 맞물려 있고, 이 시기는 효율적으로 많은 군인 자원을 훈련하여 전쟁에 투입해야 했다. 따라서 이 시기에 교수학습의 여러 문제해결을 위한 이론, 측정 및 평가 등 체제적 접근을 통한 방법이 동원된 교수체제개발 모형이 틀을 갖추게 된 것이다(강경종, 1996).

교수체제개발 모형은 초기 모형이 갖고 있는 약점들이 꾸준히 보완되면서 제4세대 모형까지 발전하였다. 최근에는 정보통신기술을 활용한 교수방

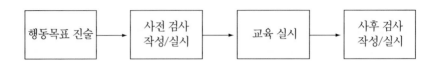

[그림 9-4] 제1세대 교수체제개발 모형

출처: 강경종(1996), p. 61.

법이 등장하게 되면서 제5세대 모형으로 발전하고 있는 것으로 보인다(권대봉, 2003). 다음에서 제1세대 모형부터 제4세대 모형까지 간략하게 소개하고자 한다.

제1세대 모형은 대략 1960~1970년대에 걸쳐 활용되던 모형이다. 이 모형은 교수설계의 요소가 매우 단순하게 적용되고 집단에 대한 평가활동이 주가 되는 특색이 있다. [그림 9-4]에서 보듯이 행동목표 진술로부터 시작해서 교수활동 전후로 평가가 이루어지는 단순한 모형이다. 이때의 행동목표는 학습대상자의 분석을 통하여 얻은 것이 아니라는 한계가 있다.

제2세대 모형은 1970년대 이후 사용되고 있는 모형으로, 과정이 세분되고 체제적 접근이 잘 반영된 모형이다. Dick과 Carey(1978; 나일주, 1994a 재인용)의 모형이 전형적인 제2세대 모형에 속한다. 이 모형은 교육훈련 프로그램 설계의 교과서적 모형으로 알려져 있다.[1] [그림 9-5]에 제시된 각 요소를 간략히 소개한다.[2]

● 교수목적 파악: 교수활동이 종료된 후 학습자가 성취해야 할 목적을 밝혀내는 것으로, 학습자의 요구분석이나 교육과정 분석 등으로 파악할 수 있다.

[1] 이후에 수정판이 출간되었으나(Dick, Carey, & Carey, 2001), 여기서는 1978년도 모형을 소개한다.
[2] 이 부분은 나일주(1994a)를 참고하여 작성하였다.

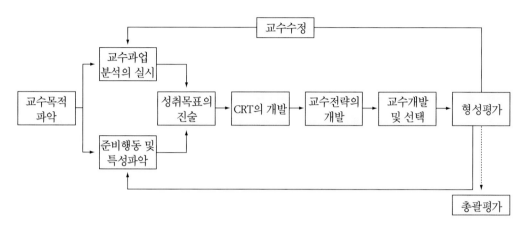

[그림 9-5] 제2세대 교수체제개발 모형

출처: Dick & Carey (1978); 나일주(1994a), p. 129 재인용.

- **교수과업분석의 실시**: 교수목적을 파악한 후 그를 달성하기 위하여 필요한 하위 지식과 기술들을 분석한다. 과제분석(task analysis)의 각종 기법을 활용한다.
- **준비행동 및 특성파악**: 목적 달성에 필요한 하위 요소 분석과 병행하여 학습자가 본 학습을 하기 전에 필요한 지식, 기술, 특성이 파악되어야 한다. 선행 능력 및 특성에 관한 분석은 교수설계에서 간과되기 쉽다.
- **성취목표의 진술**: 교수분석 및 준비행동, 특성파악의 결과를 토대로 학습자가 교수학습을 통하여 성취해야 할 목표를 진술한다. 목표 진술에는 학습자가 배워야 할 지식 및 기술과 이러한 지식 및 기술이 성취되는 조건, 성공적인 학업수행의 준거 등이 명시되어야 한다.
- **CRT의 개발**: CRT[3](criterion-referenced test)란 목표에 기초한 평가도구다. 평가는 가르치고자 했던 목표가 성취되었는지를 측정해야 한다는

---

[3] CRT는 준거지향 검사로서, NRT(norm-referenced test), 즉 상대와의 비교에 기초한 규준지향 검사와 맞서는 검사라 할 수 있다.

점에서 교수체제개발에서 중요한 과정이다. 목표에서 명시한 지식과 기술의 습득 여부에 대한 평가문항이 포함된다.

- 교수전략의 개발: 앞의 단계들을 거쳐 나온 자료를 토대로 교수목적을 달성하기 위한 전략 또는 방법들이 고안된다. 각종 교수학습에 관한 이론이 적절하게 활용되도록 구성한다.

- 교수개발 및 선택: 교수전략을 교수체제개발에 활용하여 각종 자료를 개발해 내는 단계다. 각종 자료에는 학습자용 교재, 교수자료, 평가지, 교사용 지침서 등이 포함된다.

- 형성평가: 진행되는 과정에서, 개발된 교수학습 자료가 과연 효과적인지를 평가하는 것이다. 이를 통하여 교수학습 자료를 개선하기 위한 방안을 모색한다. 형성평가(formative evaluation)에는 일대일 평가, 소집단 평가, 대집단 현장 평가 등이 포함되며, 각각 유용한 정보를 얻을 수 있다.

- 교수수정: 교수체제개발의 마지막 단계로서, 형성평가의 결과를 교수에 반영하여 수정하는 작업 단계다. 학습자가 성취목표를 달성하는 데 장애가 되었던 부분들을 파악하여 교수자료의 수정과 보완에 활용한다.

- 총괄평가: 교수학습 과정이 완료된 후, 교수자료가 교수목적 달성에 어떻게 작용하였는지를 평가하는 것이다. 총괄평가(summative evaluation)가 점선으로 표시된 것은 그것이 한번에 이루어지지 않고 일정 기간에 걸쳐 여러 차례 평가함으로써 교수자료가 효과적이었는지를 파악할 수 있기 때문이다.

제3세대 모형은 1980년대 이후 사용되는 모형이다. 이 모형에서는 내용전문가와 수업설계 전문가가 개발과정을 담당하고, 실시와 평가는 각각의 전문가가 전담하는 분업형 체제로 되어 있는 것이 특징이다. 특히 이전 세대 모형에 포함되지 않았던 설계 단계가 포함되어, 교육훈련 필요성과 학습자 특성에 맞는 교수체제개발이 가능하게 되었다(권대봉, 2003). 이 모형에

[그림 9-6] 제3세대 교수체제개발 모형

출처: 권대봉(2003), p. 129.

는 분석(analysis),[4] 설계(design), 개발(development), 시행(implementation), 평가(evaluation)의 다섯 단계가 포함되어 있고, 이들 단계의 영어단어 첫 글자를 따서 'ADDIE 모형'이라 부르기도 한다(Noe, 2008; Rothwell & Kazanas, 2008). [그림 9-6]은 제3세대 교수체제개발 모형을 보여 준다.

제4세대 모형은 최근에 시도된 교수체제개발 모형이다. 하위 요소들이 일정한 순서에 따라 진행되는 것이 아니고, 동시에 맞물려 진행된다는 특징이 있다. 이 모형은 하위 요소들이 중첩되어 있기 때문에 동시에 여러 단계가 진행됨으로써 시간 절약의 장점이 있고, 교육훈련 프로그램 개발과정에서 잘못된 점을 곧바로 수정하는 것이 가능하다(권대봉, 2003). 이 모형은 그 생긴 모양이 비눗방울과 같다 하여 'bubble model'이라고 부르기도 하며, 대략적인 형태는 [그림 9-7]과 같다.

현재 제4세대 교수체제개발 모형보다는 제3세대 모형이 보편적으로 활용되고 있다. 우리나라에는 1990년대 중반 이후 많은 기업과 조직에서 제3세대 모형을 사용하게 되었는데, 우리나라 인력자원개발이 체계화하는 데 큰 기여를 한 것으로 평가된다. 기존에 주먹구구식으로 교육훈련 프로그램을 작성하던 단계에서 도약을 보게 된 셈이다. 이후 대기업 그룹 위주로 맞춤형 교수체제개발 모형을 보유하게 되었는데, 다섯 단계 중 어느 단계에 강조점을 두는가에 따라 많은 변종이 가능했기 때문이다.

---

[4] 원래는 교육훈련의 요구분석(needs analysis) 또는 요구사정(needs assessment)이나, 일반적으로 분석 단계라고 칭한다.

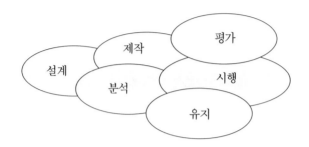

[그림 9-7] 제4세대 교수체제개발 모형

출처: 강경종(1996), p. 62.

향후 기업과 조직의 인력자원개발 활동은 지금까지처럼 대규모 학습대상
자를 가정한 교육훈련 프로그램 시행보다는, 소수를 대상으로 한 개인별 특
화 프로그램이 활성화될 것으로 보인다.

2. 프로그램 개발의 요구분석

앞서 살펴보았던 교수체제개발 모형에 따라 교육훈련 프로그램을 개발하
게 되면 맨 처음 시작하는 단계가 바로 분석, 정확히 말해서 요구분석이다.
더 세부적으로는 훈련요구분석(training needs assessment)이라 할 수 있다.
이 절에서는 요구 또는 욕구 등으로 번역되는 needs의 정확한 의미를 살펴
보고,[5] 왜 요구분석이 중요한지, 또 왜 필요한지를 살펴보고자 한다. 아울
러 분석 단계에서 어떤 것을 분석하는지 그 내용을 살펴보고자 한다.

---

[5] 요구는 '개인이 느끼고 있는 무엇인가의 결핍(deficiency) 상태를 충족시키기 위하여 필요로
하거나 원하는 상태 또는 상황'이라는 의미다. 이는 유기체의 생물학적·심리적 기구에서 생
기는 부족 상태를 보충하고 과잉 상태를 배제하려는 생리적 내지 심리적 과정인 '욕구'와 다
른 의미로 사용된다.

1) 요구분석의 개념적 논의

(1) 요구 및 요구분석의 개념

만약 기업의 인력자원개발 업무를 담당하는 사람이라면, 다음과 같은 문제에 봉착했을 때 어떻게 해야 할까?

- 어떤 교육훈련을 실시해야 <u>할지</u> 모르겠는 걸!
- 성과를 어떻게 <u>증진</u>시켜야 할까?
- 품질을 어떻게 <u>향상</u>시킬까?
- 어떻게 하면 우리의 이익을 <u>극대화</u>할 수 있지?
- 효율성을 어떻게 <u>더</u> 높일 수 있을까?
- <u>더</u> 좋은 결과를 얻으려면 어떻게 기획을 하지?

이러한 문제상황에서 맨 처음 해야 할 일은 문제의 원인을 찾아내는 일이다. 위에 열거한 문제들을 보면, 현재라는 문제상황의 출발점이 있고, '~할지, 증진, 향상, 극대화, 더' 등의 지향점이 있다. 요구는 이와 같이 현재의 상황과 미래의 상황, 곧 추구해야 할 바람직한 상황 사이의 차이에서 발생한다.

요구분석의 개념을 논의하기 위해 요구의 의미를 먼저 살펴보자. 일찍이 Kaufman(1972)은 최선의 계획은 요구의 확인으로부터 시작된다고 갈파한 바 있다. 그는 교육의 관점에서 접근하였는데, 교육요구(educational needs)를 현재의 결과(outcomes)와 바람직한 또는 요구되는 결과 간의 측정 가능한 불일치(또는 차이)라고 정의하였다. 이 차이를 진술하는 방법은 현재 상태(what is)와 바람직한 상태(what should be) 간의 측정 가능한 차이를 밝히거나 또는 현재 상태(what is)와 필요로 하는 상태(what is required) 간의 측정 가능한 차이를 밝히는 것이다. 이러한 절차를 요구사정(needs assessment)이라고 하였다. 즉, 요구사정이라는 것은 불일치를 분석하는 것이다. 이어서 그는 좀 더 구체화한 요구의 정의를 내놓았는데, 그는 요구를 현재 우리가 받는 보상이나 결과와 우리가 (앞으로 또는 마땅히) 받아야 할 보상이나 결과 사이에서 나타나는 차이라고 하였다(Kaufman, Rojas, & Mayer, 1993).

Reynolds(1993)는 충분하지 못하고 적절하지 못한 태도, 지식, 기술에서 초래되는 실제 직무성과와 바람직한 직무성과 사이의 차이, 또는 현재의 상태(what is)와 바람직한 상태(what should be) 사이의 차이를 말한다고 정의하였다. 그리고 실제 직무성과와 미래에 기대되는 직무성과 사이의 차이도 넓게 보아 요구에 포함하였다.

심한식(1994)은 인력자원개발 업무 담당자들이 갖추어야 할 업무수행능력[6]이 다섯 가지 근본적인 기술 영역에 포함된다고 하면서 그 다섯 가지 기술 영역을 소개하는 가운데 필요분석이라는 용어를 사용하였다. 1990년대 당시 인력자원개발 분야가 오늘날처럼 학문적인 연구가 많이 되어 있지 않은 상황에서 요구분석이라는 용어보다는 needs를 필요로 해석하여 필요분석이라는 용어로 사용한 것으로 보인다. 뒤에 프로그램 설계, 개발, 평가가 근본적인 기술 영역으로 나열되는 것을 보면 그에 앞서 수행되어야 하는 요구분석을 지칭하고 있다고 할 수 있다. 그는 필요분석을 계획하고 운영하는데 능숙해야 하는 이유로 "첫째, 조직 내 특정한 문제 영역의 확인, 둘째, 프로그램과 활동의 기초가 되는 특정한 학습 결함 확인, 셋째, 앞으로 있을 학습자 평가의 근거 확인, 넷째, 조직의 지원을 획득하기 위한 프로그램의 비용과 이익 확인"(p. 46) 등을 제시하고 있다.

나일주(1994b)는 수행문제의 분석(performance problems analysis)을 논의하면서 교육필요분석(instructional needs analysis)을 유사개념으로 제시하고 있다. 즉, 교육필요분석은 '교육'으로 문제를 해결하려 할 때 사용되는 방법이라는 것이다. 그는 두 가지 경우로 나누어 접근하고 있는데, 첫째는 수

---

[6] 문맥상으로 보면 역량(competency)을 표현한 것으로 추측된다.

행문제의 존재가 확인되었고 그 해결책으로 교육이 고려되는 경우이고, 둘째는 직접적인 수행문제가 존재하지 않지만 교육이 미래에 낳을 '교육적 잠재력'을 고려하여 교육을 실시하려는 경우다. 즉, 교육필요분석은 당장의 수행문제와 상관없이 실시될 수 있다는 것이다.

Mathews(1997)는 인력자원개발 주기의 첫 단계를 훈련요구분석(training needs analysis)이라 부르면서, 그 정의를 다음과 같이 제시하였다. 즉, 훈련요구분석은 "조직의 훈련개발요구에 관한 정보를 수집하고 검토하여 개발계획의 토대로 문서화하는 식의 다양한 방법들로 수행되는 구조화한 과정"(p. 10)이다. 훈련개발계획은 확인된 훈련개발요구와 그 요구를 해결하기에 적합한 인력자원개발 개입기법을 제시하게 된다.

권대봉(1998)은 요구에 관한 관점에 요구를 정의하고 분석하는 기준, 자료의 수집 및 비교 시점에 따라 요구 자체가 달라질 수 있다는 점을 근거로 시간의 개념을 결합한 정의를 시도하였다. 시간 개념이 포함된 요구는 사후형 현재적 요구와 사전형 미래적 요구의 두 가지로 나뉜다. 전자는 현재 수준과 현재 상황에서 도달해야 할 바람직한 수준, 또는 도달해야 하는 정상적인 수준 간의 차이를 말한다. 한편, 후자는 바람직한 현재의 성과 또는 업무수행 수준과 미래에 요구되는 바람직한 성과 또는 업무수행 수준 간의 차이를 말한다.

Dubois와 Rothwell(2004; Werner & DeSimone, 2006 재인용)은 요구를 조직이 기대하는 상황과 실제 나타나는 상황 간의 불일치 또는 차이라고 하였다. Werner와 DeSimone은 Brinkerhoff(1986)가 분류한 요구분석에서 성과의 결핍에만 초점이 맞춰져 있다고 보고, 성과결핍이 포함하고 있는 진단적 요구와 분석적 요구 외에 법률준수상의 요구(compliance needs)를 추가하였다. 이들은 요구분석의 수준을 (전략과) 조직, 과업, 개인의 세 가지로 나누었다.

강대석(2007)은 "니즈(needs)란 실제 발생한 것과 기대되는 것 간의 차이"(p. 113)라고 정의하고, 니즈분석(needs analysis)은 "조직의 직무 관련 니즈

와 현 인력의 능력에 대한 평가"(p. 113)라고 정의하였다. 니즈분석이 필요
한 이유는 "니즈에 대하여 취해질 조치들(interventions)의 타당성을 미리 검
증해야 할 필요성 때문"(p. 113)이라고 하였다.

　Gupta, Sleezer와 Russ-Eft(2007)는 다음과 같이 그림으로 요구를 도식화
하고 있다.

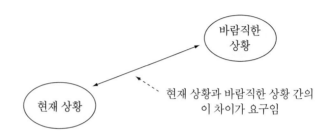

[그림 9-8] 요구의 개념

출처: Gupta, Sleezer, & Russ-Eft (2007), p. 15.

　그들은 요구분석(needs assessment)을 학습 또는 성과의 차이를 어떻게
좁히느냐를 계산해 내는 과정이라고 하였다. 좀 더 구체적으로 학습과 성과
의 차이를 확인하고 이해하며, 향후 어떤 조치를 취할지 결정하기 위하여
자료를 수집하고, 공동 작업을 하며, 협상해야 하는 진단적인 과정이라고
하였다.

　한국기업교육학회(2010)는 "요구란 현재 상태(what it is)와 바람직한 상
태(what it should be) 간의 격차를 의미한다. ……요구는 현재 상태와 바람
직한 상태 또는 미래의 상태 간의 차이(또는 격차)를 의미한다. 요구는 그 자
체로 존재하는 것이 아니라 현재 상태를 점검하고 그것을 미래의 (더 나은)
상태나 조건과 비교해 봄으로써 도출될 수 있다."(p. 171)고 하였다.

(2) 요구분석의 필요성과 목적

　요구분석은 일종의 진단적인 단계로서, 인력자원개발 활동의 근거(rationale)

가 된다. 즉, 일정한 처치를 필요로 하는지 여부, 문제상황에 적합한 처치는 무엇인지 등에 관한 진단의 결과는 요구분석을 통하여 알아낼 수 있다. 또 더 나아가 요구분석의 결과 동원되어야 할 처치가 훈련이어야 하는지, 훈련 외의 방법이어야 하는지의 판단도 요구분석을 통해 가능하다. Kaufman은 예방이 치료보다 낫다는 속담에 빗대어 assessment가 analysis보다 낫고, cure보다 훨씬 낫다고 요구사정의 필요성을 표현한 바 있다.[7]

많은 학자와 전문가들이 필요성과 목적에 대하여 언급하였는데, 여기서 는 Brown(2002)의 주장을 소개하고자 한다.

- 조직의 구체적인 문제 영역을 확인할 수 있다.
- 경영층의 지원을 얻어 낼 수 있다.
- 평가를 위한 자료를 구축할 수 있다.
- 훈련에 소요된 비용과 이익을 측정할 수 있다.

Wexley와 Latham(1991)은 요구분석의 영역을 Werner와 DeSimone (2006), Noe(2008)가 분류한 것과 같이 조직, 과업, 개인으로 나누고, 이 세 가지 대상의 분석을 통하여 다음과 같은 목적을 달성할 수 있다고 하였다.

- 조직의 어느 영역에 훈련이 필요한지 알 수 있다.
- 종업원이 자신의 직무를 효과적으로 수행하기 위해 무엇을 훈련받아야 하는지 알 수 있다.
- 누가 훈련이 필요하고, 어떤 훈련을 필요로 하는가 알 수 있다.

---

[7] '예방이 치료보다 낫다'의 정확한 표현은 "An ounce of prevention is worth a pound of cure." 이고, Kaufman이 2013년에 사용한 출처미상의 표현은 "An ounce of (good) assessment is worth a pound of analysis and a ton of cure." 이다. 1 ounce는 28.35g이고, 1 pound는 453g 이다.

Werner와 DeSimone(2006)은 요구분석[8](needs assessment)의 목적은, 첫째, 조직의 목적과 그 목적 달성의 효과성, 종업원들의 기술과 효과적으로 현재 직무를 수행하는 데 필요한 기술 간의 불일치 또는 차이, 현재 기술과 장래에 성공적으로 그 직무를 수행하는 데 필요한 기술 간의 불일치(차이), 인력자원개발 활동이 수행되어야 하는 상황을 확인하는 것이라고 보았다.

Rothwell과 Kazanas(2008)는 요구분석을 하는 목적은 "수행 또는 성과의 문제가 무엇인가, 그 문제는 누구에게 영향을 미치는가, 또 어떻게 영향을 미치는가, 훈련으로 어떤 결과를 얻을 수 있는가 등의 문제에 관해서 수행 또는 성과분석보다 더 정확하게 답을 찾아내는 것"(pp. 60-61)이라고 하였다. 한편, 이들은 몇 가지 요구분석의 장애물도 제시하였는데, 그것들은 첫째, 최고 경영층의 요구분석에 대한 부정적 시각, 둘째, 요구분석에 소요되는 시간, 셋째, 교수체제설계자들의 역량에 대한 관리자들의 불신 등이다.

배을규(2009)는 요구분석을 실시하는 목적을 다음과 같이 제시하였다.

- 조직 관리자와 구성원들의 현재 상태를 확인하고,
- 조직 관리자와 구성원들이 기대하는 최선의 상태를 파악하며,
- 조직 관리자와 구성원들의 현재 상태와 최선의 상태의 관계를 어떻게 인식하는지 조사하고,
- 그 관계에 대한 인식을 바탕으로 학습과 수행의 요구를 도출하며,
- 그 학습과 수행 요구의 원인, 즉 조직 구성원의 지식 혹은 기술의 결여, 조직의 구조나 과정의 결함, 보상체계의 미비, 직무동기의 결핍 등 가능한 원인들과 관련된 정보를 확인하고,

---

[8] Werner와 DeSimone(2006)은 요구분석을 needs assessment라 하여 요구사정이라는 용어로 사용하고 있다. Reynolds(1993)는 두 용어를 같은 의미로 사용하고, 한국기업교육학회(2010)는 두 용어를 분리해서 사용하는 등 견해가 일치하지 않고 있다. 사정(査定)이라는 용어가 일반적인 분석, 평가 결과 등을 토대로 하는 작업이라는 개념이지만, 이 책에서는 문맥상 특별히 구분할 필요가 있는 경우가 아닌 한, 같은 의미로 사용한다.

●그 결과, 적절한 HRD 프로그램이나 활동을 제시한다(p. 230).

2) 요구분석의 내용 및 방법

(1) 요구분석의 내용 및 수준

인력자원개발 활동의 첫 번째 단계인 분석 단계에서 분석해야 하는 것들은 무엇인가? 앞에서는 주로 요구에 초점을 맞추어 살펴보았다. 이 소절에서는 분석 단계에서 분석할 대상들을 개략적으로 살펴보고자 한다.

Tobey(2005)는 요구분석(needs assessment)을 네 가지 수준으로 나누어 제시하고 있다. 네 가지는 첫째, 전사적 요구(business needs) 수준, 둘째, 성과 또는 수행 요구(performance needs) 수준, 셋째, 학습요구(learning needs) 수준, 넷째, 학습자 요구(learner needs) 수준이다. 그는 이들 네 가지 요구분석의 수준이 거꾸로 평가의 수준과 맞물려 인력자원개발 활동의 결과를 평가하는 평가 기준이 된다고 하였다. 평가의 수준은 요구분석 수준의 반대 순서로, 학습자의 반응이 1단계 평가의 준거가 되어 학습경험에 대한 만족을, 지식과 기술 습득이 2단계 평가의 준거가 되어 필요한 내용을 학습했는지를, 직무 성과 또는 수행이 준거가 되어 현업에서 요구되는 수준으로 성과를 내는지 또는 수행을 하는지를, 마지막 전사적 성과가 준거가 되어 전사적 요구가 충족되었는지 또는 예상하는 투자대비회수율(return on investment: ROI)이 달성되었는지를 평가하게 된다.

Werner와 DeSimone(2006)은 요구분석(needs assessment)의 대상을 전략 및 조직분석, 과업분석, 개인분석으로 나누어 접근하였다. 이들에 따르면 전략 및 조직분석에서는 교육훈련이 필요한 곳이 어디인지, 어떤 상황에서 교육훈련이 진행될 것인지를 측정하게 된다. 과업분석에서는 직무를 효과적으로 수행하기 위해서 필요한 것이 무엇인지를, 개인분석에서는 누가 교육훈련을 받을 것인지, 어떤 종류의 교육훈련을 받을 것인지를 측정하게 된다. 좀 더 자세히 살펴보면, 전략 및 조직분석은 교육훈련 그리고 인력자원개발 노력이 필요한 곳과 그 노력이 투입되는 조건을 결정할 수 있도록 조직의 특성을 더 잘 이해하기 위하여 사용되는 과정이다. Gupta(1999)는 이러한 유형의 분석을 전략적 분석이라고 명명하였다. 과업분석은 종업원이 최적의 성과를 달성하기 위하여 배워야 할 것을 결정하기 위하여 특정한 직무 또는 직무군에 관하여 체계적으로 자료를 수집하는 것이다. 과업분석의 결과에는 적절한 성과의 표준, 표준에 맞게 과업을 수행하는 방법, 표준에 맞도록 하기 위해 습득해야 할 지식, 기술, 능력, 기타 필요한 특성들(knowledge, skills, abilities, and other characteristics[9]: KSAOs)이 포함된다. 끝으로 개인분석은 개별 종업원의 훈련요구를 결정하는 일이다. 이 분석은 특히 각각의 종업원이 핵심 직무 과업을 어떻게 잘 수행하는지에 초점을 맞춘다. 전통적으로 개인분석에는 종업원과 그의 직속 상사가 포함되고, 개인의 직무 특성에 따라 종업원의 동료, 고객, 부하 사원 등이 참여하는 이른바 360도 성과평가 방식이 사용되기도 한다.

강대석(2007)[10]은 조직 수준의 니즈, 팀 수준의 니즈, 직무 수준의 니즈로 구분하여 제시하고 있다. 조직 수준에서 수행하는 니즈분석(needs analysis)은 조직 전체에 영향을 미치는 변화, 또는 인력자원의 관리 및 개발과 직결된 니즈를 분석하는 것이다. 팀 수준의 니즈분석은 팀 또는 집단 학습 요구 차원에서 필요한 니즈를 분석하는 것이다. 이 배경으로는 조직학습과 지식경영의 확산에 따른 팀 단위 소집단의 중요성이 부각되었다는 점이다. 직무 수준의 니즈분석은 효과적인 직무성과와 관련된다. 즉, 많은 훈련개발 니즈가 직무 자체로부터 나오고, 직무에 대한 상세한 검토를 통하여 직무 요건과 직무 환경에서 훈련 니즈가 어떻게 발생하는지 알 수 있게 해 주기 때문이다. 그는 계속해서 분석 단계의 대상이 되는 것으로 성과, 직무 및 과업,

---

[9] Werner와 DeSimone(2006)은 다른 특성들로 성격, 흥미, 태도 등을 제시하였다.
[10] 강대석은 '경력개발'을 '커리어 개발'로 번역하고, '요구'도 원어 그대로 '니즈'로 번역하여 사용한다.

학습자를 다음과 같이 제시하고 있다.

- 성과분석(performance analysis): 지식이나 기술만의 부족이 성과의 변인이 아닌 것으로 드러난 경우, 성과 문제의 원인을 찾고 해결책을 제시하기 위한 분석이 이루어지는데, 관리시스템, 도구와 기법, 업무 과정, 직무설계, 개인의 동기화 등과 같은 성과문제의 원인이 될 만한 것들을 전체적으로 검토, 판단하는 일을 성과분석이라고 한다.

- 직무 및 과업분석(job and task analysis): 직무는 조직의 목표 달성을 위해 수행되어야 하는 과업들의 집합이다. 직무분석은 직무 관련 정보를 수집하고 조직하는 과정으로 수행 업무를 분석하여 그 특성을 밝히고, 이를 근거로 어떤 성격의 노동이 얼마나 필요한가를 밝히는 것을 본질로 한다. 산출물로서는 직무 자체에 대한 정보를 담고 있는 직무기술서와 직무 수행자에게 필요한 특성을 담고 있는 직무명세서(job specification)가 있다. 한편, 과업분석은 직무를 구성하고 있는 여러 개의 과업을 구분하고, 그 일들의 관계와 그 일들의 수행에 필요한 사전 지식과 기술을 밝히는 과정이다.

- 학습자 분석(learner analysis): 학습자 분석은 현재 또는 미래의 훈련생들을 대상으로 하여 교육훈련 프로그램 참가 전에 훈련 참가예정자들의 문화, 학습방식, 배경, 가치관, 신념 등을 조사하여 교육훈련의 설계와 방법을 선정함으로써 계획된 훈련이 잘 이루어지도록 하는 것을 목적으로 한다. 학습자 분석에서는 주로 지식과 기술 수준, 태도와 학습의 동기, 읽기 및 쓰기 능력을 포함한 기본 기술, 도구와 장비에 관한 기술, 문화의 다양성에 관한 문제 등이 주로 분석 대상이 된다.

Noe(2008)는 요구분석(needs assessment)의 주요 내용으로 조직분석, 개인분석, 과업분석을 제시하였다. 그에 따르면 첫째, 조직분석은 교육훈련 프로그램이 기업이나 조직의 전략 방향을 지원하고 있는가, 즉 관리자, 종업원 및 동료들이 교육훈련 활동을 지원하고 있는가와 어떠한 교육훈련 자원이 가용한가를 확인하는 작업을 수반한다. 둘째, 개인분석은 교육훈련을 받을 대상 종업원의 현재 성과 또는 기대되는 성과가 훈련의 필요성 여부를 판단하게 해 줌으로써 교육훈련을 필요로 하는 종업원을 확인해 내는 데 도움이 된다. 그는 여덟 가지의 훈련 압력 요인[11] 중에서 성과문제, 직무 변경, 신기술 도입 등이 개인의 훈련 요구를 유발하는 요인이 될 수 있다고 하였다. 셋째, 과업분석은 종업원이 자신의 과업을 수행하기 위하여 받는 교육훈련에서 강조되어야 하는 중요한 과업, 지식, 기술, 태도를 확인하는 것이다. 과업분석은 조직분석을 통하여 당해 기업 또는 조직이 시간과 자금을 들여서 교육훈련 프로그램을 진행할 것인지 확인한 연후에 추진하는 것이 바람직하다. 과업분석은 관리자, 현직자, 그리고 훈련교사 등을 포함하여 조직 내의 많은 다양한 사람들로부터 자료를 수집하여 요약하는 데 시간이 많이 소요되고 지루한 과정이기 때문이다.

(2) 요구분석 방법

인력자원개발 프로그램 개발을 위한 분석 단계에서 사용되는 방법에 관해서는 다양한 학자들이 다양한 방법들을 제시하고 있다.

여기서는 Tobey(2005), Piskurich(2006)와 Noe(2008), 배을규(2009) 등이 제시한 요구분석 방법을 종합하여 살펴보고자 한다.

- ● 관찰법: 우수 성과자, 전문가, 평균 수준의 성과자 등이 실제 과업을 수행하는 장면을 지켜보면서 자료를 수집하는 방법이다. 관찰자는 피관찰자의 동작, 각 단계에 소모하는 시간, 성공적인 수행의 표준 등을 포함하여 어떻게 과업을 수행하는지 지켜보면서 상세한 내용을 문서화한

---

[11] Noe(2006)는 요구분석의 원인, 즉 투입요인으로 법률 제정, 기초 기술 결핍, 저성과, 신기술 도입, 고객 요청, 신제품 생산, 높은 성과 기준, 새로운 직무 등을 제시하였다.

다. 관찰은 체크리스트의 활용여부에 따라 구조화 또는 비구조화 형태로 진행된다. 관찰법의 장점은 신체적, 심동적(psychomotor) 기술을 위한 훈련 요구를 평가할 수 있다는 점, 특정 분야의 전문가나 고성과자의 활동을 확인하고 규명하고자 할 때 효과적이라는 점 등이 있다. 단점으로는 관찰하고자 하는 동작의 시작시점과 종료시점을 확인하기 어렵다는 점, 면담이 병행되지 않는다면 특정 단계를 선택하는 데 필요한 정신적 과정을 포착할 수 없다는 점, 관찰되고 있다는 사실을 인지한 피관찰자의 경우 평상시와 다른 모습으로 직무수행을 할 가능성이 있다는 점 등이 있다.

- **면담법**: 면대면(one-on-one) 면담은 조직 구성원의 생각을 공유하고, 오해를 명확히 하며, 특정한 관점을 표현하도록 해 주는 방법이다. 공개적으로 논의하기 어려운 사안이나 이슈를 검토하는 데 가장 적합하다. 면담의 장점은 풍부한 자료를 얻을 수 있다는 점, 구조화한 면담 프로토콜을 사용할 경우 일관성 있는 자료를 얻을 수 있으며 그것을 토대로 형식이나 유형을 찾아낼 수 있다는 점, 양적인 자료에 살을 붙일 수 있는 자료를 얻을 수 있다는 점이다. 반면, 단점은 면담 자료를 얻는 데 시간이 많이 소요된다는 점, 피면담자가 솔직하지 않으면 자료가 편향될 수 있다는 점, 피면담자의 반응에 대한 면담자의 해석이 아니라 반응 자체를 신중하게 기록해야 한다는 점 등이다.

- **설문지법**: 이 방법은 특정 사안을 중심으로 작성된 질문지를 지필 또는 이메일 등의 방법으로 응답자에게 배포하여 그들의 반응을 수집·분석함으로써 그들의 사고, 정서, 신념, 경험, 태도 등에 관한 정보와 경향 등을 알아낼 수 있는 방법이다. 설문지법의 장점으로는 대규모 모집단으로부터 표집하여 짧은 기간 내에 다량의 정보를 얻을 수 있다는 점, 비용이 저렴하고 결과의 집계가 용이하다는 점, 응답자의 익명성이 충분히 보장된다는 점 등이 있다. 반면에 단점은 유용한 정보를 이끌어 내기 위한 설문지 설계가 까다롭다는 점, 응답자 느낌의 강도를 정확히

파악하기에 부적합하다는 점, 응답자에 따라 문항 진술이 달리 해석될 수 있어서 설문 결과가 부정확한 정보를 줄 수 있다는 점, 설문지가 일단 배부되면 수정이나 회수가 어렵다는 점, 일정 비율의 응답률을 확보하는 것이 쉽지 않다는 점 등이 있다.

- 주요 사건 기법: 인력자원개발 업무 담당자가 조직의 성과나 수행 문제에 대한 세부적인 상황, 원인, 요인들을 분석할 때 주로 활용하는 기법이다. 주요 사건이라 함은 예외적이고 특수한 행동이나 수행 사례를 의미한다. 따라서 성공적인 수행뿐만 아니라 성공적이지 못한 수행의 구체적인 사건과 상황이 모두 검토 대상이 된다. 주요 사건이 될 수 있는 조건은 실제 직무 상황에서 발생해야 하고, 분명한 목적과 결과가 있는 수행 사례여야 한다는 점이다. 이 방법은 일상적이고 반복적인 직무보다 다소 모호하고 복잡하며 유연한 직무 활동을 분석할 경우, 동일한 성과를 달성하는 데 많은 수행 방법이 있는 경우에 유용하다.

- 초점 집단 면담법: 특정 주제나 사안에 대한 집단 의견을 심층적으로 탐색하기 위한 10명 내외의 참석자와 진행자로 이루어진 토론 집단이다. 이 방법은 문제의 원인에 대한 집단적 통찰을 통해 인력자원개발의 이슈에 대한 유효한 해결책을 도출할 수 있다. 참여자는 다양한 배경을 가진 사람들로 구성되도록 하고, 면담은 한 시간 내지 한 시간 30분 정도로 제한하는 것이 좋다. 장점은 문제나 사안의 심층적 이유를 파악할 수 있고, 양적 연구를 위한 설문지 개발에 유용하며, 타인의 태도에 공정하고 신뢰할 만한 접근이 가능하다는 점이다. 반면, 시간이 많이 걸리고 비용이 든다는 점, 질적 정보에 치중하기 때문에 조직 전반의 의견과 인식을 파악하기 어렵다는 점, 참가자들이 소속 조직이나 부서의 의미 있는 대표가 되지 못한다는 점, 일부 참가자의 경우 솔직한 의견 개진이 어려울 수도 있고, 참가자들 간의 지배관계가 의견 파악에 왜곡을 가져올 수도 있다는 점 등이 단점이다.

- 현재 · 기대 상태 분석(수행분석법): 개인이나 집단의 특정 문제와 관련된

이슈나 사안들에 대한 현재 상태와 기대 상태의 정보를 조직의 리더, 관리자, 일반 조직 구성원들을 통하여 수집·분석하는 방법이다. 이 방법의 장점은 개인과 집단에 두루 적용될 수 있고, 문제 확인과 해결책 모색이 병행될 수 있으며, 이해하고 사용하기가 용이하고 간편하다는 점이다. 이 방법의 단점은 다양한 문제점과 해결책을 비교할 수 없기 때문에 문제점과 해결책의 우선순위를 제시하지 못한다는 것이다.

● 문헌분석법: 현존하는 기록물, 보고서, 각종 자료 등을 분석하는 방법이다. 문헌의 구체적인 예로는 직무기술서, 역량모델, 벤치마킹 보고서, 연례보고서, 재무제표, 성과분석, 사명진술서, 고충처리건, 이직률 및 결근율, 제안함 환류기록, 생산비 및 인건비, 고장 시간 등이 포함된다. 이 분석법의 장점은 객관적이라는 점, 작업 방해시간을 최소화할 수 있다는 점, 제한된 인원의 참여만으로 가능하다는 점 등이다. 반면, 단점으로는 종업원이 위협을 느끼게 할 수 있다는 점, 관리자가 교육훈련보다 처벌하는 데 정보를 오용할 수 있다는 점, 목적에 맞게 여과하여 사용해야 한다는 점 등이 있다.

인력자원개발 프로그램의 설계 및 개발

제10장

학습 주안점

1. 인력자원개발 프로그램 설계의 개념은 무엇인가?
2. 설계의 주요 내용은 무엇이고, 이 단계에서 고려해야 할 사항은 무엇인가?
3. 인력자원개발 프로그램 개발의 개념은 무엇인가?
4. 개발의 주요 내용은 무엇이고, 이 단계에서 고려해야 할 사항은 무엇인가?

1. 인력자원개발 프로그램의 설계

설계는 인력자원개발 프로그램을 만들기 위한 밑그림, 즉 청사진(blue print)을 그리는 것이다. 교수체제개발 절차의 두 번째 단계에 해당하는 설계 단계에서는 앞서의 분석 단계에서 얻은 결과물을 토대로 수행목표 또는 교수목표를 명세화하고, 교수내용을 선정하며, 교수방법 및 매체를 선정하는 일이 이루어진다. 이 단계에서 특히 염두에 두어야 할 것은 평가도구의 개발과 계열화의 원칙에 따라 교수내용을 배열하는 것이다. 아울러 시간, 장소, 예산 등과 관련된 실행계획이 설계 단계에서 수립되어야 한다. 이 절에서는 설계의 기본 개념과 설계 단계에서 고려해야 할 사항, 설계 단계의 주요 내용에 관해 살펴보고자 한다.

1) 설계의 개념적 논의

설계는 주로 건축, 토목, 기계 제작 등에서 그 목적에 따라 실제적인 계획을 세워 도면 따위로 명시하는 일을 일컫는 용어다. 영어 단어 그대로 디자인이라는 용어로 많이 사용되기도 한다. 설계는 설계자의 마음이 가는 대로 하는 작업이 아니다. 특히 교수설계는 지켜야 할 원리들이 여러 가지가 있고, 고려해야 할 변수들이 다양하다. 따라서 교수체제개발의 첫 단계에서 밝혀낸 교수내용을 일정한 원칙에 따라 적합한 위치에 잘 배열하고, 변수들을 잘 고려해야 이후의 개발 단계와 시행 단계, 더 나아가 평가 단계까지 물 흐르듯이 전개될 것이다.

먼저, 설계 단계에서 생각해 볼 수 있는 기본적인 질문을 들면 다음과 같다(Robinson, 1991).

- 프로그램의 초점은 기본적으로 어디에 맞추는가? 개인의 요구나 문제를 해결하는 것인가, 아니면 부서 또는 집단의 요구나 문제를 해결하는 것인가, 아니면 전체 조직의 요구나 문제를 해결하는 것인가?
- 교수활동이 일어나는 곳의 구성방식은 어떻게 이루어지는가? 개인 단위인가, 아니면 부서 또는 집단 단위인가, 아니면 전체 조직 단위인가?
- 프로그램의 기본적인 목적은 무엇인가? 지식과 정보를 전달하거나 이해를 도모하기 위한 것인가, 아니면 기술이나 새로운 행동을 습득하게 하기 위한 것인가, 아니면 태도, 가치관, 견해, 감정 등을 바꾸기 위한 것인가?
- 가용한 교수자원은 무엇인가? 교수자, 발표자, 연사, 토론자, 토론 사회자 등을 확보할 수 있는가, 아니면 교수자료와 장비가 구비되어 있는가, 아니면 프로그램 운영을 위한 장소와 시설이 갖추어져 있는가, 아니면 필요한 프로그램 운영 시간이 얼마나 확보될 수 있는가?
- 교육훈련 프로그램에 참여할 인원은 얼마나 되는가?

설계 단계의 출발점은 교수목표를 확인하는 것이다. 이 목표들은 교수결과 또는 교육훈련결과를 가늠하게 해 주는 기준이 된다. 따라서 교수목표는 설계 단계의 초기 틀을 결정하는 데 중요한 역할을 한다. 교수목표는 나중에 발생할지도 모르는 문제를 최소화하고 프로그램 참가자에게 성공적인 교육경험을 하도록 주도면밀하게 짜인 과정에 따라 진행되어야 한다 (Vaughn, 2005). 목적한 교수결과를 거두기 위해 다양한 방법을 사용할 수 있지만, 프로그램이 진행되는 환경 또는 맥락에 따라 성공 여부가 달라질 수 있다. 예컨대, 비록 기본적인 교수체제개발 원리는 같을지라도 일대일 코칭 세션을 설계하는 것은 일련의 워크숍을 설계하는 것과는 매우 다르다.

강대석(2007)은 학습의 전수라는 측면에서 앞선 학자들의 훈련 프로그램의 설계와 시행에 관한 다음과 같은 지침을 제시하였다.

- 적절한 구조와 문화의 설계: 학습활동이 형성되는 방법이나 상호작용의 유형을 일컫는 구조와 주로 학습분위기를 말하는 문화가 잘 고려된 채 교수설계가 이루어져야 한다.
- 학습자 격려 및 자극: 교수설계 시 학습자가 자신의 요구가 목적과 목표에 연결된다는 점을 인지할 수 있도록 개인을 격려하고 자극할 수 있는 매체와 방법의 선택, 핵심 요점의 전달에 유의한다.
- 이해 촉진: 학습이 진행되는 동안 학습자가 이해할 수 있도록 반복하고 속도를 조절한다.
- 학습활동의 적절한 통합: 적합한 상황에서 학습이 이루어지도록 하고, 현장 적용이 가능한 기술과 지식이 되도록 한다.
- 기존 학습에 기초함: 학습자의 과거 학습경험이 학습과정에 도움이 되도록 한다. 교수자들 또한 학습자들의 학습 촉진을 위한 기술을 갖추어야 한다.
- 학습자들을 위한 안내: 학습과정 전반에 걸쳐 주기적인 환류와 지도가 이루어지도록 한다.

● 학습이 유지됨에 대한 인식: 학습이 지속될 수 있도록 실행을 통한 학습의 강화와, 환류를 통한 보상이 이루어질 수 있도록 한다.

● 학습 전이에 대한 확신: 학습활동이 직무 상황에서 성공적으로 전이가 일어난다는 것을 확신하도록 해야 한다.

Mankin(2009)은 설계 단계가 여섯 가지 핵심적인 하위 단계로 이루어졌다고 보고, 그 하위 단계를 성공적으로 작동하도록 해야 한다고 하였다([그림 10-1] 참조). 각 하위 단계는 인력자원개발 설계자❶에 의해 몇 가지 의사결정이 이루어져야 한다. 때로는 이해당사자와의 협의하에 몇 가지 판단을

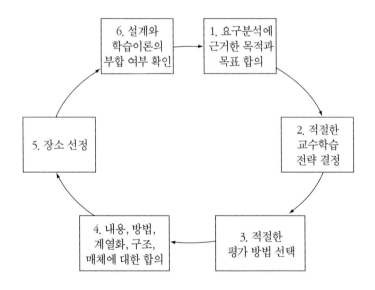

[그림 10-1] 설계 단계의 하위 단계 모형

출처: Mankin (2009), p. 205.

❶ Mankin은 HRD designer라는 용어를 도입하여 사용하고 있으나, 실제로는 교수체제개발의 설계전문가 또는 교수설계 전문가와 같은 의미다. 그가 말한 여섯 가지 하위 단계의 순환 모형은 실제로는 설계의 내용과 중복되기 때문에 여기서는 간략하게 그의 설계과정 모형만 소개한다.

해야 할 경우도 있다. 실제로 다른 이해당사자의 관여가 매우 중요한 경우가 있는데, 이에 관해서는 Simmonds(2003)가 얘기한 것처럼, 교수체제개발의 최종 결과물에 가장 크게 영향을 받을 수 있는 훈련교사와 긴밀하게 협력할 때 훈련교사가 교육훈련 프로그램을 잘 전달하여 목적을 달성할 수 있다.

이 모형에서 하위 단계의 한 요소로 선정된 요소들이 반드시 다른 전문가의 하위 요소와 동일하지는 않다. 또한 순서도 약간씩 차이가 날 수 있다. 그러나 순서상의 작은 차이가 있다 하더라도 궁극적으로 설계 단계를 정상적으로 밟아 나온 결과물은 크게 차이가 나지 않을 것이다.

2) 설계의 주요 내용

교수체제개발의 설계 단계에서 다루어질 주요 내용으로는 교수목표 또는 수행목표, 교수내용, 교수방법 및 매체, 평가설계, 계열화[❷], 그리고 시간, 장소, 예산 등과 같은 간접적 요소들이 있다.

(1) 교수목표

모든 교육훈련 프로그램은 유형과 기간과 무관하게 프로그램이 최종적으로 달성하고자 하는 결과(learning outcomes)가 있다. 이 결과는 학습자들이 알아야 하는 또는 할 수 있어야 하는 지향점으로, 프로그램의 결과에 관한 진술이다. 이를 교수목표 또는 수행목표라고 한다. Gilley, Eggland와 Gilley(2002)는 수행목표의 네 가지 중요한 기능을 다음과 같이 제시하였다.

● 프로그램의 바람직한 결과를 규정하는 기능: 목표는 현재 상태보다 향상된 상태, 증진된 상태, 개선된 상태를 지향한다. 따라서 교육훈련 활동이

---

❷ '계열화'는 이 장 269쪽 '(2) 학습단위의 계열화'에서 상세히 다루게 된다.

라는 처치 이후에 학습자의 지적인 측면, 기술적인 측면, 태도적인 측면에서 프로그램의 내용에 따라 바람직한 방향으로의 변화가 있어야 한다. 교수목표는 결과에 도달하는 과정이 아닌 결과 그 자체, 즉 도달한 상태의 기술이어야 한다.

● 교수전략과 방법을 선택하는 지침으로서의 기능: 설정된 목표를 달성하기 위해서는 교육훈련 프로그램이 전달하고자 하는 내용에 적합한 교수전략과 교수방법이 있어야 하고, 더 나아가 교수매체의 선정도 교수목표를 달성하기에 합당한 것으로 선정되어야 한다.

● 학습활동의 개발과 선택의 기준으로서의 기능: 교수목표가 지향하는 바를 달성하기 위하여 학습활동의 내용이 선정되고, 바람직한 결과치에 맞추어 난이도가 조절되는 등 학습활동 내용의 방향이 조율되어야 한다.

● 학습평가의 기준으로서의 기능: 학습결과의 성공 여부는 교수목표에 얼마만큼 도달했는지에 의해서 판단된다. 학습목표가 정확히, 구체적으로 설정되어 있지 않다면, 도달해야 할 지식, 기술, 태도 변화의 수준이 명확하게 제시될 수 없다.

권대봉(2003)은 교수목표 선정의 조건과 교수목표의 영역에 관하여 제시하고 있다. 교수목표는 요구분석의 결과를 반영하는 가장 적합한 개념이므로, 교수목표는 반드시 요구분석 결과를 토대로 진술되어야 한다. 그리고 달성 여부를 확인할 수 있도록 진술되어야 한다. 그렇게 하기 위해서는 교수목표를 구체적이고 측정 가능한 요소로써 기술해야 한다. 그래서 교육훈련, 즉 학습의 결과에 목적한 변화가 일어났는가 하는 증거를 알아볼 수 있도록 진술되어야 한다. 그는 이러한 상황을 "구체화(specification)의 원리"(p. 155)라고 명명하고 있다. 계속해서 다음과 같이 Dick, Carey와 Carey(2001; 권대봉, 2003 재인용)가 제시한 교수목표 선정 시의 고려사항을 몇 가지 소개하고 있다. 첫째, 하나의 목표를 위한 교수개발을 완료하는 데 충분한 비용과 시간 지원이 가능한가? 둘째, 교수개발을 승인할 최종책임자가 수용할 만한가? 셋째, 교수개발은 확인된 요구에서 나온 문제를 해결해 줄 수 있는가?

그는 이어서 Dick, Carey와 Carey의 교수목표 영역을 소개하고 있다. 교수목표의 영역은 학습영역과 학습영역이 결정된 하위 교수목표 또는 하위 영역으로 나누고, 학습영역을 첫째, 언어적 정보(verbal information), 둘째, 지적 기능(intellectual skill), 셋째, 심체적 기능(psychomotor skill), 그리고 넷째, 태도(attitudes)로 제시하였다. 여기서 언어적 정보는 지명, 이름과 같이 언어를 매개로 하는 단순한 정보를 말한다. 언어적 정보 영역의 교수목표 진술은 동사, 예컨대 학습자가 어떠어떠한 것을 '말한다' '열거한다' '기술한다' 등의 표현을 쓰는 것이다.[3] 지적 기능은 문제해결이나 원리의 적용 등 고도의 사고력을 필요로 하는 교수목표가 적용되는 학습영역을 말한다. 단순한 언어적 정보만으로 해결되지 않는 수준의 학습영역이다. 셋째, 심체적 기능은 육체적 활동 수행을 조건으로 하는 학습영역이다. 심체적 기능은 학습자가 새롭고 중요한 성취행동을 배워야 할 때 숙련된 육체적 기능 수행을 요하는 경우가 된다. 넷째, 태도는 학습자가 무엇인가를 선택할 때와 관련되는 영역이다. 어떤 상황에서 특정한 행동을 선택하거나 결정했다는 것은 그러한 태도를 학습자가 이미 획득하였다고 볼 수 있다. 따라서 특정한 것을 선택해야 하는 상황에서 학습자가 일정한 행동을 선택하는지 여부로 그가 그 태도를 획득하였는지 그렇지 않은지를 판단한다.

Piskurich(2006)는 교수목표를 교수설계를 잘하기 위해서 반드시 필요한 토대 중의 하나라고 강조하면서 그 유용성을 제시하고 있다. 첫째, 가장 중요한 것으로 훈련생들에게 교육훈련 과정에서 그들이 무엇을 배울 것인지, 과정이 종료되었을 때 훈련생들이 알아야 하는 수준과 해낼 수 있는 수준에 관한 기대치를 알게 해 준다. 둘째, 교수목표는 '알아도 좋은(nice to know)' 정

---

[3] 학습목표 진술에 관해서는 Bloom(1956)의 분류학(taxonomy)을 참고하라.

보가 아니라 '알 필요가 있는(need to know)' 정보에 초점을 맞추게 해 준다. 셋째, 교수목표는 특정 교육훈련 프로그램에 관심 있는 사람에게 그 프로그램에서 무엇을 가르칠지에 대하여 짧고 명료하게 기술해 준다. 넷째, 교수목표를 통해서 학습자가 자신의 교육훈련 과정을 구조화하는 데 도움을 받을 수 있다. 다섯째, 교수목표는 학습자가 해당 과정에 포함된 평가의 근거로 사용될 수 있다. 즉, 학습자 평가의 검사 문항 개발의 근거로 사용될 수 있다. 여섯째, 교수목표는 과정 자체를 평가할 수 있는 준거로 사용될 수 있다.

그는 교수목표의 기술에서 흔히 저지르는 실수 몇 가지를 소개하였는데, 첫 번째, 목표(objectives)와 목적(goals)의 혼용이다. 과정목적은 해당 과정이 무엇을 포함하는지를 설명하기 위해 진술된 것이다. 다시 말하자면, 과정목적은 과정의 관점에서 기술된 것이고, 반면에 과정목표는 훈련생의 관점에서 기술된 것이다. 예컨대, 과정목적은 다음과 같이 기술될 것이다.

● 본 과정이 의도하는 바는 훈련생들이 XB-45 타이어 제조기를 사용하여 합성 타이어를 어떻게 조립하는지 가르치는 것이다(p. 118).

반면에 과정목표는 다음과 같이 기술될 것이다.

● 본 과정이 끝나면 훈련생은 회사의 검사 기준을 통과할 수 있는 수준으로 합성 타이어를 조립하는 XB-45 타이어 제조기를 효과적으로 사용할 수 있을 것이다(p. 118).

두 번째 실수는 목표의 혼재다. 제1수준 목표는 훈련생에게 과정에서 무엇을 성취해야 할지 큰 그림을 주고, 제2수준의 목표는 훈련생들이 정확히 무엇을 알고, 무엇을 해야 하는지를 말해 준다.

Swart, Mann, Brown과 Price(2005)는 교수목표에 포함되어야 할 요인들을 다음과 같이 제시하였다.

- 도달점 행동(terminal behaviors): 학습활동이 종료된 시점에서 학습자가 할 수 있는 것에 대한 명확한 진술
- 성과의 수준(standards of performance): 학습자가 도착점 행동을 얼마나 잘 수행할 수 있는지에 대한 명확한 진술
- 성과의 조건(conditions of performance): 학습자가 도착점 행동을 수행할 수 있는 환경과 조건들에 대한 명확한 진술

　한편, Piskurich(2006)는 계속해서 유용한 목표를 기술하는 데 필요한 요령을 제시하고 있다. 첫째는 기간(time frame)을 명시하는 것이고, 둘째는 학습자를 명시하는 것이다. 첫 번째 요령의 예는 '본 과정이 종료되면……' '6개월 근무를 마치고 나면……' 등이고, 두 번째 요령의 예로는 '훈련 프로그램이 종료된 후 훈련생은 ……을 할 수 있을 것이다.' '본 과정을 마치고 나면 참가자는 ……을 할 수 있을 것이다.' 등이 있다.

　앞서 Swart 등(2005)과 유사한 요소를 제시한 전문가로 Mager(1997; Werner & DeSimone, 2006 재인용)는 질 높은 목표를 만들어 낼 수 있는 세 가지 요소를 다음과 같이 제시하였다.

- 성과 혹은 수행: 목표는 언제나 학습자가 능숙하다고 인정되기 위해서는 무엇인가를 하거나 만들어 낼 수 있어야 한다고 기대된다. 따라서 목표는 때때로 행위의 결과물 또는 결과를 기술한다. (예) "제안된 새로운 제품을 위한 제품 개요서(profile)를 작성하라."
- 조건 혹은 상황: 목표는 성과가 발생할 수 있는 중요한 조건을 기술한다. (예) "제안된 제품에 관한 모든 기술적 자료가 있다면, 훈련생은 제품의 개요를 작성할 수 있을 것이다."
- 준거: 어떤 경우든지, 목표는 받아들일 만하다고 인정받기 위해서 학습자가 어느 정도 수준의 성과를 보여야 하는지 기술함으로써 수용 가능한 성과 기준을 확인한다. (예) "제품 개요서는 최소한 제품의 세 가지

주요 용도에 관한 묘사를 포함하여 제품을 시장에 소개하기 적합한 모든 상업적 특성을 기술해야 한다."

(2) 교수내용

교수내용은 교수목표가 정해지고 나면 교육훈련에서 다루어질 내용을 작성하는 순서로 넘어가게 된다. 그러나 내용 작성에 앞서 내용을 선정하는 절차를 거쳐야 한다. 기영화(2002)는 교수내용을 선정할 때 고려할 사항을 다음과 같이 제시하고 있다.

- 프로그램 참여자들의 특성, 경험, 태도, 가치를 반영한다.
- 개인, 집단, 사회가 요구하는 변화의 내용을 지식, 기술, 태도, 가치로 구성한다.
- 조직적 상황과 환경을 반영한다.
- 주요 의사결정권자를 활용한다(p. 80).

내용의 선정에서 Piskurich(2006)는 내용전문가(subject-matter experts: SMEs)의 활용 가능성을 먼저 점검하라고 권고한다. 교수내용을 선정하고 작성할 내용전문가를 확보한 후에는 학습자가 교육훈련 프로그램을 이수하러 오기 전에 갖추고 있어야 할 선행기술[4]과 선행지식 목록을 작성해야 한다. 목록 작성은 교수내용을 중복해서 과도하게 개발하는 것을 막아 준다.

한편, 교수내용이 선정되면 어떤 방식으로 조직화하여 전달할 것인지 구상하게 되는데, 이 과정이 바로 학습계획안, 이른바 교안을 작성하는 단계다. Gilley와 Eggland(1989)는 학습계획안에는 다음과 같은 내용들이 구체화되어야 한다고 하였다.

---

[4] 선행기술, 선행지식은 prerequisite skills, prerequisite knowledge를 말하는 것으로, 이미 이수했거나 습득하고 있는 기술과 지식을 의미한다.

- 다루어질 내용
- 활동의 계열화
- 훈련 매체의 선정과 설계
- 경험학습의 선정과 개발
- 각 활동의 시간배정 및 계획
- 사용될 교수학습 방법의 선정
- 사용될 평가 문항의 수와 유형

한편, Nadler와 Nadler(1994)는 [그림 10-2]와 같은 학습계획안 양식을 제시하고 있다.

프로그램명:

수업목표:

필요한 준비:
1. 물리적 환경

2. 장비 및 재료

3. 교수자

4. 훈련생(들)

시간	주요 주제	교수자 활동	학습자 활동	목표 달성을 위한 교수전략

[그림 10-2] 학습계획안 양식

출처: Nadler & Nadler (1994), p. 145.

프로그램명에는 전체 과정명을 기입하고, 수업목표에는 해당 차시에 속하는 목표 또는 해당 단원의 목표를 제시하면 된다. 준비물 항목에서 물리적 환경은 실내수업, 현장견학 등을 가리키고, 장비 및 재료는 필요한 기자재와 실험재료를, 교수자는 해당 과목을 담당한 교수자를, 훈련생(들)은 해당 과정에 입과한 학습자를 말한다. 그 아래 제시된 항목은 배정된 수업시간 내에 이루어지는 학습활동을 세분한 것이다. 각 학습활동의 소요시간과 다룰 주제, 교수자와 학습자의 활동내역, 필요한 교수전략 등을 기입하는 간단한 양식으로 되어 있다.

(3) 교수방법 및 매체

교수목표에 따른 교수내용이 결정되고 나면 어떻게 효과적으로 내용을 전달할 것인지, 어떠한 매체(media)를 사용할 것인지를 결정해야 한다. 교수방법은 과정목적 및 목표, 참가자의 특성, 교수내용 등에 따라 달라질 수 있다. 그리고 또 달라져야 한다. 기영화(2002)는 교수방법이란 프로그램을 통한 학습활동을 구조화하는 방법이라 정의하고, 학습집단의 크기에 따라 나누고 각각에 대하여 적용할 수 있는 교수방법을 제시하고 있다. 그에 따르면 집단 크기별 가능한 교수방법은 다음과 같다.

- 개인학습: 도제제도, 코칭, 자기주도학습, 멘토링, 직무교육, 컴퓨터 기반 교수
- 소집단학습: 수업, 세미나, 워크숍, 프로젝트, 견학
- 대집단학습: 학술대회, 클럽활동(p. 80)

이화정, 양병찬, 변종임(2003)은 교수내용과 그에 적합한 교수방법을 정리하여 제시하고 있다. 〈표 10-1〉은 교수내용에 따른 교수방법을 보여 준다.

권대봉(2003)은 교수방법을 결정하는 데 고려해야 할 몇 가지 요소를 제

표 10-1 교수내용에 따른 최적의 교수방법

내용		최적의 방법
지식	기억	게임, 기억법
	이해	강의, 토의, 사례연구, 견학
기능	신체	시범, 비디오 등 시각자료, 실습, 실제 상황설정 연습
	지적(정신적)	강의, 사례연구, 과제해결, 실습, 작업연습
	사회	시범, 시청각, 실제 상황 체험, 역할극
태도	인정	집단적으로 제도변경, 환경조작, 장기간 체험(사례연구)
	충성, 헌신	
	순응	

출처: 이화정, 양병찬, 변종임(2003), p. 42.

시하였다. 그는 DeSimone, Werner와 Harris(2002)를 인용하면서 훈련참가
자, 훈련내용, 훈련목표 외에도 프로그램의 실시 목적, 시간과 비용의 문
제, 여타 지원의 활용 가능성, 훈련참가자의 특성과 선호도 등이 고려되어
야 한다고 하였다. 특히 학습자의 특성에 따른 학습유형을 세분하여 제시
하고 있는 점이 눈에 띈다. 그는 학습자가 다 같은 피동적인 존재가 아니
라, "경험중심의 귀납적 방법을 선호하는 학습자, 연역법 유형의 가설검정
을 선호하는 학습자, 상호작용을 통한 토론과 비판을 선호하는 학습자 등
다양한 유형의 학습자"(p. 162)에 따라 적절한 교수방법을 선택할 것을 제
시하고 있다.

Werner와 DeSimone(2006)은 교수방법의 선정에서 고려해야 할 사항을
다음과 같이 제시하였다.

● **교육훈련 프로그램의 목적**: 다양한 교수방법들은 나름의 목적에 맞게 고
안되어 있다. 예컨대, 대인관계 기술을 개선하기 위해서라면 강의나 컴
퓨터기반 훈련방법보다는 보면서 모방하거나 직접 체험할 수 있는 비
디오 녹화방법, 역할연기, 행동모델링 등이 더 적합하다.

- 시간 및 예산의 가용성: 기업이나 조직은 현실적으로 경제성을 추구하게 된다. 예컨대, 복잡한 기계시스템의 수리를 위해 기계학을 훈련할 프로그램을 설계한다면, 비용 문제 때문에 전통적인 강의식, 토의식 수업에 현장훈련을 가미한 프로그램을 원하게 될 것이다.
- 다른 자원의 가용성: 특정한 교수방법은 효율적인 전달을 위해서는 고도로 훈련된 훈련교사와 특수 장비 및 시설을 필요로 한다. 때로는 자원을 덜 필요로 하는 대안적인 방법을 찾으려면 적당한 절충이 필요하다.
- 훈련생의 특성과 선호도: 교수방법의 선택에서 고려할 또 다른 요소는 훈련생의 준비도, 대상 집단의 다양성 등이다. 예컨대, 컴퓨터기반 훈련 방법을 사용하기 위해서는 일정 수준의 문해력이 있어야 한다.

Mankin(2009)은 특히 매체의 선택에 관하여 소개하고 있는데, 매체의 사용으로 얻을 수 있는 효용성으로 교수자의 설명 시간을 절약할 수 있다는 점, 학습자의 흥미를 유발할 수 있다는 점, 학습의 효과성을 증진시킬 수 있다는 점 등을 들고 있다. 매체는 기계장치(hardware)와 운영장치(software)의 짝으로 이루어지는데, 예컨대 DVD 플레이어가 기계장치라면 DVD 디스크와 장착되는 비디오는 운영장치가 된다. 현재 활용되고 있는 매체에는 다양한 종류가 있다. 첫째, 보편적으로 사용할 수 있는 매체로 비디오, 슬라이드, 배포자료, 사례연구 및 연습문제 등이다. 둘째, 미리 제작되어 필요에 따라 쉽게 사용할 수 있는 매체로 슬라이드, 비디오, 오디오 및 인쇄물 등이 있다. 셋째, 훈련생과 교육훈련을 진행하면서 실시간 활용이 가능한 매체로 플립차트, 화이트보드, 칠판 등이 있다. 넷째, 정보기술(information tedhnology: IT)에 기반한 매체로 인터넷 토론게시판, 이메일, 전화회의, 화상회의 등이 있다.

한편, Dobbs(2006)는 매체를 선정하기 위해서는 첫째, 학습자에게 어떤 실익을 가져다주는가, 둘째, 교수방법을 지속적으로 지원해 줄 수 있는가, 셋째, 훈련교사가 익숙하게 활용할 수 있는가, 넷째, 사용 장소, 설치 기계,

응용 소프트웨어, 기술지원 등 매체 사용을 위한 환경이 갖춰져 있는가 등과 같은 기준을 적용하여 신중하게 선정할 것을 제안하였다.

(4) 평가설계

평가는 전통적인 교수체제개발 모형에서 맨 마지막 단계에 이루어지는 활동이다. 즉, 교육훈련 프로그램 시행이 다 끝난 후 프로그램에서 목적했던 바를 확인하는 작업이 평가인 것이다. 그런데 중요한 것은 프로그램 자체에 대한 평가든, 프로그램 참가자의 변화에 대한 평가든, 평가를 하기 위한 도구는 바로 설계 단계에서 준비되어야 한다는 점이다. 동일한 설계 단계에서 설정된 목표에 비추어 얼마만큼 프로그램 시행 결과가 목표에 부합했는지 확인하는 작업이기 때문에 교수목표에 따른 평가도구가 설계되어야 한다. 앞 장에서 소개했던 Dick과 Carey의 제2세대 교수체제개발 모형에도 CRT 개발이라고 해서 성취목표의 진술 바로 뒤에 평가도구 제작 순서가 들어가 있음을 확인할 수 있다.

앞서 Tobey(2005)는 요구분석 수준과 평가 수준을 대비하여 설명했다는 점을 소개하였다. 엄밀히 말하자면 요구분석 결과가 곧바로 교수목표가 되는 것이 아니기 때문에 Tobey의 견해는 요구분석과 평가가 긴밀히 연계되어 있다는 점으로 이해하는 것이 적절하다.

평가설계에서 중요한 점은 어떠한 평가모형을 선택할 것인가와 어느 수준까지 평가할 것인가를 결정해야 한다는 것이다. 즉, 평가의 수준을 프로그램 참여자의 지식 변화를 파악하는 데 맞췄다면, 평가설계에서는 지식의 변화를 평가할 수 있는 평가도구를 설계하는 것이다(권대봉, 2003). 또한 평가의 목적이 과정 개선인지 결과 확인인지에 따라서도 형성평가와 총괄평가 등 평가의 방법이 달라져야 한다(Mankin, 2009).

(5) 기타 요소들

앞서 교수목표와 교수내용, 프로그램 참가자 등에 따라서 교수방법이 달라지기도 하지만, 최종적으로는 기타 요소들에 따라서 다시 한 번 조정이 될 수도 있다. 순서상 기타 요소를 마지막으로 고려해야 한다는 의미가 아니라, 결국 교수방법을 최종적으로 결정짓는 것에는 주요 요소뿐만 아니라 기타 요소들이 포함될 수 있다는 말이다.

여기서는 앞서 기술한 설계의 직접적인 요소들 외에 간접적인 요소들을 간략히 다루고자 한다. 즉, 교수목표, 교수내용, 교수방법 및 매체, 평가설계 외에 훈련장소의 섭외, 훈련교사 또는 교수자, 훈련 프로그램 진행에 필요한 예산의 확보, 교육훈련 프로그램 시간표 작성, 교육훈련 프로그램 진행 계획, 교육훈련 프로그램의 홍보 등에도 면밀히 주의를 기울여야 한다(권대봉, 2003; Mankin, 2009; Noe, 2008).

강대석(2007)은 시간 및 자원의 배분과 교수자 선정에 대하여 상세히 논의하였는데, 학습을 위해 가능한 총시간과 학습시간이 지속적인지 단속적인지도 중요한 요인이라고 하였다. 왜냐하면, 시간은 학습자가 습득하게 되는 정보의 양, 학습자가 수행하는 탐구의 심화 정도, 학습자의 학습 속도 등에 영향을 미치기 때문이다. 시간을 충분하게 확보하지 못한 경우라면 교육훈련 프로그램의 외주에 의한 개발도 고려할 수 있는 대안이 된다(Noe, 2008). 또 예산의 한계로 설계상의 변경이 초래된다거나, 설계와 관련된 많은 의사결정이 무효가 되는 경우가 발생하기도 한다. 따라서 정확한 예산의 범위, 예산 배분의 우선순위 등이 프로그램 설계에 안정성을 가져다 줄 것이다. 여기서 중요한 것은 예산계획(budgeting)과 시간계획(scheduling)이 상호 긴밀하게 관련되어 있기 때문에 동시에 고려되어야 한다는 것이다. 즉, 예산 배정이 가변적이고, 비용의 예측이 불확실하다면 시간계획은 정확히 세워지기 어렵다. 그뿐 아니라 예산과 시간의 가용성은 교육훈련 프로그램을 외주하느냐, 내부에서 자체 제작하느냐를 의사결정해야 하는 국면에서도 중요한 변수가 된다. 〈표 10-2〉는 교육훈련 프로그램을 외주 제작할 경우 고려해야 할 요인을 보여 준다.

교육훈련 프로그램의 시행에서 중요한 요소 중 하나는 바로 전달자의 문

| 표 10-2 | 프로그램 개발의 외주 시 고려할 요인 |

요인	내용
전문성	조직이 인력자원개발 프로그램을 설계하고 시행하는 데 필요한 전문적인 지식, 기술, 능력 및 다른 특성들(KSAOs)의 보유 여부를 판단한다.
적시성	과정을 촉진시키기 위해 외부 기관에 위탁하는 것이 시기적절한지 판단한다.
훈련생 숫자	전반적으로 훈련생의 수가 많으면, 조직이 프로그램을 자체 설계할 가능성이 높다. 그러므로 기술담당 부서는 작은 훈련은 외부 기관에 위탁하기 쉽다.
주제	만약 주제가 민감하거나 조직 특유의 것이라면 인력자원개발 부서는 조직 내 구성원들을 훈련교사로 활용하면서 내부에서 프로그램을 시행할 것이다.
비용	인력자원개발 부서는 항상 다른 요인들도 포함시켜서 비용을 고려해야 한다.
인력자원개발 부서의 규모	인력자원개발 부서의 규모는 각종 기술훈련을 설계하고 시행하는 능력을 평가하는 데 중요하다.
기타 요인들	기술훈련을 위한 외부 기관 위탁을 선호하게 만드는 다른 외부적인 조건들을 확인한다.

출처: Carnevale, Gainer, Villet, & Holland (1990); 강대석(2007), p. 130 재인용.

제다. 제도나 정형화된 프로그램이 아니고 감성과 정서, 동기부여 등과 관련된 주제의 프로그램에서는 무엇보다 훈련교사, 즉 교수자의 교수학습 장악과 전개가 중요하다. 따라서 설계 단계에서 교육훈련 프로그램의 내용을 잘 전달할 수 있는 전문가를 선택할 수 있도록 면밀한 계획을 세워야 한다. 좋은 교수자를 선별할 수 있는 좋은 지침을 Snell과 Bohlander(2007)가 제시하고 있다. 〈표 10-3〉은 바람직한 교수자의 특성을 보여 준다.

표 10-3 바람직한 교수자의 특성

항목	내용
주제 관련 지식	교수자는 직무나 주제에 대해 잘 알고 있으리라 기대한다. 게다가 요청하면 지식을 증명해 보일 수 있기를 기대한다.
적응성	개인별로 학습 속도가 다르므로 강의는 훈련생의 학습능력을 고려하여 이루어져야 한다.
성실성	훈련생은 성실하고 정직하게 교수자를 대하고, 이에 대해 교수자는 인내심을 갖고 훈련생을 대하며, 그들의 염려에 관심을 둬야 한다.
유머감각	학습은 재미있어야 하고, 이야기나 일화 등을 활용할 수 있다.
흥미	훌륭한 교수자는 자신이 가르치는 주제에 대해 흥미를 갖고 있으며, 이러한 흥미는 훈련생에게 즉시 전달된다.
설명의 명확성	교수자가 명확히 설명할 때 훈련이 빨리 이루어지고 효과가 지속된다.
개별 지도	성공적인 교수자는 훈련생을 대할 때 개별적인 지원을 제공한다.
열정	역동적인 발표와 활기찬 성격은 훈련생에게 교수자가 훈련에 즐겁게 임한다는 인상을 주어 훈련생의 적극적인 참여를 이끌어 낸다.

출처: Snell & Bohlander (2007), p. 295.

2. 인력자원개발 프로그램의 개발

교수체제개발 모형에 따르면, 개발은 세 번째 단계로 앞 단계인 설계 단계에서 만들어진 청사진에 따라 수업에 사용될 교수자료를 실제로 구안하여 만드는 작업이다. 미시적으로 개발이라는 단계만 따로 떼어 놓고 본다면 다시 개발 단계 내에도 몇 가지 하위 단계가 존재함을 알 수 있다. 개략적으로 보더라도 초안(또는 시안)을 개발하여 시험운영해 보고, 필요한 부분의 수정을 거쳐 최종 산출물로 만들어 내는 단계를 밟아야 한다. 이 절에서는 개발 단계의 하위 단계들에 관해서 살펴보고자 한다. 앞서 설계 단계가 충실히 이루어졌다면, 개발 단계는 이전 단계의 시방서(示方書, specification)를 따라서 하는 작업이므로 다섯 단계 중 비교적 간단하게 이행할 수 있는 단계라 할 수 있다. 또 설계가 잘 된 경우 시차를 많이 두지 않고 개발과 병행하는 경우도 있다. 실제로 인력자원개발을 다룬 많은 참고문헌들이 개발 단계를 생략하고 곧바로 시행 단계로 옮겨간 사례가 많이 있는데, 이러한 사실을 방증한다고 할 수 있다.

1) 개발 단계의 개요

개발에 대하여 가장 쉽게 이해할 수 있는 방법은 개발을 마친 뒤 최종적으로 손에 넣는 것은 무엇일까를 생각해 보는 것이다. 교재, 자료, 보조자료 등 훈련에 필요한 한 벌의 패키지가 될 것이다. 즉, 개발 단계는 마치 건축설계도를 따라 건축을 하듯 직전 단계인 설계 단계에서 만들어진 설계 청사진에 따라 하나하나 필요한 내용들을 구현해 나가는 단계다. 이 단계에서 수행해야 하는 일들로는 학습자용 교재개발, 교수자용 매뉴얼 개발, 교수 보조자료, 그리고 개발된 자료들에 대한 시범운영과 그 결과를 반영하는 수정 단계 등이 포함된다. 개발은 설계 단계와 어느 정도 중첩되면서 병행되는 경우가 있는데, 프로그램의 교수방법을 결정하면서 진행해 갈 수 있는 매뉴얼을 개발한다든지, 프로그램 시간표를 작성하면서 동시에 프로그램 운영 매뉴얼도 작성한다든지 하는 것이다.

교육훈련의 형식에 따라 살펴보면 다음과 같다.

- 교실에서 시행되는 교육훈련의 경우라면 훈련교사는 실행 가능한 학습 계획서(교안), 훈련교사가 훈련생들을 효과적으로 가르칠 수 있는 학습자용 자료 등이 개발의 최종 산출물(end product)이 된다. 이들 중 일부는 학습자용 지침서, 훈련 매뉴얼, 훈련생 매뉴얼, 또는 이와 유사한 명칭의 자료가 될 것이다. 그리고 개발의 마지막 단계에서 오버헤드프로젝터, 플립차트, 파워포인트 발표자료, 비디오 등을 병용할 수 있는 매체로 제시하게 될 것이다.

- 현장직무훈련인 경우 개발의 최종 산출물은 거의 비슷하다. 즉, 훈련교 사 지침서(학습계획서와 같으나 일대일 훈련용으로 개발됨), 학습자용 매뉴 얼(종종 훈련생용 한 벌의 패키지라고 지칭됨), 전시자료(exhibits), 직무보 조자료, 또는 기타 물품 등이 있다. 그리고 성과 체크리스트와 기타 훈 련생 평가도구 등이 있다.
- 자기교수(self-instruction)를 진행하는 경우에는 일반적으로 스스로 학 습하는 프로그램인 참가자 패키지와 촉진자의 지침서, 기타 패키지와 함께 사용되는 매체가 있다.
- 기술기반 훈련의 경우 앞에서 말한 최종 산출물 외에도 여러 가지가 추 가될 수 있다. 예컨대, 다중매체(multimedia) 전달방법을 사용한다면, 원고(대본), 스토리보드, 삽화(graphics), 비디오, 동영상, 컴퓨터 프로그 램, CD-ROM, 기타 기자재 등이 함께 사용되어야 한다.

2) 개발 단계의 내용

개발에서 하위 단계가 있다고 제2절의 서론 부분에서 밝혔다. 여기서는 Mager와 Beach(1967; Robinson, 1991 재인용)의 모형을 한 사례로 살펴보고 자 한다. 그들은 교육훈련 프로그램 개발을 준비, 개발, 개선의 세 단계로 나 누었다. 준비 단계는 요구분석 결과를 토대로 교수목적과 목표를 세우는 단 계다. 둘째 단계인 개발 단계는 다시 다섯 가지 요소로 이루어진 모형으로 나타낼 수 있다. 마지막 단계인 개선 단계는 프로그램의 효과성을 높이기 위하여 다양한 기법을 활용하는 것이다. [그림 10-3]은 개발 단계의 요소를 나타낸다.

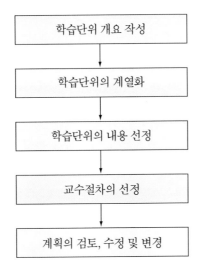

[그림 10-3] Mager와 Beach의 교육훈련 프로그램 개발 모형

출처: Mager & Beach (1967); Robinson (1991), p. 83 재인용.

(1) 학습단위의 개요 작성

교육훈련 프로그램 개발은 교수학습 단위의 개요를 작성하는 것부터 시작한다. 즉, 각 학습단위를 마치고 나면 학습자들은 새로운 지식, 기술 또는 태도를 설명하기 위해 무엇을 할 수 있는가에 초점을 맞춰 작성하게 된다. 하나의 학습단위는 하나 또는 여러 개의 세션으로 이루어질 수 있다. 중요한 것은 학습단위가 교수목적과 직접 연계되어야 한다는 점이다.

(2) 학습단위의 계열화

학습단위가 확인되면, 예비적인 계열화 작업을 해야 한다. 계열화란 학습단위가 적절한 순서로 학습되도록 순서에 맞추어 배열하는 것을 말한다. Piskurich(2006)는 다음과 같이 네 가지 계열화 방법을 제시하였다.

● 일반적인 것에서 구체적인 것으로: 먼저, 전체 윤곽을 제시하고 나서 각 부

분들을 나누어 제시한다. 가장 흔한 계열화 방법이다.

● 단순한 것에서 복잡한 것으로: 간단한 과업들로부터 시작해서 다중작업이 필요한 복합적인 과업으로 옮겨간다.

● 아는 것에서 모르는 것으로: 훈련생들이 아는 것으로부터 시작해서 그들이 모르는 것으로 옮겨가기 위한 토대로 삼는다.

● 문제에서 해결책으로: 문제로부터 시작해서 과정의 내용을 해결하는 데 사용할 수 있도록 배열한다.

Robinson(1991)은 계열화와 관련하여 다음과 같이 여섯 가지의 지침을 제시하였다.

● 일반적인 것에서 구체적인 것으로 계열화하라. 큰 그림을 먼저 제시하고, 자세한 부분 또는 세부 요소로 배열하라.

● 학습자의 흥미 관점에서 계열화하라. 학습자들이 이미 흥미를 갖고 있는 국면부터 시작하라.

● 논리가 성립되도록 계열화하라. 특히 학습자들이 보기에 논리적이도록 배열하라.

● 만약 학습자가 과정이 끝나기 전에 학습장소를 빨리 벗어나더라도 유용한 기술을 배울 수 있도록 기술과 관련된 것들을 먼저 배열하라.

● 빈번하게 사용되는 기술을 먼저 배열하라. 그렇게 함으로써 자주 사용되는 기술을 먼저 배우고 드물게 사용되는 기술을 과정의 뒷부분에서 배울 수 있도록 하라.

● 전체 과업을 연습해 볼 수 있도록 계열화하라. 그래서 프로그램이 종료될 시점에서 토막과 조각처럼 배웠던 내용을 종합해 볼 수 있는 기회를 부여하라.

(3) 학습단위의 내용 선정

이제 학습단위의 내용을 선정하는 순서로 넘어간다. 내용을 결정하는 데는 다음과 같은 질문을 던져 봄으로써 쉽게 접근할 수 있다. 즉, 학습자는 이 과업을 수행하기 위해 무엇을 알아야 하는가? 다시 말하면, 이 질문은 교수목표를 어떻게 성취할 수 있는가에 관한 질문이다. 거의 모든 훈련교사 또는 교수자들은 자신이 가르치고 싶은 모든 내용을 가르칠 만큼 충분한 시간이 있다고 느끼지 않는다. 과정을 진행하든, 워크숍을 진행하든 또는 회의를 진행하든 모든 시간이 제한되어 있다고 느낀다. 결정적으로 중요한 요소를 가르치는 것에 충분한 시간을 할애하지 못하고 덜 중요한 것이나 덜 필수적인 요소를 가르치는 것을 피하기 위해서 교수자는 미리 자신이 가르칠 내용들을 학습자가 '반드시 알아야 할 것'과 '알아두면 좋은 것'으로 구분해 놓는 것이 필요하다. 모든 '반드시 알아야 할 것'은 학습경험의 주요 내용에 반드시 포함되어야 한다. 일부 '알아두면 좋은 것'도 시간이 허용되는 범위에서 전달할 수 있도록 분류해 놓는 것이 필요하다.

(4) 교수절차의 선정

교수절차의 선정은 방법(methods)과 기법(techniques), 그리고 도구(devices)로 나누어 진행된다. 첫째, 방법은 구성방식(formats), 방식(modes), 접근법(approaches) 등으로 일컫기도 하는 것으로, 교수활동을 하기 위하여 사람들(학습 참여자)이 조직되는 방식을 말한다. 따라서 방법은 개별적 방법, 집단적 방법 등으로 나뉜다. 둘째, 기법은 절차(procedures) 또는 전략(strategies)으로 불리기도 하는 것으로, 교수자가 학습자와 학습 과업 간의 관계를 형성시키는 방법을 말한다. 따라서 기법은 학습자가 정보를 얻도록 설계되거나 기술을 습득하도록 설계될 수도 있고, 또 지식의 응용이나 창의성의 개발, 또는 태도의 변화를 위해서 설계될 수도 있다. 셋째, 도구는 교수자료 또는 교구(teaching aids)라고도 일컬어지는 것으로, 교수학습 활동에서 사용하는 방법이나 기법의 효과성을 확장 · 증진시키는 교수학습 보조재라 할 수 있다. 서적에서부터 모의실험장치(simulators), 영화에서부터 운전모형(working model), 칠판에서부터 비디오 녹화까지 다양하게 존재한다. 적절한 교수절차 선정을 위해서는 교수목표에 가장 적합한 기법과 도구를 선택해야 하며, 가장 적합한 것들 중에서 다시 가장 실용적이어야 한다.

(5) 교수계획의 검토, 수정 및 변경

학습단위의 개요를 작성하는 것부터 학습단위를 계열화하고, 학습단위의 내용을 선정한 후 교수절차를 결정하고 나면 다음과 같은 준거를 가지고 전반적인 검토 단계를 거쳐야 한다.

- 한 단위의 수업(lesson)은 다음 단위로 연속성 있게 이어지는가?
- 학습자들은 교수목표와 직접 연관되는 활동에 가장 많은 시간을 사용하는가?
- 선정된 절차는 가용한 시간과 시설에서 시행될 수 있는가?
- 전체 과정이 수업 간 논리가 흐르도록 구성되었는가?
- 가르치고자 하는 학습량이 허용된 시간 동안 가르치기에 적절한가?
- 학습 중간에 학습자는 그가 어느 정도 학습했는지 피드백을 받을 수 있는가?

이와 같은 준거에 따라 검토된 후 수정과 변경을 거치면, 시험운영을 할 수 있도록 준비된 셈이다. 학습계획서(lesson plan) 혹은 교안이라는 것은 각 시간별로 어떤 교수학습 활동이 일어나는가를 정확하게 지시하는 문서라기보다 학습자와 교수자가 일정한 수업시간 동안 따를 수 있는 지침서다. 따라서 융통성 있게 운영하여야 한다.

계획을 세우는 일은 실제 교수학습이 이루어지기 전에 교수체제개발 전문가에 의해서 수행되는 매우 질서정연하고, 합리적이며, 단계를 밟아서 이루어지는 논리적인 활동이다. 그러나 교수행위(teaching)는 매우 다른 질적인 요소를 필요로 하는 예술행위다. 따라서 학습자와의 상호작용에서 고도의 유연성과 즉흥성(spontaneity), 감수성과 영감이 동원되어야 한다.

인력자원개발 프로그램의 시행

① 인력자원개발 프로그램을 시행하기 위한 준비 단계로 어떠한 활동이 필요한가?

② 인력자원개발 프로그램을 전달하는 주요 방법과 그 내용은 무엇인가?

③ 각각의 전달방법이 갖는 장점과 단점은 무엇인가?

④ 각각의 전달방법이 사용되기에 적합한 조건은 무엇인가?

1. 프로그램 시행의 개념적 논의

앞 장에서는 인력자원개발 프로그램을 개발하는 작업을 다루었다면, 이 장에서는 교수체제개발의 최종 산출물인 과정 운영 자료를 전달하는 내용을 다루고자 한다. 프로그램의 시행은 설계·개발된 교육훈련 프로그램을 실제 현장에서 적용하고, 이를 기업이나 조직의 정식 교육훈련 체제 안에 편입시키고 계속적으로 유지하며 변화를 관리하는 활동이다. 시행 단계에서는 교육훈련 프로그램의 내용에 정통한 전문가인 강사, 촉진자, 훈련교사들이 교수자로서, 실제 교육훈련 프로그램을 이수할 대상인 훈련생이 학습자로서, 개발 단계의 산출물인 교재와 각종 자료들이 학습내용으로서 각각의 역할을 하여[1] 프로그램이 원활하게 전달되도록 한다.

[1] 일반적으로 교육이 이루어지기 위해서는 교수자, 학습자, 교육내용의 세 가지 요소가 필요하다.

학자들에 따라서 개발 단계에 시험운영과 그에 따른 수정·보완 과정을 포함시키기도 하고, 시행 단계에 시험운영을 포함시키기도 한다(Piskurich, 2006). 또 어떤 조직에서는 I-과정이라는 명칭으로 도입과정(introduction course)을 운영하기도 한다. 이 과정은 실제 프로그램 적용 대상이 아니고 연수원에 재직 중인 교수요원을 대상으로 실시되는데, 과정에 대한 전체적인 이해를 도모하고, 실제로 그 조직에 소속된 교수요원이 해당 과정을 가르칠 때 나타날 수 있는 문제를 사전에 점검할 수 있다는 점에서 프로그램의 완성도를 높이는 데 긍정적인 역할을 한다. 교수체제개발 단계로 보면 시행은 실제로 프로그램이 수요자인 학습자를 대상으로 개발된 프로그램을 전달하는 것이기 때문에, 시행에 앞서 시험운영, 수정 및 보완작업을 하는 것은 개발 단계에 속한다고 보는 것이 타당할 것이다. 어느 단계에 시험운영과 수정·보완이 속하는가 하는 것은 또 다른 차원에서 논의가 필요한 주제이지만, 실제 시행에 앞서 최종 점검을 하는 작업은 반드시 필요하다.

1) 프로그램의 시행 준비

(1) 설계검사

프로그램을 시행하기 전, 개발 단계에서 해야 할 마무리 작업으로 앞 장 끝부분에서 교수계획의 검토, 수정 및 변경을 간략히 다루었다. 준비에는 프로그램을 성공적으로 운영하기 위한 행정적인 준비도 필요하지만, 실제 핵심이 되는 프로그램의 내용과 전달에 대한 준비가 중요하다. 행정적인 준비는 각종 준비사항을 체크리스트에 담아 관리하는 것이 일반적이고 용이한 방법이다.

이 소절에서는 프로그램의 내용과 전달에 대한 준비에 초점을 맞추어 Piskurich(2006)가 제안한 설계검사(design test)와 시험운영(pilot)을 살펴보고자 한다. 이 두 가지 과정은 실제 시행하기 전에 준비한 프로그램이 실행 가능한지를 확인하기 위한 것이다. 먼저, 설계검사는 베타검사(beta test)로 널리 쓰이는 용어로, 원래는 IT 관련 산업 분야에서 기계장치나 운영장치를 공식적으로 출시하기 전에 오류와 하자가 있는지를 발견할 목적으로 시행되는 검사다. 이는 지정된 사용자 계층이 사용해 보도록 하는 2차 검사[2]를 말한다. 베타검사의 목적이 출시되기 전의 신제품을 미리 정해진 고객들인 베타테스터들에게 심도 있게 사용해 보게 하고 문제점을 찾아내도록 하는 것처럼, 교수체제개발의 개발 단계에 적용되는 베타검사, 즉 설계검사도 과정의 각 단위들이 하나의 전체 과정으로 통일적이고 일관되게 짜였는지를 확인하고, 그 과정에서 특별 활동, 실험, 복잡한 모의실험 등 적절하지 않은 부분으로 판정된 부분을 제거하는 등 과정의 완성도를 높이기 위하여 실시된다. IT 산업 분야처럼 알파검사 단계가 없어서 형식상으로는 1차 검사가 되는 설계검사는 과정 전체 및 과정의 부분에 관한 실제 이해당사자의 피드백을 받는다는 점에서 매우 중요하다.

　베타검사는 교육훈련 참가 예정자 몇 명, 내용전문가 한두 명의 참여로 시행한다. 필요할 경우 교수설계자를 참여시켜 교수설계에 관하여 검토를 하게 할 수도 있다. 좀 더 확대된 베타검사의 경우 훈련생의 상사인 관리자와 그 밖의 이해당사자도 한두 명씩 추가할 수 있다. 베타검사는 프로그램의 각 부분을 면밀하게 살펴야 하기 때문에 대략 교육훈련 프로그램 소요기간의 두 배 정도의 기간을 확보해야 한다. 베타검사를 위해 프로그램이 진행되는 동안에는 참여자의 피드백을 받기 위해서 수시로 중단할 수도 있기 때문에 시간적 여유를 두고 계획을 잡아야 하며, 참여자가 그러한 사실을 알 수 있도록 미리 안내하여야 한다.

(2) 시험운영

　베타검사를 실시하고 필요한 수정과 개선이 이루어졌다면 이제 시험운영

---

[2] 신제품을 개발한 이후 자사 직원을 대상으로 성능을 점검하는 1차 검사인 알파검사(alpha test)와 구별하여 사용하는 용어다.

을 해 보아야 한다. 베타검사와 시험운영의 차이는 크지 않지만 그 차이의 중요성은 매우 크다. 첫째, 시험운영은 실제 프로그램 운영시간보다 약간 길어질 수 있다. 약간 추가되는 시간은 과정 종료 후 결과보고(debriefing)와 피드백을 위해 필요하기 때문이다. 이틀짜리 프로그램이라면 시험운영도 이틀 동안 운영되어야 한다. 둘째, 참여자가 베타검사와 다르다. 베타검사에 참여했던 관리자와 교수설계자, 기타 이해당사자들은 모두 제외된다. 시험운영의 참여자는 해당 프로그램의 참가예정자로만 구성된다. 실제 훈련 상황과 똑같이 한 학급당 참여 인원수도 원래 프로그램이 20명을 상정했다면 시험운영에서도 20명이 참여하도록 구성해야 한다. 프로그램의 대상이 생산직 근로자였다면 시험운영의 참가자도 생산직 근로자여야 한다. 프로그램이 이틀짜리로 구성되었다면, 시험운영에서도 약간의 결과보고 및 피드백 시간이 추가로 포함된 이틀짜리로 구성되어야 한다. 현장훈련이 아니라 사외훈련으로 기획되었다면, 시험운영 참여자들도 똑같이 사외에서 프로그램이 진행되도록 환경을 조성해야 한다. 시험운영의 목적이 학습활동이 애초에 계획된 것과 같이 실제 상황에서도 그렇게 작동되는지를 점검하는 것이기 때문이다.

베타검사와 비교해 볼 때 시험운영을 통해서만 평가할 수 있는 것들이 있다. 첫째는 소요시간 측정이다. 시험운영을 하는 동안에는 피드백 자료를 수집하기 위해 진행을 멈추지 않는다. 단지 이틀짜리 프로그램이면 이틀이 소요되는지, 한 시간짜리 활동이 계획되어 있으면 한 시간 동안 활동을 마칠 수 있는지를 확인하는 것이다. 또 실행계획이 제대로 작동하는지를 평가하는 것도 실제 상황에서 시험운영을 하는 이유다. 시험운영을 통해서 프로그램 시행에 따른 준비물 때문에 더 넓은 장소가 필요하다든지, 필요한 장비와 기자재를 최소한 며칠 전에 교육훈련 프로그램이 운영되는 장소에 운반해 놓아야 한다든지 하는 세세한 부분까지 점검해야 한다.

또 시험운영을 함으로써 프로그램에 참여하는 훈련생에 관해서도 몇 가지 확인이 가능하다. 즉, 전체 교육훈련 프로그램이 진행되는 동안 시험운영에 참여한 (예비)훈련생들의 전체적인 반응을 확인하는 것이다. 준비된 활동을 수행할 수 있는 능력이 있는지, 프로그램에 참여하기 전에 더 필요한 사전 준비사항은 없는지, 지루해하지는 않는지, 프로그램 내용에 압도되지는 않는지 등을 점검한다. 물론 교수체제개발 첫 단계인 분석 단계에서 학습자에 대한 분석, 환경에 대한 분석 등 필요한 분석이 이루어졌지만, 그것은 주로 가정(assumptions)에 따른 분석과 설계였기 때문에 실제 교육훈련 프로그램에 참여하는 훈련생들이 그 가정을 입증해 보이도록 하는 것이다. 시험운영에서 특정한 부분의 의견을 듣고 싶다고 해서 일정한 형식의 질문지를 만들어 미리 배포하는 것은 좋은 방법이 아니다. 특정 질문이 미리 배포되면 참여자들이 해당 질문에 집중하여 전체 프로그램에 대한 반응을 피드백받기가 어려워지기 때문이다. 시험운영을 통해서는 프로그램이 진행되는 동안 자연스럽게 드러나는 개선사항을 받는 것에 초점을 맞춰야 한다. 그리고 시험운영을 통해 드러난 피드백은 프로그램을 대폭으로 수정하거나 변경하는 것에 활용하지 않고, 시간 배정을 달리한다든가, 다른 활동을 조정한다든가, 이해를 돕기 위해 보충 자료를 다듬는다든가 하는 보완작업의 기초 자료로 활용한다.

결론적으로 베타검사와 시험운영의 차이점을 다음과 같이 생각하면 이해하기 쉽다. 즉, 베타검사는 내용을 점검하기 위한 것이고, 시험운영은 전달과 교수 흐름을 점검하기 위한 것이다.

2) 프로그램 시행 전, 중, 후의 단계별 준비

교육훈련 프로그램의 시행 단계에서는 인력자원개발 업무 담당자는 전체 프로그램의 기획, 관리자로서 다양한 과업을 수행해야 한다. 즉, 교수자와 학습자는 물론, 프로그램 내용을 담은 교재, 각종 매뉴얼, 보조자료, 교육환경까지도 관리해야 한다. 이들이 수행해야 할 역할은 다음과 같다(권대봉, 2003).

- **교수자 관련**: 설계 단계에서 선정된 교수자(강사, 특강 담당 인사, 촉진자, 훈련 교사 등)와의 의사소통 통로 확보 및 유지, 강의 실시 전 필요한 오리엔테이션(기자재 사용법, 연령 · 직급 · 업무 분야와 같은 학습참여자의 특성 등)
- **학습자 관련**: 교육훈련 프로그램 실시 전, 학습자의 참여 안내 및 참여 독려, 학습자 참여 확인, 지각 및 결석, 중도탈락 관리, 교육훈련 프로그램에 관한 의견의 수렴
- **교육자료 관련**: 교육에 필요한 교재, 기자재 및 보조 자료의 준비상황 점검 등
- **교육환경 관련**: 학습장소와 휴식 및 숙박(숙박 집합교육훈련인 경우) 공간 관리 등

이와 같은 역할을 중심으로 교육훈련 프로그램의 시행 전, 중, 후에 수행할 과업을 살펴보면 다음과 같다[3](권대봉, 2003).

(1) 프로그램 시행 전

프로그램 시행 전에 인력자원개발 업무 담당자가 준비해야 할 사항을 교육의 세 주체인 교수자, 학습자, 내용, 그리고 교육장의 행정적 사항 중심으로 정리하면 다음과 같다. 이와 같은 준비물은 체크리스트를 작성하여 항목별, 날짜별(D-10일, D-9일 등)로 관리하면 편리하다.

- **교수자 관련**: 출강의뢰 및 업무연락(필요시 소속 기관(장)에 강의 의뢰 공문 발송), 강의 장소 및 교통편 안내, 강사료 관련 안내, 필요시 강사용 교재 송부, 학습자 특성에 대한 안내 등
- **학습자 관련**: 과정개설 안내 및 통보, 여러 차례 운영될 경우 학급당 인

---

[3] 이 부분은 권대봉(2003)을 토대로 추가, 보완하였다.

원 배정 및 조정, 참가자 명단 작성, 학습자용 교재 및 사전과제 배부,
참가 대상자 부서(장)에 안내 및 통보 등

- 교육자료 관련: 교재 인쇄 발주, 교육 보조 자료 구입, 각종 매체 제작 등
- 교육환경 관련: 교실 및 교육 공간 확보, 좌석배치, 각종 기자재 및 집기,
  배포자료, 교육 소모품(명패, 명찰, 필기구 등), 과정 안내 시간표(부착),
  수강생 명단 및 분과편성표, 과정수료증 준비, 간식 및 다과, 숙소별 방
  배정, 운동기구 등
- 기타 행정 지원 관련: 진행팀과 지원팀 구성 및 역할 분장, 근무조 편성,
  과정 준비 관련 회의 개최 등

(2) 프로그램 시행 중

일단 교육훈련 프로그램이 시작되면 모든 과정이 계획된 순서대로 진행
되도록 관리하는 일이 주요한 업무가 된다. 세션마다 교육 장소에 갖춰져야
할 기자재와 비품 등을 확인하고, 매 과목별로 교체되는 교수자에 대하여
해당 교수자별로 확인하여야 한다. 프로그램이 시작되기 전에 과정 전체에
대한 개요와 필요한 사항에 대하여 안내를 하고, 프로그램이 종료되는 시점
에서 과정에 대한 평가를 실시한다. 과정에 대한 평가는 강사별로 할 수도
있고, 과목별로 할 수도 있다. 학습자가 생생하게 기억할 때 과정에 대한 평
가를 하는 편이 낫다고 할 수 있다. 프로그램 시행 중에 관리해야 할 사항을
위와 같은 순서로 정리하면 다음과 같다.

- 교수자 관련: 교수자에 대한 출강 확인, 현장 응대(음료수 준비, 학습자 특
  성 안내), 강사료 관련 행정 사항(강사료 관련 영수증 처리, 숙박 시 숙박 안
  내 등) 등
- 학습자 관련: 등록, 전체 교육과정(교육내용, 진행방법, 초청 강사 및 교수자
  등) 안내, 교육시설 사용 및 생활 안내(교육장 환경, 숙박, 기타 편의시설
  이용 등), 참가 인원 변동사항 확인 조치, 학습자의 교육 이수(수료증 수

여 등) 및 생활 관리, 기타 응급상황 발생 시 조치 등

● 교육자료 관련: 과목별 보조 자료 준비 및 배부, 장비 및 기자재의 오작동 점검 및 조치 등
● 교육환경 관련: 공간 이동 관리 및 활용도 제고, 필요한 소모품의 보충 등
● 기타 행정사항: 프로그램상의 과목별 안내 및 담당 교수자 소개, 교육 분위기 조성, 진행과정의 모니터링, 과정 종료시점에 퇴소 시 귀가에 대한 안내, 과정 종료 후 과정에 대한 평가 실시

(3) 프로그램 시행 후

프로그램이 종료된 후에는 교수자와 학습자가 모두 떠나게 되고, 후사를 처리하는 일이 인력자원개발 업무 담당자의 주요 업무다. 곧바로 다음 회차 학습자가 교육을 받아야 되는 상황이든, 그렇지 않든 매 교육훈련 프로그램이 종료되면 상황에 대한 결과를 남겨 두어야 한다. 프로그램이 시행된 후 관리해야 할 사항은 대략 다음과 같다.

● 교수자 관련: 과목별 교수자에 대한 평가기록 누적 관리 등
● 학습자 관련: 학습자 관련 평가기록 관리 등
● 교육자료 관련: 학습자의 과정 운영 산출물 정리 및 보관, 여분의 교재 및 교육자료 관리 등
● 교육환경 관련: 교육장 정리, 물품 정리정돈 등
● 기타 행정사항: 과정에 관한 보고서 작성 및 보관, 정부부처, 지방 관서 같은 이해당사 기관과 관련된 업무 처리 등

2. 인력자원개발 프로그램 전달방법

이 절에서는 교수목표, 교수내용, 교수방법 및 매체, 평가설계에서 기술한

바를 토대로 개발한 프로그램을 전달하는 방법에 관하여 다룬다. 개발된 프로그램을 전달하는 데는 학습자가 얼마만큼 준비되어 있는가도 중요하지만, 전달자의 역할이 매우 크다. Broad와 Newstrom(1992)은 학습의 전이에 관하여 설명하면서 교수자가 프로그램 시행 중에 강화(reinforcement)에 가장 자주 영향력을 행사할 수 있는 주체라는 점을 밝혔다. 교수학습 방법과 조합을 잘 이룬 교수자야말로 과정 운영의 성공에 중요한 요인이라 할 수 있다.

여기서는 다양한 교수학습 방법의 내용을 알아보고, 각각의 방법이 갖고 있는 장점과 단점, 또 해당 방법이 어떤 조건하에서 활용될 때 최적의 효과를 낼 수 있는지 살펴보고자 한다.

1) 프로그램 시행상의 이슈들

프로그램 시행에서의 전제는 앞의 단계들인 분석과 설계 단계가 정확하게 진행되고, 개발 단계에서도 베타검사와 시험운영이 성공적으로 끝나서 과정 운영이 매끄럽게 이루어질 것이라고 기대할 수 있을 때 시행 단계는 비교적 단순하게 이루어질 것이라는 점이다. 왜냐하면, 개발된 프로그램은 그 프로그램에서 다루어질 내용으로 학습을 하거나 훈련되어야 할 바로 그 사람들을 대상으로 시행되는 것이기 때문이다.

이 소절에서는 교육훈련 프로그램의 전달방법을 결정하는 일과 관련하여 몇 가지 이슈를 짚어 보고자 한다. Robinson(1991)은 교수내용에 따라서 교수자가 어떻게 전달할 것인가를 요리사의 비유로 명쾌하게 설명하고 있다. 요리사는 한 가지 재료만 가지고 한 가지 요리법으로 요리하는 사람이 아니다. 매우 많고 다양한 재료를 가지고, 요리의 소비자 특성에 맞추어 재료를 가감하기도 하고, 자신이 알고 있는 다양한 요리법을 응용해서 준비를 한다. 마찬가지로 능숙한 교수자는 교육훈련 프로그램 시행으로 바람직한 결과를 얻기 위하여 적합한 전달방법을 혼합하여 교수내용을 전달한다. 그러나 한 가지 경계할 사항은 강의법을 비롯해서 어떠한 방법이라도 전 과정

내내 한 가지 방법만을 과도하게 사용하는 것은 바람직한 방법이 아니라는 것이다. 그렇다고 최고의 전달방법이 존재하는 것은 아니다. 교수내용에 따라, 대상에 따라, 학습자의 규모에 따라 달라지기 때문이다.

Delahaye(2005)는 교육훈련 프로그램의 시행에는 세 가지 운영 요소의 상호작용이 인력자원개발의 시행 단계에서 중요하게 기능한다고 하였다. 첫째는 전체 프로그램을 관리하고 조정하는 것이고, 둘째는 미세기술 (micro skills)을 활용하는 것이며, 셋째는 학습전략을 잘 구사하는 것이다. 프로그램을 관리하고 조정하는 일은 눈에 보이지 않는 과정이지만, 오류가 발생하면 학습자에게 큰 피해를 입힐 수 있다. 프로그램을 시행하는 동안 인력자원개발 업무 담당자는 학습자들에게 늘 관리에 만전을 기하고 있고 어떠한 돌발 상황도 극복될 수 있다는 확신을 심어 줄 필요가 있다. 둘째 운영요소로 지적한 미세기술은 당연한 것으로 받아들이는 '기술 같지 않은 기술'을 말하는데, 질문법, 바꿔 말하기(paraphrasing), 캐묻기(probing), 요약하기 등과 같이 반응하는 요령이나 시청각 자료를 충분하게 활용하는 등의 기술이 포함된다. 이러한 기술을 통해서 학습자의 학습경험을 촉진할 수 있다. 셋째로 제시한 학습전략의 구사는 구조화 학습전략에서 비구조화 학습전략[4]에 이르기까지 다양한 분포를 보이는데, 적합한 내용과 교수목적에 따라 적절한 학습전략을 선택하여 활용함으로써 학습효과를 높일 수 있다.

---

[4] Delahaye(2005)에 의하면 구조화 학습전략(structured learning strategy)은 교수목표와 교수내용에 대하여 학습자가 유연하게 의사결정할 여지가 별로 없는 방법을 말하는 것으로, 기술기능 세션, 이론 세션, 강의 등이 이 범주에 속한다. 비구조화(unstructured) 학습전략은 학습자가 의사결정에서 더 유연성을 발휘할 수 있는 방법으로, 문제중심학습(problem-based learning: PBL), 계약학습, 액션러닝, 멘토링 등이 이 범주에 속한다. 한편, 반구조화(semi-structured) 학습전략은 이 둘의 중간에 위치하는 범주로, 주로 토론, 사례연구, 역할연기, 경험학습 등이 여기에 속한다.

2) 프로그램 전달과 고려사항

교육훈련 프로그램의 전달에서 중요한 것은 교수목적이 얼마나 합리적으로 잘 세워졌느냐 하는 것도 아니고, 얼마나 유용하고 지적 자극을 주는 내용으로 채워졌느냐 하는 것도 아니다. 물론 전달하는 교수자의 역할도 중요하지만, 교수자가 선택한 방법이 교수내용을 전달하기에 적합한 방법이냐 하는 것이 더 중요하다. 뿐만 아니라, 그 방법이라는 것이 여러 측면을 충분히 고려하여 선택된 교수방법이라면 성공적인 전달을 기대할 수 있다. 또한 교육방법으로 다루어지는 다양한 기법들을 일정한 기준에 따라 분류함으로써 상황에 맞는 교수방법을 택할 수 있게 해 줄 것이다.

(1) 교수학습 측면의 고려사항

교수학습 측면에서 학습자들에게 설명적 접근을 통한 교수내용의 전달방법과 학습자들이 주체가 되어 학습상황을 이끌어 가는 경험적 접근방법을 생각할 수 있다. 설명적 접근은 교수자가 전달하는 내용을 학습자가 수동적으로 받아들인다는 점에서 수용학습이라고도 한다.

- 설명적 접근(수용학습): 이 접근법은 다른 무엇보다 효율성을 높이는 것에 관심의 초점이 있다. 다수의 학습자를 상대로 어떻게 비용효과적으로 교수내용을 전달하는가가 중요한 사안이다. 때문에 비용을 최소화할수록 효과적이라 할 수 있다. 교수목적이 학습한 내용을 현장에 적용하거나 다른 국면에서 응용하는 것이 아니라 단순히 프로그램에서 다루어진 내용이 오랫동안 기억되는 것인 경우 유용하다. 끝으로 교수자의 경험이 많지 않은 경우 설명적 접근이 유용하다. 상식적으로, 전달자인 강사나 훈련교사가 경험이 많고 노련해야 설명적 학습에 적합할 것으로 생각하지만, 설명적 학습이 정해진 교안이나 지침서 또는 매뉴얼에 많이 의존하기 때문에 경험이 많지 않더라도 수용학습의 진행이 가능

한 것이다.

● **경험적 접근(발견학습):** 이 접근법은 효율성보다 프로그램을 통해서 습득한 지식과 정보, 기술을 얼마나 오랫동안 파지하고 또 필요한 경우 학습한 것을 적용·응용하는가에 관심이 있다. 이 접근법은 시간의 제약이 있으면 실행이 어려운 방법으로, 시행착오가 충분히 일어날 수 있다는 점을 전제하고 또 그러한 시행착오를 통해서 학습이 가능할 정도로 여유 있는 여건에서 가능한 방법이다. 발견학습은 말 그대로 학습자가 주체가 되어서 스스로 새로운 사실을 찾아내는 접근법이기 때문에 실험실 환경이 제공될 경우 효과가 커진다. 이 방법은 특히 교수자의 풍부한 경험을 필요로 한다. 실험실 상황을 상상해 본다면, 경험이 적어도 지침이나 교안에 의존하여 교수내용을 전달하는 단순한 전달자의 역할보다는 실험 상황을 꿰뚫고 있으면서 중간에 어떠한 돌발적 상황과 질문에 직면하더라도 능숙한 경험과 지식으로 대응할 수 있는 촉진자, 전문가로서의 역할이 중요하기 때문이다.

(2) 교수상황 측면의 고려사항

교수학습 측면에서 설명적 접근법과 경험적 접근법에 의하여 프로그램 전달방법을 모색하는 방법도 있지만, 이 소절에서는 다양한 교수상황 측면에서의 전달방법 선택을 설명하고자 한다.

● **강의, 시연:** 강의법은 교수자[5]가 구조화된 교수내용을 학습자에게 전달하는 방법이고, 시연은 특정 주제에 관하여 숙련된 시범자가 학습자들을 대상으로 실제 행동을 통해서 학습이 이루어지도록 하는 방법이다. 강의와 시연은 다음과 같은 상황일 경우 효과적이다. 첫째, 학습 집단

---

[5] 강의법은 수업의 한 방법이고, 일반적으로 강사라 호칭하는 교수자가 교수학습을 이끌어 간다.

의 크기가 매우 크다. 성인학습에서는 하나의 학습 집단 크기로 25명 내외가 적절하다. 물론 상황에 따라서 더 큰 규모의 학습자에게 프로그램을 한꺼번에 전달해야 하는 경우도 있다. 바로 이 경우에 강의 및 시연에 의한 전달이 적합하다. 둘째, 교수내용의 전달방법으로 설명적 접근법이 선정된 경우 강의 및 시연에 의한 전달이 효과적이고 효율적이다. 셋째, 교수내용이 표준화된 경우에 이 방법이 적합하다. 동일한 내용을 학습자들에게 전달하기 위해서 앞서 설명한 비구조화 학습전략으로는 교수내용의 균질성을 확보할 수 없기 때문이다.

● 역할연기, 모의실험, 게임, 토론: 역할연기는 현실과 유사한 상황을 설정한 뒤 참가자들에게 특정한 역할을 연기하게 하여 각각의 역할과 처지를 이해하게 하는 체험기법이다. 모의실험(simulation)은 실제와 유사한 가상 상황을 꾸며 놓거나 또는 장비와 설비를 마련하여 학습자가 그러한 상황에 대처할 수 있는 능력을 길러 주는 학습방법이다. 게임은 실제 발생할 수 있는 사례를 가상으로 체험하면서 사례와 대응법을 학습하는 체험학습 방법의 하나다. 토론은 소규모의 집단으로 나누어진 학습자가 상호 의사전달을 통하여 정보나 아이디어, 의견을 나누고, 함께 문제를 해결해 나가는 학습방법이다. 이러한 방법이 적용되기 위해서는 먼저 학습 집단의 규모가 작아야 한다. 교수학습 측면에서 경험적 접근법이 선정된 경우 이 방법이 효과적이다. 역할연기와 모의실험, 게임, 토론 등에 약간의 설명적 접근이 가미되지만, 교수내용의 본질적인 측면에서 보면 그 설명적 접근은 안내 또는 오리엔테이션일 뿐 진정한 학습이 일어나는 것은 그 이후부터다. 또 이 방법은 표준화한 지식이 아니라 새로운 기계를 도입했다거나, 새로운 부서로 배치되어 새로운 업무를 맡게 되거나, 새로운 기능을 적용해야 할 때 적합하다.

● 인쇄물, 컴퓨터 기반 학습에 의한 제시: 인쇄물은 학습자료의 한 가지이지만 크게 분류해 보면 학습내용 전달의 한 방식이다. 즉, 인쇄물이라는

자료를 통해서 학습내용이 제시되는 것이다. 컴퓨터 기반 학습은 컴퓨터를 매개로 하여 교수내용을 학습자에게 전달하는 방법이다. 이렇게 인쇄물이나 컴퓨터 등을 매개로 해서 학습이 이루어지려면 먼저 학습집단이 개별화되어야 한다. 즉, 한 사람씩 개별적으로 교수내용을 접할 수 있어야 한다. 그리고 학습자들이 분산되어 있는 경우 이 방법이 유효하다. 물론 정보기술 기반이 잘 갖춰져 있어야 한다는 전제가 필요하다. 끝으로 구체적인 내용보다 추상적인 내용을 전달할 때 인쇄물을 통한 설명, 자세한 예시가 가능하다. 컴퓨터도 또한 마찬가지다.

- 실험실 경험, 사례연구: 실험실 경험은 과학적이고 고차원적인 지식을 탐구하기 위한 것으로, 실험실 연구를 통하여 새로운 지식, 원리 등을 찾아내는 방법이다. 사례연구는 일정한 사례에 대한 검토를 거쳐 새로운 원칙을 찾는 방법이다. 교수자와 학습자가 객관적인 관점에서 특정 사안의 원인을 규명해 보고, 해결책은 무엇인가를 검토하는 과정을 거쳐 일반적인 원리원칙을 도출해 내는 방법이다. 이들 방법이 적용되기 위해서는 먼저 학습 집단의 규모가 작아야 한다. 깊이 있는 관찰과 숙고가 필요한 방법이기 때문이다. 또 교수학습 측면에서 설명적 접근보다 경험적 접근방법이 선정되었다면 이 방법이 유효하다. 실험실 경험이나 사례연구는 저차원적인 문제상황을 규명하기 위한 것이 아니고 좀 더 고차원적인 사고를 촉진하고 실제적으로 문제해결을 위한 대안을 이끌어 내는 것이 학습목표가 된다. 이 전달방법을 선택하기 위한 또 하나의 필수 조건은 실험실 상황을 완전히 파악하고 이끌어 갈 수 있고, 특정 사례에 관하여 풍부한 배경지식과 경험이 있는 전문가가 필요하다. 즉, 뛰어난 내용전문가와 능숙한 촉진자가 있어야 한다.

- 훈련, 연습, 개인지도: 훈련은 익히 아는 바와 같이 학습자의 직무수행능력을 향상시키고 필요한 지식과 기술을 습득하도록 도와주기 위해 정보를 제공하고 교수하는 조직적인 활동이다. 연습은 특정한 기술을 습득하거나 숙달하기 위하여 정해진 기간 동안 집중적으로 반복을 통해

학습하는 것을 말한다. 또 개인지도는 멘토링과 튜터링같이 멘토, 튜터와 멘티, 튜티의 관계에서 경험이 많고 유관 지식이 많은 교수자가 그렇지 않은 학습자의 학습을 도와주는 방법이다. 이들 방법이 적용되기 위해서는 학습 집단이 개별화할 수 있거나 또는 짝을 이룰 수 있어야 한다. 이 방법이 목표로 하는 것은 특정 기능을 완전히 숙달하는 것이다. 또한 이 방법은 수시로 피드백이 이루어져 학습자가 어느 수준에 있는지를 확인하는 것이 목표 성취와 성장에 도움이 된다.

(3) 교수매체 측면의 고려사항

세 번째 고려해야 할 관점은 교수매체의 측면이다. 정보기술의 발전으로 새로운 기계와 장치가 매우 빠른 속도로 출현하고, 기존의 기계와 장치의 성능도 하루가 다르게 개선되고 있다. 또한 끝 모를 변화와 개선은 과연 교수매체가 인력자원개발의 주체인지 객체나 보조수단인지 판단 기준을 흔들 정도가 되었다. 여기서는 학습 집단의 규모에 따라 그리고 교수내용의 제시 형태에 따라 어떤 매체가 가장 효과적인가를 살펴보고자 한다.

- ●대집단의 경우
  - 언어적 요약이 필요한 경우: 강의법
  - 정적인 시각(still visuals) 자료를 제시할 경우: 슬라이드, OHP, 컴퓨터와 LCD 패널
  - 동적인 시각 자료(motion visuals)를 제시할 경우: 비디오 또는 영화
- ●소집단의 경우
  - 모의실험이 필요한 경우: 시뮬레이션, 게임
  - 그래픽 이미지를 제시할 경우: 플립차트, 칠판, OHP
  - 사진과 그래픽 이미지의 조합을 통하여 제시할 경우: 그림, 슬라이드, OHP
  - 시청각, 동작, 상호작용을 선호하는 경우: 컴퓨터와 비디오, CR-Rom

● 개인의 경우
- 정적 그래픽으로 제시할 경우: 다이어그램, 차트, 컴퓨터
- 사진과 그래픽 이미지의 조합을 통하여 제시할 경우: 슬라이드, 프린트, 비디오, 컴퓨터
- 동적 이미지로 제시할 경우: 비디오 테이프, 비디오 디스크

3) 프로그램 전달방법[6]

프로그램의 전달방법을 분류하는 데는 여러 가지 기준이 있다. 즉, 발표를 위한 방법, 실제로 실행해 보는 방법, 집단 형성방법으로 나누기도 하고(Noe, 2008), 구조화 학습전략, 반구조화 학습전략, 비구조화 학습전략(Delahaye, 2005)에 따라 나누기도 한다. 한편, Wexley와 Latham(1991)은 프로그램이 이루어지는 장소를 기준으로 직장 내에서 이루어지는가 또는 직장 외에서 이루어지는가로 구분하였다. 여기서는 Wexley와 Latham이 분류한 방법에 따라 설명하고자 한다.

(1) 직장 내 교육훈련 전달방법
● 직장 내 훈련(또는 현장 훈련, on-the-job training: OJT): 가장 폭넓게 활용되는 교육훈련 방법으로 부하사원을 지도하고 육성하는 일로, 업무를 수행하는 과정에서 상사 또는 선배가 부하 또는 후배에 대하여 업무에 필요한 지식, 기술, 태도를 중점적으로 지도하고 육성하는 계획적인 관리활동을 의미한다. 현장 훈련은 무턱대고 무계획적으로 시도할 때 실패할 가능성이 높다. 대개 이런 상황이 일어나는 조직에서는 훈련교사 역할을 할 상사나 선배의 지도능력이나 자발적인 의지를 고려하지

---

[6] 이 소절에서는 보편적으로 많이 사용되고 있는 방법 위주로 Wexley와 Latham(1991)을 참고하여 제시한다.

않고, 마치 애완동물을 훈련시키는 것처럼 직장 내 훈련을 가볍게 생각하는 경향이 있다. 강대석(2007)은 전통적으로 기업에서 주로 활용해 온 교육훈련의 시행방법으로 직장 내 훈련, 즉 현장 훈련과 강의 및 토론을 소개하고 있다. 그는 직장 내 훈련[7]을 과업의 성과와 직접 연결 짓는 업무 중심의 프로그램으로, 가장 일반적인 업무 중심 훈련 방식은 직무상 훈련이며, 실제 직무 상황에서 일하며 상사나 숙달된 동료(선배)로부터 업무를 효과적으로 수행하는 방법을 배우는 것이라고 정의하고 있다.

- **도제훈련(apprentice training)(한국기업교육학회, 2010):** 도제훈련은 작업장이나 일정한 교육장에서 상사와 훈련생 간 일대일로 훈련하는 방법이다. 예컨대, 정보기술과 관련된 부서에서 일하는 종업원이 조직이나 교육기관에서 시행하는 정보기술 관련 강의를 들으면서, 동시에 자신의 부서장으로부터도 개인적으로 정보기술에 대한 노하우를 습득하는 경우다.

- **직무보조자료(job aids):** 직무보조자료는 종업원이 교육훈련 동안 제시되었던 정보를 기억하도록 돕기 위하여 또는 형식적 훈련 대신에 활용하기 위하여 직무수행 현장에 비치한 교수자료라고 할 수 있다. 직무보조자료에는 많은 이점이 있다. 즉, 종업원들로 하여금 정확하고 때로는 복잡한 절차와 규정을 기억하도록 돕고, 종업원이 결정적인 실수를 범하지 않도록 도우며, 운영절차가 변경되는 과정에 있는 동안 종업원을 제대로 안내해 준다.

---

[7] 강대석(2007)은 직장 내 훈련을 직무상 훈련이라 번역하고 있다. 또 한편으로는 직무상 훈련을 "실제 직무 상황에서 일하며 상사나 숙달된 동료로부터 업무를 더욱 효과적으로 수행하는 방법을 배우는 것"(p. 134)이라 정의하고, 다시 "직무상 훈련(on-the-job training: OJT), 도제(apprenticeship), 그리고 체계적인 직무순환(systematic job rotation) 등이 여기에 속한다."(p. 134)고 하여 둘의 위상이 모호하게 매겨지는 경향이 있다.

- **코칭**: 성과향상의 장애물을 극복하고 핵심역량을 극대화하기 위하여 설계된 지속적인 과정이다. 코칭은 행동의 변화를 유발하고, 학습자가 능력이나 지식을 갖고 있음에도 불구하고 성과가 떨어질 때, 이를 다시 상승시킬 수 있는 유용한 방법이다. 즉, 코칭은 코치와 발전의 의지가 있는 개인이 잠재능력을 최대한 개발하고, 발견 과정을 통하여 목표 설정, 전략적 행동, 그리고 매우 뛰어난 결과의 성취를 가능하게 해 주는 강력하고 협력적인 관계라고 할 수 있다(한국기업교육학회, 2010).

- **멘토링**: 조직 생활에 대한 경험과 업무 노하우가 풍부한 선배 사원이 후배 사원을 직접 지도하고 조언하는 활동이다. 전략적인 차원에서, 핵심 인재로 성장할 잠재력이 있는 구성원들에게 집중적인 관리, 지도, 조언으로 성과향상을 유도하는 인재육성 방법이다. 일상적인 업무 현장에서 멘토와 멘티로 연결된 당사자 간의 상호작용을 통하여 학습이 이루어지기 때문에 효과가 매우 뛰어나다(한국기업교육학회, 2010).

- **컴퓨터 기반 훈련(computer-based training)**: 컴퓨터 기반 훈련은 종업원의 책상 또는 그의 사무실에 있는 컴퓨터 단말기를 이용하여 교육훈련을 제공하는 것이다. 컴퓨터 기반 훈련이 산업체에서 대중적으로 사용되는 이유는 교육훈련에 소요되는 다양한 비용을 절감시켜 주기 때문이다.

- **직무 순환**: 한 종업원의 업무 내용에 변화를 주는 것보다 그가 현재 속해 있는 직군에서 다른 직군으로, 또는 같은 직군 내의 현재 직무에서 다른 직무로, 또는 같은 직무를 수행하고 있더라도 다른 부서나 다른 장소로 이동하여 근무하도록 순환 배치하는 활동을 말한다. 종업원의 장래를 전망한 육성 계획과 조직의 필요, 종업원의 개인적 희망 등 제반 사항을 조율하여 적절한 시기에 적절한 여러 가지 직무를 계획적, 순차적으로 경험시켜 봄으로써 폭넓은 지식과 종합적인 직무 관련 전문성을 익히도록 하기 위한 인력자원관리의 한 방식이다.

(2) 직장 외 교육훈련 전달방법

● 강의법: 특정 주제에 대하여 전문가가 설명하고, 참가자는 그 내용을 경청하는 학습형태다. 정보와 지식, 사고방식 등을 체계적, 이론적으로 가르쳐 학습자가 이를 이해하도록 하는 것이 목표다. 이 방법은 연원이 고대 그리스 시대까지 거슬러 올라가는 유구한 역사를 지닌 고전적인 기법이다. 한꺼번에 많은 대상을 상대로 실시할 수 있고, 특별한 장비나 시설이 필요하지 않아 비교적 시간과 장소의 제약으로부터 자유롭다는 장점이 있다. 1970년대에 뉴욕 Adelphi 대학교에서 열차교실[8]이라는 혁신적인 아이디어로 강의법이 변신을 해 오기도 했지만, 다음과 같은 이유 때문에 교육훈련 기법으로서의 한계를 지적 받아 왔다. 첫째, 교수자로부터 학습자에게 일방적으로 전달된다. 둘째, 강의법은 직무 관련 내용에 관해서는 현장 적용성의 문제라는 한계가 있다. 셋째, 구어와 상징적 이해를 강조하는 강의법은 문화적으로 뒤떨어진 배경 출신의 학습자들을 이해시키기에 늘 적합한 것은 아니다. 강의법은 학습자들의 능력, 흥미, 배경, 성격 등의 개인차를 무시한다.

● 시청각 기법: 시청각 기법에 의한 교수로는 OHP, 슬라이드, 비디오 등이 있다. 비디오를 사용한 전달은 대중적인 교수방법이다. 비디오는 의사소통 능력, 면접 능력, 고객서비스 기술을 향상시키고, 절차가 어떻게 전개되는지를 설명하는 데 사용되어 왔다. 그러나 비디오는 거의 단독으로 사용되지 않는다. 대신 학습자들에게 실제 경험과 사례를 보여 주기 위해 강의 기법과 결합하여 사용된다. 시청각 기법은 다음과 같은 상황에서 활용도가 높다. 첫째, 특정한 절차가 어떻게 반복적으로 수반되는지 설명할 필요가 있을 때, 둘째, 학습자에게 강의만으로는 쉽게

---

[8] 본래 Adelphi 대학교의 프로그램은 차량강의실 프로그램(Classroom on Wheels program)으로서, Long Island 노선에 2년짜리 MBA 과정 통근자들에게 개설한 사례다(Edson, 1979; Wexley & Latham, 1991 재인용).

설명하지 못하는 상황일 때, 셋째, 교육훈련이 전체 조직을 대상으로
실시되는데, 교수자를 매 사업장마다 초청하기가 용이하지 않고, 또 전
체 직원을 한 자리로 집합시키기 곤란할 때, 넷째, 시청각 기법이 강의
또는 토론에 의한 교육훈련 프로그램 전후에 보충 자료로 활용되어야
할 때 등이다.

● 화상회의: 비디오 화상회의는 복수의 장소에서 동시에 교육훈련을 실시
할 수 있는 방법이다. 화상회의망은 중앙의 방송시설(예: TV 스튜디오,
본부 사무실 또는 회의실 등)과 위성, 방송신호를 위성에서 받고 또 받은
신호를 회의실, 강당, 기업의 본부 등으로 전달하는 방송국 등으로 구
성된다. 이러한 화상회의 형식의 전달방법은 첫째, 훈련생이 교육훈련
을 즉시 받을 필요가 있는 경우, 둘째, 기업 또는 조직이 모든 훈련생을
한꺼번에 가르칠 훈련강사를 충분하게 확보하지 못한 경우, 셋째, 기업
또는 조직이 모든 훈련생을 수용할 숙박시설을 충분하게 갖추지 않은
경우, 넷째, 많은 사람을 이동시키는 데 큰 비용을 낭비하고 싶지 않은
경우에 고려할 수 있다(Zemke, 1986; Wexley & Latham, 1991 재인용).

● 프로그램 학습: 프로그램 학습은 주어진 학습목표에 도달시킬 목적으로
자극-반응 관계에서 학습자의 경험을 계획적으로 계열화시키는 것이
다(Espich & Williams, 1967; 강명희, 정재삼, 김신자, 1996 재인용). 즉, 프로
그램 학습은 일련의 경험을 통하여 학습자가 프로그램이 의도하고 있
는 학습자의 학습목표 성취에 점진적으로 접근할 수 있도록 하는 하나
의 교육적 장치다. 1960년대 중반만 해도 이 방법은 학습자에게 매우
큰 유익을 주는 전달방법으로 평판을 얻었다. 이 방법을 통하여 학습자
가 조직이 지원하는 교육훈련 활동에 처음 참여함으로써, 동기의 저하
와 좌절을 극복할 수 있는 교육학적 방법론으로 받아들여졌다.

● 모의실험: 모의실험 환경은 학습자에게 실제와 비슷한 상황을 제공하여
현실적으로는 발생 가능성이 있는 위험부담 없이 학습할 수 있는 환경
을 말한다. 모의실험 방법으로 학습하는 학습자들은 실제와 유사한 환

경에서 다른 학습자와 상호작용을 하거나, 학습환경의 범위 내에 있는 집기와 도구를 가지고 환경과 상호작용하는 가운데 학습을 진행해 갈 수 있다. 이 방법을 사용하는 경우 얻을 수 있는 효과는 학습자로 하여금 실제와 유사한 상황에서 개념, 규칙, 원리 등을 스스로 발견할 수 있도록 할 수 있다는 점과, 발견학습의 결과를 실생활에 쉽게 적용할 수 있다는 점이다. 또 모의실험 장치를 통해서 위험에 대한 부담 없이 새로운 기술과 지식을 습득할 수 있다는 점이다.

한편, 강대석(2007)은 최근에 새롭게 인기를 얻고 있는 방법으로 e-learning과 액션러닝을 소개하고 있다.

- e-learning: e-learning은 전자학습(electronic learning)을 지칭하는 말로, 인터넷, 네트워킹, 웹 등 다양한 정보통신기술을 활용하여 장소와 시간에 구애받지 않고 학습자가 사이버공간을 통해서 하는 학습을 말한다. 과거 원격교육(distance learning)을 출발점으로 하여 현재는 온라인 학습, 웹기반 학습, 기술기반(technology-based) 학습 등과 같은 다양한 이름으로 불리고 있다.
- 액션러닝(실천학습, action learning): 소규모로 구성된 학습자 집단이 조직이 직면하는 문제를 해결해 가는 과정에서 학습이 이루어지는 방법이다(Marquardt, 1999; 강대석, 2007 재인용). 참가자들은 소규모 집단에서 문제해결을 위한 행동을 취하며, 그러한 행동을 통해서 학습한다. 때로는 집단 구성원들이 학습과 일 사이의 균형을 유지하도록 코치를 동반하기도 한다.

지금까지 소개한 다양한 전달방법은 전체 전달방법의 일부에 지나지 않는다. 다양하게 변형되거나 다른 방법들이 결합되어 나타난 새로운 방법이 많이 있다. 이들의 효과는 물론 교수목적과 교수내용, 그리고 각각의 방법

| 표 11-1 | 교육훈련의 목적에 따른 전달방법에 대한 훈련 전문가의 효과성 순위 |

전달방법	지식 습득		태도 변화		문제해결 기술		대인관계 기술		참여자 수용성		지식 기억	
	평균	순위	평균	순위	평균	순위	평균	순위	평균	순위	평균	순위
사례연구	3.56	2	3.43	4	3.69	1	3.02	4	3.80	2	3.48	2
토의법	3.33	3	3.54	3	3.26	4	3.21	3	4.16	1	3.32	5
강의(질문)	2.53	9	2.20	8	2.00	9	1.90	8	2.74	8	2.49	8
비즈니스 게임	3.00	6	2.73	5	3.58	2	2.50	5	3.78	3	3.26	6
영화	3.16	4	2.50	6	2.24	7	2.19	6	3.44	5	2.67	7
프로그램 학습	4.03	1	2.22	7	2.56	6	2.11	7	3.28	7	3.74	1
역할연기	2.93	7	3.56	2	3.27	3	3.68	2	3.56	4	3.37	4
감수성 훈련	2.77	8	3.96	1	2.98	5	3.95	1	3.33	6	3.44	3
TV 강의	3.10	5	1.99	9	2.01	8	1.81	9	2.74	9	2.47	9

출처: Carroll, Paine, & Ivancevish (1972); Wexley & Latham (1991), p. 178 재인용.

을 능숙하게 사용할 수 있는 교수자인지의 여부에 따라 달라질 것이다. 몇몇 학자들이 연구한 결과, 교수목표가 무엇인가에 따라 효과성이 달라진다는 사실을 발견하였다. 〈표 11-1〉은 목적에 따른 교육훈련 전달방법에 대한 훈련 전문가의 효과성 순위다.

(3) 전달 효과 증진 요령[9]

- **● 교육장**
  - 훈련교사에게 프로그램을 미리 관찰할 수 있도록 기회를 부여하라.
  - 설계자, 개발자, 교수자가 함께 의견 교환할 수 있는 기회를 제공하라.
  - 훌륭한 훈련교사는 다음과 같은 역량을 갖추어야 한다.

---

[9] 이 소절은 Piskurich(2006)를 참고하여 작성하였다.

- 과정에 필요한 자료를 효과적으로 활용할 수 있다.
- 훈련생에 관한 정보를 효과적으로 활용할 수 있다.
- 준비성이 철저하다.
- 훈련생과 신뢰관계를 구축하고 잘 유지할 수 있다.
- 교육장을 잘 관리할 수 있는 기술을 갖추고 있다.
- 효과적으로 의사소통을 할 수 있다.
- 효과적으로 질문을 할 수 있다.
- 훈련생과 문제를 잘 연계할 수 있다.
- 긍정적으로 강화할 수 있다.
- 교수매체를 적절하게 사용할 수 있다.
- 훈련생의 성과를 예리하게 평가할 수 있다.
- 플립차트
  - 플립차트에 이야기하지 말고, 훈련생에게 이야기하라.
  - 핵심적인 차트는 벽에 부착하여 어렵지 않게 참조하고 기억하도록 하라.
- 과정 도입시간에 고지가 필요한 사항들
  - 비상구
  - 화장실
  - 전화기 위치
  - 교육장의 필요한 시설 연락처(전화번호)
  - 자판기 위치
  - 기본 원칙(ground rule)

● 촉진자를 위한 진행 요령
  - 과도하다 싶게 준비하라.
  - 발표(presentation)를 위한 완벽한 장비세트를 준비하라(마커, 스테이플 러부터 전기기구용 연결선에 이르기까지 매체에 필요한 모든 것).
  - 다른 촉진자들을 관찰하고, 그들이 어떻게 자신들의 촉진활동이 작

동하도록 하는가 적어 두라.

- 내용에 관하여 최근의 정보를 갖추라.

- 수업계획서를 최종 순간에 바꾸고 싶은 유혹에 넘어가지 말라.

- 촉진자 역할을 하기 전에 과식하지 말라.

- 교육장에 일찍 도착하라.

- 교육장 환경에 따라 명찰과 명패를 둘 다 사용하라.

- 정시에 시작하고 마치라.

- 슬라이드에 너무 의존하지 말라.

- 매 학습의 요점을 강조하라.

- 수시로 진행 방향과 진행 내용을 확인하라.

- 내용을 명확히 하도록 인용, 은유, 유추, 이야기 등을 활용하라.

- 침묵을 활용하라.

- 공 던지기, 스트레칭, 마음 이완 등 휴식시간을 적절히 활용하라.

- 마음을 정리할 수 있도록 쉬는 시간에 산책을 하라.

- 학습장면으로 복귀하도록 게임을 활용하라―특히 단체게임이 효과
  가 있다.

- 당근[상]을 잘 활용하라.

- 특히 오후 시간에는 사탕 같은 간식 시간이 훈련의 활성화에 좋다.

- 감각이 조금 둔한 사람은 농담에 상처를 받을 수 있다.

- 요약을 하라.

- 즐겁게 임하라.

● 직장 내(현장) 훈련 또는 일대일 훈련

  - OJT 훈련교사를 양성하여 일대일 훈련방법과 자료 사용법을 배우게
    하라.

  - 직무를 설명할 때, 훈련생이 관찰할 수 있는 정확한 위치에 서거나 앉
    아서 하라.

  - 훈련생이 처음 몇 차례 실습할 때 매 단계를 시행할 때마다 그들이 무

엇을 하고 있는지, 왜 하는지 설명하게 하라.

- 필요한 경우 매 단계마다 피드백을 하라.
- 오류는 즉시 시정하라.
- 성공적으로 수행한 경우 칭찬을 아끼지 말라.
- 훈련생이 혼자 수행할 때 도움을 청할 곳을 알려주라.
- 훈련교사에게 실제 직무수행에 앞서 학습이 먼저 이루어져야 한다는 것을 깨닫게 하라.
- 훈련교사에게 교육장 훈련과 달리 OJT에서 동료로부터의 학습은 없고, 오직 훈련교사만이 학습의 원천이 된다는 사실을 환기시키라.
- 만약 교수내용이 자주 그리고 빨리 바뀌기 때문에 OJT 방법을 사용한다면, 적기에 맞게 인쇄물이 조달될 수 있도록 인쇄기술자를 활용하라.
- OJT는 종료되어도 사람들은 보통 이 훈련을 크게 인식하지 않는다. 따라서 수료증, 수료패, 훈련 수료 기록을 인쇄하여 우편으로 발송해주라.

제12장

인력자원개발 프로그램의 평가

학습 주안점

1. 측정과 평가는 어떠한 개념적 차이가 있는가?
2. 평가의 목적은 무엇이며, 주요 평가 내용은 무엇인가?
3. 평가의 주요 모형에는 어떠한 것이 있는가?
4. 기존의 평가 모형을 극복하기 위하여 어떠한 시도가 이루어지고 있는가?

1. 평가의 개념적 논의

인력자원개발 프로그램이 시행되고 나면 일단 훈련생과 교수자 간의 교수학습활동은 마무리되었다고 할 수 있다. 이제 남은 마지막 단계는 평가다. 이 단계를 통해서 프로그램의 목표가 달성되었는지 여부를 판단하게 되고, 평가의 결과가 다시 프로그램의 분석 단계에 환류되는 순환과정을 밟게 된다.

평가와 평가를 둘러싼 유관 개념 간에 학자들 또는 이 분야에 종사하는 전문가들 사이에 약간의 견해 차이가 있다. 이 절에서는 개념적 논의를 통하여 평가의 개념은 무엇이고, 평가의 대상은 무엇이며, 평가가 어떠한 목적으로 활용되는지, 또 어떤 절차를 통하여 평가가 진행되는지 살펴보고자 한다.

1) 평가의 개념과 요소

평가(evaluation)라는 단어는 많은 사람에게 익숙한 개념이면서도 사실 깊이 들어가면 그 기본적인 개념과 목적, 대상, 절차 및 방법 등에서 이견이 드러난다. 특히 평가 분야의 전문가가 아닌 평범한 사람들에게 평가는 곧 시험이라 인식되기도 하고, 사람의 지식과 행동 등을 평가하는 것도 그 사람을 평가하는 것으로 오해하거나 확대 해석하기도 한다. 또 평가의 용도에 대해서는 대개 솎아내기, 줄 세우기 등으로 인식하기도 한다. 실제로 1960년대 이전까지 평가의 주목적은 선발(selection)이었고, 주요 선발 장치(device)는 시험이라고 여겨졌다(Pucel, 1989). 특히 평가는 감사나 통계와 연결시켜 인식하기도 하고, 인사고과나 성과평가, 성과관리 등과도 관련되어 사람을 위축되게 하는, 별로 반갑지 않은 활동으로 인식하기도 한다(배을규, 2009).

그런데 평가가 이루어지기 위해서는 측정이라는 행위가 선행되어야 한다. 따라서 측정의 개념과 평가의 개념을 비교해 본 후 평가의 개념을 논의하기로 한다. 측정(measurement)은 "행동이나 수행을 서술하기 위해 숫자를 사용하는 것으로 특히 교육 프로그램 등 각종 처치변인의 효과성을 알아보기 위하여 통계방법을 활용하여 숫자 등의 양적 데이터로 이를 규명하는 것"(한국기업교육학회, 2010, p. 257)이라고 정의된다. 이에 비하여 평가는 "어떤 현상이나 대상의 가치나 질을 판단하는 과정이다. 측정을 통해서 얻어진 자료에 대한 해석까지를 포함한다는 면에서 목적지향적이며 가치 관련적인 활동이다. 평가대상으로는 학생, 교사 등의 인적 대상뿐만 아니라 각종 프로그램과 정책, 작품, 학교 등 다양한 대상을 포함한다. 인적 자원개발에서는 목표 및 기준 도달의 평가, 프로그램 방향과 수정 지침을 위해 프로그램 활동들로부터 피드백을 받는 것을 의미한다."(한국기업교육학회, 2010, p. 274)고 할 수 있다.

측정과 평가의 구분에 관해서는 Pucel(1989)도 다음과 같이 지적한 바 있다. 학습자의 진전을 효과적으로 평가하기 위해서 직업훈련교사나 훈련 교사는 측정과 평가를 구분할 수 있어야 한다는 것이다. 여기서 측정은 크기나 치수, 용량, 기타 어떤 것의 양을 결정하는 과정이고, 비교적 오차가 거의 없는 정밀한 도구나 장치를 가지고 결정하게 된다. 반면, 평가는 세심한 판단이나 연구를 통해서 어떤 것의 중요성(significance)이나 가치를 결정하는 과정이라 하고, 평가의 개념은 학습자의 진전을 결정할 때 사용된다고 하였다. 평가에도 대개 도구가 사용되는데, 예컨대 시험, 체크리스트, 평가척도(rating scales) 등 물리적인 현상을 측정하는 데 사용되는 도구보다 조금 덜 정밀한 도구가 사용된다고 하여 둘 사이의 차이점을 설명하였다.

　측정은 무게, 길이, 넓이 등을 일정한 양을 기준으로 삼아 같은 종류의 다른 양의 크기를 재는 것을 말한다. 즉, 도구를 이용하여 사물이나 행동 등을 숫자화, 다시 말하자면 계량화하는 것을 측정이라고 할 수 있다. 한편, 평가는 사물의 가치나 수준 따위를 평하는 것이다. 즉, 앞서 측정으로부터 얻은 측정값에서 일정한 가치(value)와 의미, 수준 등을 끌어내는 것을 평가라 할 수 있다. 평가하다(evaluate)라는 단어가 'e + valu(e) + ate'로 이루어진 것을 보면 내부에 감추어진 또는 포함된 가치를 밖으로(e) 끌어내는 것이 평가인 것이다. 평가의 의미를 인력자원개발 프로그램의 평가에 적용해 본다면, 먼저 프로그램에 대한 전반적인 만족도를 일정한 도구(예: 만족도 설문지)를 이용하여 참여자의 반응을 통하여 조사한다. 바로 여기까지는 측정이다. 측정에서 멈추지 않고 그 결과를 분석하여 프로그램의 어떤 부분은 바람직하고, 어떤 부분은 목표 달성과 거리가 있다는 결과를 해석해 낼 수 있다. 비로소 여기까지 이르러야 평가가 끝나는 것이다.

　Werner와 DeSimone(2006)은 다양한 교수활동의 선정, 채택, 가치 평가, 수정 등과 관련하여 좀 더 효과적인 교육훈련 의사결정에 필요한 기술적이고 판단에 도움이 되는 정보를 체계적으로 수집하는 것이라고 인력자원개발 평가를 정의하였다. Zenger와 Hargis(1982)는 평가의 본질적인 기능 외에 다음과 같은 추가적인 필요성을 제시하였다.

- 만약 인력자원개발 업무 담당자가 교육훈련의 조직에 대한 기여를 입 증하지 못하면, 다음 해의 예산배정과 프로그램 확충에서 삭감 당할 수 있기 때문이다.
- 평가는 조직 내의 최고 경영자와 다른 경영층과 신뢰를 쌓게 해 주기 때문이다.
- 고위 경영층은 인력자원개발 프로그램의 실익이 무엇인지 종종 알고 싶어 하기 때문이다.

실제로 기업이나 조직의 인력자원개발 관점에서 평가는 "학습이나 교육 훈련의 가치(worth)와 장점(merit), 중요성(significance)을 특정한 기준에 의 해 체계적으로 결정하는 과정이나 활동"(Lincoln & Guba, 1985; 이관춘, 김은 경, 2012, p. 278 재인용)이라고 할 수 있다. 즉, 교육훈련의 효과가 있었는지, 개선할 점은 없었는지, 비용효과 측면에서는 어떤 결과를 가져왔는지 종합 적으로 판단하는 활동이 평가다.

강이철(2003)은 교육훈련의 전체적인 활동을 네 부분으로 나누어 평가 단 계를 설명하였다. 즉, ① 모든 교육훈련 활동은 그 활동이 필요한 이유(즉, 교육요구), ② 무엇을 달성하기 위해 의도된 교육훈련 활동인지(교육목적), ③ 또 의도한 것을 가장 잘 달성하기 위해서는 어떠한 방법을 사용해야 하 는지(교육방법), ④ 의도한 목표가 적은 비용과 시간, 노력으로 잘 이루어졌 는지(교육평가)를 고려하는 종합적인 활동이라고 보았다. 평가가 독립된 활 동이 아니라, 교육의 목적과 방법 등이 함께 고려된 종합적인 활동이어야 하는데, 이는 교육의 목적과 개별 과정의 목표가 밀접히 연관되어 있다는 사실을 전제할 때 평가가 이상적으로 이루어질 수 있기 때문이라는 것이다.

평가를 정보의 수집, 분석, 제공의 차원에서 정의하기도 한다. 즉, 권대봉 (1998)은 의사결정을 하는 데 필요한 정보를 수집, 분석, 제공하는 활동을 평가라고 정의하고, 그 정보는 가치 여부를 판단할 수 있는 것으로 프로그램의 목적 달성을 위한 방안, 프로그램 자체, 또 과정 및 결과의 가치성을 판단할 수 있는 정보수집이어야 한다고 하였다. 단순한 결과만의 평가가 아니라 과정에 대한 평가도 포함하기 때문에, 프로그램의 요구분석, 교육목표 설정, 교육기획, 교육방법, 프로그램 실시 중의 행동, 교육자료 및 교육환경 등이 과정의 평가에 포함되어야 한다고 하였다.

배을규(2009)는 평가를 "자료를 수집해서 정보로 전환하고 그 정보를 활용해 지식을 낳는 과정"(p. 275)이라 전제한다. 따라서 교육훈련 프로그램이 종료된 직후에 이루어지는 단순한 설문조사는 평가가 될 수 없다고 한다. 또 아무데서나 몇몇 사람에게 특정 사안에 대하여 의견을 묻는 것도 평가의 범주에서 벗어난다고 한다. 덧붙여 학술적인 연구도 평가로 간주되지 않아야 한다고 주장한다. 그는 평가를 "사회, 조직, 프로그램, 사람, 제품, 서비스 등의 평가 대상이 지닌 내재적 가치와 외재적 가치에 관한 평가 정보를 수집, 진단, 분석해 그 평가 대상의 지속, 개선, 확대, 종결을 위한 의사결정에 활용되는 활동"(p. 276)이라고 정의하였다.

평가의 주요 요소는 무엇을 평가하는가에 초점을 맞춘 개념으로, 평가의 대상이라고 할 수 있다. 인력자원개발의 맥락에서 주요 평가 요소로는 다음과 같이 네 가지 정도를 생각해 볼 수 있다(Robinson, 1991).

- 프로그램 설계의 적합성: 과연 프로그램이 교수목표에 부합되게 설계되었는가? 프로그램이 성공적으로 종료되었을 때 지식, 기술, 태도 등의 측면에서 기대하는 변화가 나타나는가?
- 교수학습 자원의 적절성: 교수목표에 적합하게 교수내용이 작성되었고, 교수 보조자료가 제공되어 적절히 활용되었는가?
- 학습자: 프로그램에 참여한 학습자들은 어떠한 지식과 기술, 태도 등을 학습하였는가?
- 현업에서의 성과: 프로그램을 이수한 후 학습자들이 현업에 돌아와서 행

동의 변화가 나타났는가? 나아가 행동변화가 가시적인 성과로 연결되었는가?

한편, 평가가 목표 달성에 성공적으로 기여했는지를 효과적으로 판단하기 위해서는 몇 가지 조건이 갖추어져야 한다. Burrow와 Berardinelli(2003; 강대석, 2007 재인용)는 효과적인 교육훈련 평가의 특징을 다음과 같이 제시하고 있다.

● 평가는 객관적이면서 중요한 결과를 지향해야 한다. 좋게 보이기 위한 평가가 아니고, 교육훈련 프로그램이 개인과 직무, 조직의 향상에 긍정적이라는 명확한 증거를 제시할 수 있어야 한다.
● 평가는 교육훈련 프로그램의 중요 요소들을 규명해야 한다. 프로그램을 개발하고 시행할 때 바람직한 것으로 기대되는 학습경험들에 관한 구체적인 결정을 하게 되는데, 그러한 요소들의 평가가 교수설계와 교수 자체의 향상에 도움이 된다.
● 평가는 조직의 철학과 조화를 이루어야 한다. 조직은 철학과 지향점을 가지고 평가의 목적과 용법을 결정한다. 따라서 다른 조직에서 유용하다 하여 무조건 따라 할 것이 아니고, 해당 프로그램의 목적과 평가 계획의 관련성을 고려해야 한다.
● 평가 절차는 합당해야 한다. 성공적인 평가를 위해서는 평가 과정을 간편하고 효율적으로 운영하는 것이 필요하다. 즉, 자체적으로 교육훈련에 대해 책임이 있는 구성원에 의해 실시되는 것이 바람직하다.
● 평가는 결과와 과정 모두에 초점을 맞추어야 한다. 즉, '목표를 달성했는가?'와 '효과적이며 효율적인 방법으로 목표를 달성했는가?'에 대한 질문에 모두 긍정적으로 답을 할 수 있어야 한다.

2) 평가의 목적과 분류

평가의 일반적인 목적은 앞서 언급했듯이 주로 선발이라든가 서열화 등에 초점이 맞추어져 왔다. 그러나 근래에 교육에 관한 철학이 변화하면서 평가의 기본적인 목적도 바뀌었다. 오늘날 사람들은 학습자가 학습을 통해 자신의 잠재력을 최고로 발휘할 수 있도록 도움을 받아야 하는 존재라고 인식하게 되었다. 따라서 잠재력을 최고로 발휘할 수 있도록 하는 책임은 학습자뿐만 아니라 교수자도 함께 져야 한다. 이러한 철학적인 관점에 따른다면, 평가의 기본적인 초점은 '진단'에 맞추어져야 한다(Pucel, 1989). 즉, 학습자들은 학습을 한 후 평가를 받게 되고, 결과는 바람직한 성과 또는 수행 기준을 가지고 판단을 받게 된다. 이때 결과는 향후 교수학습의 방향을 결정하는 데 환류된다. 그리고 만약 학습자가 성과 또는 수행 목표를 성취하지 못한 경우에 교수자는 학습자들이 그 목표에 도달하도록 도와주어야 할 의무가 있다.

일반적인 교육에서 평가의 목적이 진단적으로 바뀌고 있는 상황과 맞물려, 인력자원개발 분야의 평가 목적도 단순하게 프로그램의 효과성만을 보거나, 학습자들의 학습 성취도에 관한 단순한 점수화에서 벗어나 점차 과정 자체의 개선과 학습자의 학습을 돕는 방향으로 변화하고 있다.

Phillips(1991)는 인력자원개발 분야에서 평가의 목적은 첫째, 인력자원개발 과정을 향상시키고, 둘째, 그 과정을 지속할 것인지 여부를 결정하는 것과 같은 두 가지 큰 범주에 들어간다고 하였다. 그는 좀 더 구체적인 목적을 다음과 같이 제시하였다.

● 프로그램이 목표를 달성하였는지 여부의 결정: 대개 설계가 잘된 프로그램은 수용할 만한 용어—즉, 측정 가능하고, 구체적이며, 도전적인—로 진술되는데, 평가의 가장 중요한 목표는 목표가 부합했는지를 판단하는 것이다.

- 인력자원개발 과정에서 강점과 약점의 확인: 평가를 통하여 인력자원개발 프로그램의 다양한 요소들, 즉 제시 방법, 학습환경, 프로그램의 내용, 훈련 보조자료, 시설, 시간 일정, 교수자 등이 효과적이었는지를 판단하는 것으로 가장 보편적인 평가의 목표로 활용된다.

- 인력자원개발 프로그램의 비용대비 효과(cost/benefit ratio) 결정: 점차 증가하는 평가 목적의 한 가지로, 프로그램이 과연 비용을 정당화할 수 있는가 판단하기 위한 것이다. 이 평가에서는 프로그램의 비용과 프로그램의 유용성 또는 가치를 비교하게 된다.

- 향후 프로그램 참여 대상자의 결정: 프로그램이 어떤 편익을 제공하였는지 평가를 통해 밝히면, 장차 인력자원개발 프로그램에 참여하고자 하는 종업원은 이러한 결과를 검토한 후 프로그램 참여를 결정하게 된다.

- 시험, 질문, 연습 등 학습자료의 명료성과 타당성 검사: 프로그램의 일환으로 실시된 연습, 질문, 시험 등이 타당성을 확보하는 일은 극도로 중요하다. 반드시 프로그램에서 가르치도록 설계된 기술, 지식, 능력 등을 측정 대상으로 해야 한다.

- 프로그램을 이수한 최대, 최소의 수혜자 확인: 평가를 통해서 누가 학습한 기술과 지식을 습득하는 데 뛰어났고, 누가 실패했는지 결정할 수 있다. 이 결과는 전체적으로 인력자원개발 프로그램의 효과성보다 개인의 성취에 대한 정보를 알려준다.

- 참여자들을 대상으로 한 중요한 내용의 강화: 사후 평가를 통하여 훈련생들이 도달했어야 할 목표를 평가를 통하여 다시 기억나게 함으로써 프로그램에서 다루어졌던 지식과 정보를 강화할 수 있다.

- 향후 프로그램의 마케팅에 필요한 자료의 수집: 많은 경우 세미나 등 프로그램을 운영하는 인력자원개발 부서나 조직에서는 참가자들이 특정 프로그램에 왜 참여하는지에 관심이 많다. 프로그램 참여 이유, 참여 여부 결정권자, 프로그램을 접하게 된 계기, 타인에게 정보를 제공할 의향

여부 등은 향후 다른 프로그램의 홍보를 위해서도 중요한 정보들이다.

● 프로그램의 적합성 여부 결정: 때때로 평가는 프로그램을 시행하게 된 원인을 제공한 문제가 프로그램으로 해결 가능한 문제였는가를 결정하는 데 활용된다. 너무 흔하게도 교육훈련으로 수정되지 않을 문제를 바로잡기 위하여 교육훈련 프로그램이 실시된다. 예컨대, 성과 미달의 문제는 절차와 제도, 작업 공정 또는 관리감독 등 교육훈련의 문제가 아닌 다른 문제일 수도 있다.

● 의사결정과정에서 경영진을 지원할 수 있는 데이터베이스 구축: 대부분 평가의 중심 주제는 인력자원개발 프로그램의 장래에 관한 의사결정을 하는 것이다. 이 결과는 프로그램과 관련된 많은 사람들, 즉 교수자, 인력자원개발 부서의 관리자, 장래 각종 프로그램에 예산을 할당해 줄 임원진 등에 의해 사용될 수 있다.

권대봉(2003)은 교육훈련 프로그램을 평가하는 이유를 다음과 같이 들고 있다. 첫째, 교육계획에 필요한 자료의 수집, 분석을 통하여 인적, 물적 자원의 가용성과 한계를 파악하고 전체 교육계획의 타당성 판단에 도움을 제공하는 것이다. 둘째, 인력자원개발 프로그램에 관한 의사결정을 하는 데 필요한 판단 자료를 제공하는 것이다. 셋째, 교육투자의 정당성을 입증하는 것이다. 교육훈련 프로그램의 결과를 입증하고, 이를 통해서 기업 내 교육훈련 활동이 당위성과 유용성을 확보한다.

한편, Russ-Eft와 Preskill(2001; 배을규, 2009 재인용)은 평가의 이유를 다음과 같이 일곱 가지로 나누어 설명하고 있다.

● 평가는 질 보증의 수단이다. 평가 대상의 질을 측정하여 보증을 하는데, 프로그램이나 제품의 질에 대한 평가가 이루어지면, 내외부 고객은 해당 프로그램이나 제품을 이용하거나 구입할 때 신뢰하게 된다.

● 평가는 조직 구성원들의 지식 증진에 기여한다. 첫째, 조직 구성원은

평가에 참여함으로써 평가 대상이 되는 조직의 정책, 제도, 프로그램, 제품, 서비스 등에 대해 더 잘 알고 더 잘 이해할 수 있게 된다. 둘째, 조직 구성원은 평가 참여자로서 평가의 설계와 실행과정에 참여함으로써 평가활동의 효과를 이해하고, 향후의 평가활동에 더 적극적으로 참여하고, 평가 작업을 직접 실행할 수 있는 능력을 습득할 수 있게 된다.

- 평가는 자원배분의 우선순위를 결정한다. 조직 구성원들이 제한된 인적, 물적 자원을 가지고 질 높은 프로그램과 서비스를 제공하기 위해서는 우선되어야 할 프로그램과 서비스가 무엇인지 가려내는 평가활동이 중요하다. 따라서 평가활동은 단순히 우선순위 결정의 도구로서의 역할뿐만 아니라 경제적 가치 창출의 수단이 될 수도 있다.

- 평가는 조직의 정책을 계획하고 실행하는 것을 도와준다. 조직은 평가를 통하여 다양한 정책들을 계획, 조직, 실행하는 근거를 확보할 수 있다. 평가 결과는 조직의 강약점을 분석하고 기회요인과 위협요인을 파악하는 데 활용된다. 다시 말하면, 평가는 최종적인 결과뿐만이 아니고, 조직의 특정 활동을 준비하는 데 필요한 사전 진단도구로 활용될 수 있다.

- 평가를 통하여 조직 구성원들의 신뢰를 얻을 수 있다. 즉, 평가를 특정 활동이 조직에 가치를 가져다준다는 점을 입증하는 데 활용할 수 있다. 조직의 잦은 변화 속에서 구성원들의 활동이 지속되고 조직의 장기 전략의 일부로 인식되게 하려면 그들의 활동이 가치 있고 영향력이 있다는 점을 보여 줄 수 있어야 한다.

- 조직 구성원들에게 평가 결과로써 조직 정책의 필요성이나 효과성을 설득할 수 있다. 업무의 효율성과 효과성을 증진시키기 위해 인적, 물적 자원을 확보하고자 할 때, 평가 결과는 조직 구성원의 사기, 학습, 동기부여, 조직문화, 생산성 등에 영향을 미치는 프로그램이나 절차, 정책의 효과를 보여 주는 근거자료가 된다.

- 평가활동은 가치 있는 직무능력 그 자체다. 조직 구성원이 직무활동을 수행할 때, 조직 환경, 효과적인 직무수행 방안, 직무 활동 결과에 대해

지속적인 평가를 시행하고 있는데, 이는 평가 관련 지식과 기법이 다양한 분야에서 필요하고 중요한 능력으로 점차 인정되고 있는 추세를 보여 주는 것이다.

Noe(2008)는 총괄평가와 형성평가에 관하여 논의한 후, 교육훈련 프로그램을 평가하는 이유를 다음과 같이 제시하고 있다.

- 프로그램의 강점과 약점을 확인하기 위함이다. 여기에는 프로그램이 학습목표에 도달했는가, 학습환경의 질이 만족스러웠는가, 교육훈련의 전이가 일어났는가 등을 판단하는 일이 포함된다.
- 교육훈련의 내용과 조직, 그리고 일정, 숙박여건, 훈련교사, 훈련자료 등을 포함한 프로그램의 관리 측면이 학습에 기여하였는지, 그리고 훈련 내용이 실제 업무수행에 활용되었는지 등을 평가하기 위함이다.
- 어느 훈련생이 가장 많이 그리고 가장 적게 프로그램의 혜택을 입었는지를 확인하기 위함이다.
- 교육훈련 참가자들에게 해당 프로그램을 동료에게 추천할지, 훈련에 참여한 이유는 무엇인지, 그들의 프로그램에 대한 만족도 수준은 어느 정도인지에 관하여 정보를 수집하여 프로그램을 마케팅하는 데 활용하기 위함이다.
- 프로그램의 재무적인 이익과 비용을 산출하기 위함이다.
- 교육훈련의 비용과 이익 그리고 훈련 외적인 투자(예: 직무 재설계, 직원 선발체계의 개선 등)를 비교하기 위함이다.
- 최선의 프로그램을 선택하기 위하여 다른 교육훈련 프로그램의 이익과 비용을 비교하기 위함이다.

한편, 평가의 분류에 관해서 김신자와 정재삼(1996)은 교수체제개발의 맥락에서 두 가지 차원으로 나누었다. 첫째는 절대평가와 상대평가이고, 둘째

는 진단평가, 형성평가, 총괄평가다. 절대평가와 상대평가는 준거가 있는가
의 여부로, 진단평가, 형성평가, 총괄평가는 평가의 시기와 평가의 목적에
따라 나눈 것이다.[1]

● **절대평가와 상대평가**

- 절대평가(준거지향평가, criterion-referenced evaluation): 미리 정해 놓
  은 준거에 따라 평가하고자 하는 특성의 성취도를 확인하는 평가다.
  즉, 학습자는 통과에 필요한 기준을 알고 있고, 이 평가에서는 자신과
  경쟁하는 상황이 된다. 교수체제개발에서는 이러한 절대평가, 즉 준
  거지향평가를 더 많이 활용한다. 교수체제개발 관점에서 준거는 바
  로 수행목표(performance objectives)가 되기 때문이다. 앞서 설계 단계
  에서 언급했듯이 수행목표는 평가항목을 개발하는 데 근거가 된다.
  학습자가 이 수행목표를 달성했는지 여부가 프로그램의 성공 여부를
  말해 준다.

- 상대평가(규준지향평가, norm-referenced evaluation): 학습자들 간의
  차이를 밝혀 학습자의 상대적 위치를 판정하는 평가다. 이 상대평가
  에서는 학습자의 성취도, 곧 성적이 정규분포곡선상의 한 점에 위치
  한다고 가정한다. 학습자들은 이러한 종류의 평가에서는 상대방과
  경쟁하게 된다. 따라서 상대적 비교가 가능하려면 성적의 표준화가
  이루어져야 한다.

● **진단평가, 형성평가, 총괄평가**

- 진단평가(diagnostic evaluation): 교수학습이 시작되기 전에 교수학습

---

[1] Pucel(1989)은 평가의 시점과 의도(timing and intent)에 따라 사전평가(pretesting), 중도평가
(testing during instructional delivery), 사후평가(posttesting)로 나누기도 한다. 사전평가는 교
수학습에 참여하기 전에 학습자들에게 시행되는 평가이고, 중도평가는 교수학습을 학습자의
학습내용 습득(즉, 교수목표)에 맞추기 위하여 시행하는 평가이며, 사후평가는 사전에 설정된
숙달의 기준에 어느 정도 도달했는가를 판단하기 위하여 시행하는 평가다.

의 효과를 극대화할 수 있는 제반 정보, 즉 학습자의 요구, 준비도, 교수자, 교육환경 등에 관하여 의사결정을 내리는 활동을 말한다. 이 평가를 통하여 학습자의 수준이나 요구에 부합되게 교수내용을 편성함으로써 개별화 수업이 가능하도록 하는 수단으로 활용될 수 있다.

- 형성평가(formative evaluation): 프로그램 개발 시 최종적인 프로그램으로 확정짓기 전에 지속적인 평가를 통하여 교수내용을 개선함으로써 프로그램의 품질을 향상시키고, 의도하는 목표를 달성하도록 하기 위한 평가다. 인력자원개발 분야에서는 주로 개발된 프로그램(교수자료 포함)의 초안(tentative program) 또는 시제품(prototype)을 실제로 현장에 적용하기 전에 전체적으로 점검하여 프로그램의 완성도를 높이기 위한 활동이다.[2] 형성평가의 주요 요소로 첫째, 종합적인 자기평가를 근거로 한 목표 설정, 둘째, 목표에 부합하는 지원 자원의 선정, 셋째, 목표를 뒷받침하는 환류 방법의 선택(예: 동료 코칭, 포트폴리오 등), 넷째, 학습자에 대한 평가의 영향력이 있다(Howard, 2005: Webb & Norton, 2009 재인용).

- 총괄평가(summative evaluation): 교수학습활동을 마친 후 전체 프로그램의 목표, 즉 학습자의 수행목표 달성 정도를 판단하기 위하여 수행하는 평가다. 총괄평가는 학습자, 교수자, 프로그램, 기타 학습환경 등을 포함하여 전체 과정에 대하여 최종적이고 종합적인 판단을 하는 것이다.

〈표 12-1〉은 형성평가와 총괄평가를 비교한 것이다.

---

[2] 형성평가와 총괄평가는 제9장에서 이미 다룬 바 있다.

표 12-1 형성평가와 총괄평가 비교

구분	형성평가	총괄평가
목적	• 프로그램의 질을 개선하기 위하여 문제되는 부분을 찾아냄	• 프로그램의 채택 또는 유지의 결정을 위하여 그 가치와 유용성을 판단함
평가 단계	• 일대일 평가(임상평가) • 소집단 평가 • 현장검증	• 전문가 판단(일치도 및 질 분석) • 현장검증(성과 및 관리의 분석)
프로그램 개발	• 조직 내에서 체제적으로 설계되고 조직의 필요에 맞게 개발됨	• 조직 내 혹은 조직 외에서 개발. 반드시 체제적 접근을 하는 것은 아님
대상 자료	• 한 세트의 자료	• 한 세트 또는 여러 세트의 자료
평가자 위치	• 설계 및 개발 팀원(내부 평가자)	• 외부 평가자
결과(산출물)	• 자료 수정을 위한 처방	• 평가보고서(프로그램의 설계, 절차, 결과, 권고사항 및 타당성을 포함)

출처: 김신자, 정재삼(1996), p. 243.

2. 평가의 모형

평가 자체를 놓고 본다면 절대평가나 상대평가, 진단평가나 형성평가, 총괄평가 등으로 분류할 수 있지만, 평가모형(evaluation model)은 두 가지로 분류할 수 있다. 즉, 프로그램의 결과를 평가하기 위한 모형인가, 과정을 평가하기 위한 모형인가에 따라서 전자를 결과평가 모형, 후자를 과정평가 모형으로 분류한다(권대봉, 2003).

프로그램의 평가모형에 관해서 많은 사람이 나름의 모형을 만들기 위해 시도해 왔다. 그러나 현재까지도 그 모형이 진정한 모형인가를 놓고 찬반양론으로 나뉘어 있기는 하지만, 아마도 1967년도 Kirkpatrick이 제안한 4수준 모형이 인력자원개발 프로그램을 평가하기에 여러 면에서 타당해 보이

고, 단순하게 이해할 수 있는 개념적 토대를 제공하고 있다(Brinkerhoff, 1988)
고 할 수 있다. 그 모형을 기본으로 많은 4수준 평가모형이 이어졌고, 또 과정
에 관한 평가모형도 평가 요소를 네 가지로 고정하여 보는 등 Kirkpatrick의
모형이 끼친 영향이 크기 때문이다. 4수준 평가모형에는 앞으로 논의할 많
은 모형을 포함해서 Bushnell(1990)의 또 다른 4단계 평가모형과 Brinkerhoff
(1988)가 시도했던 6단계 평가 시도가 그러한 예에 속한다. 즉, Bushnell은
IPO 모형을 확장한 투입, 과정, 산출, 결과(outcome) 모형을 평가 과정이 계
획, 설계, 개발, 시행 등의 하위 단계로 좀 더 구체화한 4단계 평가모형을 제
안하고 있다. Brinkerhoff는 첫째 단계인 목표 수립, 둘째 단계인 프로그램
설계, 셋째 단계로서 프로그램 시행, 넷째 단계로서 즉각적인 결과, 다섯째
단계인 중간 또는 활용 결과, 그리고 여섯째 단계인 영향 또는 가치를 확인
하는 6단계로 된 평가모형을 제시하였다.

그러나 이미 언급했듯이 Kirkpatrick의 평가모형이 여전히 논란의 소지는
있지만,[3] 현재의 평가모형과 관련된 논의의 핵심에 있다고 보아, 이 절에서
는 그의 모형을 중심으로 평가모형을 살펴보고, 여타 모형과 최근에 대두되
고 있는 평가에 관한 새로운 접근법을 살펴보고자 한다.

1) Kirkpatrick의 4수준 평가모형

Kirkpatrick은 교육훈련 프로그램이 평가를 받아야 한다는 믿음이 점차
수용되는 것에 대하여 긍정적으로 보았다. 그리고 평가의 초점은 첫째, 효
과성을 판단하여 향후 프로그램을 개선하는 것에 맞추어져야 하고, 둘째,

---

[3] 예컨대, Holton과 Naquin(2005)은 평가모형이나 평가 절차라고 하는 모든 모형들이 의사결정
모형으로 인정되기 어려운 기본적인 결함을 가지고 있다고 한다. 평가가 효과적이고 신뢰할
수 있으며, 시행상 문화적 저항을 넘어서기 위해서는 첫째, 인력자원개발 업무 담당자, 둘째,
모형을 실제 사용하거나 모형이 적용되는 대상인 이해당사자들, 셋째, 학계의 연구자들의 필
요와 요구를 모두 충족해야 하는데, 이 조건에 부합하는 평가모형이 없다는 것이다.

프로그램의 계속 여부를 결정하는 근거를 확보하는 데 두어야 한다고 하였다(1983). 그는 당시 평가를 둘러싸고 다양한 목소리를 내는 상황을 다음과 같이 묘사하고 있다.

> 많은 다양한 (평가) 방법이 제안되고 사용되고 있다. 어떤 이들은 현실적인 유일한 평가는 직무수행 중에 나타나는 행동의 변화를 측정하는 것이라고 주장한다. 또 어떤 이들은 행동변화를 측정하는 것은 충분하지 않고, 최종적으로 얻게 될 결과가 더 중요하다고 주장한다. 양측은 질문지와 의견진술서는 단지 '만족도' 측정에 불과하다고 비난한다. 그러나 다른 훈련교사나 교육자들은 설문지와 의견진술서만으로도 교육훈련 프로그램을 평가하는 데 도움이 될 수 있다고 한다(p. 101).

그는 평가가 다음과 같은 네 가지 형태로 이루어질 수 있다고 하였다. 각 형태는 수준별 목표와 한계를 이해한다면, 나름대로 유용한 평가도구가 될 수 있다. 이 네 가지 수준은 다음과 같다.

- 반응(reaction)
- 학습(learning)
- 행동(behavior)
- 결과(results)

Phillips(1991)는 Kirkpatrick의 모형을 설명하면서, 어떤 종류의 자료가 수집되어야 할지를 결정하는 데 도움이 되는 개념틀을 소개하고 있다. 그의 개념틀이 곧 4수준 평가라고 하는 것이며, 어떤 정보가 수집되어야 하는지에 관한 질문을 다음과 같이 정리하여 제시하고 있다.

표 12-2 Kirkpatrick 평가모형에서 평가의 수준별 주요 질문

수준	질문
1. 반응	참가자들은 프로그램에 만족해하는가?
2. 학습	참가자들은 프로그램에서 무엇을 학습하였는가?
3. 행동	참가자들은 학습한 것을 토대로 행동이 변화하였는가?
4. 결과	행동의 변화가 조직에 긍정적으로 영향을 미쳤는가?

출처: Phillips (1991), p. 44.

각각의 수준은 다음과 같다.

● 반응: 교육훈련 참가자가 자료, 교수자, 시설 및 설비, 방법론, 내용 등을 포함한 프로그램에 대하여 어떻게 생각하는지를 평가하는 것이다. 한마디로 그들의 만족도를 측정하는 것이다. 이 수준의 평가는 참가자가 학습한 양에 대한 평가를 포함하지 않는다. 따라서 프로그램 완료 후 참가자의 반응이 좋다고 해서 반드시 높은 수준의 학습이 이루어지는 것은 아니다. 이 수준의 평가는 교육훈련 프로그램이 종료된 직후에 시행해야 정확한 반응을 이끌어 낼 수 있다. Kirkpatrick(1996)은 반응을 얻되 긍정적인 반응을 얻는 것이 중요하다고 하였다. 새로운 교육훈련 참가자를 끌어들이고, 프로그램 참가자를 향후 프로그램으로 돌아오게 하려면 반드시 반응 수준의 평가가 호의적이어야 하기 때문이다.

● 학습: 교육훈련 프로그램에 참여한 결과로 그 참가자의 태도가 변화하거나, 지식이 증진되거나, 기술이 향상되는 정도를 평가하는 것이다. 이 수준에서는 프로그램에서 다루어진 원리, 사실, 기법, 기술 등이 측정된다. 학습을 측정하는 것은 반응을 측정하는 것보다 좀 더 어렵다. Kirkpatrick(1996)에 따르면, '태도가 변하였다' '지식이 증진되었다' '기술이 향상되었다' 중 한 가지 또는 그 이상이 일어났을 때 학습이 되었다고 할 수 있다. 중요한 것은 행동변화는 학습의 수준이 아니라

세 번째 수준에서 일어난다는 것이다. 학습을 측정하는 방법에는 지 필검사, 학습곡선,[4] 실기검사, 직무 모의실험 등이다. 이 수준의 평가 도 교육훈련 프로그램이 종료된 직후에 시행할 때, 정확한 측정이 가 능하다.

● 행동: 교육훈련 프로그램에 참여한 결과에 의해 행동이 변화한 정도를 평가하는 것이다. 여기서 행동은 직무수행의 측정에 관련하여 사용된 다(Phillips, 1991). Kirkpatrick(1996)은 종종 제1수준과 제2수준을 건너 뛰어 성급하게 제3수준을 측정하려 하지 말라고 경고한다. 즉, 앞의 두 수준에서 효과가 있었다 하더라도 제3수준인 행동변화가 일어나지 않 을 수 있기 때문이다. 그는 변화가 일어나게 하기 위해서는 다음과 같 은 네 가지 조건이 필요하다고 한다. 첫째, 변화에 대한 욕구(desire)가 있어야 한다. 둘째, 무엇을 할지, 어떻게 해야 할지 알아야 한다. 셋째, 올바른 분위기에서 일해야 한다. 넷째, 변화에 대한 보상이 있어야 한 다. 이 범주에서 이루어질 수 있는 평가로는 전후 비교, 360도 관찰, 통 계적 비교, 장기 추후 평가 등이 있다(Phillips, 1991).

● 결과: 교육훈련 프로그램에 참여함으로써 나타난 최종 결과에 대한 평가 라고 정의할 수 있다. 즉, 프로그램이 조직 전체의 개선 효과를 가져왔는 지를 측정하는 수준이다. 측정될 수 있는 결과에는 비용의 절감, 작업 결 과의 개선, 품질의 변화 등이 포함될 수 있다. Kirkpatrick(1996)은 최종 결과로서 여기에 생산량 증가, 품질 개선, 비용 감소, 사고 횟수 및 심 각도 감소, 판매량 증가, 이직률 감소, 순익 증대 및 투자대비회수율 (return on investment: ROI) 등을 추가하고 있다. 결과를 파악하기 위해 서는 교육훈련 프로그램의 시행 전과 후의 자료를 수집하여 개선 효과 를 분석해야 한다. 중요한 점은 개선 효과에 영향을 미칠 수 있는 각종

---

[4] learning curve를 말하는 것으로, 연습의 결과로 일어나는 행동변화 현상을 도식화한 것이다.

변인들을 따로 분리할 수 있어야 한다는 것이다.

2) 결과평가 모형과 과정평가 모형[5]

앞서 언급했듯이 평가모형은 특정한 인력자원개발 프로그램을 시행한 이후 그 결과를 여러 측면에서 판단하는 결과평가 모형과, 인력자원개발 프로그램의 전체 과정을 평가하는 과정평가 모형으로 대별할 수 있다. 결과평가 모형으로는 앞서 설명한 Kirkpatrick의 4수준 평가모형을 비롯하여 Bell System 모형, Saratoga Institute 모형, IBM 모형, Xerox 모형 등이 있고, 과정평가 모형에는 CIPP 모형과 CIRO 모형 등이 있다. 각 모형별 평가 수준의 개념은 다음과 같다.

(1) 결과평가 모형

① Bell System 모형

미국 통신회사인 AT&T와 Bell System의 연구결과로 개발된 평가 모형이며, 프로그램의 결과 또는 성과에 관하여 다음과 같은 수준들이 제시되었다.

- 반응 성과(reaction outcomes): 프로그램 참여자가 프로그램 전체적인 측면과, 내용, 자료, 방법, 활동 등과 같은 프로그램의 구체적인 요소에 관하여 갖고 있는 의견을 나타내는 것이다. 한마디로 프로그램이 수용할 만한 수준이었는가에 관한 평가다. 이 수준은 교육훈련 프로그램의 즉각적인 목적과 관련되어 있다.
- 능력 성과(capability outcomes): 프로그램 참여자가 프로그램 종료 후 무엇을 알고, 무엇을 생각하며, 무엇을 할 수 있고, 무엇을 만들 수 있기

---

[5] 이 소절은 Phillips(1991)를 참고하여 작성하였다.

를 기대하는가에 관한 평가다. 이 수준도 교육훈련 프로그램의 즉각적
인 목적과 관련되어 있다.

● 적용 성과(application outcomes): 프로그램 참여자가 프로그램이 담고 있
  는 내용을 통하여 실제 현장에서 무엇을 알고, 무엇을 생각하며, 무엇
  을 할 수 있고, 무엇을 만들 수 있는가를 평가하는 것이다. 이 수준은 교
  육훈련 프로그램의 장기적인 결과와 관련되어 있다.

● 가치 성과(worth outcomes): 교육훈련 프로그램의 가치가 그 비용과의 관
  계를 보여 주기 때문에 가장 중요한 수준이다. 여기서 성과는 조직이
  교육훈련을 통하여 재무, 시간, 노력, 투입한 자원 등의 관점에서 얻은
  이득의 정도를 나타낸다. 이 수준 또한 교육훈련 프로그램의 장기적인
  결과와 관련되어 있다.

② Saratoga Institute 모형

인력자원관리협회(Society for Human Resource Management)에 의해 만들
어진 측정 관련 특별 대책팀의 활동 결과, Saratoga 연구소에서는 교육훈련
평가에 관한 네 가지 수준을 개발하였다. Kirkpatrick 모형과 유사한 이 접
근법은 다음과 같은 네 가지 수준으로 구성되어 있다. 이 모형의 궁극적인
목적은 마지막 수준과 관련된 투자대비회수율을 측정하는 것이다.

● 훈련 만족도(training satisfaction): 교육훈련 프로그램 참여자들이 자신들
  이 이수한 프로그램에 만족하였는지, 어느 정도 만족하였는지 평가하
  는 것이다.

● 학습의 변화(learning change): 과정이수 전과 후를 측정하여 실제로 학습
  이 일어났는지 평가하는 것이다.

● 행동의 변화(behavior change): 교육훈련 프로그램을 이수한 결과로 실제
  직무수행 중 행동의 변화가 있는지 평가하는 것이다.

● 조직의 변화(organizational change): 교육훈련 프로그램을 이수한 결과, 양

적인 방법으로 측정하였을 때 조직의 개선이 이루어졌는지 평가하는 것이다.

③ IBM 모형

IBM은 거액의 교육훈련 예산을 집행하면서 네 가지 수준의 평가를 시행하고 있다. Kirkpatrick 모형의 또 다른 변형인 이 모형의 네 가지 수준은 반응, 검사, 적용, 사업결과이며, IBM은 궁극적인 목표 수준은 네 번째 사업결과 수준이라는 것을 인정한다.

● 반응(reaction): 프로그램 참여자에게 그들이 이수한 프로그램이 얼마나 가치가 있었다고 느끼는지에 대한 만족도 평가다.
● 검사(testing): 교육훈련 프로그램의 결과로 지식과 기술이 얼마나 증진되었는지를 프로그램 이수 전과 프로그램 이수 후로 나누어 평가하는 것이다.
● 적용(application): 프로그램 참여자가 새로운 기술을 직무에 적용하는 정도와 그 적용으로 어느 정도의 결과를 얻었는지 평가하는 것이다.
● 사업결과(business results): IBM이 프로그램을 시행했을 때 기대할 수 있는 미화[$] 가치로 환산되는 수익(return)을 평가하는 것이다.

④ Xerox 모형

결과평가 모형의 또 다른 변형으로 Xerox사에서 사용하고 있는 모형을 들 수 있다. 다른 결과평가 모형과 마찬가지로 다음의 네 가지 수준에 초점을 맞춘다.

● 사전 능력(entry capability): 프로그램 참여자가 프로그램을 처음 시작할 때 프로그램이 요구하는 필수조건(prerequisite)이 충족되었는지 평가하는 것이다.

● 과정수료 후 성과(end-of-course performance): 프로그램 참여자가 희망했던 교육훈련 성과를 달성했는지 여부를 평가하는 것이다. 이 수준의 평가는 교육훈련의 목표와 연계된다.

● 직무수행숙달(mastery job performance): 프로그램 참여자가 실제로 일정 기간 동안 부서에서 직무수행을 경험한 후 정상적인 근무 조건하에서 해당 직무를 능숙하게 수행하는지 여부를 평가하는 것이다.

● 조직 성과(organizational performance): 프로그램 참여자가 실제로 일정 기간 동안 부서에서 직무수행을 경험한 후 조직의 목표에 부합하는지 또는 조직의 목표를 초과달성하는지에 초점을 맞춘 평가다.

(2) 과정평가 모형

① CIPP 모형

● 현황요소 평가(context evaluation): 적절한 환경을 규정하고, 인력자원개발 노력의 필요성과 기회를 확인하며, 특정 문제를 진단함으로써 단호한 경영진에게 합리적인 근거를 제공하기에 유용하다. 요구분석은 흔히 현황요소 평가의 한 사례로 이해할 수 있다.

● 투입요소 평가(input evaluation): 자원을 프로그램의 목적에 가장 잘 부합되게 활용하도록 결정할 수 있는 정보를 제공해 준다. 외부 지원이 필요한지 결정한다든가, 프로그램을 기획하고 설계하기 위한 일반적인 전략을 결정하는 데 도움을 주기 위해 사용된다. 투입요소 평가의 결과는 종종 정책, 예산, 일정, 제안, 절차 등으로 나타난다.

● 과정요소 평가(process evaluation): 프로그램의 시행 책임을 맡고 있는 개인에게 환류를 제공한다. 실패의 원인이 될 만한 원천을 모니터링하고, 프로그램이 시행되는 동안 미리 계획된 결정 사항에 대한 정보를 제공하며, 실제로 어떠한 일들이 발생하는지 서술함으로써 과정요소 평가가 이루어진다. 자료를 수집할 때는 반응점검표, 평가척도, 기존 기록물의 분석 등과 같은 비형식적 접근방법도 사용된다.

● 산출요소 평가(product evaluation): 목표의 달성을 측정하고 해석하는 평가다. 여기서는 의도되지 않은 성과는 물론 의도된 성과까지 측정되어야 한다. 이 수준의 평가는 프로그램을 시행하는 동안, 종료한 후 모두 이루어질 수 있다. 전통적으로 해 왔던 평가의 검토는 사실 산출요소의 평가였다고 할 수 있다.

② CIRO 모형

Warr, Bird와 Rackham이 제안한 평가의 유형이다. 이 접근법은 미국에서 통상적으로 말하는 전통적인 '평가'의 개념보다 더 넓은 의미를 포함한다. 이 모형 역시 네 가지 평가의 범주로 나누어지는데, 다음과 같이 두문자인 C, I, R, O로부터 유래된 평가모형이다.

● 현황요소 평가(context evaluation): 훈련 프로그램의 요구 또는 목표를 결정하기 위하여 현재 운영되는 상황(맥락)에 관한 정보를 얻어서 활용하는 것을 포함한다. 이 평가는 교육훈련이 필요했었는지를 판단한다. 이 범주의 평가가 진행되는 동안 첫째, 궁극적인 목표, 둘째, 중간 목표, 셋째, 즉각적인 목표 등의 세 가지[6] 유형의 목표가 평가된다.
● 투입요소 평가(input evaluation): 인력자원개발 노력에 대한 대안들 중에서 가능한 교육훈련 자원을 선택하기 위한 정보를 수집하여 활용하는 것이다. 이 평가에서는 가용자원에 대한 분석과 바람직한 목표 달성의 가능성을 극대화하기 위하여 그 자원들을 어떻게 효율적으로 사용할 것인지 결정하는 것이 포함된다. 투입요소 평가는 가장 적절한 인력자원

---

[6] 궁극적인 목표는 교육훈련 프로그램을 통해서 제거하거나 극복해야 하는 조직 내의 특정한 결점, 결함에 관한 것이고, 중간 목표는 궁극적인 목표를 달성하기 위하여 필요한 개별 종업원의 작업 행동상의 변화에 관한 것이며, 마지막으로 즉각적인 목표는 중간 목표를 달성하기 위하여 개별 종업원의 행동변화에 반드시 수반되어야 하는 새로운 지식, 기술, 태도에 관한 것이다.

개발 방법을 결정하기 위하여 증거를 수집하고 활용하는 과정을 의미
한다.

- 반응요소 평가(reaction evaluation): 인력자원개발 과정을 개선하기 위하여
  프로그램 참여자의 반응에 관한 정보를 수집하여 활용하는 것이다. 이
  단계의 특징은 주로 참여자들의 주관적인 보고에 크게 의존한다는 점,
  따라서 자료수집이 체계적인 방법으로 이루어진다면 그들의 의견이 인
  력자원개발 노력에 크게 도움이 될 수 있다는 점이다.
- 성과요소 평가(outcome evaluation): 향후 프로그램을 개선하기 위하여 인
  력자원개발의 결과(또는 성과)에 관한 정보를 수집하여 활용하는 것이
  다. 이 범주에 대한 평가는 평가 요소 중 가장 중요한 부분이다. 성과평
  가는 첫째, 목표의 정의, 둘째, 해당 목표의 측정기준 선정 및 구성, 셋
  째, 적절한 시간을 선택하여 측정하기, 넷째, 결과평가 및 향후 프로그
  램 개선을 위한 활용 등의 네 가지 단계로 이루어진다.

3) 투자대비회수율

새로운 평가의 단계로 최근 들어 사용되기 시작한 것은 투자회수율을 산
출해 내는 평가다. Sugrue(2003)는 미국 내에서 교육훈련을 실시하는 기관
의 78%는 1수준의 평가를 하며, 46%가 2수준의 평가를, 27%가 3수준의 평
가를, 그리고 단지 11%만이 4수준의 평가를 하고 있는 것으로 보고한 바 있
다. 2005년도에 이루어진 같은 조사 결과를 보면, 교육훈련을 실시하는 기
관의 91%는 1수준의 평가를, 54%는 2수준의 평가를, 23%는 3수준의 평가
를, 8%는 4수준의 평가를 하고 있는 것으로 보고되었다(Sugrue & Rivera,
2005; Noe, 2008 재인용). 여기서 투자대비회수율을 활용하고 있거나 계획 중
인 기업도 조사되었는데, 같은 자료에 의하면 단지 3%에 그치고 있다. 이 수
준은 여전히 1, 2수준의 평가에 많이 치우쳐 있으며, 3, 4수준의 평가가 감
소하는 등 퇴행적 변화가 나타나고 있다고 할 수 있다. 그 이전과 이후의 자

료를 확인하지는 못하였으나, 이 두 해의 사례를 통하여 여전히 교육훈련의 결과를 보여 달라는 경영진의 압력이 증가함에도 불구하고 현실적으로 교육훈련의 평가가 쉽지 않다는 것을 알 수 있다.

Piskurich(2006)에 따르면 초기 평가모형은 대개 네 가지 정도 유형으로 나뉘어 시도되었다. 첫째, 교육훈련 과정에 대한 훈련생의 반응, 둘째, 기술과 지식의 숙달 및 유지, 셋째, 직무성과의 증진이라는 직무에 대한 전이, 넷째, 투자대비회수 또는 기업의 목적 달성 등을 평가하는 것이 그것이다. Kirkpatrick이 평가의 네 가지 유형을 '수준' 별로 구조화하여 4수준의 평가모형으로 발전되었다가, 마지막 수준이 분리되어 다섯 개 수준의 평가모형이 되었다. 그에 의하면 평가유형에서 수준별 평가가 이루어진 제2세대[7]의 평가모형은 반응, 학습, 행동, 결과의 네 가지 수준별 평가였고, 현재는 반응, 학습, 적용, 사업의 효과, 투자회수율의 다섯 단계로 세분되었다 (Mankin, 2009; Noe, 2008; Phillips, 2003; Werner & DeSimone, 2006).

Robinson과 Robinson(1989)은 교육훈련에서 비용으로 계산되는 다섯 가지 영역을 제시하였다. 이는 교육훈련 프로그램의 비용을 산정하는 데 필요하다.

- 직접 비용(direct costs): 학습활동을 전달하는 데 직접적으로 관련되는 비용이다. 직접 비용에는 과정의 자료(구매한 것이든 제작한 것이든), 교수학습 교보재, 장비 임대, 출장비, 식비 및 간식비, 강사비 등이 포함된다.
- 간접 비용(indirect costs): 학습활동을 지원하기 위해 발생한 비용이지만,

---

[7] 초창기 네 가지 유형의 평가를 비롯하여 Kirkpatrick의 평가모형이 보편적으로 사용되기 이전의 평가 과정이나 초보적인 모형을 제1세대 평가모형이라 하고, Kirkpatrick의 평가모형을 중심으로 등장한 다양한 변이 모형들을 제2세대 평가모형, 투자대비회수율 등 질적인 측면이 강조되는 평가모형을 3세대 평가모형이라고 잠정적으로 명명하고자 한다.

어느 특정 프로그램에만 사용되는 것은 아니다. 즉, 마지막 순간 교육 훈련 일정이 취소되더라도 비용은 환수할 수 없다. 간접비용으로는 강사 초청 준비비, 사무비용, 발송된 과정 자료, 준비 과정에 투입된 시간 비용, 마케팅 비용 등이 있다.

● 개발 비용(development costs): 프로그램을 개발하는 데 발생되는 모든 비용이 이 범주에 들어간다. 비디오테이프라든가 컴퓨터기반 학습 프로그래밍, 자료의 설계, 시범 운영, 추가되는 재설계 비용 등이 여기에 포함된다. 개발 비용은 프로그램이 운영되는 기간 동안 균등하게 나누어 계산될 수 있다.

● 간접비(overhead costs): 교육훈련 프로그램과 직접 관계는 없으나, 교육 훈련 담당 부서의 매끄러운 운영을 위해서 필수적인 비용이다. 예컨대, 장비를 구입했다면 그 유지 비용, 연간 부담해야 하는 전체 비용 중 훈련 프로그램 운영과 관련되는 비용, 교육장에 필요한 냉난방 비용 등이 간접비에 포함된다.

● 참가자에 대한 보상(compensation for participants): 참가자에게 프로그램 참가 기간 동안 지급되는 급여와 각종 수당 등 부대비용을 뜻한다. 예컨대, 2일짜리 프로그램이었다면, 그들에게 지급되는 이틀 동안의 급여와 각종 수당 등이 여기에 해당된다.

이상과 같은 기본적인 내용을 토대로 투자대비회수율[8]에 관하여 살펴보고자 한다. 투자대비회수율은 학자에 따라서 투자대비회수율(권대봉, 2003; 배을규, 2009)과 투자수익률(강대석, 2007; 이관춘, 김은경, 2012; 한국기업교육

---

[8] Robinson과 Robinson(1989)은 투자대비회수율을 마치 비용대비수익처럼 산출하기도 한다. 즉, 그들에게 투자대비회수율은 return/investment＝operational results/training costs로 단위를 %로 하지 않는다.

학회, 2010) 등의 용어로 번역되고 있다. 투자대비회수율 또는 투자수익률은 교육훈련 프로그램 등에 의해 창출된 경영성과(순이익)와 투입된 비용을 금전적으로 비교하여 퍼센트로 표현한 값(한국기업교육학회, 2010)이라고도 하고, 교육훈련 프로그램이 종료된 후 교육훈련의 총비용 대비 순수 이익을 계산하여 이루어진 분석(Phillips, 2003)이라고 정의할 수 있다.

투자대비회수율을 산출하는 공식은 다음과 같다.

$$\text{투자대비회수율} = \frac{\text{프로그램 순이익(Net Program Benefits)}}{\text{프로그램 총비용(Program Costs)}} \times 100$$

Phillips(2003)에 따르면, 투자대비회수율은 두 단계를 거쳐 쉽게 구할 수 있는데, 이를 위해서는 먼저 비용대비수익(benefits/costs ratio: BCR)을 구해야 하는데 그 공식은 다음과 같다.

$$\text{비용대비수익} = \frac{\text{프로그램 이익(Program Benefits)}}{\text{프로그램 총비용(Program Costs)}}$$

이 두 가지 공식을 가지고 투자대비회수율을 구하는 방법을 예시하면 다음과 같다. 예컨대, 인성이라는 회사가 텔레마케팅 영업 프로그램을 시행하여 거둔 이익은 135,000,000원이었고, 이 프로그램 시행에 투입한 총비용이 45,000,000원이었다고 하면, 비용대비수익은

$$\text{비용대비수익} = \frac{135,000,000원}{45,000,000원} = 3(\text{또는 } 3{:}1)$$

이 된다.

여기서 알 수 있는 것은 매 1원이 투자되는 것에 따라 3원의 이익이 발생한다는 것이다. 이 예에서 프로그램의 순이익은 135,000,000원-45,000,000원=90,000,000원이 된다. 그러므로 투자대비회수율은

$$투자대비회수율(\%) = \frac{90,000,000원}{45,000,000원} \times 100 = 200\%$$

가 된다. 즉, 투자대비회수율은 200%이고, 이는 매 1원이 투자될 때 모든 비용을 제외하고 2원의 순이익이 발생한다는 의미다.

이와 같은 공식을 활용하여 일정 부분의 이익을 산출해 낼 수 있지만, 여전히 비용과 순이익을 순수하게 분리하여 계산할 수 있는가 하는 문제가 남는다. 교육훈련 활동이라는 것이 무형식적이고 효과가 장기적으로 나타나기 때문에 측정치의 객관성을 주장하는 것이 쉽지 않다. 그럼에도 불구하고, 교육훈련에 의한 이익을 가시적(tangible) 이익과 비가시적(intangible) 이익으로 구분[9]하여 가시적 이익을 투자대비회수율 산출식에 투입하기도 한다(권대봉, 2003). 가시적 이익을 투자대비회수율 산출식에 적용하여 계산한 이후 비가시적 효과를 첨가하는 것이 바람직한데, 이렇게 하면 투자대비회수율이 낮게 산출되더라도 비가시적 이익이 포함된다면 프로그램의 결과는 산출된 투자대비회수율 이상의 의미가 있기 때문이다.

이상과 같이 기존의 네 가지 수준의 평가모형에서 한 단계 진보한 다섯 가지 수준의 평가활동을 살펴보았다. 교육훈련 프로그램 실시의 성과를 재무적인 측면에서 제시해야 할 당위성이 점점 높아지고 있는 현실을 고려해 본다면 평가의 진보는 당연한 귀결이라 할 수 있다. 단순한 만족도나 학습

---

[9] 권대봉(2003)은 가시적 이익으로 생산성 증가, 지각률·조퇴율·퇴직률·이직률 등의 감소, 판매량 증가 등을 들었으며, 비가시적 이익으로 고객의 불만 감소, 조직원 간 의사소통 활성화, 리더십 증가, 팀원의 단합, 기업에 대한 신뢰도 증가 등을 들고 있다.

이 이루어졌는지 여부에 대한 평가를 넘어 그러한 결과가 궁극적으로 조직
의 전체적인 성과에 얼마만큼 기여했는가를 확인하고자 하는 경영진의 요
구는 자연스러운 것이라 할 수 있기 때문이다.

제4부

인력자원개발의 새로운 경향

| 제13장 | 인력자원개발 환경의 변화와
새로운 접근법

인력자원개발 환경의 변화와 새로운 접근법

학습 주안점

1. 최근 들어 인력자원개발 환경이 어떻게 변화하였는가?
2. 환경의 변화에 따른 인력자원개발의 새로운 시도는 어떻게 전개되고 있는가?
3. 새로운 인력자원개발의 접근법에는 어떠한 것들이 있는가?
4. 각각의 접근법이 갖는 장단점은 무엇인가?

1. 인력자원개발 환경의 변화

인력자원개발은 근래에 다양한 접근법이 소개되면서 바야흐로 백화제방·백가쟁명[1]의 시대를 맞이한 것처럼 느껴진다. 오늘날처럼 변화가 숨가쁘게 이루어지는 상황에서 인력자원개발 분야가 그 가치를 인정받기 위해서는 변신에 대한 적지 않은 노력이 있어야 한다. 인력자원개발의 총론적인 측면뿐만 아니라 각론적인 측면에서도 끝없는 갱신이 이루어지지 않으면 안 된다.

이 절에서는 오늘날 인력자원개발을 둘러싼 환경의 변화를 먼저 살펴보고, 이러한 변화에 따라 어떠한 인력자원개발 접근법이 시도되어 왔는지

---

[1] 百花齊放·百家爭鳴: '온갖 꽃이 함께 피고 많은 사람이 각각 자기주장을 편다.'는 뜻이며 '누구든지 자기의 의견을 피력할 수 있다.'는 의미로 한때 중국에서 정치구호로도 사용되었다.

살펴보고자 한다. 일부 새로운 접근법은 튼튼하게 뿌리를 내려 기업과 조직에서 각광을 받는 자리에 오르기도 하였지만, 일부는 한때의 유행으로 명성을 얻은 후 역사의 뒤편으로 자취를 감추기도 하였다.

1) 지식기반사회의 도래

오늘날 우리가 발붙이고 살아가는 현대사회는 여러 가지 다양한 관점에서 특징을 끌어낼 수 있다. 현대사회를 한마디로 부른다면 지식기반사회(knowledge-based society)[2], 정보통신기술(information and communications technology: ICT) 사회라고 표현할 수 있다. 지식기반사회의 첫 번째 특징은 지식의 양이 급증한다는 점이다. 대부분의 제품, 특히 가공식품에는 유통기간이 명시되는데, 이와 비슷하게 대학졸업장에도 유효기간, 즉 대학졸업장을 가지고 사회에 진출하여 사용할 수 있는 기간은 대략 2년 정도에 불과하다고 한다(Meister, 1998). 또 2020년경에는 73일을 한 주기로 하여 지식이 두 배씩 증가한다고 하고(OECD, 1998), 2050년경이 되면 지금 지식의 단지 1%만이 유용할 것이라는 주장(하인호, 1998)까지 나오고 있다. 이 말은 약 두 달 보름 만에 지식이 배증한다는 말이고, 이런 식으로 2050년경이 되면 매년 지식의 갱신이 일어나 지금 우리가 접하고 있는 지식은 겨우 1% 정도가 쓸모 있다는 말이 된다. 지식기반사회의 두 번째 특징은 직업생성 소멸 주기가 단축된다는 점이다. 이와 같은 현상이 실제로 어떻게 나타나는가를 우리나라 직업의 수 변화에서 살펴볼 수 있다. 2003년도『한국직업사전』(통합본 3판)에 의하면 7,980개의 직업이 있었으나, 2012년도에 발간된『한국직업사전』

---

[2] '지식기반사회'라는 용어는 1960년대 중반 Daniel Bell이 산업사회 이후의 사회를 기술하면서 등장하였으나 호응을 얻지 못하다가 Nico Stehr가 1990년대 초반 '고전적'인 생산요소인 노동자 자본을 대체할 수 있는 새로운 생산요소로서 지식기반사회와 지식에 관한 이론을 다루면서 유포되었다(The Federal Ministry of Education, Science, Research and Technology, 1998; 최지희, 이기성, 장원섭, 정지선(역), 1999).

(통합본 4판)에 의하면 10년도 채 안 되어 약 3,600개의 새로운 직업이 새로 생겨 11,655개의 직종으로 증가하였다(고용노동부, 2012). 이 자료에 따르면 새로운 기술, 제품, 서비스 등의 등장, 사회문화의 발달, 새로운 정책과 제도의 시행에 따라 전기자동차설계기술자, 폐기물자원화설비운전원, 입학사정관 등의 새로운 직업이 생겨나게 되었다. 이렇게 지식의 수명이 짧아지면서 인력자원개발의 중요성이 점점 증대되고 있다. 지식기반사회의 세 번째 특징은 국제화(globalization)가 급진전된다는 점이다. 국가 간의 경계가 허물어져 재화와 금융자본, 인구 등의 이동이 이전보다 훨씬 자유로워지게 된다. 지식기반사회의 네 번째 특징은 부가가치 창출 요소의 변화를 들 수 있다. 즉, 과거 부가가치 창출의 주요 요소였던 금융, 노동, 토지 등과 같은 전통적 자본이 지식 및 정보 등의 새로운 자본으로 급속히 변화하게 된다. 마지막으로 문화 및 생활양식의 세계화가 이루어진다는 점이다. 최근 무역시장이 개방되고 정보통신기술과 운송기술의 발달에 힘입어 각국의 문화와 생활양식은 빠르게 수용되고 접목되는 현상을 나타내고 있다. 문화가 하나의 상품으로서뿐만 아니라 다른 나라의 일상생활을 지배하는 도구로 자리를 잡아가는 것을 볼 수 있다.

2) 직업 환경과 직업 구조의 변화

현대사회로 진입하면서 직업세계의 환경도 지각변동을 겪게 되는데, 이는 지식기반사회로의 변화와 맥락이 같다고 할 수 있다. 직업 환경의 변화는 다음과 같이 여러 가지 관점에서 논의할 수 있다.

첫째, 정보화 사회로의 진입이다. 정보화 사회란 기존의 언론매체 확대에 추가하여 컴퓨터를 중심으로 한 정보처리 및 통신기술의 비약적인 진보에 따라 데이터의 이용가치가 높아가고 사회에 유통되는 데이터의 양이 거대해짐에 따라 일련의 사회구조의 변혁을 일으키는 상황을 말한다(김철수, 1988). 한편, 강영기(1996)는 정보사회를 내용중심적 정의로 "정보가 중심가치가 되는 사회"와 기술중심적 정의로 "정보통신기술이 지배적으로 통용되는 사회"(p. 2)로 정의하였다. 그리고 이 두 가지를 통합하여 정보사회를 "산업사회와는 달리 정보의 생산, 저장, 분배에 관련된 산업이나 활용이 경제의 가장 중요한 활동으로 등장하고, 정보통신기술이 경제, 사회, 정치, 문화 등 모든 생활영역에 지배적 영향을 행사하는 사회"(p. 2)를 의미한다고 전제한 후, 정보화 사회란 "정보사회를 향한 진행형으로 정보사회에 진입하고 있는 과정의 사회를 지칭한다."(p. 2)고 하였다. 21세기는 지식과 정보가 첨단과학기술과 결합하여 생산, 정리, 저장, 배분, 활용됨으로써 권력을 주도하는 정보화 시대인 것이다. 당연히 기업의 가치에 토지, 노동, 자본 등의 유형 자산이 주는 효과가 감소하게 되고, 지적 활동으로 창출되는 브랜드, 디자인, 기술 등의 무형 자산이 기업의 가치를 이끌게 된다. 정보화 사회에서 기업의 경쟁력은 고부가가치를 창출하는 개인의 지식 정보의 생산과 활용 능력에 달려 있다고 해도 과언이 아니다. Drucker는 한 기고문에서 처음으로 지식노동자라는 용어를 사용하였고, 1980년대 이래 많은 석학들에 의해 지식이론이 발전되어 왔다.

둘째, 디지털 경제로의 전환이다. 곽용선(2000)은 디지털 경제를 "디지털 기술의 활용을 통해 생산, 소비, 유통 등 제반 경제활동의 방식이 근본적으로 바뀌게 된 경제 시스템"(p. 2)을 가리킨다고 하였다. 이를 다시 두 가지 차원에서 정의할 수 있는데, 협의로는 "기업과 소비자, 기업과 기업, 기업과 정부 등 경제 주체 간의 거래 방식이 컴퓨터와 인터넷이라는 디지털 기술에 의존하는 것"(p. 2)을 말하고, 광의로는 "조직 간 혹은 조직 내에서 디지털 기술에 의존하여 이루어지는 제반 경제활동을 포함하며, 단순히 재화나 서비스뿐만 아니라 정보의 거래와 흐름도 포함된 개념"(p. 2)으로 보았다. 〈표 13-1〉은 디지털 경제와 다른 유사 개념의 관계를 비교한 것이다.

디지털 경제는 기존의 산업경제와 다른 원리, 구조를 갖고 있고, 핵심 산업이 다르며, 파생되는 사회문제도 다르게 나타난다. 〈표 13-2〉는 디지털 경제로의 전환에 따른 패러다임의 변화를 보여 준다.

표 13-1　디지털 경제와 유사 개념과의 비교[3]

개념	내용	디지털 경제와의 관계
지식기반 경제 (Knowledge-based Economy)	지식과 정보의 축적, 공유 활동 및 창조를 기반으로 성장하는 새로운 경제 원리 및 현상에 대한 포괄적인 개념	디지털 경제가 지식기반 경제의 물리적 기반이 됨
신경제 (New Economy)	정보기술 혁명에 따라 전 산업의 생산성이 향상되고 이로 인해 저물가 고성장이 장기간 지속되는 경제	새로운 디지털 기술혁명에 의한 생산성 향상에 초점을 맞춘 개념
사이버 경제 (Cyber Economy)	컴퓨터 기술의 발전을 바탕으로 하여 인터넷 등 가상공간, 가상 경제 주체의 출현과 거기에서 나타나는 여러 경제 행위(전자 상거래, 전자금융 등)를 뜻함	새로운 경제활동 영역이 된 가상공간에 국한한 디지털 경제의 하위 개념
네트워크 경제 (Network Economy)	경제 시스템이 인터넷을 토대로 유무형의 망으로 연결되어 있어 경제 주체 간의 정보교류가 중요함을 강조하는 개념	디지털 경제의 특성 중 경제 시스템상의 특징을 강조한 개념
정보 경제 (Information Economy)	새로운 핵심 생산 요소로 부상한 정보의 재화적 특성을 강조하는 개념	디지털 경제를 기술적인 측면보다 이론적으로 설명하려는 시도

출처: 곽용선(2000), p. 3.

셋째, 직업의 세계화다. 오늘날 정보통신기술과 교통운송수단이 눈부시게 발달하면서 세계가 하나의 거대한 생활권, 경제권으로 재편성되고 있다. 더 이상 국가 간의 국경과 규제를 고집할 수 없게 되었고, 실질적인 세계화가 가능해지고 있는 것이다. 이에 따라 구직활동도 특정 국가 내에서 이루어졌던 것이 국가 간으로 확대되고 있다. 국내에서도 1993년 11월 산업연수생제도가 도입되어 외국인 인력이 정식으로 유입되기 시작하여 최근 외국인 노동자 100만 명 시대를 맞이하였다. 산업연수생은 기본적으로 내국인

[3] 원전의 표제목은 '디지털 경제의 관점에서 본 새로운 경제 개념과 내용'으로 이해할 수 있다.

표 13-2 디지털 경제와 기존 산업 경제의 비교

구분		기존 산업 경제	디지털 경제
경제 원리	생산 법칙	수확 체감 법칙 작용으로 한 계비용 증가	생산 및 유통의 한계 비용이 零(zero)에 가까운 수확체증 법칙
	핵심 생산요소	토지, 노동, 자본 등이 주로 생산 활동에 투입	지식, 정보 등이 생산 및 유통, 소비 등 모든 경제 활동에 투입
경제 구조	경제의 글로벌화	재화, 노동, 자본 등 물리적·유형적 차원에서 전개	지식, 정보 등 정신적·무형적 차원으로 확대
	실시간 경제	馬速→車速→音速 수준의 경제활동	경제활동이 光速으로 이루어짐
	연결 구조	경제 단위의 계층적 구조	경제 단위의 규모에 관계없이 네트워크 구조 형성
산업	핵심 산업	철강, 건설, 기계 산업 등	컴퓨터, 콘텐츠 산업 등
사회 문제	불확실성의 정도	경제활동 영역 협소로 상대적으로 안정적	경제활동 대상 확대로 불안정성 심화
	불평등 결정 요인	노동과 자본 정도에 따라 수익 크기가 결정	디지털화 정도에 따른 소유하는 정보의 양과 질에 의해 결정

출처: 곽용선(2000), p. 7.

근로자와 동일하게 노동법의 적용을 받으나, 다수의 산업연수생 근로자가 근무지를 벗어나 불법체류하기 시작하면서 열악한 환경에서 근무하게 되었고, 인권유린이라는 사회문제를 야기시키기도 하였다. 아울러 인력수급에서 관련 기관들의 비리도 발생하게 되자, 이러한 폐단을 방지하기 위하여 2004년부터 외국인 고용허가제가 함께 실시되다가 2007년 1월부터 고용허가제로 통합되어 운용되고 있다. 인구의 이동뿐만 아니라 자원을 둘러싸고 국가 및 기업 간 이해관계가 첨예하게 대립하면서 갈등과 분쟁도 증가하고 있다. 한편으로는 다른 국적의 인력들과 함께 일하면서 다양성에 눈뜨게 되었고, 타인과 이문화의 가치를 존중하는 기업문화가 서서히 형성되어 가고 있다. 또 우리나라 기업이 해외로 진출하면서 우리 기업이 다국적 기업화하

는 현상도 증가하여 다문화, 다언어, 다민족 환경에 적응하는 인력의 수요가 점차 증가하고 있다.

넷째, 제조업 중심에서 서비스업 중심의 산업구조로의 변화다. 우리나라가 제1차 경제개발 5개년 계획을 시행하던 당시인 1965년도 산업구조는 1차 산업의 비중이 3차 산업의 약 2배 가까이 되었고, 2차 산업은 겨우 10% 수준에 머물러 있었다(〈표 13-3〉 참조). 이러한 구조에서 점차 산업화가 진행되면서 2010년도 현황을 살펴보면 1차 산업의 비중은 3차 산업의 1/10을 밑도는 수준으로 감소하고 있다. 이러한 배경으로 몇 가지 요인을 지적할 수 있다. 첫째, 제조업 중심의 성장전략이 한계점에 다다르게 되었다. 물론 전체 총량은 지속적으로 성장하지만, 자동화와 기계화 등에 따른 고용 없는 성장이 지속되고, 1차 산업의 자연스러운 감소로 성장전략을 서비스업 중심으로 재편해야 하는 필요성이 대두된다. 둘째, 국민소득이 증가하면서 생활수준이 향상되었고, 주 5일 근무제 도입에 따라 문화, 관광, 레저 산업에서 큰 폭의 수요가 창출되는 현상이 나타났다. 셋째, 여성의 경제활동 참여가 증가하면서 남성의 신체적 조건 우위의 직업에서 여성의 섬세한 특성을 살리는 직업 분야로 수요의 증가가 이동하게 되었다. 아울러 의료보건의 발달로 평균수명이 연장되고, 출산율 저하가 진행되면서 고령이지만 아직 왕성한 노후 생활을 누리려는 노인층의 요구가 증가하게 되고, 따라서 섬세한 보살핌을 필요로 하는 실버서비스산업이 발달하게 되었다.

다섯째, 평생직장에서 평생직업으로의 변화다. 지식과 정보, 기술의 발전

표 13-3 우리나라 산업구조의 구성비 변화

	1965	1970	1980	1990	2000	2010
1차 산업	58.5	50.4	34.0	17.9	10.6	6.4
2차 산업	10.4	14.3	22.5	27.6	20.4	16.9
3차 산업	31.2	35.3	43.5	54.5	69.0	76.7

출처: 통계청, 각 연도.

속도가 매우 빨라짐에 따라 직업의 생성, 소멸 주기가 같은 속도로 짧아지고 있다. 따라서 직업의 종류뿐만 아니라 유망 직종도 급속히 변화하고 있다. 이처럼 직업의 생성, 소멸 주기가 단축됨에 따라 대부분의 직업인은 일생 동안 직장을 5~7회 정도 옮겨야 한다고 한다(이무근, 2001). 이러한 변화 가운데, 연공서열과 정년 보장제가 약해질 수밖에 없고, 기술 발전과 세계화의 급속한 진전에 따라 기업 간 무한경쟁이 일상화하고, 시장환경이 점점 더 불확실해지게 된다. 기업이나 회사는 개인의 평생 일자리를 보장하는 것이 불가능하게 되고, 따라서 평생직장보다는 평생직업의 개념이 강화된다. 평생직업은 직업능력을 갖추어 전문가로 성장하여 직장이동과 상관없이 전문성을 가지고 특정한 일에 평생 동안 종사하는 개념이다.

여섯째, 디지털 컨버전스(convergence)를 넘어 산업 컨버전스로의 변화다. 컨버전스는 한 점으로의 집중 또는 집합을 의미하는 것으로, '여러 기술이나 성능이 하나로 융합되는 것'을 말한다. 컨버전스는 제품 간, 산업 간의 단순한 통합 이상의 융합을 통한 업그레이드, 새로운 것을 재창조하는 것을 의미한다. 예컨대, 정보기술을 자동차나 생명공학기술에 결합하는 것이나 대기업의 종합 엔터테인먼트 기업화 등을 들 수 있다. 컨버전스는 일반적으로 한 상품(제품 또는 서비스)의 기능이 다른 종류의 상품에 결합되어 새로운 상품을 만들어 내는 '상품 컨버전스'와 한 기술이 다른 분야에 사용되어 신기술 및 신상품을 만들어 내는 '기술 컨버전스', 한 시장의 특성이 다른 시장의 특성과 유사해지는 현상인 '시장 컨버전스'로 나누어진다(최병삼, 이성호, 권기덕, 2007). 현재 휴대인터넷, 카메라전화기, MP3전화기, DVD와 비디오가 결합된 DVD 콤보 등 정보통신산업 내에서 컴퓨터와 통신 등 전자기기 간 융합을 중심으로 컨버전스가 활발하게 진행되고 있다. 또한 향후 정보통신산업 내 제품 간 융합을 넘어 타 산업 영역 간의 융합이 이루어지는 산업 컨버전스가 전개될 것으로 전망되고 있다.

끝으로, 업무형태의 혁신이다. 지난 세기에는 전화기와 팩시밀리 등의 보급에 힘입어 재택근무가 시작되었지만 일부 사무직 종사자에 국한되었을

뿐이었다. 그러나 21세기가 되면서 '언제든 어디서든 네트워크에 접속할
수 있는 정보통신 환경'인 유비쿼터스(ubiquitous) 시대가 되면서 작업환경
의 개념이 근본적으로 변화를 겪게 되고, 재택근무(telecommuting)가 활성화
하게 된다. 즉, 유비쿼터스 기술이 발달하면서 재택근무의 범위가 일부 사
무직에만 해당되었던 것이 정보력과 기술력을 바탕으로 핵심 업무를 담당
하는 고급 인력뿐만 아니라 기업의 최고경영층까지 확대된다. 첨단 기술의
활용으로 작업공간이 확장되고, 이는 개인뿐만 아니라 기업에도 동시에 이
익을 가져다주는 혁신적인 개념의 업무형태가 되는 것이다. 즉, 사무실 유
지에 소요되는 비용을 절감할 수 있고, 출퇴근이 자유롭지 못한 사람들에게
유연성을 제공해 주는 업무형태라 할 수 있다.

2. 인력자원개발의 새로운 접근법

앞 절에서 논의한 직업세계를 둘러싼 환경의 변화와 직업 구조의 변화를
염두에 두고, 이러한 변화에 따라 인력자원개발 활동이 어떻게 변신을 거듭
하며 적응하고 있는지를 살펴보고자 한다. 비교적 최근에 등장한 새로운 접
근법을 중심으로 설명하고자 한다.

인력자원개발 접근법의 변화에서 핵심이 되는 화두는 '전략적'이라는 용
어일 것이다. 새로운 기술이 발달함에 따라 필요한 인력을 적시에 양성하여
공급하는 일, 품질관리의 중요성이 점차 부각되면서 품질분임조에서 품질
관리, 전사적 품질관리(total quality management: TQM)로 발전되는 현상, 경
영의 국제화, 유연하고 신속한 조직의 필요성 등이 전략적 인력자원개발에
눈을 돌리게 한 원인들로 작용하였다(Garavan, 1991, 1995). 1990년대에 들
어서서 인력자원개발 기능과 활동이 전략적 인력자원개발 차원에서 자기주
도학습, 지속적인 자기개발, 학습조직 기반의 전사적 품질관리, 개인개발정
보시스템, 학습조직, 실천학습(action learning), 사이버 학습 등으로 이어지

게 되었다. 이들 중 일부 접근법은 널리 확산·보급되지 못하고 국지적으로 활용되지만, 나머지 접근법은 기업과 조직에서 두루 활용되어 면면을 이어 오고 있다.

1) 웹기반 훈련

웹기반 훈련(Web-based Training: WBT)은 공공 인터넷이나 민간 인트라넷 (intranet) 또는 엑스트라넷(extranet)으로 온라인 훈련을 전달하기 위하여 월 드와이드웹(world-wide web: WWW) 기술을 활용하여 이루어지는 교육훈련 을 말한다. 웹을 활용한 교육훈련은 웹을 통한 다양한 정보와 통합적 환경 의 활용으로 효과적이고 효율적인 교육을 가능하게 할 것이라 가정할 수 있 다. 여기서 인터넷(International Network: Internet)은 TCP/IP라는 새로운 통신 프로토콜에 기반하고 네트워크 통신 표준을 사용하도록 상호 연결된, 완전 히 개방되고 제한되어 있지 않은 컴퓨터 네트워크 복합체다. 인트라넷은 하 나의 단일 조직 또는 조직 내 일부분에서 사용되는 사실상 내부 월드와이드 웹의 일종으로 표준 인터넷 기술에 기반을 둔 안전한 민간 컴퓨터 네트워크 다. 또 엑스트라넷은 조직 간의 통신, 파트너링, 거래 등에 사용되는 안전한 민간 인터넷(IP) 기술에 기반을 둔 네트워크다.

웹은 우리가 인터넷상의 정보를 탐색할 수 있도록 마이크로소프트 인터 넷 익스플로러(Microsoft Internet Explorer)나 넷스케이프(Netscape)와 같은 브라우저(인터넷의 자료들을 읽을 수 있게 해 주는 프로그램) 소프트웨어를 제 공한다. 선택한 주제에 관한 정보를 찾기 위해서는 브라우저 소프트웨어 이 외에도 Naver, Daum, Yahoo, Google과 같은 검색 엔진이 필요하다. 웹에 있는 매 홈페이지마다 웹페이지 주소(uniform resource locator: URL) 또는 웹 주소(Web address)를 갖고 있다.

웹기반 기업교육의 장점은 다음과 같다. 첫째, 업무활동을 수행하면서 필 요로 하는 정보를 실시간으로 공유할 수 있다. 둘째, 업무수행에 필요한 전문적인 지식과 기술을 스스로 체득할 수 있다. 셋째, 공간상의 제약을 극복할 수 있다. 넷째, 기존의 집합교육이 갖고 있는 내재적 문제점을 상당 부분 해소할 수 있다. 다섯째, 다양한 학습활동 기회를 제공할 수 있다.

한편, 웹기반 기업교육으로부터 다음과 같은 효과를 거둘 수 있다. 첫째, 사이버 공간에서 스스로 학습하는 가운데 가상 학습공동체를 형성할 수 있다. 둘째, 여기서 가상 학습공동체는 학습조직을 활성화하는 대안으로 활용될 수 있다.

이와 같은 웹기반 훈련은 기업마다 유형을 달리하여 활용하고 있는데 주요 활용 유형은 다음과 같이 나눌 수 있다. 우선 순수한 의미의 웹기반 교육으로, 인터넷을 통해 언제 어디서나 자신이 수행하는 업무에 필요한 학습을 할 수 있는 가상의 학습 공간을 제공하는 것이다. 다음으로는 업무수행 지원 시스템으로서의 웹기반 교육으로서, 조직 내 구성원들의 업무수행을 향상시키기 위하여 지원하는 것이다. 끝으로, 사이버 경력개발 시스템으로서의 웹기반 교육으로, 조직 구성원 개개인이 경력개발 계획을 체계적으로 수립할 수 있도록 지원하는 것이다.

2) e-learning

e-learning은 전자통신기술을 활용하여 이루어지는 학습으로서 컴퓨터 네트워크 시스템 등 다양한 멀티미디어를 활용하여 광범위한 지식을 시간과 공간의 제약 없이 전자적 가상공간에서 공유하며, 관련된 다양한 학습자 및 교수자와 상호작용과 교류가 가능하게 해 주는 학습활동을 총칭한다. Rosenberg(2001)는 e-learning을 인터넷이나 웹을 통해서 컴퓨터 온라인상으로 교수학습이나 훈련이 전달되는 것이라고 정의하였다. Rudman(2002)은 e-learning을 효율적이고, 유연하며, 개별화할 수 있고, 효과적으로 학습에 참여할 수 있도록 해 주는 정보기술의 활용이라고 보았다. 그는 계속해서 e-learning의 장점을 다음과 같이 제시하였다. 첫째, 스스로 진도를 조절

할 수 있어서 학습자들이 언제 어디서 훈련을 받아야 할 것인지 조절할 수 있다. 둘째, 시간이나 장소 선택의 유연성이 있다. 셋째, 학습자는 필요할 경우에 학습상황에 접할 수 있다. 넷째, 초기 투자가 이루어지고 나면, 훈련에 소요되는 비용이 저렴하다. 다섯째, 학습자는 자신이 선호하는 매체(유인물, 모의실험, 그래픽, 비디오, 음성 등) 유형을 선택할 수 있다. 여섯째, 등록, 시험, 각종 기록 등과 같은 행정업무를 컴퓨터로 처리할 수 있다. 일곱째, 학습에 대한 평가는 성과평가나 보상과 같은 여타 인력자원 과정과 연계시킬 수 있다.

e-learning은 기존의 교육훈련이 집합교육 위주였다는 점, 교육제공자가 중심이었다는 점, 교육과 현업적용이 일치하지 않는다는 점 등 전통적인 교육훈련의 한계를 극복하기 위한 대안으로 출현하게 되었다. 이러한 e-learning은 다음과 같은 특징이 있다. 첫째, e-learning은 학습자 중심의 교육이고, 직무와 교육의 연계가 잘 이루어지며, 훈련중심에서 학습중심으로의 변화를 시도하고, 첨단교육기법을 활용한다. 둘째, 정보통신기술 매체를 활용하여 기업교육훈련과 공학기술을 결합시킨다. 셋째, 1980년대 이후부터 1990년대 초반에 기술공학에 기반한 교육훈련 네트워크 시스템의 발달로 확대되었다. 넷째, 컴퓨터 기반 훈련(computer-based training: CBT) 및 웹 기반 훈련을 능가하는 효과가 있다. 즉, e-learning은 학습조직과 성과학습 등 새로운 교육원리를 구현할 수 있는 첨단 공학기반 프로그램으로서 기능을 발휘한다.

e-learning이 효과적으로 시행되기 위해서는 다음과 같은 요건이 충족될 필요가 있다(권대봉, 2003). 첫째, e-learning 지원체제가 갖추어져야 한다. 즉, 인터넷이나 웹 브라우저와 같은 정보통신기술, 관련 기자재가 확보되어야 한다. 둘째, e-learning을 위한 요구분석과 평가 절차에서 정보시스템을 활용하여 정확한 분석과 평가가 이루어져야 한다. 셋째, 학습자 간 지속적인 상호작용이 일어나도록 유도하고, 현실세계에서도 지속적으로 면대면 상호작용이 일어나도록 이끌 필요가 있다.

3) 학습조직

학습조직(Learning Organization)은 조직의 지속적인 경쟁우위를 확보하기 위한 근본적이고 총체적이며 지속적인 경영혁신 전략으로서 개인학습(individual learning), 팀학습(team learning), 조직학습(organizational learning)이 습관적으로 발생할 수 있는 조직적 기제가 무엇인지를 찾아 제도적, 문화적, 시스템적, 환경적 차원의 노력을 전개하는 활동이다(한국기업교육학회, 2010). 학습조직의 개념 확산과 대중화는 Senge(1990)가 학습조직에 대하여 논의한 것으로부터 촉발되었다. 그는 학습조직을 "첫째, 구성원들이 진정으로 갈망하는 결과를 만들어 내기 위하여 능력(capacity)을 끊임없이 신장시키는 조직, 둘째, 새로운 그리고 광범위한 사고의 패턴이 육성되는 조직, 셋째, 집단적 열망이 발현되는 조직, 넷째, 구성원들이 함께 학습하는 방법을 끊임없이 배우는 조직"(p. 3)이라고 정의하였다.

이 개념은 기존 산업사회 조직의 관리, 통제, 수직적인 조직 구조, 경영이념 등으로부터 탈피할 필요성에서 대두되었는데, 위에서 언급한 학습조직의 정의를 이용하여 학습조직의 개념을 정리해 보면, 기업이나 조직 등의 다양성을 전제로 그 기업이나 조직의 비전과 목적을 향해 역동적이고 다양성이 존중되며 유기적인 특성을 가진 체계이며 스스로의 활동과 방향을 자각하고 추구하며 수정할 수 있는 역량이 있는 조직이라고 할 수 있다. 요컨대, 학습조직의 핵심은 수평적이고 열린 체제하에서 공동의 목적을 향하여 유기적이고 체계적으로 조직을 구성하는 것이라 할 수 있다.

Senge(1990)는 학습조직을 적응능력과 대안을 만들어 낼 수 있는 창조능력을 가진 조직으로 보고, 그러한 학습조직의 구축 요인으로 다음 다섯 가지를 들었다. 첫째, 사물을 고립된 부분으로 파악하는 것이 아니고 전체 체제에서 구성요소 간의 관계를 파악하는 체제적 사고(systems thinking), 둘째, 지속적으로 개인의 비전을 명확히 하고 심화하며, 에너지를 한곳에 모으고, 인내력을 기르며, 현실을 객관적으로 보게 하는 원리인 개인적 숙련(personal mastery),

셋째, 구성원이 세계를 이해하는 방법과 행동을 취하는 방법 등에 영향을 미치는 마음 깊이 새겨진 가정(assumptions), 일반화(generalizations), 또는 도식(pictures)이나 인상(images) 등의 심성 모형(mental models), 넷째, 구성원을 공통의 정체성을 갖고 공동운명체임을 인식하도록 함께 묶어 주는 공유 비전의 구축, 다섯째, 집단 내의 구성원 간의 대화를 통하여 상호 학습하고 성장하게 하는 팀학습(team learning) 등이다.

학습조직과 유사한 용어로는 조직학습이 있다. 현영섭(2013)이 명쾌하게 구분했듯이 학습조직은 학습을 하는 조직이고, 조직학습(organizational learning)은 조직이 하는 학습이다. 즉, 조직학습이 이루어질 수 있도록 기반이 잘 갖추어져서 체계적으로 학습이 일어나는 조직을 학습조직이라고 할 수 있다. 조직학습에 관한 몇 가지 정의를 살펴보면, 먼저 Argyris와 Schön(1978)은 조직 구성원들이 조직의 주요 특징을 유지하기 위하여 조직의 운영 기제를 수정하고 실수를 확인하여 조직이 내외의 환경 변화에 적응해 가도록 하는 과정이라고 하였다. Garvin(1993)은 선행적으로 지식을 창조, 습득, 변환시키며, 이 과정을 통하여 얻은 지식과 통찰력을 근거로 조직의 행동을 변화시켜 나가는 과정이라고 보았다. Marquardt와 Reynolds(1994)는 개인 수준에서 발생한 학습이 사회적, 정치적, 조직구조적인 맥락에서 조직 수준의 학습으로 전환되는 것이라고 하였다.

다음은 미국 A사와 우리나라 B사의 학습조직화 사례[4]다.

① 미국 A사의 학습조직화 사례
● 회사 개요
 – 데스크톱 레이저, 잉크젯 프린터, RISC 시스템 부문 등 세계 1위의 컴퓨터 산업 선도기업
 – 1999년 7월 C회장의 취임 후 e-Services를 전사적인 비전으로 채택하

---

[4] 이 사례들은 이영현, 정택수, 이의규, 김수원(2001)을 참고하여 작성하였다.

여 추진

- A-Way에 입각하여 디지털 경영 추진하는 우량기업
- R&D 예산으로 전년도 매출액의 8%를 할애: 수주제품의 2/3는 최근 2년간 개발된 신제품

● 학습조직화 추진

- 비전과 전략
  • A-Way: 종업원 개개인을 존경의 마음으로 대하고 각 개인의 업적을 서로 인정해 줌
  • 5대 핵심가치: 개인에 대한 신뢰와 존경, 높은 수준의 성취와 기여, 정직성(정도 경영), 팀워크를 통한 공동목표의 달성, 유연성과 혁신
  • 7대 기업 목표: 이익실현, 실력에 맞는 성장, 고객의 만족, 본업 중시, 종업원의 고용안정 및 성장 지원, 개인의 창의적 노력 존중, 사회에 대한 공헌
  • 4대 경영원칙: 새로운 과업과 혁신에 도전하는 기업가 정신 고취, 기업의 이익 공유와 업무결과의 평가에 기초한 정확한 보상, 자유롭고 개방적인 의사소통과 팀워크 중시, 종업원을 신뢰하고 일방적인 해고 지양으로 공동체적 조직문화 조성

- 리더십
  • 학습과 관련한 CEO의 지대한 관심: 중앙 연수원이 없어도 기업문화 계승
  • 일에 대한 보상으로 금전적 방법보다 함께 식사하면서 관심을 보임

- 조직문화: 열린 의사소통과 정보 공유
  • 열린 경영의 실천을 위한 순회경영(Management by Wandering Around: MBWA)
  • 하루 2통 이상 전 사원이 이메일 송수신: CEO에게 제약 없이 개인의 의견 개진 허용

- 조직구조: 분권경영

- 경영목표 달성을 위한 전 사원의 공동 책임의식, 자율과 창의를 존중하는 분권경영 실천
- 개발, 생산, 마케팅 등 사업단위별로 책임 할당: 목표에 의한 관리 (MBO) 정착

- 인력관리 및 보상 시스템
  - 철저한 계획에 따른 인력 수급: 신중한 직원선발
  - 신입사원은 2년간 직무교육 및 적성 파악과정 이수
  - 직원채용 시 내부 인력 중 우선 선발: 안정적 근무여건 조성
  - 남녀차별 철폐: 경영진의 여성인력 25%

- 정보 시스템
  - 전 업무의 매뉴얼화: 인트라넷, 웹을 이용하여 유비쿼터스 학습 실현
  - 계층별 교육: 개인주도형 학습(self-paced learning) 중심으로 운영
  - 후견인제도(mentoring programs) 활용으로 신규직원의 조직적응과 능력향상 지원
  - 원격 시스템 도입으로 전 세계 자사 사원 대상으로 쌍방향식, 화상회의식 교육실현

- 학습전략
  - 1989년 교육개발 부문의 독립, 1993년 교육훈련 관리 시스템 개발, 체계적인 인력육성 추진
  - 부서장 및 팀장 업무능력 평가 시 부하직원의 육성 개발 실적 포함
  - 직원들의 기술 및 지식 향상을 지원하는 경력개발 프로그램 운영

● 학습조직의 성공 요인
  - 프로세스 ownership
  - 조직력
  - 경력개발
  - 커뮤니케이션: A-Way, 별도의 임원실 부재

② 우리나라 B사의 학습조직화 사례

● 회사 개요

- 1967년 설립된 민간 정유회사
- 일 65만 배럴의 정유공장, 윤활유, 방향족, 폴리프로필렌 공장 보유
- LPG, 도시가스, 발전 사업 등을 통한 종합에너지 서비스 리더

● 학습조직화 추진

- 비전과 전략

  • The Leader in Providing Total Energy Service
  • 전국의 주유소 네트워크를 기반으로 한 e-Business 추진

- 리더십

  • Techron Leadership Model(1997)에서 e-Nergy Leadership Model (2000)로 변경하여 임원 팀장 대상으로 연 1회 정도 리더십 진단
  • 팀장과 부문장 등은 학습 스폰서 역할을 하며 학습자의 학습지원, 학습성과의 인정, 학습주제의 선정 및 의사결정, 학습환경 조성의 책무 수행을 통하여 학습조직 선도
  • 객관적이고 공정한 인사관리 시스템 운영 및 개인의 능력과 성과에 따른 보상과 승진 보장

- 조직문화

  • 기본에 충실한 사람, 창의력이 뛰어난 사람, 올바른 가치관을 가진 사람, 세계 최고를 목표로 끊임없이 도전하는 사람 중시

- 조직구조

  • 1995년부터 책임성을 높이기 위하여 팀제 도입 운영(기존 9단계에서 4단계: 사원, 대리, 부팀장, 팀장)
  • 임원급도 기존 5단계에서 3단계(상무-부사장-사장)

- 정보 시스템

  • 조직학습 도입 계기(지식의 저장, 활용에 관한 설문조사 결과 조직 내 지식의 88%가 암묵지)

- 각 학습조별 조직학습방을 사내 메일시스템에 구축하여 하루 1회
  이상 활용하도록 유도
- 조직학습 유형: 전문지식, 사례연구, 매뉴얼 제작, DB 구축 등
- 보상 시스템
  - 피평가자의 평가결과에 대한 수용이 가능하도록 제도화
  - 상사, 동료, 부하에 의한 360도 다면평가 실시
  - 조직학습 활동 평가 및 우수 학습조에 대한 포상 실시로 조직학습
    활성화
- 학습활동과 교육훈련
  - Better than the best 지향
  - G사 MBA과정, 국내 대학원 파견과정, 해외 학위과정, 해외연수 실
    무과정
  - 현장학습으로 웹기반 학습, 주니어 중역 등 활용
- 학습조직 운영효과
  - 회사 이익에 기여
  - 팀제 완성

4) 지식경영[5]

지식경영(Knowledge Management)을 논의하기에 앞서 간략하게 지식이
무엇인지 짚어 보고자 한다. Davenport와 Prusak(1998)에 의하면 지식은 자
료 및 정보와 각각 관련되어 있고 또 어느 정도의 차이도 존재하지만, 그렇
다고 해서 지식을 자료라고 할 수 없고, 정보라고 할 수도 없다고 한다. 자료
는 어떤 사건에 대한 별개의 객관적인 사실일 뿐이다. 정보는 수신자의 인

---

[5] 이 소절은 강대석(2007), 이관춘, 김은경(2012), 현영섭(2013)을 참고하여 작성하였다.

식을 변화시키는 메시지다. 이에 비하여 지식은 새로운 경험이나 정보를 평가, 결합하기 위한 틀을 제공하는 체계화한 경험, 가치, 상황적 정보, 전문적 식견들을 종합한 것이다.

지식경영은 조직 구성원 개개인의 지식이나 노하우를 체계적으로 발굴하여 조직 내의 보편적 지식으로 공유함으로써 조직 전체의 문제해결 능력을 비약적으로 향상시키는 경영방식을 말한다(한국기업교육학회, 2010). 여기서 지식은 기술과 정보를 포함한 지적 능력과 아이디어를 총칭하는 폭넓은 개념이며, 조직에서 활용할 수 있는 지식에는 표현되지 않은 무형의 지식과 조직이 보유한 모든 가용한 지식이 포함된다. 이러한 지식을 조직이 공유하여 업무처리에서 효율성을 높이고, 신제품을 개발하거나 시장 대응력을 높임으로써 기업의 경쟁력을 높일 수 있다. Bukowitz와 Williams(1999)는 지식경영을 조직이 지적 또는 지식에 기반한 자산을 통해 부를 발생시키는 과정이라고 보았다. 강대석(2007)은 지식경영을 절차적 관점과 비즈니스 관점으로 구별하여 보았다. 즉, 절차적 관점에서 지식경영은 지식을 규명하고 획득하여 코드화하고 저장 및 변환, 보급, 공유함으로써 조직 구성원들이 경영혁신과 경쟁 우위를 강화하기 위하여 조직의 지식과 경험을 활용할 수 있도록 하는 것이고, 비즈니스 관점에서 지식경영은 조직의 각 수준별 전략, 정책, 실천업무 간의 통합이라고 보았다.

Teruya(2004)는 다음과 같이 지식경영의 중요성을 지적하였다. 첫째, 극심한 경쟁 환경에서 신속한 대응을 가능하게 하고, 변화를 위한 의사결정에 도움이 되는 정보를 제공하기 때문에 조직의 사업 기반을 강화할 수 있다. 둘째, 조직 내의 다층적인 관리수준을 단순화하고, 효과적·공식적인 소통 및 정보공유 체제가 도입되어 관리자 수를 축소할 수 있다. 셋째, 지식과 같은 무형 자산으로부터 측정 가능하고 수용할 수 있는 가치를 창출할 수 있다. 넷째, 기술격차가 점차 줄어드는 상황에서 지식을 혁신 동력으로 활용하고, 또 이를 통하여 경쟁 우위를 점할 수 있으므로 기업의 성공을 지속적으로 유지할 수 있다. 다섯째, 지식경영을 통하여 지식이나 우수 사례의 실천 방식을 공유하고 이행하는 것이 촉진될 수 있다. 여섯째, 지식경영은 의사결정자에게 정확한 의사결정을 적시에 할 수 있도록 통찰력을 제공할 수 있으며, 정확한 의사결정이 이루어질 수 있도록 최적의 자원을 확인하는 데 도움이 된다.

오늘날과 같은 지식의 생산, 유통 주기가 단축된 사회에서는 기업이나 조직에 특화된 지식 영역을 규명하여 명세화하고, 이를 활용할 사람이 필요한 곳에 그 지식을 적시에 적용함으로써 단기적으로는 업무성과를 향상시키고, 장기적으로는 기업 또는 조직의 경쟁력을 높이는 경영 전략이 필요하다. 요컨대, 지식경영은 고부가가치의 지식을 창출하고 공유하여 실제 업무 현장에서 언제든지 적용할 수 있도록 여건을 갖추는 작업이라 할 수 있다. 이러한 지식경영에서 핵심이 되는 활동에는 기업이나 조직의 업(業) 또는 설립목적에 부합하는 핵심지식이 무엇인지 그 특성을 파악하고 이해하는 것이 필요하다. 그뿐만 아니라 그러한 지식이 창출되고, 축적되며, 공유되고, 활용될 수 있도록 촉진하고 지원하는 경영관리에 대한 이해가 필요하다. 지식경영과 관련하여 자주 오르내리는 전문가로는 Drucker와 Senge 이외에도 Strassman과 Nonaka 등이 있다.

5) 구성주의적 교수학습[6]

성인을 대상으로 하는 학습에서 구성주의(Constructivism)적 관점으로 접근을 시도하게 된 것은 학습자 중심적 교육환경으로의 전환과 밀접하게 관련되어 있다. 종전의 교수자 중심적 방법에서 학습자 중심적 방법으로의 전환은 교육환경 전반의 틀을 전환하는 데 필요한 철학적, 이론적 토대의 전환을 의미하기 때문이다(강인애, 1998). 구성주의는 지식을 형성하고 습득하

---

[6] 이 소절은 강인애(1998)를 참고하여 작성하였다.

는 과정을 상대주의적 인식론에 근거하여 이해하는 학습이론이다. 즉, 구성주의 인식론은 지식이나 진리라는 것을 고정불변하는 것으로 보는 대신, 일시적이고 발달·변화하는 것으로 보며, 특정 사회나 문화에 영향을 받는다고 본다. 따라서 특정한 경험에 대하여 특정한 사회 구성원으로 속해 있는 개인이 개별적으로 내리는 의미의 해석과 구성이 바로 진리이며 지식이 되는 것이다. 구성주의에 입각한 학습관은 학습이 외부의 조작적 조건과 그에 대한 반응이라는 기제를 통해서 이루어진다기보다는 개인이 구체적인 경험에 참여하여 스스로의 인지작용을 거쳐 자기주도적이고 자율적인 작용의 결과로 이루어진다고 본다. 요컨대, 구성주의는 "앎의 이론(theory of knowing)이며, 알아가기 이론(theory of coming to know)이요, 또 의미 만들기 이론(theory of making meaning)이라고 할 수 있다." (p. 30)

객관주의에서는 지식은 고정되어 있고 확인할 수 있기 때문에 일단 지식을 발견할 수만 있으면 역사적, 문화적, 시대적 제약을 초월하여 모든 경우에 적용할 수 있다고 본다. 따라서 객관주의의 궁극적인 목표는 이러한 초역사적, 초공간적, 범우주적 진리를 찾는 것이며, 그 진리에 우리의 현실을 가능한 한 일치시켜 가는 것이다. 고정되어 있고 확인 가능한 진리가 존재하는 현실세계는 통제와 예측이 가능한 곳이며, 규칙이나 명제 등으로 규명할 수 있는 곳이다. 반면, 구성주의는 이러한 객관주의와 반대의 관점을 견지한다. 즉, 개인은 특정 사회에 속하여 살아가면서 그 사회로부터 사회적, 문화적, 역사적 배경의 영향을 받는다. 그러면서 개인은 자신의 인지적 작용을 통하여 자신이 속한 사회에서 겪은 경험을 바탕으로 특정 현상이나 개념에 의미를 부여한다. 이렇게 의미를 부여하는 행위가 곧 지식의 구성이라는 활동이 되는 것이다. 따라서 구성주의에서는 절대적 지식이나 진리의 추구, 나아가 정형화된 규칙이나 명제 등으로 규명할 수 있는 현실에 대하여 회의적이다. 그 대신 개인이 현실을 살아가고 이해하는 데 자신에게 의미 있고 적합하고 타당하고 생존력이 있다면 그것이 바로 진리가 되고 지식이 된다고 본다. 〈표 13-4〉는 객관주의와 구성주의 인식론의 차이점을 보여

표 13-4   객관주의와 구성주의 인식론의 차이

	객관주의	구성주의
지식	고정적이고 확인할 수 있는 대상	사회 구성원으로서의 개인의 인지적 작용을 통해 구성
지식의 특징	초역사적, 초공간적, 범우주적인 성격	특정 사회, 문화, 역사적, 상황적인 성격
현실	규칙(rules)으로 규명 가능하며 통제와 예측이 가능	불확실하며, 복잡하고, 독특함을 지니고, 예측이 불가능
최종 목표	모든 상황적, 역사적, 문화적인 것을 초월해 적용할 수 있는 절대적 진리와 지식의 추구	개인에게 의미 있고 타당하고 적합한 것이면 모두 진리이며 지식
주요 용어	진리(truth), 발견(discovery/find), 일치(correspondence/match)	발명(invention), 적합/생존성(via-bility), 구성(construction)과 어울림(fit)

출처: 강인애(1998), p. 31.

준다.

강인애(1998)는 계속해서 구성주의의 학습원칙을 다음과 같이 제시하고 있다. 첫째는 체험학습(learning by doing)의 원칙이다. 학습자가 선험적으로 가지고 있는 지식, 관심, 배경에서 학습이 비롯되고, 문화적 동화과정을 거쳐 전문인으로서의 정체성의 변화를 체험하게 되는데, 정체성의 변화는 학습환경에 초보자로서 참여하던 단계에서 점차 전문가로 참여하는 단계로 탈바꿈하게 되는 것이다. 둘째는 자아성찰에 의한 학습(learning by reflection)의 원칙이다. 자아성찰적 사고는 개인적 경험이나 일상적인 사건, 현상에 대하여 무심코 지나치지 않고, 하나하나의 사건과 경험의 의미와 중요성을 반추하면서 분석하는 인지적 습관을 말한다. 셋째는 협동학습(learning by collaboration)의 원칙이다. 구성주의에서 말하는 협동학습은 기계적인 분담을 통하여 인지적 부담을 던다는 의미의 협동이 아니라, 서로 나누어 학습한 부분에 대한 집단 간의 공유를 통하여 공통적으로 이해한 바를 기반으로 과제의 해결안을 도출하는 것이다. 넷째는 실제적 성격의 과제

중심학습(learning by authentic task)의 원칙이다. 구성주의가 객관주의와 다른 점 중의 하나는 학습환경의 상황성을 강조한다는 점이다. 우리가 무엇을 배우고 이해하는 것은 구체적 상황을 전제하는 것이어야 하고, 상황성은 실제성(authenticity)이 전제되어야 확보되는 것이다. 따라서 무엇을 이해하는 것에 그치지 않고, 실제 상황에서 학습한 내용의 적용을 강조함으로써 지식의 전이가 증가하는 결과를 얻게 된다. 구성주의적 관점에서 교사는 학습의 조력자(facilitator)요 동료학습자(co-learner)가 된다. 즉, 구성주의에서는 교사가 학습상황에 참여하여 학습자들과 대화를 함으로써 새로운 시각, 새로운 내용을 학습할 기회를 얻고, 학습자들에게 진정한 의미의 권한위양을 실천할 수 있게 된다.

구성주의에서 흔히 활용되는 교수학습모형으로는 문제중심학습(Problem-based Learning: PBL), 인지적 도제이론(Cognitive Apprenticeship), 상황적 교수이론(Anchored Instructional Theory), 인지적 유연성 이론(Cognitive Flexibility Theory) 등이 있다.

6) 체계적 OJT[7]

직장 내 훈련 또는 현장훈련으로 번역되는 On-the-Job Training(OJT)은 일반적으로 '부하의 지도 육성'이고 업무수행과정에서 상사 또는 선배사원이 부하나 후배사원에 대하여 업무에 필요한 지식, 기술, 태도 등을 중점적으로 지도 · 육성하는 계획적인 관리행동을 의미한다(한국기업교육학회, 2010). 이는 직장 외 훈련 또는 집합훈련이라고 번역되는 Off-the-Job Training(OffJT), 곧 직무를 수행하는 장소를 벗어나서 직무수행에 필요한 지식, 기술, 태도 등을 배우는 교육훈련과 상대적인 용어로 사용된다. OJT와 OffJT

---

[7] 이 소절은 김선희(1997)와 조대연(2013)을 참고하여 작성하였다.

는 상호 보완적인 관계로 현장훈련과 집합훈련의 병행을 통하여 소정의 목
적을 더 용이하게 달성할 수 있다. 여기서 OJT가 갖고 있는 비형식성 또는
우연성이라는 단점을 극복하고 OJT가 갖고 있는 장점을 극대화하기 위한
노력이 바로 체계적 OJT, 즉 S-OJT다. 최근 들어 계획적이고 조직적인 교육
훈련이 요구되고 동시에 일터학습(workplace learning)이 강조되는 추세에
맞추어 전략적 인력자원개발의 일환으로 S-OJT가 강조되고 있다(조대연,
2013).

　S-OJT의 절차는 다음과 같다. 첫째, S-OJT의 사용 여부를 결정하는 것이
다. 즉, 직무의 특성, 가용 자원, 일터의 갈등, 재정, 학습자 간 개인차 등이
검토 대상이 된다. 직무의 특성은 즉시성, 빈도, 난이도, 위험요소 등을, 가
용 자원은 사람, 시간, 장비, 데이터 등을, 일터의 갈등은 교육장소, 타인의
작업 방해 등을 검토해야 한다. 재정은 학습자의 수, 예상 재정 이익 등을,
학습자 간 개인차는 선수학습 정도, 학습자의 선호도 및 문화적 차이 등을
고려해야 한다. 둘째, 학습할 과제를 분석하는 것이다. S-OJT를 통하여 학
습할 수 있는 적절한 직무 단위들을 확인하고, 교육내용과 성과를 거둘 수
있는 다양한 정보를 분석한다. 이 단계에서는 직무분석, 과업분석, 내용분
석을 실시하고, 필요한 지식, 기술, 태도 및 기타 관련 정보를 확인하는 작업
이 수반된다. 셋째, S-OJT 교사의 선발과 교육훈련 및 관리다. S-OJT 교사
의 양성과정에서 S-OJT에 대한 이해, 교육 관련 지식, 평가방법, 모듈의 개
발방법, S-OJT 교사의 자세 등을 갖추도록 한다. 넷째, S-OJT 훈련 모듈을
준비하는 것이다. 앞서의 직무분석 결과인 직무내용과 기타 정보들을 갖고
S-OJT 모듈을 구성한다. 이에는 제목, 교육목표, 선수학습조건, 학습자원,
교육내용, 교육활동, 평가방법 등이 수반된다. 다섯째, S-OJT의 시행이다.
이 단계에서는 S-OJT 교사가 주체가 되어 전달의 절차에 맞추어 교육내용
과 교육활동을 시행하게 된다. 끝으로, S-OJT의 평가 및 문제점 해결 개선
이다. 이 단계에서는 기대되는 성과 수준에서 S-OJT의 목표 달성 여부, 학
습자의 변화(성장), 조직 목적 달성 기여 여부, 기타 부수적인 효과의 발생

여부 등을 평가한다. 아울러 투입요소 차원과 과정요소 차원에서의 평가도 이루어져야 한다.

S-OJT는 특정 직무를 수행하는 데 요구되는 지식, 기술을 일대일 과정을 통하여 계획적으로 습득하게 하는 전략적 인력자원개발 활동의 하나다. 따라서 학습자가 습득해야 할 지식과 기술 수준을 미리 계획하고 정의하는 체계적인 접근방법을 사용해야 하며, 조직 내 업무의 수행에서도 우선순위에 두고 참여하도록 해야 한다. S-OJT는 여러 가지 측면에서 강점을 가진 인력자원개발 활동이다. 첫째, 효과성 측면에서 전이효과를 극대화할 수 있고, 훈련기간 단축이 가능하며, 훈련비용의 절감과 출석률을 제고할 수 있다. 둘째, 조직 구성원의 개발과 참여 유도가 용이하다. 셋째, 열린 조직 분위기를 촉진할 수 있다. 그리고 조직 구성원의 풍부한 지식과 경험을 활용할 수 있다(김선희, 1997).

7) 실천학습[8]

액션러닝(action learning), 즉 실천학습은 조직 구성원이 팀을 구성하여 동료와 촉진자(facilitator)의 도움을 받아 실제 업무의 문제를 해결함으로써 학습을 하는 훈련방법을 말한다(한국기업교육학회, 2010). 실천학습의 개념을 좀 더 자세히 살펴보면, 기업이 과제를 해결하기 위하여 구성원들에게 스스로 과제를 수행할 기회를 마련해 주되, 촉진자와의 지속적 · 반복적 교류와 자신의 수행상황에 관한 동료와의 반성적 점검을 통하여 학습이 발생하도록 하여 궁극적으로 개인과 기업의 성장을 도모하는 훈련방법이라 할 수 있다. 실천학습은 체험학습의 원리를 근간으로 4~6명을 한 팀으로 구성하여, 실천상황에서 발생하는 문제에 대한 팀 학습을 통하여 다양한 아이디어를

---

[8] 이 소절은 이관춘, 김은경(2012)을 참고하여 작성하였다.

도출하고, 실제로 적용하는 과정에서 일어나는 학습을 강조한다. 이 방법은 문제의 답은 안에 있다고 가정한다. 또한 외부의 개입보다 문제상황에 직면하고 있는 내부 구성원이 문제해결의 아이디어 구상, 해결대안 탐색, 적용 과정에서 주체적으로 임함으로써 더 큰 실천적 성과를 얻을 수 있다고 가정한다.

실천학습이라는 방법의 등장은 어떠한 수단을 활용하는가에 따라 기억력 측면에서의 학습의 효율성이 달라진다는 점에서 비롯되었다(Revans, 1978). 즉, 강의를 들은(hearing) 후 5일이 경과하고 나면 학습한 내용의 10% 미만 정도만 기억하게 되고, 보고(seeing) 듣는 것을 병행하면 같은 기간이 경과하고 나서도 학습한 내용의 20% 정도로 기억이 증가하고, 하는(doing) 것을 통하여 학습하게 되면 5일이 경과한 후에도 학습한 내용의 60~70% 정도를 기억한다는 것이다.

실천학습에서 가장 중요한 것은 학습 공식이다. Delahaye(2005)는 "학습계약이 계약학습의 핵심이라면, 실천학습의 추동력은 바로 공식이다." (p. 330)라는 말로 학습 공식의 중요성을 강조한다. Revans(1982)는 학습은 프로그램화한 지식(가르쳐진 것, 읽힌 것)과 질문의 통찰력의 함수로 보았다. 이것을 공식으로 나타내면 다음과 같다.

Learning = f(Programmed knowledge, Questioning Insight), 즉, L = f(P, Q)

실천학습은 책상머리에 앉아서 소극적으로 학습하는 것이나, 강의실에서 수동적으로 전문가의 강의를 듣는 방법의 교육보다 실제 현업에서 당면하는 문제를 동료들과의 건설적인 대화를 통하여 다양한 팀원들의 경험과 지혜를 모아 공동의 노력으로 해결방안을 찾아 나가는 학습과정을 중시한다. 실천학습의 구성요소는 수행할 과제, 학습할 팀, 촉진자, 질의와 성찰과정, 실행의지, 학습의욕 등이다(한국기업교육학회, 2010).

Delahaye(2005)는 실천학습의 특징을 다음과 같이 정리하고 있다. 첫째,

단순한 정보의 습득이 아니고 체험을 통하여 학습한다. 둘째, 단순히 문제의 상황을 분석하는 것에 그치지 않고, 효과적인 실천을 함으로써 학습한다. 즉, 결론은 보고하기 위하여 도출하는 것이 아니고, 시행하기 위하여 도출한다. 또한 시행한 바를 통하여 효과적인 학습이 일어났는지 평가한다. 셋째, 실제 업무 현상에 근거를 둔 구체적이고 정의된 과제를 해결하려고 한다. 그리고 현장에 근거한 과제라야 학습자에게 의미가 있다고 본다. 그리고 이 과제는 답이 있는 퍼즐이 아니라, 현존하는 해결책이 없는 문제, 도전이어야 한다. 넷째, 구체적이고 정의된 과제의 선정은 과업(task)과 그 과업의 맥락(its context)이라는 두 가지 변수를 기반으로 한다. 여기서 과업, 즉, 문제상황 또는 도전상황은 학습자에게 친숙할 수도 있고, 그렇지 않을 수도 있다. 마찬가지로 그 문제상황이 발생한 맥락도 학습자에게 친숙할 수도 있고, 그렇지 않을 수도 있다. 이 두 가지 변수에 의하여 다음과 같이 과업을 선정하는 데 필요한 네 가지 가능 상황이 나온다. 이 경우 학습자의 처지에서는 네 번째 상황인 경우로부터 좀 더 의미 있고 깊이 있는 학습경험을 할 수 있지만, 다른 세 가지 상황에서도 학습의 기회는 가질 수 있다.

- **상황 1**: 친숙한 맥락의 친숙한 과업(예: 학습자가 영업사원이고, 학습자가 일하고 있는 조직의 마케팅 문제일 경우)
- **상황 2**: 친숙하지 않은 맥락의 친숙한 과업(예: 학습자가 제조회사의 영업사원이고, 서비스 산업의 마케팅 문제일 경우)
- **상황 3**: 친숙한 맥락의 친숙하지 않은 과업(예: 학습자가 영업사원이고, 마케팅 부서의 회계 문제일 경우)
- **상황 4**: 친숙하지 않은 맥락의 친숙하지 않은 과업(예: 학습자가 제조회사의 영업사원이고, 서비스 산업의 회계 문제일 경우)

다섯째, 문제상황이나 도전상황에 직면할 때 제기해야 할 중요한 질문이 무엇인지 확인하면서 학습한다. 여섯째, 자신이 무엇을 하고 있는지, 자신의 과거 경험을 어떻게 해석하는지에 관한 학습자의 지각이 변화한다.

실천학습의 절차는 구체적인 과제의 선택, 과제수행을 위한 실천학습세트 구성 및 촉진자 선정, 수행계획 작성, 촉진자와 함께 학습자의 사전지식 점검 및 학습 유도, 성찰을 통한 과제수행 전략의 선정과 실행 및 촉진자의 조언, 그리고 마지막으로 결과의 보고 및 평가의 순이다. 한국기업교육학회(2010)에 소개된 실천학습의 절차는 실천학습을 위한 상황파악, 실천학습 팀 선정 및 조직, 브리핑 및 제한범위 설정, 팀의 상호작용 촉진, 해결방안 규명 및 검증권한 부여, 결과 및 평가, 향후 방향설정의 단계 마련 등으로 이루어져 있다. 한편, 이관춘과 김은경(2012)은 크게 주제선정, 실행, 보고 및 평가로 나누고 다시 주제제안, 주제의 상세화 및 현황 이해, 문제해결 방법론 구성, 이슈 논의 및 현황 분석, 이슈 해결 및 실행 방안 논의, 문헌조사와 검토, 실천학습 결과 보고 등의 하위 단계로 나누기도 한다.

실천학습의 장점은 다음과 같다. 첫째, 학습자들이 즉시 적용해 볼 수 있는 기회가 부여된다. 둘째, 교육현장과 실무현장의 통합 효과를 볼 수 있다. 셋째, 학습의 결과가 업무현장의 과제해결로 연결된다. 넷째, 학습조직 형성의 토대가 된다. 다섯째, 커뮤니케이션 및 팀워크가 향상된다.

8) 혼합교육

혼합교육(Blended Learning)은 단순하게 정의하자면 두 가지 이상의 다양한 학습환경을 혼합하여 학습효과를 극대화하는 학습방법을 말한다(한국기업교육학회, 2010). 즉, 기존의 전통적인 교육과 온라인 교육, e-learning 등을 접목한 혼합교육 형태로, 학습효과의 극대화를 도모하기 위하여 비용효과적인 방법을 사용함으로써 두 가지 이상의 다양한 학습전략과 학습방법 및 기술들을 결합하여 학습과 학습환경을 최적화하는 전략적 학습과정이다. Thorne(2003; 김성길, 양유정, 임의수, 편은진 역, 2005)은 혼합교육, 즉, 블렌디드 러닝을 다음과 같이 정의하고 있다. 혼합교육은 가장 논리적이고 자연스러운 학습방법의 진화 결과이고, 개인의 요구에 맞는 맞춤식 학습과 개발 솔루션을 제공하며, 혁신적인 정보기술 발전에 기초한 온라인 학습과 상호작용적인 참여를 동반하는 전통적 학습과의 통합 학습방법이다. 혼합교육은 멀티미디어 기술, CD-ROM, 가상교실, 음성메일, 이메일과 화상토론, 온라인 텍스트 애니메이션, 비디오 스트리밍 등이 결합된 것이다.

여기서 혼합이 이루어지는 것으로는 시간(실시간 여부), 공간(오프라인 또는 온라인), 학습자(개인 또는 집단), 내용(구조화 여부), 방법(강의, 사례연구, 모의실험, 심포지엄, 워크숍 등), 테크놀로지(미디어 선택), 상호학습자 활동(학습자 간 또는 강사 간 등) 등의 측면이다(한국기업교육학회, 2010).

혼합교육은 온라인 학습, 대면 수업(face-to-face instruction), 기타 방법들의 장점을 취하여 학습내용을 전달하거나 수업을 진행하기 때문에, 혼합교육을 통하여 제공되는 과정들은 학습자에게 대면 수업, 기술을 활용한 전달, 교수방법(온라인 학습, 원격학습, iPods나 PDA와 같은 모바일 기술 등과 같은)의 긍정적인 특성을 활용하여 제공하는 대신, 각각의 부정적인 특성들을 최소화할 수 있다. 강의실 수업과 비교해 볼 때, 혼합교육은 학습자의 자발적 통제 증진, 자기주도성의 허용, 학습에 대한 학습자 자신의 책무성 수용 등이 가능한데, 이는 성인학습이론이 권고하는 바와 일치한다. 또 순수한 온라인 학습과 비교해 볼 때, 혼합교육은 면대면의 사회적 상호작용을 촉진할 뿐만 아니라, 다른 교육방법을 통하여 제공되는 교수학습 정도의 수준을 확보할 수 있게 해 준다. 혼합교육은 학습자들이 함께 학습하고, 서로 통찰한 바를 논의하고 공유하게 하며, 이러한 활동을 통하여 학습이 현실적이고도 의미 있게 해 준다. 현장에서 생생하게 이루어지는 피드백은 온라인을 통해서 이루어지는 것보다 더 효과가 있다. 혼합교육은 적어도 대면 수업보다 학습자들에게 학습동기를 부여하거나, 서술적 지식 또는 특정 주제에 관한 정보를 전달하는 경우에 더 효과적인 것으로 알려져 있다.

참고문헌

강경수(2005). 미국기업내 구성원의 경력개발. 인사관리, 194, 41.

강경종(1996). 産業教育에서의 ISD Model을 活用한 教育課程 開發. 韓國農業教育學會誌, 28(1), 57-72.

강대석(2007). 인적자원개발: 원리와 적용. 서울: 한경사.

강명희, 정재삼, 김신자(1996). 교육방법의 이해. 이화여자대학교 교육공학과(편), 교육방법 및 교육공학(pp. 11-47). 서울: 교육과학사.

강성원(1991). 산업교육의 개념과 영역. 제3회 한국산업교육학회 세미나 발표자료, 51-58.

강영기(1996). 정보화전략 추진을 위한 방안. CEO Information, 61. 서울: 삼성경제연구소.

강은숙(2011). 여성 NGO 리더의 역활과 역량 및 역할 수행에 미치는 영향요인 탐색. 숭실대학교 대학원 미간행 박사학위 논문.

강이철(2003). 기업교육 프로그램 평가. 나일주, 임철일, 이인숙(편), 기업교육론(pp. 225-249). 서울: 학지사.

강인애(1998). 성인학습에 대한 구성주의적 진단과 처방. 한준상(편), 앤드라고지: 현실과 가능성(pp. 25-88). 서울: 학지사.

고용노동부(2012). 한국직업사전(통합본 4판).

곽용선(2000). 디지털 경제의 실체. 지식경제 리포트, 4. 현대경제연구원.

권대봉(1998). 산업교육론. 서울: 문음사.

권대봉(2003). 인적자원개발의 개념 변천과 이론에 대한 종합적 고찰. 서울: 원미사.

기영화(2002). 평생교육 프로그램 개발 매뉴얼. 서울: 학지사.

김선희(1997). 구조화된 Neo On-the Job Training 교육과정개발. 한준상(편), 한국 성인
    인력 개조론(pp. 189-247). 서울: 학지사

김선희(1998). 성인의 경험을 활용한 학위취득의 새로운 전략. 한준상(편), 앤드라고지:
    현실과 가능성(pp. 291-329). 서울: 학지사.

김수일(1991). 산업교육의 개념과 영역. 제3회 한국산업교육학회 세미나 발표 자료,
    17-47.

김신자, 정재삼(1996). 교수체제개발. 이화여자대학교 교육공학과(편), 교육방법 및 교육
    공학(pp. 203-252). 서울: 교육과학사.

김진규(2007). 장학사의 역량 제고를 위한 평가체제 개발. 서울: 교육인적자원연수원.

김영길(2009). HRD 컨설턴트의 Workplace Learning and Performance(WLP) 역량에 대한 인
    식. 숭실대학교 대학원 미간행 박사학위 논문.

김철수(1988). 정보화 사회와 민주발전. 1988년 6월 통신개발연구원 주최 '민주사회발
    전을 위한 정보화의 과제' 제하의 학술대회에서 발표된 논문.

김흥국(2000). 경력개발의 이론과 실제. 서울: 다산출판사.

나일주(1994a). 産業敎育 프로그램 開發의 原理와 模型. 나일주(편), 산업교육의 이론과
    실제(pp. 119-152). 서울: 한국능률협회.

나일주(1994b). 遂行問題의 分析. 나일주(편), 산업교육의 이론과 실제(pp. 53-86). 서울:
    한국능률협회.

배을규(2009). 인적자원개발론. 서울: 학이시습.

배을규, 김대영(2007). 기업체 인적자원개발 담당자의 역량 모형 개발. 직업교육연구,
    26(2), 63-87.

배종석(1999). 경쟁우위와 인적자원관리: 전략적 인적자원관리 연구의 비판적 고찰과
    연구방향 모색. 인사 · 조직연구, 7(2), 1-45.

백석현(1997). 現代人的資源管理論. 서울: 법문사.

송병국(1999). 직업훈련. 한국직업능력개발원(편), 직업교육훈련대사전(pp. 520-521).
    서울: 한국직업능력개발원.

송해덕(2009). 전략적 인적자원개발의 성숙도와 수행공학 실천가 역할간의 관계연구.
    인력개발연구, 11(2), 49-68.

심한식(역). (1994). HRD란 무엇인가? 나일주(편), 산업교육의 이론과 실제(pp. 19-51). 서
    울: 한국능률협회.

우천식(2000). 디지털시대의 직업능력개발과 정부의 역할. 한국직업능력개발원 개원
    3주년 기념 학술심포지엄 발표 논문.

유승우, 이종문(2002). 개인생애 · 조직의 개발을 위한 인간자원개발론. 서울: 한국방송통신대학교출판부.

윤진(1989). 성인 · 노인 심리학(6판). 서울: 중앙적성출판사.

이관춘, 김은경(2012). 실무중심의 인적자원개발: 기업교육론. 서울: 학지사.

이기성(2003). 기업교육의 제도적 기반. 나일주, 임철일, 이인숙(편), 기업교육론(pp. 59-79). 서울: 학지사.

이기성(2004a). 인력자원개발(Human Resources Development: HRD)인가, 인력자원관리(Human Resources Management: HRM)인가? *Andragogy Today*, 7(3), 155-178.

이기성(2004b). 호주의 고등교육단계 직업교육훈련의 개혁과 시사점: TAFE 운영을 중심으로. 서울: 한국직업능력개발원.

이기성(2006). 한국 기업의 경력개발제도 운영 현황과 개선 방향 탐색. *Andragogy Today*, 9(2), 173-192.

이무근(2001). 인적자원개발의 다학문적 접근. 조은상(편), 인적자원개발: 다학문적 접근(pp. 25-72). 서울: 한국직업능력개발원.

이영현, 정택수, 이의규, 김수원(2001). 기업의 학습조직화 촉진 방안. 서울: 한국직업능력개발원.

이종성, 강봉규, 한종철(1983). 교육심리 측정 · 평가. 서울: 종각출판사.

이학종(1990). 人的資源管理: 現代人事管理理論과 事例研究. 서울: 세경사.

이학종(2005). 전략적 인적자원관리. 서울: 박영사.

이호선, 유재철(2007). 인적자원개발관리자의 퍼포먼스 컨설턴트 역할에 대한 역량중요성 인식과 수준에 관한 연구. 人力開發研究, 9(1), 59-75.

이홍민(2009). 역량평가: 인적 자본 역량모델 개발과 평가. 서울: 리드리드출판.

이화정, 양병찬, 변종임(2003). 평생교육프로그램 개발의 실제. 서울: 학지사.

전주성(역). (1994). 성인학습심리. 나일주(편), 산업교육의 이론과 실제(pp. 291-316). 서울: 한국능률협회.

정범모(1991). 미래와 산업교육의 재정향. 제3회 한국산업교육학회 세미나 발표자료, 1-15.

정은혜(2013). 국내 100대 기업 인사임원을 밝히다! *HR Insight*, 698, 96-99.

조대연(2013). S-OJT. 휴먼웨어연구회(편), 인적자원개발의 이해(pp. 165-181). 파주: 교육과학사.

천영희(2000). 기업교육의 실제. 서울: 교육과학사.

최병삼, 이성호, 권기덕(2007). 컨버전스의 성공조건. *CEO Information*, 597. 서울: 삼성경제연구소.

최종태(1998). 人事管理. 서울: 박영사.

통계청(2013). 출생통계(잠정): 국가승인통계 제10103호 출생통계. (http://www.index. go.kr/egams/stts/jsp/potal/stts/PO_STTS_IdxMain.jsp?idx_cd=1428&bbs=INDX_ 001&clas_div=C&rootKey=1.48.0. 2013. 7. 16 검색)

하인호(1998). 지식경제시대의 존재혁명. 삼성경제연구소.

한국기업교육학회(2010). HRD 용어사전. 서울: 중앙경제.

한국산업인력공단(2013). 2013년 인적자원개발 우수기관 인증 심사위원 워크숍 자료 집.

한국인력개발학회(2004). http://www.koreahrd.or.kr/intro.htm (2004. 3. 8 검색)

한국직업능력개발원(1999). 직업교육훈련 대사전. 서울: 한국직업능력개발원.

한국직업능력개발원(2013). 2013년 공공부문 인적자원개발 우수기관 인증제 (Best HRD) 심사위원 연수 자료집.

한준상(1993). 산업교육에 있어서 성과평가의 발전과제. 제5회 한국산업교육학회 세미 나 발표자료, 71-84.

현영섭(2013). 학습조직과 조직학습. 휴먼웨어연구회(편), 인적자원개발의 이해(pp. 253-284). 파주: 교육과학사.

황병수(1993). 조직내 교육의 적용과 가치를 극대화하는 평가모형. 제5회 한국산업교육 학회 세미나 발표자료, 87-105.

Argyris, C. (1994). The future of workplace learning and performance. *Training & Development, 48*(5), 36-47.

Argyris, C., & Schön, D. (1978). *Organization learning: A theory of action perspective.* Reading, MA: Addison-Wesley.

Baldwin, T. T., & Ford, J. K. (1988). Transfer of training: A review and directions for future research. *Personnel Psychology, 41*(1), 63-105.

Baruch, Y. (2004). *Managing careers: Theory and practice.* London, UK: Prentice-Hall.

Beer, M. (1980). *Organization change and development: A systems view.* Santa Monica, CA: Goodyear publishing.

Bernthal, P. R., Colteryahn, K., Davis, P., Naughton, J., Rothwell, W. J., & Wellins, R. (2004). *ASTD competency study: Mapping the future.* Alexandria, VA: ASTD Press.

Birren, J. E., Kinney, D. K., Schaie, K. W., & Woodruff, D. S. (1981). *Developmental Psychology*. Boston, MA: Houghton Mifflin.

Bloom, B. S. (Ed.). (1956). *Taxonomy of educational objectives: Cognitive domain*. New York, NY: David McKay.

Boyatzis, A. S. (1982). *The competent manager: A model for effective performance*. New York, NY: Wiley.

Brinkerhoff, R. O. (1986). Expanding needs analysis. *Training & Development Journal, 40*(2), 64–65.

Brinkerhoff, R. O. (1988). An integrated evaluation model for HRD. *Training & Development Journal, 42*(2), 66–68.

Broad, M. L., & Newstrom, J. W. (1992). *Transfer of training: Action-packed strategies to ensure high payoff from training investments*. Reading, MA: Addison–Wesley Publishing.

Brown, J. (2002). Training needs assessment: A must for developing an effective training program. *Public Personnel Management, 31*(4), 569–578.

Bukowitz, W. R., & Williams, R. L. (1999). *The knowledge management fieldbook*. Harlow, UK: Pearson Education.

Burke, W. W. (1982). *Organization development: Principles and practices*. Boston, MA: Little Brown.

Burke, W. W. (1987). *Organization development: A normative view*. Reading, MA: Addison–Wesley.

Burke, W. W., & Bradford, D. (2005). The crisis in OD. In D. Bradford & W. Burke (Eds.), *Reinventing organization development* (pp. 1–14). San Francisco, CA: John Wiley & Sons.

Bushnell, D. S. (1990). Input, process, output: A model for evaluating training. *Training & Development Journal, 44*(3), 41–43.

Caffarella, R. (1994). *Planning programs for adult learners: A practical guide for educators, trainers, and staff developers*. San Francisco, CA: Jossey–Bass.

Calhoun, C. C., & Finch, A. V. (1982). *Vocational education: Concepts and operations*. Belmont, CA: Wadsworth publishing.

Camp, R. C. (1995). *Business process benchmarking: Finding and implementing best practices*. Milwaukee, WI: ASQC Quality Press.

Crain, C. C. (1980). Theories of development. 서봉연(역). (1983). 발달의 이론. 서울: 중

앙적성출판사.

Cross, K. P. (1981). *Adults as learners*. San Francisco, CA: Jossey-Bass.

Cummings, T. G., & Worley, C. G. (2009). *Organization development & change* (9th ed.). Mason, OH: South-Western Cengage Learning.

Davenport, T. H., & Prusak, L. (1998). *Working knowledge: How organizations manage what they know* (2nd ed.). Boston, MA: Harvard Business School Press.

Davis, J. R., & Davis, A. B. (1998). *Effective training strategy: A comprehensive guide to maximizing learning in organizations*. San Francisco, CA: Berrett-Koehler Publishers.

DeGideo, S., & Swanson, R. A. (1985). *Human resource development bibliography: Abstracts of the core documents in the profession*. St. Paul, MN: University of Minnesota.

Delahaye, B. L. (2005). *Human resource development: Adult learning and knowledge management* (2nd ed.). Queensland, Australia: John Wiley & Sons Australia.

DeSimone, R. L., Werner, J. M., & Harris, D. M. (2002). *Human resource development* (3rd.). Orlando, FL: Harcourt Collage Publishers.

Dick, W., Carey, L., & Carey, J. O. (2001). *The systematic design of instruction* (5th ed.). New York, NY: Addison-Wesley.

Dobbs, R. L. (2006). Developmental phase of systematic training: New technology lends assistance. *Advances in Developing Human Resources, 8*(4), 500-513.

Dolezalec, H. (2005). The 2005 industry report. *Training, 42*(12), 19-28.

Draves, W. A. (1984). *How to teach adults*. Manhattan, KA: The Learning Resources Network.

Erikson, E. H. (1982, reprint). *The life cycle completed*. New York, NY: W. W. Norton & Company.

Eubanks, J. L., Marshall, J. B., & O'Driscoll, M. P. (1990). A competency model for OD practitioners. *Training & Development Journal, 44*(11), 85-90.

Freire, P. (1970). *Pedagogy of the oppressed*. New York, NY: Continuum.

French, W. L., & Bell, C. H. (1990). *Organization development*. Englewood Cliffs, NJ: McGraw-Hill.

Friedman, B. A. (1990). Six ways to make it work at work. *Training & Development*

Journal, 44(2), 17-19.

Garavan, T. N. (1991). Strategic human resource development. *Journal of European Industrial Training, 15*(1), 17-31.

Garavan, T. N. (1995). The emergence of strategic human resource development. *Journal of European Industrial Training, 19*(10), 4-10.

Garvin, D. A. (1993). Building a learning organization. *Harvard Business Review, 71*(4), 78-91.

Gilley, J. W., Dean, P., & Bierema, L. (2001). *Philosophy and practice of organizational learning, performance, and change.* Cambridge, MA: Perseus Publishing.

Gilley, J. W., & Eggland, S. A. (1989). *Principles of human resource development.* Reading, MA: Addison-Wesley.

Gilley, J. W., Eggland, S. A., & Gilley, A. M. (2002). *Principles of human resource development* (2nd ed.). Cambridge, MA: Perseus Publishing.

Greenhaus, J. H., & Callanan, G. A. (1994). *Career management* (2nd ed.). Fort Worth, TX: Dryden Press.

Greenhaus, J. H., Callanan, G. A., & Godshalk, V. M. (2000). *Career management* (3rd ed.)., 탁진국(역). (2002). 경력개발 및 관리. 서울: 시그마프레스.

Gupta, K. (1999). *A practical guide to needs assessment.* San Francisco, CA: Jossey-Bass.

Gupta, K., Sleezer, C. M., & Russ-Eft, D. (2007). *A practical guide to needs assessment* (2nd ed). San Francisco, CA: John Wiley & Sons.

Hall, D. T. (1986). An overview of current development theory, research, and practice. In D. T. Hall & Associates (Eds.), *Career development in organizations* (pp. 1-20). San Francisco, CA: Jossey-Bass.

Hall, D. T. (2002). *Careers in and out of organizations.* Thousand Oaks, CA: Sage.

Hargreaves, P., & Jarvis, P. (2000). *The human resource development handbook.* London, UK: Kogan Page.

Holton, E., & Naquin, S. (2005). A critical analysis of HRD evaluation models. *Human Resource Development Quarterly, 16*(2), 257-280.

Illich, I. (1971). *Deschooling society.* 황성모(역). (1978). 탈학교의 사회. 서울: 삼성미술문화재단.

Investors in People (2013). http://www.investorsinpeople.co.uk/About/Pages/default.aspx (2013. 8. 27 검색)

Jacobs, R. (1987). *Human performance technology: A systems-based field for the training and development prfession.* Columbus, OH: ERIC Clearinghouse, Ohio State University.

Kaufman, R. A. (1972). *Educational system planning.* Englewood Cliffs, NJ: Prentice-Hall.

Kaufman, R. A., Rojas, A. M., & Mayer, H. (1993). *Needs assessment: A users guide.* Englewood Cliffs, NJ: Educational Technology Publications.

Kehrhahn, M. T. (1995). *Transfer of customer service training: Individual perceptions of organizational support, social support, and motivation to transfer.* Unpublished doctoral dissertation, The University of Connecticut, Storrs, CT.

Kirkpatrick, D. L. (1983). *A practical guide for supervisory training and development* (2nd ed.). Reading, MA: Addison-Wesley.

Kirkpatrick, D. L. (1996). *Evaluating training programs: The four levels.* San Francisco, CA: Berrett-Koehler.

Kirkpatrick, D. L. (1998). *Evaluating training programs: The four levels* (2nd ed.). San Francisco, CA: Berrett-Koehler.

Kirkpatrick, D. L., & Kirkpatrick, J. D. (2006). *Evaluating training programs* (3rd ed.). San Francisco, CA: Berrett-Koehler.

Knowles, M. S. (1980). *The modern practice of adult education: From pedagogy to andragogy.* Chicago, IL: Follett.

Knowles, M. S., Holton, E. F. III, & Swanson, R. A. (2005). *The adult learner: The definitive classic in adult education and human resource development.* Houston, TX: Gulf.

Lee, K. (1997). *The impact of superior reinforcement on training outcomes.* Unpublished doctoral dissertation, University of Minnesota, St. Paul, MN.

Lefrancois, G. R. (1982). *Psychology for teaching* (4th ed). Belmont, CA: Wadsworth Publishing.

Mabey, C., Salaman, G., & Storey, J. (1998). *Human resource management: A strategic introduction.* Malden, MA: Blackwell Publishers.

Mankin, D. (2009). *Human resource development.* Oxford, UK: Oxford University Press.

Marchington, M., & Grugulis, I. (2000). 'Best Practice' human resource management: Perfect opportunity or dangerous illusion? *International Journal of Human*

Resource Management, 11(6), 1104-1124.

Marquardt, M. J., & Engel, D. W. (1993). HRD competencies for a shrinking world. Training & Development, 49(5), 59-65.

Marquardt, M. J., & Reynolds, A. (1994). *The global learning organization: Gaining competitive advantage through continuous learning.* New York, NY: McGraw-Hill.

Marsick, V. J., & Watkins, K. E. (1994). The learning organization: An integrative vision for HRD. *Human Resource Development Quarterly, 5*(4), 353-360.

Mathews, S. (1997). *Designing and managing a training and development strategy.* London, UK: Pitman.

McLagan, P. A. (1983). *Models for excellence.* Alexandria, VA: ASTD Press.

McLagan, P. A. (1989). Models for HRD practice. *Training & Development Journal, 43*(9), 49-59.

McLagan, P. A. (1996). Great ideas revisited. *Training & Development, 50*(1), 60-65.

McLean, G. N. (1998). HRD: A three-legged stool, an octopus, or a centipede? *Human Resource Development International, 1*(4), 375-377.

McLean, G. N. (2006). *Organizational development: Principles, processes, performance.* San Francisco, CA: Jossey-Bass.

McLean, G. N., & McLean, L. (2001). If we can't define HRD in one country, how can we define it in an international context? *Human Resource Development International, 4*(3), 313-326.

Meister, J. C. (1998). *Corporate universities: Lesson in building a world-class work force.* New York, NY: McGraw-Hill.

Nadler, D. A., & Tushman, M. L. (1997). *Competing by design the power of organizational architecture.* New York, NY: Oxford University Press.

Nadler, L. (1970). *Developing human resources.* Houston, TX: Gulf Publishing.

Nadler, L. (1984). *The handbook of human resource development.* New York, NY: Wiley.

Nadler, L., & Nadler, Z. (1994). *Designing training programs: The critical events model* (2nd ed.). Houston, TX: Culf Publishing.

Nadler, L., & Wiggs, G. D. (1986). *Managing human resource development: A practical guide.* San francisco, CA: Jossey-Bass.

Noe, R. A. (2008). *Employee training & development.* (4th ed.). New York, NY:

McGraw-Hill/Irwin.

OECD (1998). *Human capital investment: An international comparison.* Centre for Educational Research and Innovation, OECD.

Parsons, T. (1973). Culture and social system revised. In L. Schneider (Ed.), *The idea of culture in the social science* (pp. 33-46). London, UK: Cambridge University Press.

Pascale, R. T., & Athos, A. G. (1981). *The art of Japanese management.* New York, NY: Penguin Books.

Paulson, K., & Boeke, M. (2006). *Adult learners in the United States: A national profile.* Washington, DC: American Council on Education.

Phillips, J. J. (1991). *Handbook of training evaluation and measurement methods* (2nd ed.). Houston, TX: Gulf Publishing.

Phillips, J. J. (2003). *Return on investment in training and performance improvement programs* (2nd ed.). Burlington, MA: Butterworth-Heinemann.

Piskurich, G. M. (2006). *Rapid instructional design: Learning ID fast and right* (2nd ed.). San Francisco, CA: John Wiley & Sons.

Pucel, D. J. (1989). *Performance-based instructional design.* New York, NY: McGraw-Hill Publishing.

Ralphs, L. T. (1996). *Organization development: A practitioners tool kit.* Menlo Park, CA: Crisp Publications.

Reimer, E. W. (1971). *School is dead.* 김석원(역). (1981). 人間 없는 학교. 서울: 한마당.

Revans, R. (1978). *ABC of action learning.* London, UK: Lemos & Crane.

Revans, R. (1982). *Origins and growth of action learning.* Bromley, UK: Chartwell-Bratt.

Reynolds, A. (1993). *The trainer's dictionary: HRD terms, abbreviations, and acronyms.* Amherst, MA: Human Resource Development Press.

Richey, R., Fields, D., & Foxon, M. (2001). *Instructional design competencies: The standard* (3rd ed.). Syracuse, NY: ERIC Clearing House on Information and Technology.

Robinson, D. G., & Robinson, J. (1989). Training for impact. *Training & Development Journal, 43*(8), 34-42.

Robinson, R. D. (1991). *An introduction to helping adults learn and change.* West Bend, WI: Omnibook.

Rosenberg, M. (2001). *E-learning: Strategies for delivering knowledge in the digital age.* New York, NY: McGraw-Hill.

Roth, G. L. (2003). Contemporary views of human resource development. 2003년 11월 한국교육학회 창립 50주년 기념 국제학술대회 발표 논문.

Rothwell, W. J. (2000). *Effective succession planning: Ensuring leadership continuity and building talent from within* (2nd ed.). New York, NY: AMACOM.

Rothwell, W. J., Hohne, C., & King, S. (2007). *Human performance improvement: Building practitioner performance* (2nd ed.). Boston, MA: Butterworth-Heinemann.

Rothwell, W. J., & Kazanas, H. C. (2008). *Mastering the instructional design process: A system approach* (4th ed). San Francisco, CA: Pfeiffer.

Rothwell, W. J., & Sredl, J. H. (2000). *The ASTD reference guide to workplace learning and performance.* Amherst, MA: HRD Press.

Rothwell, W. J., Sullivan, R., & McLean, G. N. (1995). *Practicing organization evelopment: A guide for consultants.* San Diego, CA: Pfeiffer & Company.

Rudman, R. (2002). *Human resource management in New Zealand* (4th ed.). Auckland: Pearson Education New Zealand.

Rummler, G. A., & Brache, A. P. (1995). *Improving performance: How to manage the white space on the organization chart* (2nd ed.). San Francisco, CA: Jossey-Bass.

Schein, E. H. (1987). *Process consultation.* Reading, MA: Addison-Wesley.

Senge, P. M. (1990). *The fifth discipline: The art and practice of the learning organization.* New York, NY: Doubleday Currency.

Simmonds, D. (2003). *Designing and delivering training.* London, UK: Chartered Institute of Personnel and Development.

Smith, D. (1990). *The dictionary for human resource development.* Alexandria, VA: ASTD.

Snell, S., & Bohlander, G. (2007). *Human resource development.* Mason, OH: Thompson South-Western.

Spencer, L. M., & Spencer, S. M. (1993). *Competence at work: Models for superior performance.* New York, NY: Wiley.

Spitzer, R. A. (1999). The design and development of high-impact interventions. In H. D. Stolovitch & E. J. Keeps (Eds.), *Handbook of human performance technology: Improving individual and organizational performance worldwide* (pp. 163-184). San Francisco, CA: Jossey-Bass.

Strauss, G. (2001). HRM in the USA: Correcting some British impressions. *International Journal of Human Resource Management, 12*(6), 873-897.

Sugrue, B. (2003). *State of the industry: ASTD's annual review of U.S. and international trends in workplace learning and performance.* Alexandria, VA: ASTD.

Swanson, R. A. (1995). Human resource development: Performance is the key. *Human Resource Development Quarterly, 6*(2), 201-213.

Swanson, R. A. (2001). Human resource development and its underlying theory. *Human Resource Development International, 4*(3), 299-312.

Swanson, R. A., & Holton, E. F. III. (2009). *Foundations of human resource development* (2nd ed.). San Francisco, CA: Berrett-Koehler Publishers.

Swart, J., Mann, C., Brown, S., & Price, A. (2005). *Human resource development: Strategy and tactics.* Oxford, UK: Elsevier Butterworth-Heinemann.

Teruya, S. A. (2004). Measuring performance improvement: A knowledge management perspective. *Performance Improvement, 43*(4), 33-39.

The Federal Ministry of Education, Science, Research and Technology. (1998). *Delphi Germany Survey 1996/1998.* 최지희, 이기성, 장원섭, 정지선(역). (1999). 지식 기반 사회의 교육: 독일 교육연구부의 델파이 조사 보고서. 서울: 교육부.

Thorne, K. (2003). *Blended learning: How to integrate online & traditional learning.* 김성길, 양유정, 임의수, 편은진(역). (2005). 온라인과 오프라인을 통합한 혼합교육 블렌디드 러닝. 서울: 학지사.

Tight, M. (1996). *Key concepts in adult education and training.* New York, NY: RouthledgeFalmer.

Tobey, D. (2005). *Needs assessment basics.* Alexandria, VA: ASTD Press.

Vaughn, R. H. (2005). *The professional trainer.* San Francisco, CA: Berrett-Koehler.

Walton, J. (1999). *Human resource development.* London, UK: Financial Times.

Webb, L. D., & Norton, M. S. (2009). *Human resources administration: Personnel issues and needs in education* (5th ed.). Upper Saddle River, NJ: Peason.

Weinberger, L. A. (1998). Commonly held theories of human resource development. *Human Resource Development International, 1*(1), 75-93.

Werner, J. M., & DeSimone, R. L. (2006). *Human resource development* (4th ed.). Mason, OH: Thompson South-Western.

Wexley, K. N., & Latham, G. P. (1991). *Developing and training human resources in organizations* (2nd ed.). New York, NY: HarperCollins Publishers.

Wlodkowski, R. J. (2008). *Enhancing adult motivation to learn* (3rd ed). San Francisco, CA: Jossey-Bass.

Zenger, J. H., & Hargis, K. (1982). Assessment of training results: It's time to take the plunge! *Training & Development Journal, 36*(1), 11-16.

찾아보기

《인 명》

《내 용》

저자 소개

이기성

연세대학교 교육학과(문학사)
연세대학교 대학원 교육학과(석사, 교육학)
미네소타대학교 대학원 직업교육학과(박사, 인력자원개발)

〈경력〉
(주)유공, 현 SK(주), 인사부
Vital Consulting Co.
한국직업능력개발원
(현) 숭실대학교 인문대학 평생교육학과 교수

〈저서〉
『기업교육론』(공저, 2003, 학지사)
『Effective measures for school-to-work transition in the vocational education
    system: Lessons from Australia and Korea』(공저, 2004, NCVER)
『성인교육의 현재와 미래』(공저, 2012, 학지사) 外 다수

〈논문〉
이기성, 이윤하(2010). 기업문화 공유를 위한 핵심가치 교육 프로그램 개발
    (기업교육연구, 12(1), 155-176)
이기성, 이용균(2010). 한국 전문대학의 미래 예측에 관한 연구(직업교육연구,
    29(2), 69-90)
이기성, 강은숙(2011). NGO 최고 책임자의 역할 및 역할 인식 연구: '여성의
    전화'를 중심으로(평생교육 · HRD연구, 7(1), 63-91) 外 다수

인력자원개발론

2014년 2월 28일 1판 1쇄 발행
2015년 8월 20일 1판 2쇄 발행

지은이 • 이 기 성
펴낸이 • 김 진 환
펴낸곳 • (주) **학지사**

　　　　　121-838 서울특별시 마포구 양화로 15길 20 마인드월드빌딩 5층
대표전화 • 02) 330-5114　　　팩스 • 02) 324-2345
등록번호 • 제313-2006-000265호

홈페이지 • http://www.hakjisa.co.kr
페이스북 • https://www.facebook.com/hakjisa

ISBN 978-89-997-0342-3 93370

정가 18,000원

저자와의 협약으로 인지는 생략합니다.
파본은 구입처에서 교환하여 드립니다.

이 책을 무단으로 전재하거나 복제할 경우 저작권법에 따라 처벌을 받게 됩니다.

인터넷 학술논문원문서비스 **뉴논문** www.newnonmun.com

이 도서의 국립중앙도서관 출판시도서목록(CIP)은 서지정보유통지원시스템
홈페이지(http://seoji.nl.go.kr)와 국가자료공동목록시스템(http://www.nl.go.kr/kolisnet)
에서 이용하실 수 있습니다.
(CIP제어번호: CIP2014007648)